之道译丛
·01·

Russell Kirk
[美] 拉塞尔·柯克 著

张大军 译

The Roots of American Order
美国秩序的根基

江苏凤凰文艺出版社
JIANGSU PHOENIX LITERATURE AND ART PUBLISHING, LTD

图书在版编目(CIP)数据

美国秩序的根基 / (美) 拉塞尔·柯克 (Russell Kirk) 著 ; 张大军译 . -- 南京 : 江苏凤凰文艺出版社 , 2018.7

书名原文 : The Roots of American Order

ISBN 978-7-5594-1779-4

Ⅰ . ①美… Ⅱ . ①拉… ②张… Ⅲ . ①政治－研究－美国 Ⅳ . ① D771.2

中国版本图书馆 CIP 数据核字 （2018）第 052873 号

版权登记号 10-2018-071 号

书　　名	美国秩序的根基
著　　者	(美) 拉塞尔·柯克
译　　者	张大军
责任编辑	黄孝阳　汪　旭
出版发行	江苏凤凰文艺出版社
出版社地址	南京市中央路 165 号，邮编 : 210009
出版社网址	http: //www.jswenyi.com
印　　刷	鸿博昊天科技有限公司
开　　本	655 毫米 ×965 毫米　1/16
印　　张	36.75
字　　数	500 千字
版　　次	2018 年 7 月第 1 版
印　　次	2020 年 11 月第 6 次印刷
标准书号	ISBN 978-7-5594-1779-4
定　　价	138.00 元

（江苏文艺版图书凡印刷、装订错误，可向出版社调换，联系电话 025-83280257）

目 录

译者序

拉塞尔·柯克是美国当代保守主义运动的思想导师之一。《美国秩序的根基》（*The Roots of American Order*）是其代表作之一，初版于1974年。从书名就可看出，柯克以最根本也最难把握的秩序观念来理解和阐释作为共同体的美利坚合众国的方方面面，可谓立意深远，立论宏阔。具体而言，这本书从理论上探讨美国秩序的历史和思想渊源；从实践层面看，它有助于读者更深入全面地思考美国的独特之处和成功之道。

本书在理论上的独到出彩之处是，柯克以流畅优美的文笔将内在的灵魂和道德秩序与外在的政治、经济和文化秩序融为一体。柯克的理论探索和思想表达处处充满睿智和洞见，他上下纵横三千多年，将美国秩序的根基牢牢锚定在《旧约》中的先知时代。从此以后，从希腊罗马到基督教的中世纪和宗教改革、西方历史的演变过程时时都在酝酿美国秩序的种子。耶路撒冷的信仰和伦理、雅典的理性与荣耀、罗马的美德与力量、伦敦的法律与市场，所有这一切都将融汇到由清教徒肇始的美国秩序之中。

《美国秩序的根基》不仅给人以理论上的启迪，而且非常有助于人们对现实问题的思考。作为人类历史上最强大和繁荣的国家，美国一直是当代很多思想家、历史学家和评论家探究的对象。究竟是什么让美国与众不同地保持着长久的活力、自由和繁荣？是它得天独厚的地理环境和自然资源优势么？是其高素质和高技能的人口么？柯克给出的答案是，基于基督教信念的有秩序的自由是美国强盛繁荣的最重要、最根本原因。柯克从西方文明三千年历史中萃取出来的美国的成功之道似乎可以概括如下：宗教信念派生出有秩序的自由观；有秩序的自由观派生出自由市场和有限政府的制度安排；自由市场和有限政府的制度安排则为美国经济、社会和个人活力的发挥提供了尽可能多的保障。

总而言之，柯克念兹在兹的是让美国保持自由和繁荣的那些永恒之道，而这些永恒之道就蕴藏在美国和西方文明的传统之中。就此而言，柯克尤其推崇18世纪的爱尔兰裔英国思想家埃德蒙·伯克。伯克认为，人类间存在着一种永恒的约定，将活人、死人和未出生之人紧密联系在一起。我们所有人都是这种灵性和社会性伙伴关系的一部分，因为这种伙伴关系实乃出自上帝的旨意。柯克认为，伯克的带有超越性的永恒约定远远高于洛克的出于功利目的的社会契约论。既然柯克如此认同伯克的文明永恒约定论，他对西方和美国传统的强调也就是理所当然的了。柯克在书中特意指出，融合了英国中世纪习俗、新教伦理和拉丁理论（比如孟德斯鸠的分权制衡学说）的“自然法”正是美国文明成长壮大的极其重要的传统基因，也是美国革命和立国的基础。

美国著名诗人爱伦坡曾写道：光荣属于希腊，伟大属于罗马。不过，希腊的荣耀现在只能到残垣断壁中去寻找，罗马的伟业也早已烟消云散。柯克明白，如果没有坚如磐石的基督教信仰和伦理，美国的荣耀和伟大也会像希腊和罗马一样不过是过眼云烟。不过，他同时相信，保守主义所坚持的永恒之道并非一成不变的僵化教条，而是可以通过审慎和明智的变革不断自我更新和复兴的有活力的思想体系。在柯克写作本书的 20 世纪 70 年代，美国正经历文化和政治秩序的多重挑战。在世人大多对美国的未来感到沮丧的时候，柯克却有着与他同时代的绝大多数美国知识分子截然不同的判断和憧憬，他将美国未来的命运交托在上帝手中，满怀希望地期盼美国秩序的复兴。柯克乐观的先知性期盼很快就有了着落：在本书首次出版后 6 年，里根当选为美国总统，美国传统的秩序开始回归和复兴。在里根总统的带领下，美国从 20 世纪 60 年代和 70 年代的混乱冲突和悲观颓丧中走了出来，在世界舞台上再次大放异彩，并最终赢得了冷战的胜利。在现实面前，我们不得不承认，柯克可当之无愧地被视为一代先知性思想大师。

难能可贵的是，本书虽然是学术著作，却在柯克的生花妙笔下写得通俗易懂。柯克本人也希望美国的高中生都能读懂它，显然，他渴望通过影响尽可能多的美国民众，来对美国的实际政治发挥有效影响。如上所述，他在这方面也获得了相当的成功。这对一个当代学者和思想家来说，算得上了不起的成就。笔者衷心希望，借着本书的出版，中国的思想界、学术界、评论界能够更深入精微地理解美国文明这一人类历史上的独特现象。

于华盛顿近郊

张大军

2017 年 11 月 24 日

序　言

拉塞尔·柯克经常以雄辩的笔触评论他所谓的“永恒之物”——也即人类社会如果要正常运行，那些必须满足的持久条件和需求。它们包括：某种必定基于宗教信仰的、具有超越性的道德秩序，社会的连续性，经由古老的习俗确立的规范或事物原则，审慎与自然而然的变革（而非基于抽象理论的变革），除在最后审判中和法律面前之外的多样性以及随之而来的不平等，以及承认人的不完美。他尽管对自己的思想观念非常自信，却是一个非常谦卑的人，不可能声称他自己的作品具有永恒价值，虽然人们有理由认为，他的内心深处存有这样的渴望。不过，我是这么看待他的作品的。另外，他的作品体现出别具一格的特性：既具有永恒性，又非常切近时代；既具有超越性，又有针对性。

借着简要回顾《美国秩序的根基》的出版历程，我来谈谈自己的理解。这本书于 1974 年首次面世，那一年，整个国家处于危机之中：理查德·尼克松不光彩地辞去总统职务，越南战争正走向灾难性的结局，大学正从学问的殿堂堕落成疯人院。显然，柯克的作品是长期深入研究的成果，不过，用他自己的话说，他写作此书的目的之一是：“帮助公众和大学生重新认知美国的道德和社会秩序。”

这本书的平装版首次面世于1978年，当时正值卡特时常显得漫无目的的总统任职期间以及伊朗人质危机的灾难的前夜。卡特本人在圣母大学的一个广受公众关注的演讲中斥责美国人已失去他们的价值观以及对美国秩序的认同。我怀疑卡特是否读过这本书，如果他读过的话，他就不会只是简单地斥责，而可能会敦促所有公民都来读读这本书。

20世纪80年代初，另一版本面世，当时人们并不清楚罗纳德·里根究竟会成为什么样的总统。那些知情者知道，里根已仔细读过本书以及柯克的很多其他著作，而且这将会影响到他在白宫任职期间的作为。

现在，在2001年9月11日的恐怖袭击过后整一周年，我写作此序，校际研究所出版社（ISI Books）推出了眼下这个版本，它可能比以往任何时候都更有针对性。大多数美国人对恐怖袭击的反应是掀起一波爱国热情——很长时间以来，这种爱国热情似乎已经过时，同时还热诚地认可并决心保护我们因此蒙福的那种社会和政治秩序。然而，这一反应的某些地方是有问题的。毫不意外的是，那些极端左翼分子的反应带有玩世不恭的色彩，而且那些曾长期推崇“多元主义”——即认为没有文化可以正当地宣称自己比任何其他文化更优越的观念——的学术界人士尤其如此。这些学者坚称，美国这个国家也有自己的恐怖主义的历史，其中引为证据的包括奴隶制，与印第安人的关系以及对其他少数族裔的压迫。绝大多数学生都毫不留情地拒斥这些教授，而后者虽然在多年前就已强迫学生们遵守政治正确的规则，这时却只能以言论自由为幌子。

那些捍卫美国的人士所反映的某些侧面也令人感到不安。乔治·布什总统展现出可敬的领导力，宣布对恐怖主义、恐怖主义分子以及庇护他们的那些政权发起一场世界范围的战争。另外，鉴于流氓国家可能会拥有或接近于拥有大规模杀伤性武器并绝对愿意将它们派上用场，布什总统似乎别无选择，只能摧毁这些政权。可是，废黜独裁者是一回事，对于那些没有创建与维系和平秩序所必须的文化因子的民族来说，建立起这样一种和平秩序又是另一回事。毕竟，正如《美国秩序的根基》所充分阐明的那样，美国秩序以及整个西方世界的秩序是两千五百年演化的成果。这一论点将本书置于美国主流的历史论述之外，因为后者一般认为宪政体制是 18 世纪美国人思维的自成一体的产物。

日本在第二次世界大战后的快速西方化表明，这一任务虽让人望而生畏，却不是不可能的。然而，柯克警告我们，新政权的建立不可能凭借民主或其他意识形态来完成，只能逐渐地进行。

既然已经谈到要小心从事——《美国秩序的根基》既有提醒的功效，又有教育性价值，我愿意以一种更为乐观的不同基调结束本文。在阅读本书的过程中，即便你已经读过柯克的其他著作，你还是会对作者的渊博和深邃以及他的智慧肃然起敬，而且他的智慧是某种远远超越于纯粹学问的东西。另外我认为，这一点会让你印象深刻：你能轻松地跟随作者的论述过程。柯克有一种了不起的才能，能够以最为清晰透明的方式表述复杂的观念，而且还一直不断地提升这种才能。具有一定理解能力的高中学生可以明白他的意思，而且会牢牢记住。

不过，如果你仅仅从他严肃的著作（他的鬼故事除外）了解拉塞尔·柯克，却没能荣幸地认识他本人，你很可能不会相信他有幽默感。我承认，他的幽默感微妙隐蔽，但确实是有的。请允许我以自己在为这个序言构思时重新发现的一个例证来说明。几年前，我为《国民评论》（*National Review*）杂志的一期特刊写了一篇有关柯克的文章，以纪念保守主义运动初期的杰出人物。那篇文章的标题是“拉塞尔·柯克：美国的西塞罗”。柯克从未就此向我说过什么，不过我知道他对此感到高兴，因为他无限仰慕古罗马人西塞罗。不久之后，我为《底特律新闻》（*Detroit News*）写了一篇关于本书平装版的评论。我给了应得的赞誉，不过又蜻蜓点水地提到我有一些吹毛求疵的想法。当柯克又要出另一个平装版时，他写信给我，感谢我的评论，并问我是否能够给他什么建议。这对他是稀松平常之事，因为他总是试图改进自己的作品。他来信的基调一如往常的谦卑，不过，他在签名部分却这样写道："热诚的，马库斯·图留斯·柯克（Marcus Tullius Kirk）。"如果你不知道，马库斯·图留斯是谁，也许，一提西塞罗，你就会恍然大悟。

所以，在阅读本书的过程中，要密切关注那些细微之处。如果你做到了这一点，那么你会从中既得到教益，又感受到快乐。

福里斯特·麦克唐纳德

杰出大学研究荣休教授

阿拉巴马大学

2002 年 9 月

第一章

秩序，人类的第一需要

3 在名为美利坚合众国的新国家诞生两百年之后，我们需要重新理解那些塑造了美国社会的信念和法律。与任何其他人类社会一样，我们的社会也是被所谓的“秩序”黏合在一起的。本书的主题便是讨论这一秩序的特征。那么，何为“秩序”？

想象一下这么一个人：他在暗夜中穿行，没有向导，一直在思考他要前进的方向。曾遭逢巨大苦难的希蒙娜·薇依（Simone Weil）女士说，这是一个人在寻找秩序的景象，“某种巨大的盼望照亮了他的行程”。秩序是我们前行的路径，或者是赋予我们目的和意义的生活模式。她接着说，我们一定要有秩序，它比食品和住处还重要。除非我们在自己的存在中感知某种和谐和秩序，否则人类的生存状况不堪忍受。“秩序是人类的第一需要”。[1]

一个人不管独处还是与他人一起生活，都必须了解秩序才能过上像样的日子。如果我们缺少了灵魂秩序和社会秩序，我们就居住在“幽暗之地”，正如《约伯记》所言，那“是死荫混沌之地，那里的光好像幽暗”。

在象征性地刻画一个独自穿越暗夜的人时，薇依心里想的是她自
4 己。在她三十三年的短短一生中，她一直在寻找安放自己灵魂的秩序。她是法国人、犹太人、基督徒。为了寻觅灵性的秩序，她专研希腊和印度哲学、梵文、基督教神秘主义、量子理论。她在田间和工厂劳动，以期能够理解并参与艰苦的劳作生涯。

薇依对灵性上的游移不定和社会失序真是再熟悉不过了。为了解西班牙内战，她于 1936 年在加泰罗尼亚前线与共和军一起共度了几个星期，这一刻骨铭心的经历让她至死都念念不忘。为了与法国被占领区的

同胞共甘苦，她在1943年下决心让每日摄入的食物量不超过被压制的法国人的定量；当时身体状况很糟糕的她正在英国的一所疗养院里休养。实际上，她活活把自己饿死了。她死之后，她的几本书被公开出版。

薇依写道，我们的20世纪是失序的年代，与公元前5世纪希腊失序的情况非常相像。用她的话说，“就好像我们回到了普罗泰戈拉（Protagoras）和智者派的时代。那时，说服的技艺——其现代对应物是广告口号、公关文宣、洗脑会议、媒体、电影院和广播——取代了思想的位置，掌控着城市的命运，并成功地颠覆了原有的秩序。因此柏拉图的《理想国》第九篇读起来就像是在描述现在的事件”。

以公元前5世纪的希腊喻示当今时代，再准确不过了。另外，我们
所处的困难重重的时代可能与公元前1世纪罗马共和国的失序状况类
似，与公元5世纪罗马文明的灾难性崩溃也类似。无论是作为个人，还 5
是作为一个文明体，我们大家在20世纪最后几十年里都努力探寻秩序，
就像暗夜中缺乏向导的那个人，像薇依，也像那些已变成尘埃的古代
社会。

像很多其他概念一样，最好的理解“秩序”一词的方式也许是看看它的反义词“失序”。失序状态是一种混乱且痛苦的经验，如果一个社会陷入总体性的失序状态，许多社会成员会消失。如果社会成员处于精神上的失序状态，那么共同体外在的秩序也无法持久。

我们总是将“法律和秩序”两个词合起来使用；两者的确相互关联，不过并非完全一致。法律源自特定的社会秩序；它们是普遍规则，让特定秩序的有效运作成为可能。不过，秩序的内涵大于法律；特定社会秩序的诸多方面取决于信念和惯例，而非受制于实在法。

“秩序”一词意味着一种系统的和谐机制——不管是指向个人品格还是共同体。而且“秩序”的内涵包括在共同体中履行特定的义务和享

有特定的权利：因此才有了“公民社会秩序”（the Civil Social Order）的说法。

我们将在本书中考察美利坚合众国秩序的根基，这些久远且精妙的根基赋予了我们所有人生命。我们可以区分两种互相关联的根基：道德秩序也即灵魂秩序的根基，以及公民社会秩序也即共和国秩序的根基。

尽管在描述我们的秩序之缘起时可能会追溯文明的历史，不过本书并不打算做全面的文化述评——这种工作已由其他人完成。相反，本书的重点是某些特定的机制（institutions）和惯例以及某些特定的观念和信念——正是它们一直到当下还在持续涵育我们每个个体的秩序和共和国的秩序。这些问题最切合时弊。

我们将按照顺序分别查考从前人承续的传统：先是希伯来人，继之
6 以希腊和罗马的古典文化，中古世代和宗教改革时代（尤其是英国的相关时代），17 世纪波荡起伏的文明历程，18 世纪的优雅文化，以及美国的殖民经验。我们同时探讨美国秩序借以茁壮成长的那些信念和机制。

我们的秩序寻根之旅将把我们带到四个城市：耶路撒冷、雅典、罗马和伦敦。无论是在华盛顿、纽约、芝加哥或洛杉矶，今天的美国人所体验到的那种秩序源自这四个古老城市的经验。如果我们的灵魂失序，我们就会跌入一种无常的状态，无法控制自己的冲动。如果我们的共同体失序，我们就会陷入无政府状态，一种人与人相互争斗的世界。16 世纪的理查德·胡克（Richard Hooker）写道：“没有了秩序，便不可能有公共生活，因为秩序的缺失是混乱之母。”这种救人性命的秩序是人类奋斗三千多年的成果。

鉴于灵魂的“内在秩序”和社会的“外在秩序”紧密相连，我们将在本书中同时讨论秩序的这两个侧面。如果美国人缺乏很好的个人道德

秩序，法治便不可能在美国占主导地位。如果缺乏有序的政治模式，美国人的个人品德便会堕落到毁灭性的自我中心之中。

秩序是灵魂的第一需要。除非我们认可某些约束自身的秩序原则，否则便不可能爱我们当爱之物。

秩序是共同体的第一需要。除非我们认可借以实现正义的某些秩序原则，否则便不可能与他人和睦相处。

良善社会的特征是保有相当程度的秩序、正义和自由。在这三者之间，秩序居首：因为只有在合理的公民社会秩序之中，正义才能实现；而且除非秩序能赋予我们法律，否则自由无非就等于暴力。

一位出生在俄罗斯的学者曾告诉我，他是怎么通过那些恐怖的事件
逐步认识到秩序必然先于正义和自由的。他在俄罗斯革命时期是一位孟 7
什维克党人或者温和的社会主义者。布尔什维克在圣彼得堡夺取权力后，他逃到黑海边上的敖德萨。当时，敖德萨那座城市正处于无政府状态。由年轻人组成的匪帮挟持了市内有轨电车，在敖德萨的市中心肆无忌惮地高谈阔论，随便向行人开枪，就像在猎杀鸽子一样。居民的公寓可能随时会被某一罪犯或者疯子入侵，他们仅仅为一片面包而杀人。在这种无政府状态中，正义和自由只是美丽的词汇。这位朋友对我说：“我当时得到的教训是，在我们享有正义和自由之前，我们必须要有秩序。我尽管非常痛恨独裁者，那时却认为极权政治秩序再可怕，也比无序好。很多人可能会在极权制度中活下来，却无人能在普遍的无序中幸存。”

在美国，秩序、正义和自由是协同并进的；不过，它们可能以类似的方式退化变质。在每一代人中都有某些人强烈地反抗道德秩序和社会秩序。虽然憎恨秩序等同于自杀，此类现象却值得认真探究：如果你无视现实，现实就会成为你的主宰。五十年前，威廉·巴特勒·叶芝

（Williams Butler Yeats）就意识到个人和公共秩序的全面解体。他为此写下的诗句同样描述了现代世界所经历的那种折磨和痛楚：

> 万物分崩离析了；主心骨失灵了；
> 彻底的无政府状态笼罩整个世界，
> 血迹斑斑的浪潮在四处涌流。
> 天真无邪的庆典被淹没；
> 优异之士全部缺乏信念，而恶人们
> 都怀有满腔的激情。

在过去五十年，许多国家的主心骨都失灵了。不过，一旦革命或战争摧毁掉某一既定的秩序之后，民众便发现，为了能够生存下来，重新寻找秩序原则就成为当务之急。一旦他们终结了一种旧秩序，革命者会进而命令构建一个新秩序——通常，新秩序比他们推翻的旧秩序还要恶劣。人类不可能长期被赤裸裸的暴力统治。

8 没有什么秩序是完美的，可是，重新创立某种更适合我们心意的秩序依然是让有些人心醉神迷的梦想。一位大学一年级的学生曾对我说，我们现在已经不再需要过去的那些信念和体制，他认为自己就能勾画出一种比我们继承来的更好的道德体系和政治模式。我问他能否不参照现有的机械装置就造出一台汽油发动机。他回答不能。然后我评论说，道德和社会问题实际上比单纯的机械装置更为精巧和复杂，而且即便他设计的新秩序确实明显优越于旧秩序，除了他自己以及少数追随者，也没有其他人会认可。人们会评价人类经验的现实情况，以此检验其完善与否，而且对于并不明显高于自己的同时代人，他们一般会抵制后者的林林总总的新发明。

在否定我们文明的经验方面，那位大学生并不孤单。我们的时代类似于罗马共和国晚期（也即西塞罗所处的时代）的状况。对于他四周到处涌现的失序状况，西塞罗考察了私人和公共空间出现混乱局面的原因。他在《国家篇》一文中写道：“很久以前，我们先祖的习俗塑造了那些德高望重之人，然后这些卓绝不凡之人又坚守他们前辈的规范和体系。可是，我们所继承的共和国已经像年代久远的美丽图画，其上的色彩已经因年深日久而模糊；当今的世代不仅没有去重新润泽图画的色彩，而且我们也没能保存其外在的形式和线条。”

像他之前的柏拉图一样，西塞罗明白，秩序既是个人性的，也是社会性的：罗马人和罗马的正义一同凋零了。现今仍旧如此。这就是柏拉图和西塞罗的观点对我们今天的处境仍有意义的理由。

“重新润泽图画的色彩”是本书的宗旨。我们在本书中关注的对象是那些形塑了美国现存内外秩序模式的社会经验和观念。现在大学里对“针对性”的普遍需求有其合理之处，而本书意在针对当下的种种争 9
论。借用乔治·桑塔雅纳（George Santayana）的名言，那些无视历史的人注定要重蹈覆辙。我们也可以说，那些忽视秩序根基的人急需浇灌这些根基——尤其是在他们有了在无序的干枯荒原游荡的经历之后。

对这些根基的认识可能决定了 20 世纪末美国和世界处于何种秩序之中。它可能是阿道司·赫胥黎（Aldous Huxley）的《美丽新世界》所描述的那种富庶却没有人性的秩序，也可能是被狂热的意识形态所控制的那种军国体制，恰如乔治·奥威尔在《1984》中预言的那样，或许它是某种被更新和改善过的秩序，依旧与从耶路撒冷、雅典、罗马和伦敦成长起来的秩序有显而易见的联系。

这种高格调的秩序是自由和正义的藏身之处，宣告着人的尊严。它认同切斯特顿（G.K.Chesterton）所谓的“过来人的民主”——即它既认可我们先人的判断，也看重同时代人的意见。这种高格调的秩序所仰赖的基础是人类几千年的实践经验以及那些富有远见和才智的前辈的判断力。

我们这个时代有各种各样的意识形态在反对这种高格调的秩序，就是那些常常靠暴力推广的狂热的政治信条。从定义上讲，“意识形态”意味着臣服于政治规条，而那些规条不过是些抽象的观念，并没有历史经验作为根据。意识形态是宗教的镜像，历史学家雅各布·布克哈特（Jacob Burckhardt）则将这类理论家称为“可怕的化约主义者”（Terrible Simplifier）。法西斯主义和无政府主义是其中最强有力的意识形态体系。意识形态的口号简单明了，它所具有的吸引力一直在挑战我们当今更富人性的社会秩序。

美国现今的秩序并非立足于意识形态。它并非人为创制的产物，而是长出来的。这样的美国秩序并不是一成不变的，也会随着社会环境的改变而在某些方面发生变化。美国的法律不像莱克格斯（Lycurgus）颁赐给斯巴达人的法律，永远都不能改动。美国人也不会模仿古希腊的洛
10 克里斯人（Locrians），将那些建议修订法律的公民用绳子绑起来（如果建言者能以自己的智慧说服民众，无数赞誉会加诸于他。可是，如果他无法说服民众接受他的建议，他就会被套住脖子绞死）。诚如埃德蒙·伯克（Edmund Burke）所言，变化是我们自保的手段。

不过，如果要使变化能带来情况的改善，我们还必须拥有某些恒久不变之物。美国人普遍尊重他们那些古老的道德习惯和政治体系，因为这些习惯和体系包含着他们对秩序的理解。美国之所以能够避免肆虐许多现代国家的混乱不堪且充满暴力的变化，可以说，对某些持久的秩序原则的坚守居功至伟。

没有什么秩序是完美的，因为人本身就是不完美的，想必我们永远

也不可能到达乌托邦的境界（如果有一天我们真的进入乌托邦的世界，那里可能会让我们感到无限枯燥乏味）。不过，如果某一秩序的根基健康有力，它就能够被重新注入活力并得到改善。如果秩序的根基已经枯萎，“死树底下无人能乘凉”。永恒与进步并不相互排斥，因为如果没有坚固的根基，就谈不上改进，而除非这一根基能够不断被更新和提升，否则它也无法持久。荒原上的旅行者希望得到生机勃勃的秩序的庇护。[2]本书意在为根基浇水施肥，以让秩序重新焕发活力并提升正义和自由的品质。帕特里克·亨利（Patrick Henry）在1776年所谈到的“经验的明灯”，是我们寄托于重获生机的秩序的希望。

注释：

[1] Simone Weil, *The Need for Roots: Prelude to a Declaration of Duties toward M ankind* (translated by Arthur Wills, with a preface by T. S. Eliot ; Boston: Beacon Press,1952), p.11. Also Simone Weil, *On Science, Necessity, and the Love of God:* (New York: Oxford University Press,1968, pp.63-64.)

[2] 关于最近的“秩序”的概念，在本章中只作了简短的讨论，参见particularly Hans Barth, *The Idea of Order: Contributions to a Philosophy of Politics* (translated by Ernest W. Hankamer and William M. Newell; D. Reidel: Dordrecht, 1960); and Eric Voegelin, *The New Science of Politics* (Chicago: University of Chicago Press, 1952).

第二章

法律与先知

11 # 从西奈山到马萨诸塞湾

美国秩序的根系深植于地中海东部的沙漠之中，在拿撒勒人耶稣诞生之前大约十三个世纪，它已开始发育成长。经由摩西这位先知和法律制定者，影响欧洲和美国文明以及世界其他很多地区的道德原则首次被清晰地表述出来。

希伯来人或以色列之子是游牧民族，人们对其最初来源不甚清楚。那时，这个民族经历了巨大的“存在的飞跃”（leap in being）：借着某种非同凡响的认知，以色列人开始以不同于以往的方式理解人类的处境。甚至早在摩西时代之前，以色列人就已经开始接受某种看不见的力量的道德训导，因为这种力量曾教导过诺亚和亚伯拉罕。可是，希伯来人是通过摩西才更清楚地了解到，某种全能的智慧或神灵在看顾着他们，并赋予他们道德本性。后来，在他们名为《出埃及记》（*Exodus*）的圣书中，以色列人的后裔犹太人记下了摩西从雅威（Yahweh）或耶和华（Jehovah）——那位不可见的万有之主——那里获得的启示。

“启示”的意思是揭开真理的面纱：如果仅仅依靠此世的经验，人
12 们不可能获知这些真理。它是一种传授知识的途径，其源头超越人类一般的认知。摩西让以色列人知道，上帝只有一位，就是耶和华；上帝与他的子民结下圣约；他颁赐法律，作为他们生活的准则。现代伦理和社会制度以及其他很多成就都源于这一启示。

“Exodus”意味着离去：以色列人离开埃及到巴勒斯坦去。同样，他们也离弃旧有的道德秩序进入新的道德秩序。旧秩序是指由反复无常的神祇和独断霸道的祭祀—国王合体统治的宇宙性帝国，而新秩序后来

则被称为犹太教信仰。再后来，西奈山上启示的这一道德秩序就成了名为基督教的道德秩序的根基。

在摩西听到燃烧的荆棘中上帝的喊声之后大约两千九百年，人数较少的一群漂泊者上演了另一场“出埃及记”，虽然比起以色列人，他们的路途更长，但行程却更快。他们是向新世界进发的清教徒，其中最富有才干的领导人是约翰·温思罗普（John Winthrop）。1630 年，在从英格兰到科德角（Cape Cod）旅程的途中，身为平信徒的温思罗普在阿伯拉（Arbella）号船上有一个讲道，提醒同路人他们与以色列的上帝所立的圣约：

> 我们必须以彼此为乐，把别人的事当成自己的事，悲戚与共，甘苦同尝，时时顾及我们当下的使命和命运共同体，将我们团体的每个人视作同一个躯体的组成部分。如果我们以和平的纽带维持灵性的合一，主便是我们的神了，并将乐于与我们这些他的子民同在，在我们的一切所作所为上赐福我们，这样，我们就将更多地见识他的智慧、能力、良善和真理，远远超过我们先前所了解的。
>
> 我们会发现，以色列的上帝在我们中间，那时，我们中的十人将能够抵挡千人之众的敌人，他会让我们得到称赞和荣耀，人们在谈起我们庄园的丰收成果时会说，“主将那里变成了新英格兰”。我们必须认识到，我们将成为山上之城，众人的眼光都会落在我们
> 身上。所以，如果我们在自己担负的事业中对上帝虚情假意，使得 13
> 他不再帮助我们，我们就会成为全世界的谈资和笑料；我们的敌人会因此开口诋毁上帝之道以及所有公开的上帝信徒；我们会让很多值得敬重的上帝仆人脸上蒙羞，使他们的祷告变成对我们的诅咒，直到我们消失在那将要到达的美地。[1]

温思罗普的讲道与犹太人所谓的“摩西五经”（Torah）也即律法书一脉相承。西奈山上启示给摩西的道德诫命几乎在它们为人所知的同时就遭到践踏；在殖民者于马萨诸塞登陆后不久，他们就违背了温思罗普重申的那些秩序原则。可是，如果不了解这一道德秩序，古以色列人和古犹大人就不可能形成一个共同体。这一结论也适用于当代美国，对那些继承了犹太教和基督教道德体系的地方来说，也同样如此。

如果没有被有意识地尊奉和执行的某种形式的法律，即便最简单的人类共同体也无法持久。蚂蚁和蜜蜂可以靠本能进行协作；人类必须要有启示和理性。我们所谓的“《圣经》律法”（Biblical Law）并非第一部法典。在摩西和哥哥亚伦带领希伯来人出埃及之前很久，巴比伦人、苏美尔人、阿卡得人、亚述人和赫梯人都已颁布法典。然而，只有经由摩西启示的法律才保存下来，现在仍对我们生活于其中的社会有约束力。

《出埃及记》中的以色列人尚是没有书面文字系统的游牧民族，也没有留下任何考古证据；比起同时代的某些其他民族，他们的文明程度要低得多；事实上，由于没有任何城市，他们根本就不配称作文明人。我们了解摩西及其所带领百姓的唯一途径是“摩西五经”，也即基督徒称之为《旧约》的前五卷书。那段神启历史所记载的摩西是一位“有超凡魅力的领袖”，拥有特别的灵性禀赋，能够辨识并阐述真理——直到那时，人们对真理最多只有模模糊糊的一点了解。

在每一宗教的发端时期，可能都会有某些类似摩西的人物：他们是
14 “预言者”（seer），能见别人之不可见者。预言者向跟随者传播自己领会到的真理，教导他们如何安排自己的生活，在共同体中和睦相处。古代世界的其他信条都已灰飞烟灭，只有摩西十诫以及摩西有关人在上

帝主权之下的生存处境的教导仍鲜活有力，且成为秩序之源。

一个文明的方方面面均源自民众的宗教信仰：政治、经济、艺术、科学，甚至简单的手工制品无不是宗教洞见及宗教崇拜的产物。其中的缘由是，直到人类经由某种共同的信仰联结起来，一致认可某些特定的道德准则，他们才停止相互杀戮。他们在共同的宗教敬拜中形成自己的共同体。每一种文化的核心要素都包括一套区分善恶的伦理体系；而且至少在一开始，这些区分都依赖于启示宗教的权威。只有一个民族拥有了共同的宗教信念，他们才能心甘情愿地合作，也才能明了他们生活于其中的世界的意义。因此，除非基于对由道德想象力所感知的真理的普遍信念，否则任何秩序都无法生成，就连宣称无神论的现代极权国家的意识形态秩序也如此。

在 20 世纪，重新探究私人和公共秩序之宗教源头的历史学家包括：克里斯托弗·道森（Christopher Dawson）、埃里克·沃格林（Eric Voegelin）和阿诺德·汤因比（Arnold Toynbee）。在家庭团体之外的首要社会组织便是试图与超自然力量沟通的神秘宗教集团。

动物凭本能就可以生存，真正的人类则不能。由于拥有理性，远古时期的人类就已开始提出问题。就像西奈沙漠中的以色列人一样，他们发现自己处在一种危险、痛苦和无知的境况之中。也许，在某些杰出之人的带领下，他们开始聚集在一起，寻求问题的答案，如此便形成了宗教团体。通过这样的宗教团体，人们试图从比人类更强大的力量中获得保护和知识。如果没有这样的沟通，他们不可能像人那样生存下来，甚至不可能像动物那样生存下来。

这一真知灼见在麻烦不断的 20 世纪比在 19 世纪更容易理解。经受 15
试炼的人们会逐步认识到，就单个个体而论，他们是脆弱和不完美的。

他们承认自己的失败——也就是希伯来人所谓的自己的罪性。

斯科特（R.B.Y.Scott）写道：

> 世界大战的后果颠覆了19世纪有关不可遏止的永恒进步的神话，向世人表明，自主的人类不可能解决攸关种族和文化冲突、经济福祉以及政治秩序的大难题。他被局限在自己的机械化生存方式之中；由于不愿意与自己的同胞齐心协力，各种社会难题纷至沓来，让他无法应付。今天，上帝的审判昭然若揭。是时候了！我们该让世人明白，这乃是上帝对人类犯罪的正当判决；人类要对此承担无法推卸的责任，因为人类负有道德责任，如果他们否认其对邻舍的责任，便是否认自己的本性。[2]

《出埃及记》中的以色列人便面临这样的难题。归根结底，他们的个人和社会秩序问题类似于我们今天碰到的问题。人类怎样才能处理好自己的软弱和毁灭性冲动？他们能转向超越人类才智的良善和智慧之源吗？摩西所获得的启示就是对人类永恒渴望的回答。在这个大不易的世界上，有着朦胧追求和反思能力的人类在干些什么？一个共同体怎样才能有序和平地生活在一起？摩西为我们带来了这些问题的答案，而且直到基督诞生之后两千年，这些答案仍然有效。

旧约五经中的摩西熟悉处于较高阶段的埃及文明，因此与他所带领的游牧者相比，他更能应对这些令人困惑的私人和公共秩序问题。然而，他所描绘的秩序图景优于当时埃及的秩序。这就是他的秩序图景延绵至今的原因。

当逃难的以色列人在埃及和巴勒斯坦之间恐怖可怕的西奈沙漠中挣扎求生之际，摩西登上了西奈山——今天那里仍如当初一样荒凉，只不

过现在有一个古老的基督教修道院矗立在那里。虽然以色列和埃及的军 16
队近些年为那块荒芜之地争斗不休，但西奈山的物理特征几乎是最不适合人类的。可是，在何烈山一处燃烧的荆棘中，有一个声音对摩西说：“我是自有永有的。”一位无限的权能者向摩西这位有限的肉身说话了。创造者自己向他的被造物显现，告知他对他们所存的心思意念。

摩西经历和表述的这一切大过我们所谓的“直觉”，也大过我们所谓的“异象”（vision）。摩西的感知具有超越性，也即他的认知经由某种方式超越了人类理性和个人经验的极限，而且他认识到其中的本质。摩西由此得以阐述有关人类处境的真理；这种能力是他周遭的环境甚或以色列人的集体经验无法给予他的。我们使用“启示”一词时的含义就是指这种对人类五官和记忆的超越，以及与高于人类的智慧之源的亲密无间的关系。

摩西尽其可能地使用一些词语讲述他的极具震撼性的超越经验，向以色列人说明他者（Other）的存在，他就是在西奈山上将自己显明的那位神圣的存有（Presence），最高的存在（Being），他们后来称为雅威［Yahweh，在英语中被误译为“耶和华”（Jehovah）］的那一位（One）。摩西告诉以色列百姓，雅威是所有受造物之主；只有他是神，没有别的神（在基督降生之前三个世纪，犹太人甚至不再说“雅威”这个词，因为他们担心这可能会亵渎神，于是他们就以另外的方式称呼自己的主）。摩西在结束他与永恒者的个人亲密交流之后，从西奈山上下来，将雅威的诫命颁布给以色列之子。他告诉他们如何组织自己的生活和如何和睦相处——也就是说，摩西传达的是个人和社会秩序的原则。圣灵的言说来自人类的经验之外。

除非我们了解远古时代偏居一隅的希伯来人的信念和经历，否则
便不可能很好地理解今日美国或世界其他地方的秩序或失序。正如艾 17

略特（T.S. Eliot）所言：“古人的言说已经过火炼，活人的话语难及其意。”借着久已作古的摩西，人类的生存获得了意义。我们现代人的道德秩序——至少就所谓的西方来说——可溯源到何烈山上那片燃烧的荆棘。

美国政治体制直接受益于以色列人或犹太人范例和经验之处甚少。确实，马萨诸塞湾的清教徒们试图建立一个“《圣经》国度”；不过，这一试验的极端形式只持续了三年的时间。即便后来有所变更，它也不过只维系了两代人的时间。然而，如果没有以色列留下的道德遗产，便没有美国的道德秩序。

约翰·亚当斯（John Adams）的所有政治性论述虽然大量借用希腊和罗马的经验，却没有谈及以色列和犹太。这并不是因为作为清教徒后裔的亚当斯忽略了希伯来人的父权体系；相反，他认为以色列和犹太的政治经验和美国的处境毫不相干。他在1809年写道：“我坚持认为，希伯来人对人类教化的贡献超过所有其他民族。假如我是无神论者，相信盲目的终极命运，我仍旧会认为，命运将教化人类的最基本的使命托付给了犹太人。假如我是其他类型的无神论者，相信或假装相信一切都是偶然的，那么我还是会认为，机遇垂青犹太人，让他们为所有人类存留并散播有关那智慧和全能的宇宙最高主宰的信条。我认为，这一信条是所有道德和一切文明的最基本的准则。”[3]

按照亚当斯的理解，教导我们秩序之内涵的是以色列和犹太的先知们，而非国王。以色列和犹太都是小国，其政治结构与古代地中海东岸的其他小国并无不同。在从其立国之初便威胁它们的那些大帝国的重压之下，这些小国都灭亡了。作为政治都城的耶路撒冷没有重要价值，反
18 倒是作为上帝之名的家园锡安（Zion）意义非凡——虽然它多次被毁，人口也屡被劫掠，却总能从废墟中崛起。为了充分理解希伯来人和犹太

人的灵性经验，我们首先要简单重温以耶路撒冷为其都城的王国的政治史。

耶路撒冷：灾难与胜利

在摩西带领以色列人到达应许之地迦南的边界之后将近两百年的时间里，希伯来各部族一直试图占领巴勒斯坦地区——有时通过和平渗透，有时通过武力征服。在他们领土扩张的鼎盛时期，以色列和犹太占领的地区面积总和只略微大过现代的比利时。各部族结成松散的联盟，由士师或具有魅力的部落首长带领；这些领袖继承了摩西的职责，负责维护公义。

大约在公元前 1030 年，以色列人选出一位国王，以便更好地抗衡其敌人的军事力量。与他们同时代的东方帝国统治者不同的是，以色列和犹太的国王并不声称自己是神：他们最多宣称上帝认可他们。第一位国王扫罗在其年轻对手大卫面前一败涂地。大卫带领一支雇佣军占领了耶布斯人的老城耶路撒冷，并在那里建立了以色列人的宗教敬拜场所和政治都城（“锡安”的原意是指大卫在其上立定雅威的圣地和建造宫殿的那座山）。统一以色列王国的历史只经历了大卫和他儿子所罗门两个王朝。公元前 926 年之后，王国分裂成北国的以色列（或撒玛利亚）和南国的犹太。

以色列国的都城在撒玛利亚，其面积是南国犹太的五倍，人口包括十二个希伯来部族中的十个。可是，两百年之后，它被亚述所灭；被掳当奴隶的“遗失的十个部族”永远消逝在亚述帝国的中心地带。小小的犹太国却一直存续到公元前 587 年（如果算上已经衰败的时代，存续时 19

间则稍微长一点）。最终，犹太国被强大的巴比伦迦勒底人所灭。犹太人或者说大部分犹太人也被掳为奴隶。

公元前538年，犹太人（以色列人的后裔在被掳巴比伦之后被称为犹太人）中的余民被允许归回耶路撒冷；约公元前520年，他们在耶路撒冷重建圣殿或耶和华的圣所。回归的犹太人的军事力量很弱，常常处于贫困状态，被大祭司管理了几百年，后来管理他们的是文化上已经半希腊化的国王或王子。于是，他们先后臣服于波斯人、希腊人、叙利亚和埃及的希腊化帝国以及罗马人。在这些外国主人的统治下，犹太人享有一定程度的自主权，直到公元70年犹太奋锐党的反叛被罗马人镇压。接着，犹太人再次被驱离他们的圣城，分散到文明世界的角角落落。几乎一直到了20世纪中叶，巴勒斯坦地区才又兴起一个由犹太人统治的国家。

犹太人漫长的辛酸历史充满了内战、外族压迫、磨难与屠杀。如果说以色列和犹太王国以及后来的犹太人国家的臣民比邻国的民众多了解一些自由和正义的话，其中的部分原因是，他们的国王过于脆弱而且在边境上被敌人过多地骚扰，以至于他们无法享有绝对的统治权威。

不过，以色列人及其后裔犹太人在政治秩序方面区别于其周围的专制政权的主要原因是，他们的世俗权威受到一定程度的制约。在被掳巴比伦之前，国王的雄心受以色列大先知的制约，而在希腊和罗马人统治时期，民众受到犹太公会或由长老组成的法庭的保护。可是，历史学家们称赞希腊人和罗马人对世界秩序的贡献，却无人以类似的颂扬笔调写下“犹太人在政治上的天才之举”。

以色列人几乎可以被称作非政治性的民族：他们没有发展出世俗化
20 的政治理论以及实践层面长久持续的全国性政治体系，尽管他们的地方
社区、部落和城镇存续的时间超过了他们的王国，也超过那些外来的统

治者（直到犹太人被分散各地或赶出家园）。他们的一项清晰的政治原则是一条宗教教义。他们宣告耶和华是王，并且真正的法律是耶和华定下的律法。士师、国王和高级祭司、地上的掌权者最多只能算耶和华的代理人；他容忍他们，有时以他们为自己震怒的器皿。罗兰德·德·沃克斯（Roland de Vaux）这样说道："犹太人的世俗统治者是被上帝拣选、认可或容忍的，不过他们一直从属于上帝，而且评判他们的标准是他们忠于雅威和其子民间牢不可破的盟约的程度。国家机器就是王权，在犹太人的眼中，它不过是一种装饰；实际上，在以色列人的大部分历史中，这种王权是缺席的。"[4]

这样的认知是以色列对现代社会秩序的重要贡献：所有真正的法律都来自上帝，而且上帝是秩序和正义之源。然而，就以色列或犹太或后来的犹太人政权的实际政治建制而言，什么也没有留下来。

那么，新英格兰的清教徒们后来无法按照旧约的模式建立一个《圣经》国度，就没有什么稀奇的了，因为正义与慈爱的理想国度在以色列和犹太就从来没有存在过；而且犹太人在被巴比伦人流放之后的"神权政体"不可能被 17 世纪的美国成功复制，因为后者所处的地域和时代与前者差别非常大。以色列 20 世纪的民主政体中有世俗政党和西方议会制结构，与古王国或流亡后的神权政体毫不相似。即便以色列和犹太没有被尼尼微和巴比伦打垮，那些小王国的世俗秩序如果不做彻底的更新，也没有足够的力量持续很长时间。

虽然被分散各地且遭到压迫，但犹太人熬了下来。在古代世界的所有其他文明和观念体系都烟消云散之后，犹太人的信仰和文化一直延续到今日，渗透到许多地方社会的角角落落，重新焕发出活力。与此类似，耶路撒冷圣城也没有消亡，尽管尼尼微、巴比伦、孟菲斯 21
（Memphis）、书珊（Susa）、安提阿以及古代世界许多其他宏伟的帝国都城都已彻底被毁。耶路撒冷的建筑物可能会被抹平，城墙可能会被推倒，人民可能会遭屠戮；然而，在拜占庭人、阿拉伯人、十字军、突厥人的统治下，犹太人仍旧会回归锡安的圣所，在据说是古圣殿残余的哭墙边上哀伤哭泣，并在那些被鲜血浸染的圣山上重建他们的社区。

从立基之初，耶路撒冷这座山城就是一个堡垒。除非从北面进攻，否则它几乎不可能被攻下。经过多次军事工程的加固，它在很多世纪里承受了一波又一波围攻——在对势不可当的进攻进行顽强抵抗后才会陷落，不过总是在经过某些间断后又恢复原样。那个地方只是作为一个堡垒才享有自然优势：它没有坐落在古代重要的贸易通道上，水资源贫乏，周围土地贫瘠。它没有什么产业，而且其商业往来也只与其作为朝圣地和不太重要的政治都城的地位有关。

无论如何，出人意料的是，这里成为三大宗教最神圣的地方，在曾经的所罗门所建圣殿之地，现在矗立着圆顶清真寺，也即由穆斯林建造于 688 年的奥马尔清真寺。这个周围几乎全是沙漠、坐落在高地之上的城市在被毁后又将人吸引回来定居，尽管强大的巴比伦已被尘埃淹没，而且埃及的古老都城已被希腊的亚历山大取代。耶路撒冷因其内心的邪恶和顽梗而遭到先知们的谴责，然而，它之所以受到如此强烈的责备，只是因为它被爱得如此之深。

耶路撒冷对所有犹太人都具有象征性权力，其凭据便是圣殿及其最神圣的所在：至圣所。和圣殿相比，大卫王及其继任者的宫殿不值一提。先知和祭司们宣称耶路撒冷是耶和华的宝座和居所：地上的万国都会来敬拜独一的真神。事实也的确如此。

22 先知们声称生命河源自耶路撒冷。它是永恒之城：救恩出自耶路撒冷，因为上帝在这里与人相会。在时间的尽头，耶路撒冷将成为完美道德和喜乐之城。许多世纪以来，物质的耶路撒冷可能在某个时代污秽不堪。不过，先知口中的耶路撒冷——也即象征性的耶路撒冷，神圣的锡安——是充满上帝智慧的城市，其中的人们从罪中得以释放。

以色列人和古犹太人的政治秩序就是这样的光景——最多只能说不完善，仔细考察之下，缺陷全都显现出来。然而以色列的道德秩序——灵魂的庇护所——却超越了时间和环境，它的生命彰显于现代世界。《圣经》记录了这一道德秩序的发展历程。* 尽管美国并非《圣经》国度，如果缺乏对《圣经》的一定了解，美国秩序的结构便不可能得到恰当的理解。虽然旧约在 20 世纪的许多人看来似乎是对久远年代和被遗忘的战争的混乱记载，但却意义深远。鉴于此，本章下面一节便要讨论它之意义。

公义的上帝

上帝只有一位，而且他是公义的。这是以色列留给后人之遗产的核心。这说起来可能像陈词滥调。不过重要的是，陈词滥调都是真理——这也是它们能成为陈词滥调的原因。

对公义上帝的这一最根本的理解经由摩西得到清晰的表达。不过，
在上帝对西奈山上的摩西说话之前，人们已知道这一点。《约伯记》中 23
有对它最富有戏剧性的探讨。

---

* 按照定义，旧约是以希伯来文写成的神圣文本的集合，犹太文士宣称它是在上帝的启示下编纂而成的。“约”（Testament）指上帝拟定的“圣约”（covenant）或“合约”（contract）。为多数人熟知的《圣经》文本的分册和排列是巴黎大学斯蒂芬·朗顿（Stephen Langdon）的功劳，时间在 1228 年前后。当时为了人们更方便地阅读《圣经》，有人尝试着做了大量的删节和重新排序，结果通常反映了编辑们的偏好和成见。托马斯·杰斐逊曾尝试着将耶稣的教导从福音书中单独列出来，其效果主要是有针对性地强化杰斐逊本人的自然神论。（注释若无特殊说明，均为作者注。）

我们通过旧约了解到，约伯的故事似乎是在犹太人被掳巴比伦期间——大约在《以赛亚书》第二部分（指 40–66 章或 40–54 章）所记载的那段时间——记录下来的。不过，故事最初发生的时间要早得多——在耶稣诞生之前两千多年。《约伯记》没有提及以色列人。我们该怎样理解上帝的待人之道？在以色列人出埃及之前的成百上千年间，这种问题已经出现。上帝从旋风中回答了这一问题。

上帝允许撒旦试炼沙漠酋长、好人约伯的信仰。约伯的孩子们和财物都被撒旦暨那恶者（the Evil One）夺走，他染上了一种可恶的疾病，像麻风病人一样坐在炉灰上。他成了阿拉伯人所谓的污秽物之父，被抛弃，受轻贱。他的妻子要他诅咒上帝，然后去死。事实上，他渴望离世而去，可是不愿指责上帝。

约伯一直都是公义之人：他不贪恋处女，没有取不义之财，没有通奸行径，没有亏待奴隶，对穷人和鳏寡孤独者不吝啬，没有敬拜外人的神祇，没有对敌人幸灾乐祸，没有将陌生人抛在街市上，也没有滥用他的土地或虐待他的租户。然而，上帝却命令或允许约伯遭受无尽的苦难。为什么？

作为朋友，约伯的"安慰者"来到灰尘中的他的身边；这些人只了解字面上的法律，狭隘却自以为是地解释上帝之道。他们告诉约伯说，他已经触怒了上帝，或者没有柔和地顺服上帝的公义。这看起来好像约伯在受审。他就不能找到一位上帝的中保（mediator）么，甚或让上帝来作证？

接着，让那些安慰者不知所措的是，上帝真的从尘土的旋风中说话了。上帝向他们显明的是，约伯比其安慰者正确；可是，约伯本人也犯了错。创造之主提醒约伯，上帝之道是人类无法测透的：由于试图理解上帝的意志，约伯已落入自以为是的陷阱。备受折磨的约伯温顺地认可

了上帝显明的真相。人不该裁判上帝，那样就好像上帝和人都是诉讼当 24
事人一样。借着这种顺服，约伯的信心得以成全。最终，约伯重新获得两倍于他之损失的东西。

上帝最终会保障公义，它是自人类良心发现以来、以色列之子继承下来的真理性认知，这种信心让希伯来人区别于古代世界的其他民族。以色列的邻国有很多神祇，不过它们与公义基本无涉。叙利亚和美索不达米亚的“巴力”是地方性神祇，有时人们通过献祭取悦于它们；它们是被随意设置的神祇，与人类不存在亲缘关系。没人宣称它们具有普世性的最高权力。亚述和腓尼基及其他国家的神祇贪婪可怖，埃及的神祇怪里怪气、荒诞不经。希腊人的神祇仅仅是自然力量的拟人化代表，没有人想去模仿它们的激情和反复无常。除希腊人外，所有这些国家都称他们的统治者是神。可是对以色列人而言，国王最多是耶和华的管家：以色列人有祭司和君王，却没有祭司—国王的合体。

由于外族宗教的仪式让人作呕，神庙里有妓女，以及它们对公义无动于衷，这些都让以色列之子们深恶痛绝。耶和华与这些假神不同，不只是某种自然力量，也非某一部落的保护神。自他从燃烧的荆棘中说话时起，他与以色列的关系就是伦理性的。他是圣约之神：这里的约是上帝和他所拣选的百姓之间的永恒约定，这一协定在每位敬拜者每次向耶和华正式献祭时都会得到更新。人尽管是按上帝形象造的，却被禁止造任何耶和华的塑像，唯恐以色列人不拜上帝而拜假神。在犹太人的国家被最后摧毁之际，罗马士兵冲进圣殿，撕开至圣所的幔子，这时让他们感到震惊的是，那里没有任何塑像。只有以色列人知道，没有人可以面对面观看创造主。

自 18 世纪以降，持人道主义立场的作家一直抗议说以色列的上帝雅威残酷无情。然而，这种观点忽视了那时的各种奇奇怪怪的神祇。对

于遵循其律法的人来说，耶和华是无限慈爱的；以色列人通过先知们逐
25 渐认识到，上帝不仅仅是公义之主，还是爱他百姓也被他们所爱的神。外邦人的神祇完全不是这样的：亚斯他录（Astarte）、摩洛（Moloch）、亚述神（Ashur）甚或宙斯的敬拜者都不以其神为人类法律的制定者，也不幻想着去爱一位可怕且无法预测的神祇。考虑到当时的情况，和那些假神比较起来，耶和华算是仁慈的了。

只有耶和华与人定下圣约——伟大者和渺小者之间的庄严契约，启示给上帝拣选之人。诺亚对此一圣约有些了解，亚伯拉罕有更多的理解，摩西则得到大量的启示。立下圣约的上帝也是将他的公义之道显明在人间的上帝。至少从可能性上来讲，上帝所创造的世界是有秩序的世界。肇始于伊甸园中亚当与夏娃的不顺从，人类任意犯罪的行为破坏了这一秩序。上帝在《创世纪》中宣告：“人从小时心里怀着恶念。”*

“亚当一人堕落，我们众人都犯了罪”，这是清教徒的《新英格兰初级读本》——此乃北美印刷的第一本书——中的第一行话。这一教义是新英格兰承自以色列的遗产的一部分。所谓的“原罪教义”从犹太教传入基督教中，逐渐成为美国早期历史中的基督徒殖民者的核心原则。

以色列人相信，人类已经堕落。也就是说，人类已经背离上帝造人的初衷。伊甸园的故事就是描述这一堕落的。尽管古代近东世界的其他宗教可能在某些程度上也隐约认为人类已经堕落，偏离了良好的本性，
26 只有在以色列人的信仰中，这种确信才占有支配性地位。对以色列人来

* 和其他章节相同，这里的英语译文来自《钦定版圣经》这个仍被广泛使用的最古老版本。晚近的《耶路撒冷圣经》这样翻译《创世纪》8:21：“我不再因人的缘故咒诅地，人从小时心里怀着恶念。”（Never again will I curse the earth because of man, because his heart contrives evil from his infancy.）关于《圣经》的翻译，可参阅 Ward Allen (ed.), *Translating for King James* (Nashville: Vanderbilt University Press, 1969); and Dewey M. Beegle, *God 's Word into English* (New York: Harper, 1960)。

说，“罪”从本质上说就是反叛——以破坏圣约的形式反抗上帝或者因无法履行其义务而背离道德和社会秩序。以色列人明白，暴力和欺诈内置于堕落的人性之中，只有通过顺服上帝的权威才能有所节制。他们自己的惨烈历史证实了这一点：每一代人都重复堕落犯罪的故事。在以色列和犹大面临极大的共同危险时，两国的人仍旧杀戮不止，背后的原因就是罪。就在巴比伦人掳走耶路撒冷的居民之后，尚留在犹大的那些人就开始了毁灭性的内斗——再一次显明即便上帝所拣选之民也都败坏不堪。

不过，仁慈的耶和华给了他的百姓一次自我救赎的机会。如果他们愿意遵守上帝向摩西启示的圣约，他们就可能免于罪的毁灭性打击。律法不是对人的惩罚或者压迫性负担；相反，它是耶和华珍贵的礼物，以色列可以凭此得享公义。耶和华的律法指示了自我生存以及社会生存的途径；它是重获灵魂秩序和社会秩序的手段。

相对比较安全的现代人一般都理所当然地认为世界上存在着某种秩序。他们模模糊糊地假定存在着某些正义原则，而且生活是有特定目的的。然而，在以色列人经历其“存在的飞跃”并由此认识到公义的上帝及其律法之前，没有人相信宇宙有某种不变的秩序。一切已发生的事可能都是出于运气或机会；诸神要么凶狠残忍，要么反复无常，这些神祇没有给人类的行为举止留下任何清晰可辨的原则。往最好了说，这些外邦神祇也不过是随心所欲地对待人类，公义不在考虑之列。赫西俄德（Hesiod）是这么描述希腊诸神之首的：

> 宙斯统治世界，没有任何拦阻
> 今天所赐，明天即可拿回

27 的确，各古代文明迫切渴望有某些私人和公共秩序原则。我们可以在某些希腊神话中看到寻求此类原则的努力，埃及人或者一部分埃及人试图找到赋予生命以价值的伦理权威。在写于大约公元前2000年、名为“自杀辩”的埃及“棺木文”（Coffin Text）中，我们发现那位无名作者已经意识到，所有人对于社会失序都有责任，而且只有通过分享存在的神圣本质，同时作为人和灵魂的个人才能将众人从其堕落状态中拯救出来。[5] 所有民族都一定会自发地寻找持久的秩序。不过，第一次成功找到秩序的是以色列人，而且这一令人惊奇的成就从此不曾被人类忘记。

独一的上帝将自己显明给以色列人：也就是说，通过上帝有意的作为，他的智慧和权能才为以色列人所知。上帝的命令提示一个民族该如何生活。没有目标和规则的生存令人恐惧，可是这种恐惧被上帝的启示一扫而光：人类并非宇宙中孤独的存在，存在的还有他者，而且那位他者是独一的上帝，让人类可能成为好于终将灭亡的兽类的存在。借着被启示的宇宙秩序，人们有了充分发育成人的可能——也即能够寻找存在的规范和目的，不会像随遇而安的狗一样。

因此，摩西十诫不是由某位独断的部落神祇强加于人的一套严厉的禁令，它是让人获得解放的规则，使得人们能够减轻罪的奴役。它也教导人如何共处及处理人与上帝的关系，如何约束暴力和欺诈行为，如何认识公义并将自己提升到高于掠夺性动物的水平。

这些诫命极其简单。它们宣告有一位最高的存在；所有其他“神祇”都是假神；物理性神像迷惑人；上帝之名不得用于邪恶目的；每周有一天应当专注于冥想上帝；父母要被尊崇；谋杀、通奸和偷窃是邪
28 恶的；人们不得在法律程序中说谎；内心贪恋其他人的财物是犯罪。诚然，这些原则不是道德的全部，不过它们是道德体系的核心要素。而且

它们对于复杂的现代文明和沙漠游牧文明同样适用。

以色列人通过摩西接受了一套较低等级的法律；正统派犹太人大体上仍在遵行这些法律。过了很久，在犹大的余民从被掳之地巴比伦回归之后，希伯来先知的这些法规和启示被记录在“摩西五经”这部上帝法法典之中，这样，犹太人就可以根据宗教原则管理他们所有的日常活动。虽然古代世界的所有其他教义信条和宗教仪轨都已消失，摩西五经以及解经的拉比们却维系着犹太信仰及实践。因此，犹太人被称为律法的民族，他们在拥有经书或《圣经》以前便已有了律法。

犹太律法不仅仅是某位僭称拥有神祇之权能的君王赐下的命令——以色列人对此心知肚明，它不仅仅是人类为自己发明的一套方便的习俗和惯例，也不是阶层或者等级体制的压迫工具。真正的律法源自上帝亲自所定并对其百姓重申的圣约。上帝启示犹太律法的目的是救人免于自我毁灭，将人从罪及其后果中拯救出来，阻止人成为各自为战的该隐，让人能够模仿上帝的作为，因为人本是按照上帝的形象造的。

透过宗教和世俗两种形式，犹太人对圣约和律法的理解散播到整个西方文明世界，后来也在某种程度上散布到整个世界。有关永续圣约或者协定——不管是在上帝和人之间，还是仅仅在人与人之间——的观念，在不同的地区和时代有不同的表达方式。它通过基督教的教导进入中世纪社会，成为英国社会秩序的核心要素，而北美的开拓者大多来自这一社会。虽然美洲殖民地——其中最突出的是新英格兰的殖民地和宾夕法尼亚——的开拓动机从根本上说是宗教性的，有关圣约的观念和现 29
实并不仅仅局限在这些地方。像以色列人和犹大人一样，美国人不断违反庄严的约定；不过，仍旧与以色列相似的是，美国人明白，如果没有了圣约，民众将无所适从。

美国人对法律神圣性的理解更多继承自以色列，而不是罗马的法律专家。正义有特定的基本原则，它们源自上帝赋予人的本性，法律是尽其可能地实现这些原则的手段。美国独立宣言和美国宪法的作者们就是这么认为的。有关人的罪性以及需要法律约束每个人的意志和欲望的信念影响了殖民地时期和合众国时期的立法者们。虽然托马斯·杰斐逊是个理性主义者，他却宣称在有关政治权力的问题上，人们一定不要相信人的所谓的良善，而要“用宪法的铁链将他绑起来”。

美国革命与法国革命的一个主要区别是，美国革命者对人及其罪性的看法一般都符合《圣经》的教导，而法国革命者通常试图否定这种基于《圣经》的理解，取而代之的是持理性主义立场的启蒙哲学家所提倡的有关人性良善的乐观教导。美国人人性观的成果是 1787 年宪法，而法国人性观的后果则是恐怖统治和新的独裁政治。美国宪法是一份讲求实用的世俗约定，其起草者（除少数例外）相信旨在约束人类暴力和欺诈倾向的神圣的圣约。美国宪法这一根本大法有意识地制约人的意志和欲望。喜欢新花样的法国人不愿忍受对民众冲动的类似约束，结果，他们只能屈服在一种更武断的统治之下。

以色列人对律法的了解是从他们体验上帝主权的经历开始的，《创世纪》和《出埃及记》对此有充满想象力的描写。后来，这种认识被一
30 系列先知拓展和深化。随着耶路撒冷落入巴比伦大军手中，先知的权力也减弱了；在基督教时代开始的一百年中，先知的权力寿终正寝了。笔者在这里不愿冒昧地闯入《圣经》研究的种种迷宫之中，所能做的乃是描述先知对现代人的持久意义，以及说明先知们的教导现今是如何深深地嵌入到美国的秩序结构之中的。

公义与震怒

“先知”一词的意思是说话者，也即被上帝呼召来向民众和掌权者说话的人。借着上帝的恩典与善意，先知预告上帝的意旨；不过，先知不是魔术师，不是占卜者，不是预测事态详细发展过程的人。换言之，希伯来先知是富有道德想象力之人，确信耶和华已命令他们以上帝的名义讲话，告诉民众上帝的震怒和上帝的怜悯。

T.R. 葛洛沃（T. R. Glover）说：“希伯来先知以胜利者的心态保存了对上帝本性的认知，抛弃对神性的所有其他说法。上帝是位格性的，上帝只有一位，上帝是公义的，上帝是王——这四项伟大的教义是所有宗教的基石。它们得之不易。它们是艰难、苦毒和失望的经历所结的果子。在历经人或魔鬼所能想到的所有试炼之后，民族和个人的一切期盼与信念都已崩溃，因此才有了这样的收获……它们不再将公义看作关乎仪式或禁忌之事，而是将之纳入态度、行为和灵性的领域。它们让宗教摆脱远古的闹剧和不断涌现的可憎面目。”[6]

摩西是先知，以色列的最后一位士师撒母耳也是。不过，我们这里主要关注的是公元前 8 和 7 世纪的先知们；上帝赋予他们勇气去斥责君王，并警告整个以色列民族当心上帝的愤怒。这些人独来独往，后来才被追认为真正的先知。虽然耶和华向他们启示了自己的意志，他们在自 31
己的时代却常常没有得到公众的尊重。任何其他宗教都没有自己的阿摩司、何西阿、第一以赛亚、弥迦、耶利米、哈巴谷以及第二以赛亚。他们深度参与自己那个时代的战争与国内的抗议，不过，他们传递的信息超越了促使他们发声的那些事件。

以色列人和犹太人知道，许多假先知已经来到：依附于某个王室的宫廷先知（不过，其中有些人可能是真正的先知）；“先知之子”或四处游荡的狂热分子团伙；将自己的梦误认为上帝启示的先知；假装已获得先知神交能力（也即获得超自然的认知沟通能力）的小丑和煽动家。不过，假先知已被遗忘，真先知却影响长存。

虽然都是上帝的喉舌，这些大先知每人各有自己的言说风格。后代的人通过他们的激情、他们的口才、他们的大无畏精神以及他们被事件证实了的信誉衡量这些先知，发现他们确实是耶和华的仆人。在以色列更早期的历史中，他们被称为观看者（seer）——即能看到普通肉眼无法看清的东西的人。

凭借他们对以色列历史、传统和文献的了解，这些人向他们的同代人言说，提醒以色列注意他们与上帝所立的约以及耶和华的震怒和意旨。不过，他们的言说超出历史知识的范畴。他们从上帝那里获得启示（这常常让他们自己感到震惊），宣告上帝的审判。他们超越了感性认知和物质领域的束缚。也就是说，他们是上帝的声音的中介或传送器。

他们的洞见——或者毋宁说他们从超人的权威那里获得的信息——不是来自梦中：上帝已直接和他们沟通。在他们预言因对耶和华的不顺从会导致苦难之后，那些苦难很快会变成现实。当他们描述上帝的怜悯
32 以及人与造物主的恰当关系时，他们极富说服力的发言会触动后来人的心思意念，即便他们周围的人充耳不闻。

第一位写下自己所获得的启示真理的先知是阿摩司，他听命于耶和华，离开自己位于提哥亚（Tekoa）镇附近的羊群和无花果树。显然，他只是一位牧羊或耕地的乡下人，不过，大约在公元前 765 年，他到了位于撒玛利亚的伯特利（Bethel）圣殿，指责国王和人民背离了与上帝所立的约。阿摩司在大祭司面前否认他是先知，意思是他并不是专门的预言家，而是因他无法抗拒上帝的命令。他攻击以色列的奢华、腐败、不义和沾沾自喜，告诉他的听众说，国王要被刀剑处死，人民要被掳为

奴；伯特利的大祭司要死于流亡之中，他的孩子们会被屠杀，他的妻子会被迫成为妓女。祭司们和民众将他赶出伯特利，有什么可奇怪的呢？不过，这些审判都变成了现实。

阿摩司最有意义的地方在于，他宣称耶和华是所有人的上帝，而不仅仅是以色列的上帝。与上帝所立的约本身就表现了早在摩西上西奈山之前就在宇宙中存在的那种正义。以色列人确实是耶和华的选民，因为上帝选择直接启示他们，而不是其他民族。不过，正是由于这个原因，上帝所要求于以色列的公义高于其他民族。阿摩司讲到上帝对这些不信和冷酷的族群的愤怒：推罗（Tyre）、以东（Edom）、叙利亚（Syria）、非力士（Philistia）、亚们（Amon）与摩押（Moab）。不过，上帝对以色列的愤怒也不逊色，因为以色列违背了律法。以色列无视上帝的戒命，依靠献祭和仪式来取悦耶和华；这样，上帝就必须为罪和蠢行管教他的百姓。上帝只有一位，而且他是所有族类的上帝，既不忽略也不遗忘任何人。

像更早时期的先知一样，阿摩司威胁说君王滥用权力的行为要受天谴。这一冲突贯穿以色列和犹大的整个历史。某位君王可能偶尔会征求先知的意见和祝福——比如可能请求先知向上帝代求；不过，通常的情况是，先知毫不退缩地反对王室的政策。这种交锋的关键之处常常在于 33
这样的两难困境：以色列和犹大的国王觉得应该适当地与临近王国的君主们吃喝往来，娶其他国王的女儿为妻，在以色列内容忍这些外邦国家的偶像崇拜，与不遵从律法的强国缔结和解除盟约。如果没有这些世俗安排，以色列和犹大这些小王国怎能生存下来？先知的答案是，相信上帝。不过，国王们都知道亚述、巴比伦或埃及刀兵的厉害。一直到耶路撒冷陷落，君王和先知间的这种争斗都没有得到解决。

另一位来自乡下的先知何西阿在公元前 8 世纪后期曾对撒玛利亚人

说："主向你所要的是什么呢？只要你行公义，好怜悯，存谦卑的心，与你的神同行。"（《弥迦书》6章8节）。与阿摩司一样，甚至程度还超过他，何西阿指明了如果以色列继续悖逆律法将必然要面对的结局。不过他也暗示，如果以色列回转顺从上帝，上帝可能会收回他的惩罚。（通常，先知"预言"的都是可能性，而非不可更改的命运。）因为上帝是怜悯人的上帝：就好像一位有爱心且尽责的丈夫饶恕和拯救一位放荡的妻子一样，耶和华也试图将他的百姓从罪的后果中拯救出来。如果以色列国停止淫荡的行为，如果以色列弃绝与亚述或埃及的联盟，那么上帝就会饶恕和拯救他们。

随着撒玛利亚逐渐被人遗忘，以赛亚开始在犹大说预言。与地位低下的阿摩司和何西阿相反，以赛亚享有很高的地位。先知以赛亚以上帝的名义告诉亚哈斯王不要去讨好可怕的亚述人。战争刽子手埃及和亚述可能会毁掉犹大，不过，上帝选民中的幸存者会熬过劫难并重返家园。在时间终了时，世界会发生转变，正义将获胜，锡安会成为完美之城，那些对耶和华保持忠心的人将获得奖赏。不要相信世俗的权势；在帝国主子以武器装备自己时，犹大要保持原有的作派。在公元前8世纪快结束时，以赛亚描述了历史中的神圣秩序。因着上帝的怜悯，犹大将免遭西拿基立刀剑的攻击，不过，那些狡猾的世故者将不知所措："祸哉！
34 那些向耶和华深藏谋略的，又在暗中行事，说：'谁看见我们呢？谁知道我们呢？'……因为强暴人已归无有，亵慢人已经灭绝，一切找机会作孽的，都被剪除。"（《以赛亚书》29章15、20节）

同一个时代的先知弥迦鼓励罪人承受上帝的愤怒：有着无限怜爱的上帝将高举那些被羞辱的人。耶路撒冷会陷落，但不会永远如此。灾难已经不远。在公元前7世纪末6世纪初约雅敬王统治期间，被呼召的先知哈巴谷问上帝为何允许巴比伦的迦勒底人如此野蛮地骚扰犹大和其他部族，他得到的答案是：迦勒底人将上帝的审判加到这些部族的头上；对罪人的惩罚通过罪人实施。上帝告诉他的先知：“唯义人因信得生。”要等候上帝，以上帝为乐。最终，义人会得救。

耶利米是先知中遭受磨难最大的一位，他经过几个国王的统治时期，在他预言过的耶路撒冷被毁之后，他幸存下来。耶利米站在圣殿中，因上帝的可怕呼召而惊恐，在百姓面前却毫无惧色，他向首领和众人宣布，除非犹大悔罪并改变自己的作为，否则圣殿将被毁弃，城邑将变得荒凉。祭司和宫廷先知们大声嚷嚷说：“这人是该死的！因为他说预言攻击这城，正如你们亲耳所听见的。”（《耶利米书》26 章 11 节）不过首领们救下耶利米，而且将他的话传给约雅敬王——后者将信条烧掉。

耶利米宣告犹大必须顺从巴比伦，以此作为对他们罪行的惩罚。他没有为耶路撒冷最后的结局祷告，因为他的主人不是国王，而是上帝。在巴比伦人历经超过一年半的围城，并于公元前 587 年攻陷耶路撒冷后，他们将先知从地牢中放了出来——将他投入地牢的是西底家王。接着，尼布甲尼撒的大军洗劫了被攻陷的耶路撒冷城，他们烧毁圣殿和王宫，推倒城墙，将百姓掠去为奴。

耶利米预言，以色列不会被摧毁，因为耶和华已与他的百姓订立了 35
新约。“耶和华说：‘那些日子以后，我与以色列家所立的约乃是这样：我要将我的律法放在他们里面，写在他们心上；我要做他们的神，他们要做我的子民。他们各人不再教导自己的邻舍和自己的弟兄说“你该认识耶和华”，因为他们从最小的到至大的都必认识我。我要赦免他们的罪孽，不再记念他们的罪恶。’”（《耶利米书》31 章 33—34 节）

也就是说，旧约对整个族群有效；新约通过良心和个人亮光对每个人有效。耶和华不需要在锡安山上建立自己的圣殿，他也不需要犹大王国，正如他不曾需要撒玛利亚一样。他是万军之主，借着那些忠心于他者的心思意念让以色列得救；虽然他们被俘获，他的百姓将把耶和华的真理传遍全地。最高的主将通过很多人而不是一个政治国家实现他的意旨。

最后一个大先知是第二以赛亚——他生活在第一以赛亚之后很久（尽管他是《以赛亚书》第 40 到 66 章的作者）。他在被掳巴比伦时期发预言，指出强大的巴比伦将被波斯大军击败，上帝的选民们将被征服者大流士解放。在巴比伦的统治者伯沙撒王宫殿的墙上出现这样令人困惑的文字：mene，mene，tekel，upharsin[*]。巴比伦确实在一夜之间就陷落了；第二以赛亚（或者被这么称呼的无名先知）已经预言，犹大的余民将返回耶路撒冷。

这是医治性的预言。如果不追求完全的理解，一个人是可能认识上帝的："耶和华说：'我的意念非同你们的意念，我的道路非同你们的
36 道路。天怎样高过地，照样，我的道路高过你们的道路，我的意念高过你们的意念。'"（《以赛亚书》55 章 8–9 节）以色列曾是上帝受苦的仆人、人类的代表；以色列受责打是因为全人类的罪。现在，以色列的余民应被高举，上帝的真理应传给外邦人，以以色列为各国的光。因着以色列的罪行和磨难，上帝遭受的苦痛就像生产的女子。现在，他要安慰他的百姓，因为他爱他们。

从始至终，先知们常常受君王们的鄙视，被民众恨恶和威胁；和以色列一样，他们是受苦的仆人。他们指出人类得救的道路；人们却拒绝他们。第二以赛亚许诺说，现在上帝自己将更直接地干预世界：上帝将

---

* 所写的文字是：弥尼，弥尼，提客勒，乌法珥新。讲解是这样：弥尼，就是神已经数算你国的年日到此完毕。提客勒，就是你被称在天平里，显出你的亏欠。毗勒斯（与乌法珥新同义），就是你的国分裂，归于玛代人和波斯人。（《但以理书》5 章 25–28 节）

差派一位新的仆人，上帝的灵将与他同在，让他在地上实现公义。

我们应如何理解从阿摩司到第二以赛亚的这些先知？如果他们仅仅是在向地中海东岸的两个被彻底摧毁的小国家的君王和百姓说预言，这些先知在人类历史上的意义可以忽略不计。如果仅止于此，那么这些先知就是失败者，因为就连回归时期重建的耶路撒冷也已经在后来化为尘烟。不过事实是，这些先知发预言的对象是所有时代的所有人。

亚伯拉罕·赫西尔（Abraham Heschel）评论说："先知是对他所处的社会说不的人，谴责它的习惯做法和自以为是，以及它的自满、悖逆和混合主义。他常常被迫宣告与他内心想法截然不同的结果。他最根本的目的是和好人与上帝的关系。这两者之间为何需要和好？"原因是人无比的自高自大，人憎恶上帝对历史的干预，人滥用自由。尽管犹太人和基督徒宣称过去一千九百年里没有真先知被呼召，那些旧先知却一直存在。*"我们需要做出抉择：自由是自作主张还是对要求的回应，最 37
终的结局是冲突还是关爱。"[7]

通过向以色列阐释耶和华之道，通过探求以色列在上帝主权之下的历史经验的意义，先知们寻觅到世界的秩序。最初，他们认识到人（man）是按照某位不可见的位格神（Person）——超越物质和时间的创造之主——的形象创造的。上帝出于自己的爱确立了伦理原则，让他的百姓能够据此生活在一起，这样，他们就不会像灭绝的野兽那样。以色列之子们首先认识到上帝是以色列的主；很快，他们就认识到他是万国的主；后来，他们认识到他是每个人心里的主。他是公义之主，怜悯之主。顺服他的人将被从罪中拯救出来，尽管他们可能在自己的日子里受苦，在时间的终了，胜利将属于他们。爱主之人将得享灵魂的秩序，

---

* 穆斯林当然宣称穆罕默德是最伟大的先知；摩门教徒则相信约瑟夫·史密斯（Joseph Smith）是现代的先知。

在主面前谦卑的国度将享有共同体的秩序。如果不认识上帝，人们只能收获外部的黑暗和哀哭切齿的命运。

律法和先知让人类的存在具有清晰无误的伦理意义，这就是现代社会秩序奠基于其上的原因。人类现在还有阿摩司所指责的人的所有罪性：可怕的暴力、正义的败坏、弱者的受欺、自私的放纵、伪善、毁灭性的自满。尽管在摩西听到耶和华的声音之后已经过了三千三百年，人类从整体上并没有在建构灵魂或共同体秩序方面获得令人满意的成就。不过，如果没有律法和先知们所揭示的秩序原则，现代人便认识不到个人和共和国的准则。

以色列的普通人对律法和先知的理解肯定是不完美的，20 世纪的普通人对它们的理解也好不了多少。可是，如果没有以色列的遗产，人类的状况对很多人来说是无法忍受的。就像那些“就自杀问题展开争论”的古埃及人一样，人们会问自己，自杀是不是要好于活在败坏之
38 中。如果没有律法和先知，生存的秩序便不可能长久。

上帝在时间和历史中掌权

在前面对以色列以及犹太人和基督教信仰源头的描述中，律法的性质以及先知的教导已经被记录在案，这和美国几乎所有的早期殖民者的理解以及美国宪法制定时的绝大多数美国人的理解是一致的。从历史上看，这就是美国秩序的希伯来根基，不管本书的读者是否完全认同律法和先知。对犹太人或基督教信仰的系统护教——也即以理性为工具对这些信仰进行神学上的辩护——超出了本书的主旨，也超出对本书内容的限制。

对 20 世纪的很多美国人而言，旧约的内容似乎令人迷惑：它部分地显得不可思议，部分地与现代人的处境无关。任何一个高中生可能都会反驳说，没有大鱼能够吞掉约拿。现代的学术研究可能显示，“历史上的摩西”可能非常不同于《出埃及记》里的摩西。在过去一百年，大众《圣经》（尤其是旧约）知识的弱化使得人们更难以让希伯来经验与当代秩序问题发生关联。就此而言，《圣经》从来就不易理解。[*]

不过，如果我们想要理解《圣经》时代的秩序经验与我们自己时代 39
的秩序经验的联系，我们就需要记住，历史有两种截然不同的形式：神圣历史和世俗历史。神圣历史包括对人类与上帝关系的描述，世俗历史包括对人类世俗事务经验的描述。前一种历史通常只能通过象征表

---

* 亚瑟·托马斯·奎勒－库奇爵士（Sir Arthur Quiller-Couch）巧妙地对比过《圣经》和英国文学作品，指出在普通读者和对神圣文学的理解之间，被放置了善意但却强有力的阻碍。

像奎勒－库奇在 1920 年建议的那样，让我们设想“有这样一卷书，它涵盖了我们文学中的全部伟大作品，收录的次序是：《失乐园》、达尔文的《人类的由来》、《盎格鲁撒克逊编年史》、瓦尔特·迈普、密尔的《论自由》、胡克的《教会组织法》、《年度纪事》、弗鲁瓦萨尔、亚当·斯密的《国富论》、《末日审判书》、《亚瑟之死》、坎贝尔的《大法官传记》、包斯威尔的《约翰逊传》、巴伯的《布鲁斯》、哈克卢伊特的《英国主要航海、航行、交通和地理发现》、克拉伦登、麦考利、莎士比亚的戏剧、雪莱的《解放了的普罗米修斯》、《仙后》、帕尔格雷夫的《英诗金库》、培根的《论说文集》、斯温伯恩的《诗与谣》、菲茨杰拉德的《鲁拜集》、华兹华斯、布朗宁、《旧衣新裁》、伯顿的《忧郁的解剖》、伯克的《论弑君和平信札》、莪相、《农夫皮尔斯》、伯克的《论当前之不满情绪的根源》、夸尔斯、纽曼的《生命之歌》、邓恩的《布道》、罗斯金、布莱克、《废弃的农村》、《曼弗雷德》、布莱尔的《坟墓》、《德奥尔》、贝利的《非斯都》、汤普森的《天堂猎犬》。

“接着你是否会如下的想法，觉得这卷书中大多数作者的姓名都已经被遗忘？觉得那些未被遗忘的少数，却也都被定错了位？例如把罗斯金认为是《旧衣新裁》的作者，把《礼赞维纳斯》和《德洛丽丝》归给伊丽莎白女王，把《忧郁的解剖》归给查尔斯二世？是否会觉得这些作品的标题，根本就不是来自作者，而是由某个委员会创造的？

“你是否还会进而觉得，所有的诗歌都是像散文那样印刷的，而散文的长段内容全都被打散成诗节，让它们看起来就像试卷中用来做句法和内容分析的短小段落？”（引自 Arthur Quiller-Couch, *On the Art of Reading*, Cambridge University Press, 1920, pp. 154-155.）

达——通过寓言、隐喻和诗歌的“梦境”（high dream）。第二种历史关乎属世的事件，试图将自己局限在现有的可证实的记录和叙事之内。这两种类型的历史学家都必须要有想象力，如果他们的作品要想获得持久影响力的话。

神圣历史就像处在黑暗中的玻璃杯里一样，只能通过象征进行描述。因为人们的超越性经验——极少且突然感受到的、无法用其有限的五个感官准确衡量的现实——不同于人们的战斗、外交或选举经验。诗人有时会窥见真理，然后他会尽其可能地以自己的理性来测度它；科学
40 家也是这么干的。先知们也是如此。17 世纪的伟大数学家和哲学家帕斯卡尔曾有一次强烈的宗教超越经验。他灵魂深处的那种经验超过了普通意识的极限，是他无法用语言描述的，尽管他是散文大师，他能说的也只有：“火，火，火！”

因此，在阅读旧约这部神圣历史时不应将它简单看作是对日常事件的记录。它通常采用象征性和诗歌体写法，因为象征是很多真理最准确的表达方式。比如说，约拿的故事实际上是一种寓言：它告诉人们，一个民族即使被某一强权势力征服和奴役——就好像一个人被海里的怪物吞吃一样，仍然可以通过他们的宗教信仰保持其身份认同。犹太人就是这样凭借着对耶和华的信心熬过巴比伦被囚时期的。

与此类似，真正重要的并不是一个可以想象得到的“历史上的摩西”——我们对此一无所知，因为那个遥远的时代和那个不起眼的民族没有留下任何文件乃至手工制品或骨头。摩西的重要性在于他是文士们描述的那个人物——他经历了“存在的飞跃”，获得了也许可与帕斯卡尔媲美的超越性时刻，而且经由这样的经验便能够向希伯来人讲述律法。你也可以去寻找“历史上的堂·吉诃德”（Don Quixote de la Mancha）。即使你能够证明塞万提斯以他头脑中的某个西班牙熟人作

这位不朽人物的原型，对20世纪具有重要意义的也不是那个“历史上的”堂·吉诃德。具有重要意义的堂·吉诃德是塞万提斯小说中的那个表情哀戚的骑士（Knight of the Sorrowful Countenance）。正如马克·吐温评论荷马时所说的那样，《伊利亚特》（*Iliad*）的作者要么是荷马，要么是另一个同名者。摩西和律法的关系也是如此。

虽然很多世俗历史与《圣经》中的神圣历史纠缠在一起，但旧约的宗旨不是要提供一个政治和军事事件的编年史，而是以不同的方式且通过不同的作者讲述希伯来人是如何认识耶和华、耶和华律法以及上帝与人之间的圣约的。以现代编年史体裁为准绳批评旧约就搞错了整本旧约 41
的性质。

借着从摩西和先知口中说出的有关人类处境的真理，希伯来人知道了永恒。这对我们并不容易理解。因为现代人普遍的“时间”观差不多和古希腊人一样，也就是说，时间似乎是“线性的”，从远古的某个点直线延伸到现在。然而，希伯来人认为时间是“灵性的”（psychic）——也就是说，与灵魂有关，与灵性经验有关。在上帝眼中，所有的一切都是永恒存在着的：上帝不受人类的“时间”观约束。也可以这么说，发生在摩西和先知身上的事是对时间的一个突破，在某些时刻，或者毋宁说在某些突如其来的经验中，时间和永恒合二为一，希伯来人遂得以窥见上帝的永恒。索雷夫·波曼（Thorleif Boman）对此是这么说的：

> 对我们来说，空间就像一个大容器，存储、布置和糅合所有东西；空间也是我们生活、呼吸以及能够自由扩展的地方。在希伯来人那里，时间起到类似的作用。他们的意识就像一个容器，他们从孩提时代开始的整个一生以及他们经历或听闻的所有现实都存储其中。因为所有人都一直保持着自身的特性，一个具有凝聚力的统一

> 体尊重每个人的物理性特质——这种特质就是：所有这一切就是我的世界，我的存在。外部世界对其构成心理影响的人在自己的意识里有一个世界；他存活于时间之中，不过，即便他实际上存活于时间之中，特定时刻以及时间片段只起到非常次要的作用。以前那个玩耍的孩子、上学的少年人以及开始与人竞争的成年人都是同一个我；身体和容貌已经改变，生活已有了阅历，不过那个人自己——即他的意识——一直保持不变。从内部看，他的个人经历构成了一个统一体，一个世界；在那个世界里，他自由轻松地行动。因而，即使希伯来人活在时间之中，时间差别（time-distinctions）对他的
> 42 意义也微不足道。在上帝的意识中，所有的时间尺度都不存在，因为雅威一直保持不变。[8]

所以，对希伯来人来说，时间本质上不仅仅是以死与生为标志的事态流变。时间的真正意义在于它与永恒在灵性上的联系。也可以说，时间的重要性体现在特定时刻里灵性意识的强度，而不是简单的持续长度。因此，对希伯来先知以及理解先知的希伯来人和犹太人来说，一个人的物理性生存不是存在的目的。希伯来人的“时间”不仅仅是个人生活的日日夜夜，而是一个民族在上帝主权下的存在。上帝在“时间”之外，即使时间是他的创造物：对上帝来说，一个民族的所有历史事件都同时并存。上帝不受“过去”“未来”或“现在”的约束。

既然如此，希伯来思想家们对个人永生的问题不是特别关切。被上帝拣选的希伯来民族（people）的生存才是先知们念念不忘的关切。活在此刻的个人是这些人中的一份子，他与整个民族有着相同的过去和未来。这一民族根据其与上帝之约的秩序超越任何个体的暂时欲望。如果人可以获得拯救，他们将作为上帝百姓的成员获救，而不是作为孤立的

个体获救。

借着给予摩西并由先知们扩充的启示，上帝闯入时间之中。此后，希伯来人或者他们中理解律法和先知的那些人持有的历史观以及对人类状况的看法非常不同于其他民族。格哈特·尼梅尔（Gerhart Niemeyer）写道：“《出埃及记》救赎故事中显明的上帝显然不受任何时间的制约，反倒是时间的主人。或者换个不同的说法，他是超越时间的上帝……另外，通过有针对性地介入时间以显明自己的那个永恒上帝一定是有目的、意志和智慧的上帝，而不仅仅是具有宇宙性权能的上帝。正如他过去的作为所显示的那样，他一定是审判和救赎的上帝……于是，从某种角度上说，时间现在成了人所栖息的一片汪洋，隔断它的唯有上帝过去介入所造成的那个孤岛。”而且上帝可能会再次介入。[9]

上述对希伯来人时间观的简要分析与秩序观有密切联系——而且经 43
由犹太人和基督教教义与现今美国人基本的个人和社会秩序观有紧密联系。如果上帝是有目的和自主意识的、智慧的、公正的和拯救人的，那么，如果人不试图了解这位存在——即为了解人类处境而试图认识上帝，那他就是愚蠢的。既然上帝的本性如此，那么，有价值的“时间”便是人与上帝团契并实现其目的的时间。人通过上帝进入永恒，从罪中被拯救出来。如果事实如此，那么历史肯定就有了崭新的意义：历史变成一个民族寻求或逃离上帝的生命历程。只有当它们与上帝为人设定的目的产生关联时，对首领君王们行事的记录才有重要价值。

如果人们接受存在着一位公正慈爱的上帝的现实，而且这位上帝的永恒摆脱了时间的束缚以及这个世界的苦难，接下来的必然选择是，某个民族应该接纳上帝为他们设计的秩序。如果上帝为灵魂或个人以及共同体设定了秩序，抛弃那个秩序就是具有破坏性的不顺服行为，而且这样做的后果是那人就让自己成为时间的囚徒。正是此一信念让希伯来人和犹太人定意要遵行律法，虽然有各种磨难和试探。

在激烈的试炼下，散居各地的犹太人通常肯定会问自己这个问题：有什么证据能证明摩西和先知们的认知清晰无误，说话诚实？他们有实际的证据，就是他们那个民族的经验事实：虽然其他民族消亡，但他们作为一个民族却留存下来。成百上千年过去了，他们看到不仅犹太人，而且基督徒和穆斯林仍旧以希伯来人的核心启示为生活指南，他们甚至看到新的世俗哲学和意识形态也渗透进律法，尽管哲学家和意识形态专家可能否认这一点。这可能不是完美的真理凭据，不过，对于超越五官感受的事物，所有证据都是不完美的，生存的延续以及对人类处境的持久意义是决定某一信念体系对或错的最好的实际准绳。

44 正如耶利米所预言的，耶和华已经将他的律法放在他们里面，写在他们心上。虽然流亡中的犹太人的共同体已经破碎，他们却借着敬拜，从里面感受到上帝存在的现实。对上帝之存在、公义和爱以及上帝之永恒的个人性认知进入到他们生命里面——哪怕就像处在黑暗中的玻璃杯里一样。如果没有这种认知和这种信心，他们就会全部灭亡。

在时间框架内，从犹太人在历史上的经验来看，我们有可能了解人为何要让自己顺服于某一种个人秩序和社会秩序。问题的核心是，如果无视个人秩序通常可以给人们带来即期的快乐和好处，那人类为何还要服从这个约定的个人秩序？如果他们通常可以因违背法律而获益甚多，那他们为何还要服从这个约定的社会秩序？

这种顺服的最根本原因是：上帝命定了这种秩序，而且这种秩序大大有利于人类。如果有人违背这一秩序，那他就变成不完全人：他与赋予他生命并赐他永恒机会的上帝隔绝。失序是对上帝智慧、公义和爱的拒斥。因此，为了维系这一秩序，也为了在其中发挥自己的作用，相信律法和先知的人会舍弃世间的一切。一个人及时地死掉比一个民族与永恒无缘要好。

希伯来人的这一秩序经过很多世纪传到美利坚合众国的手中——虽然在流传中它因环境和信念不同而有所改变。上帝——历史的主宰者、永恒的那一位——在西奈山上为人所知。他的律法依旧是秩序的源泉，即便这一律法的形式已经被世俗化。

其他民族继承了另外的道德秩序，比如佛陀释迦牟尼传给印度的秩序。然而，各地秩序的基本原理似乎很相似。C.S. 刘易斯（C.S.Lewis）在《人的消亡》（*The Abolition of Man*）一书中，从很多不同的宗教和哲学体系中收集类似的片段——这些片段证明存在着一个被普遍接受的自然法。他发现人们都接受普遍善行规则（a law of general 45
beneficence）；特别善行规则（a law of special beneficence）；对父母、长者和祖先的义务；正义规则；仁慈规则，虽然其表述形式各异。旧约中的启示可能不是启示的唯一形式；不过，美国秩序依赖于这种神启真理的形式。[10]

不管采取哪种形式，启示是所有地方私人和公共秩序的根基。毫不奇怪，阿拉伯半岛沙漠中的早期以色列之子们会见识到深刻的道德启示；在那些直到今日仍处于原初状态的民族中，这些启示性的洞见也为他们的道德领袖所了解。1928 年，英国探险家奈斯比特（L.M.Nesbitt）带领的一小队人被非洲达纳基勒洼地（Danakil Depression）的一群凶猛的达纳基勒人（Danakils）困住。让他们免于被屠杀的是达纳基勒人的先知，一位名叫苏尼·马阿（Suni Maa）的老人，那个部落的年轻人无法理解这位老人遵从的道德秩序。奈斯比特问这位“活着的骷髅”探险者们的生命是否有危险，苏尼·马阿回答说：“有非常大的危险，特别是遇到了那些年轻人，因为他们贪婪，短短的人生阅历还没有让他们脱离对土地的依赖。他们不知道有不属于这个世界的东西，不知道神秘高级、值得舍弃一切去追求的东西。”[11]

生活在 20 世纪的这位达纳基勒先知表述的对超越感官的真理的认知，就是摩西传递给以色列之子们的启示。正如希伯来人所了解的，有一种超越时间的道德秩序。西奈山秩序通过其基督教和犹太教的形式依然在给美国注入活力。

旧约与新美国

在殖民地时代的美国，任何接受过基础教育的人都熟知一本书：
46 《圣经》。旧约和新约同样重要，因为美国殖民地在建立时恰逢对希伯来文化的学术研究重新火热起来，而且早期美国基督教信仰的加尔文主义特征强调以色列的遗产。

马吉安派（Marcionism）是基督徒试图从犹太人教义中排除出去的异端，在早期的美国没有追随者。* 在美国革命前，只有少数犹太人在殖民地定居，而且直到 19 世纪最后几十年人数才增多。不过，以色列的遗产在美国的影响力大于在欧洲的影响力。

新英格兰的清教徒们不仅以十诫和《利未记》与《申命记》来建构他们共同体的秩序，而且一直将他们自己比作以色列和犹大的百姓。清教徒们认为自己在上帝的指引下正再次经历希伯来人的磨难和成就。丹尼尔·布尔斯廷（Daniel Boorstin）说：“为解答自己的问题，他们随时准备引用《出埃及记》《列王纪》或《罗马书》，以及《圣经》中那

---

* 大约在公元 2 世纪中叶，马吉安教导说基督徒应该只认可圣保罗的“纯全福音”，而且犹太人的雅威实际上不是上帝，而是工匠神（demiurge）；在工匠神的权势下，人类会蒙受苦难，直到基督来临。

些叙事性较弱的部分。他们所处的独特环境和他们对情节的洞察力让他们得以看见这些叙事性段落的特殊含义。他们生命的根基是他们自比为以色列之子。他们想象自己通过到旷野去再次经验出埃及的故事，而不仅仅是单纯遵从一个到旷野去的明确指令。在他们看来，《圣经》与其说是一部法律集锦，不如说是一套有约束力的先例。”[12]

新英格兰在智识上的领导地位将赋予那个地区一种与其人口规模不相匹配的对美国的影响力，这些领导人将对希伯来遗产的理解传播到新英格兰各殖民地以外很远的地方。同时，日内瓦的约翰·加尔文的教导给新英格兰的公理会教会打下非常鲜明的印记，对其他美国殖民地也有影响（虽然没有那么强烈）。中部和南部殖民地的长老会信徒——苏格兰人、苏格兰-爱尔兰人和英格兰人——也是加尔文的追随者；一直到 47
17 世纪中叶，连属于圣公会信徒的殖民者都常常强调圣公会教义中的加尔文主义要素。[13]浸信派信徒也受加尔文的影响。

约翰·加尔文的希伯来语研究和他阐释的有关罪和人之败坏的教义，对基督教旧约的理解所产生的影响在美国要强于欧洲国家或者其他基督徒占多数的国家。当然，美国殖民地的路德宗信徒、卫理公会信徒、贵格会信徒以及其他基督教团体也没有忽视旧约，尽管他们对旧约的强调程度一般可能不如加尔文主义者。

尼尔·里摩尔（Neal Riemer）评论道，“因为旧约的核心主题便是从奴役和压迫中得自由”，以色列和犹大的遗产滋养了美国的自由。“就像巴别塔故事的寓意一样，它警示人们不要企图成为上帝。就像亚当和夏娃的故事一样，它迫使人们认识到自己的必死性和不可靠性并承认地上不可能存在乌托邦。对认为可以通过偶像崇拜具体实现乌托邦的信念，它屡次予以猛烈的抨击。不过，另一方面，它又为人们通过努力改善生活留出足够的空间。按照我的理解，这就是上帝与诺亚立约，然后又与亚伯拉罕、摩西和后来的先知重新确认此约的核心意义。”[14]

因此，旧约有助于将早期的美国人造就成社会现实主义者。恰如埃德蒙·伯克在殖民时期结束时所宣称的，大部分美国人的宗教是“异议者中的异议，新教中的新教主义（Protestantism of the Protestant religion）”——充满了自由精神。不过，美国人表示异议的对象并非律法和先知；加尔文主义者的争吵对象也不是以色列之子，而是圣公会的特权。一般而言，加尔文主义者对旧约权威的确信比马丁·路德更加热切；圣约的观念影响了他们所有的政治信念。

克林顿·罗西特（Clinton Rossiter）精准地说出了这关键的一点：
48 美国民主社会端赖于清教徒和其他加尔文主义信念——而且正因为此，
它在不小的程度上也仰赖以色列在上帝主权之下的经验。罗斯特尔说：“虽然美国的民主有种种缺陷和坎坷，虽然它还有很长的路要走，它一直是而且现在仍是一项具有高度道德意义的事业。不管人们对这一民主体制的渊源可能还有什么疑问，赋予它生命和本质的道德体系的主要源头则是毫无疑问的……”这一清教徒遗产——也即这一被嫁接的希伯来传统——带来了“契约及随之而来的衍生物；比‘天空中某种徘徊不定且无所不在的东西’更宏阔的高级法；自足且负责任的个人的观念；经济个人主义的某些关键要素；坚持公民应受教育以理解其权利和义务的主张；以及中产阶级的美德——它是道德稳定性的坚实基础，而美国人则认为，成功的民主体制必须永远仰赖它”[15]。

当然，清教主义以及美国其他形式的加尔文主义本质上还属于基督教，并非只是更新后的犹太教。很快，这些因素改变了早期殖民地时代的那种严格的加尔文主义：加尔文主义色彩较淡的圣公会的扩张、路德宗的影响、19世纪几百万天主教移民的到来，以及很多持其他信仰或主张的移民的到来。另外，随着代际的更替，新英格兰人自己也放松了马萨诸塞湾殖民地创建者们的严格教义。

不过，虽然如此，如果不诉诸于律法和先知，美国的政治理论和体制以及美国的道德秩序便不可能获得很好的理解、维系或更新。“我们信仰上帝”这一美国信念重新确认了与诺亚、亚伯拉罕、摩西以及预言中最后日子里的以色列之子们所立的圣约。地上的耶路撒冷从来都不是一座雄伟的城市：今天，生活在纽约市的犹太人远远多于在所罗门最光辉灿烂的日子里生活于巴勒斯坦所有地区的居民。不过，比起清教徒们创建的波士顿、荷兰人创建的纽约或因杰斐逊主义者和汉密尔顿主义者 49
在政治上的妥协而诞生的华盛顿，永恒的耶路撒冷这座灵性之城对美国秩序的影响更大。当地上之城灰飞烟灭时，信心和盼望却会永存：这实际上是以色列在上帝主权之下的经历的主要教训。

注释：

[1] John Winthrop, “A Model of Christian Charity ‘ ’ , in Perry Miller (ed.), *The American Puritans: their Prose and Poetry* (New York: Doubleday, 1956), pp.78-83. See also *Winthrop's Journal “History of New England”,* edited by James Kendall Hosmer (New York: Barnes and Noble, 1908 and 1966), Vol. I, pp.24-50.

[2] R. B. Y. Scott, *The Relevance of the Prophets* (New York: Mac millan, 1968), p.225.

[3] John Adams to F.A.Vanderkemp, February 16, 1809, in C.F.Adams (ed.), *The Works of John Adams* (Boston: Little, Brown, 1854), Vol. IX, pp. 609-610.

[4] Roland de Vaux, *Ancient Israel* (New York: McGraw-Hill, 1961), Vol. I, p.99.

[5] See James B. Pritchard (ed.), *Ancient Near Eastern Texts relating to the Old Testament* (second edition, Princeton: Princeton University Press, 1955), pp. 405-07; also Eric Voegelin. *Israel and Revelation* (Baton Rouge: Louisiana State University Press,1956), pp. 98-101.

[6] T. R. Glover, *Progress in Religion* (London: Student Christian Movement, 1922), pp.143-144.

[7] Abraham J. Heschel, *The Prophets* (New York: Harper Torchbooks, 1971), Vol. II, p. xvii.

[8] Thorleif Boman, *Hebrew Thought compa red with Greek* (translated by Jules L. Moreau, New York: W. W. Norton, 1960), pp. 137-138.

[9] Gerhart Niemeyer, *Between Nothingness and Paradise* (Baton Rouge: Louisiana State University Press, 1971), pp. 166-167.

[10] C. S. Lewis, *The Abolition of M an* (New York: Macmillan, 1947), pp. 51-61.

[11] L. M. Nesbitt, *Desert and Forest: the Exploration of Abyssinian Danakil* (London: Penguin Books, 1955), p.269.

50 [12] Daniel Boorstin, *The Americans: the Colonial Experience* (New York: Random House, 1958), p.19.

[13] 关于早期美国加尔文主义的影响力，参见 C. Gregg Singer, *A Theological Interpretation of American History* (Nutley, N. J.:Craig Press, 1964), particularly the Introduction.

[14] Neal Riemer, *The Democratic Experiment: American Political Theory* (Princeton: D. Van Nostrand, 1967), p.35.

[15] Clinton Rossiter, *Seedtime of the Republic: the Origin of the American Tradition of Political Liberty* (New York: Harcourt, Brace, 1953), p.55.

第三章

光荣与毁灭：希腊世界

51 希腊人的致命缺陷

在哲学、战争、早期的科学、诗歌、礼仪、修辞、诈术诸方面，自称为希腊人者超越了他们之前的所有文明人。在希腊城邦国家失去自由以来的两千多年时间里，希腊人在某些方面的成就尚未被超越。可是，古希腊人没有做到这一点：他们从未学会如何在一起过上和平正义的生活。

对大部分美国宪法起草者来说，古希腊城邦国家没有什么先例值得遵循——唯一的例外是希腊失败的政治经验提供了某些有益的负面教训。在哲学和艺术方面，我们要向光荣的希腊学习，正如我们要学习以色列的宗教和伦理一样。不过，在政治模式方面，这两者都没有什么可模仿的。

创建美利坚合众国的那些人清楚地知道，他们继承和发展的这一社会秩序要优于雅典、叙拉古（Syracuse）、斯巴达或哥林多所了解的那种秩序。他们在希腊经验或秩序中发现的有价值的东西是提醒他们要避免什么：阶级冲突、不团结、内部的暴力、私域和公域的傲慢与自私、妄自尊大的虚荣以及公民价值的崩溃。

52 耽于沉思的古希腊人就政治宪制展开无穷无尽的辩论，写下无数文字。然而，没有哪个希腊城邦曾确立某种可长久持续的宪制——唯一的例外也许是实行军事化管理的斯巴达。埃斯库罗斯、索福克勒斯和欧里庇得斯的悲剧都是在雅典写作并首次上演的，而雅典自身的历史也是充满悲剧的，因此，关于雅典政治秩序，人们最多只能说它的问题比其他许多希腊城邦要少一些。不过，希腊人在政治混乱局面下所取得的成就依然让人感到震惊。

亨利·梅因（Henry Maine）爵士在1876年写道：“某个弱小的民族最初居住的地方不过巴掌大小，他们却发明了进步的准则，向前而不是向后或者向下运动的准则，毁灭会带来建设的准则。这个民族就是希腊人。除了自然的盲目力量，这个世界上一切运动的东西都起源于希腊。”从希腊扩散开来的酵母激励了追求进步的各个伟大民族，这种活力在民族间传递，由此产生与其潜在才干相匹配的成就。当然，这些成就常常比希腊人自己的成就还大。[1]

即使上述溢美之词显得有点夸张，这一点依旧是千真万确的：如果没有希腊人的馈赠，我们所谓的“现代文明”就不可能产生。（应该补充的一点是，希腊人自己并不承认存在着“进步的准则”，即便他们确实带来了人类的进步：希腊的哲学家、诗人和历史学家通常认为太阳之下并无新事——即人类历史不断重复他们以前所遭遇的苦难或取得的成就，只不过有了新表现和新名目而已。）希腊人已接近征服已知世界；如果他们能够在其文化中发展出某种还算可以的和谐融洽的体制，他们可能就会获得全面的胜利。没有任何其他民族能像全盛期的希腊人那样在如此短的时间里涌现如此多的卓异之士。

人们常说，希腊人会给所有东西都起个名字。希腊人最重要的单词之一是自大（hubris），意即人的自负傲慢——诸神会因此发怒。这毫 53
不奇怪，因为希腊的整部历史都贯穿着强烈的地方自豪感、对权力赤裸裸的贪恋和傲慢的个人主义，以及由此而来的灾难。他们的宗教无法约束他们，这就是尽管他们拥有非凡的天赋却最终屈服于更为稳健的民族的原因。

希腊人在古代世界以其诡计多端而臭名昭著，无论作为个人还是群体，都常常弄巧成拙。大约在公元前410年，欧里庇得斯曾评论道：

“绝不要信任希腊人。”罗马人会说：“小心送你礼物的希腊人。”希腊人是古代最聪慧的民族和最优秀的战士，可是他们将精力用于互相摧毁。除非遇到极端紧急的情况，要将希腊各城邦团结起来实现某种目标是不可能的。其中某些城邦不时会组成联盟或邦联，然后很快就一哄而散——其理由不过是某一成员被认为马上从中获得了好处。一则俄罗斯谚语说道：“希腊人会讲真话，不过每年只讲一次而已。”

在以色列人入侵巴勒斯坦期间，所谓的希腊人（Hellenes）正一波一波地征服希腊大陆地区和各个岛屿，将这些地方早期文明的遗存彻底毁灭。在以色列人与强大的非利士人斗争之际，希腊人刚好攻下小亚细亚的特洛伊城。在亚述人摧毁北国以色列的前后，希腊人在整个地中海地区到处创建殖民地，并最终将殖民地扩展到从西班牙到埃及或从黑海到利比亚的广大地区。在以色列之子们丧失独立后不久，希腊的伟大时代或者雅典文化的时代开始了。

18 和 19 世纪的自由派历史学家和文化人通过遗留下来的文学作品和断壁残垣的建筑及已破损的雕塑来了解希腊文化，并将之理想化。这些文人有点过分地将希腊（尤其是雅典）吹捧成自由的发源地、善与美的庇护所、理性的源头，甜美与光明的故乡。这种热烈的溢美之词既不
54 是完全没有道理，也不是都合情合理。法国革命的大多数领袖都纵情歌颂属于古典希腊和罗马的一切。不过，美国革命以及美利坚合众国初期的领袖们在诉诸他们的古典情怀时则有所保留。

如果美国人要从古典范例中寻找政治上的理由或指引，他们会更多地留意罗马共和国，而不是希腊城邦。论及罗马宪制的希腊历史学家波利比乌斯（Polybius）对他们的直接影响可能大于柏拉图和亚里士多德政治理论的影响。美国的建国者中有很多是律师，几乎所有人都有在美国殖民地时期和革命时期从事实际公共活动的经验，他们认为希腊城邦

国家所辖面积小、人口少，不可能成为广袤的美利坚合众国的有效模仿对象。罗马元老院的情况与此不同。从殖民地时期到美国内战时期，美国的一些领袖人物都读过希腊和罗马的历史学家用古典语言写下的著作，更多的人读过这些著作的译本或者至少读过翻译的节选本。他们中的多数人都很清楚，不管希腊人在思想领域取得的成就多大，公平有力的政治秩序都不在其列。

即使在今天，如果抬头看一眼雅典卫城，我们就会对整个 18 和 19 世纪的文化人中间普遍存在的对希腊文明的敬仰之情感同身受。如果评价一个文明的标准是美，那希腊人还从未被超越。残败的帕特农神庙虽只剩下一个石头架子，却依然光彩照人；伊瑞克提翁神庙（Erechtheum）里的少女雕像表现出的那种宁静是现在的雅典人所不曾体会到的；伯里克利主持建造的恢弘的建筑群悄悄地诉说着辉煌的理想和完美的品味。然而，十字军曾将这些不朽的建筑当作城堡，土耳其人后来又将雅典娜神庙改成临时拼凑的堡垒。许多世纪以来，雅典卫城被征服者掠夺；18
世纪末，帕特农神庙的饰带被盗走，后来被存放在大英博物馆。尽管雅 55
典卫城现在只留下一个影子，但它的妩媚可爱仍时时见证着希腊人的想象力。几乎在万物起源之初，希腊人就已明了一切。他们是怎么有这种认识的？

所有人给出的答案都不甚令人满意。我们知道希腊人政治上失败的原因。辉煌的伯里克利建筑群的建造资金是从雅典盟友那里偷来的，就某一方面而言，它代表了一种贪婪的帝国主义。结果，那些不幸信赖雅典人的其他希腊人被屠杀。将钱挥霍在建造这些雅典卫城之上的神庙是伯罗奔尼撒战争的主要诱因，在雅典向斯巴达投降之前两年，工程才告完成。读过修昔底德历史——也许是托马斯·霍布斯的译本——的美国人知道，这种美付出的是血的代价。接着伯里克利的民主帝国主义而来的是群众动员、寡头统治和宿敌的胜利。历史学家们所谓的雅典的“伟大时代”只持续了不到五十年。美国的建国者们希望找到更持久的道路。

毕竟，建造帕特农神庙凭借的不仅仅是某种甜美与光明的精神，还有公众无所顾忌的雄心。雅典卫城上供人敬拜的神祇——甚至智慧的雅典娜女神自己——都不是良善社会秩序的楷模。阿尔弗雷德·齐默恩（Alfred Zimmern）是研究希腊政治体系的有影响的评论家之一，他认为：“希腊政治思想家没能认识到个人灵性诉求的广度和紧迫性，他们的工作因此变得毫无意义。在人们能够在政治上进行最高层次的合作之前，他们必须拥有心灵上的自由。归根结底，希腊政治思想的问题可以被归因于希腊宗教的缺陷。”[2]

雅典卫城上的奥林匹亚或“荷马史诗式的”神祇在希腊每座城市都有专门供奉它们的辉煌建筑，不过，它们到底给希腊民众带来何等真正
56 的心灵自由？这些神庙与其中矗立的神像是希腊民众骄傲的标志，也常常是他们傲慢的象征；它们都是些“法定的”神祇，可是却与个人良心无关，既不鼓励人类对永恒的渴望，也不清楚宣告人类应当遵守的准则。* 在雅典，奥林匹亚众神只剩破败的遗迹；而从前，很多评论家将奥林匹亚众神如岩石般的冷漠和安静误认为古希腊人自己的精神状态。可是，在希腊的“伟大时代”，奥林匹亚神话的魔力迅速衰减——尽管其中的一些洞见被纳入柏拉图的宗教哲学之中。

---

* 《伊利亚特》和《奥德赛》中有绝妙的见地。但是，不像在数个世纪中成长和发展的希伯来宗教，希腊宗教的发展并没有像它早期预示的那样成功，或者说，希腊的大众信仰在开始显得无力时，就被哲学取代了。希腊宗教的发展从未超过荷马的高度。“精神的首次重大显现就是荷马宗教，它同时也是自然的首次重大显现，”沃尔特·F·奥托写道，“在后来的希腊，精神继续在多个方面显现，但是其形式从未像这种属于活精神的宗教一样具有原创性。通过这种宗教，希腊文明讲出了它关于世界的言语。”（Walter F. Otto, The Homeric Gods: the Spiritual Significance of Greek Religion, translated by Moses Hadas; New York: Pantheon, 1954, p. 159）

希腊人的宗教渴求并不仅限于对奥林匹亚众神的国家崇拜。希腊人灵性冲动的某一方面更加阴暗，更加可悲，也更加能满足某些情绪，远远超过宙斯、雅典娜、波塞冬和阿波罗已经理想化的形象所能达到的程度。有一段时间，荷马史诗中的宗教——即混合了灵性的奥林匹亚神话——部分地遮蔽了这一更古老也更神秘的宗教。然而，在“伟大时代”过后，原有的渴求再次浮现，奥林匹亚偶像崇拜的活力则下降了。

人们在德尔菲（Delphi）依旧能隐约窥见这种信仰；从某一方面来说，能够更好了解它的地方是伟大的希腊城市西西里（Sicily），也即古代的阿克拉格斯城（Akragas）。人们在那里窥见的可不是理性主义、甜美与光明——这些都被希腊文化以前的崇拜者误认为希腊人宗教意识的全部。

公元前 5 世纪初，诗人品达（Pindar）称阿克拉格斯是最美丽的凡 57
人之城。现在，它被称为阿格里真托（Agrigento），虽已衰败，当代的居民中也没有希腊天才的迹象，却依然很美。大教堂耸立在阿克拉格斯曾经的卫城或堡垒之上，从那里望出去，人们可以看到满是废墟和杏树的山谷，然后是正对面的一个山岭，山岭上还矗立着公元前 7 和前 6 世纪的古典神庙。

这里能看到壮观的大海，有公民神祇（civic deities）——它们是阿克拉格斯城邦的保护神——的神庙：专门供奉着宙斯、赫拉、赫拉克勒斯和其他奥林匹亚神祇的神庙。宙斯的神庙曾被古代的一场地震倾覆，是希腊世界最大的三个神庙之一。它的规划面积是如此之大，以至于阿克拉格斯人几乎被它的建造成本压垮，却还一直无法在它倒塌前为它装上大部分房顶。阿克拉格斯城的南墙紧挨神庙的这些高大的立柱；阿克拉格斯人似乎故意把他们神祇的庙宇放置在这么高的地方，好让入侵的敌人感受到守望着阿克拉格斯这座平庸之城的神祇的威力。可是，这些奥林匹亚神祇让他们的城市失望了，因为迦太基就在大海的正对面；不久之后，迦太基人就来攻击阿克拉格斯，放火焚烧这些用金色石头砌成的神庙。

我们不清楚的是，阿克拉格斯的民众到底有多信任奥林匹亚神祇。这座城市的下面有一个由水道和古怪的关口组成的巨大迷宫，它们全是人工的杰作：从地下冒出的冷气穿过普格托里奥广场（Piazza del Purgatorio）的缝隙，在西西里的光照下变成蒸汽。建造这个迷宫的动机是敬拜某种东西，不过不是奥林匹亚众神。在山脊的下面，远离该城南部山岭上的公民神庙（civic temples），人们现在还可以走进比这座希腊城市更古老的德墨忒耳（Demeter）和科莱（Kore）的洞穴神庙。该洞穴神庙供奉冥界诸神（chthonian deities）：那些掌管土地和地下水、死亡、再生和生殖的黑暗神祇。即使在古希腊的伟大时代，就普通
58 人的信仰而言，这些幽冥的势力不是比耸立在山上的那些优美却空洞的雕刻或铸造物更有吸引力吗？*

一直以来，许多希腊人向冥界的神祇祷告，或者拥抱对俄耳甫斯（Orpheus）或酒神狄俄尼索斯（Dionysius）的神秘崇拜，拒绝理性的物质世界。有些人——包括公元前 2 世纪的旅行家鲍萨尼阿斯

---

* 除非对希腊宗教有所了解，否则人们总会对希腊悲剧产生误解，因为希腊悲剧都是带有宗教性质的。因此，有些现代评论家和戏剧家常常将索福克勒斯的《安提戈涅》看作是某种主张“公民权利”的作品，摄政王克瑞翁（Creon）被视为压迫性政府的化身，而女孩安提戈涅则被视为个人自由的象征。人们可以像亚里士多德那样，在《安提戈涅》里发现某种“自然法”倾向。然而，悲剧作品不是政治评论文章。希腊人从来没有想过城邦之外的自由，甚至没想过反对城邦的自由。苏格拉底没有主张与雅典民主体制作对的法律权利。索福克勒斯的克瑞翁不是暴君，只是有可能堕入暴政的城邦国家的领导人。安提戈涅没有提出反对城邦国家及其法律传统的某种新法学理论。实际上，安提戈涅表达了冥界神祇的诉求：它们要求其兄弟的尸首必须按照仪式埋葬；克瑞翁代表了对奥林匹亚众神的公民崇拜：它们要求服从公共秩序。索福克勒斯没有评价这两个诉求本身的对错；相反，他的悲剧作品描述的是忠诚与职责的冲突，也即不可能轻易协调的宗教情感的冲突。

（Pausanias）——很勇敢地爬进土地神特罗丰尼乌斯（Trophonios）的洞穴，希望在那里能够预知未来。（鲍萨尼阿斯在洞穴神庙中看到幽森恐怖的景象，在那之后很久，他才能再次笑起来。）

希腊的法律和秩序之神是阿波罗这位阳光理性的精灵。不过，对阿波罗的有序世界构成有力挑战的是希腊酒神狄俄尼索斯——一位激情、狂躁和放纵的神灵。在位于德尔菲的希腊最著名的神殿，这两位神祇的庙宇并肩而立。秩序之神的存在能够约束放纵之神的魔力吗？

如果说希腊宗教并不像 19 世纪的文人墨客幻想得那般温和明亮，希腊的公民社会秩序也并非安静祥和：阿波罗与狄俄尼索斯争斗不已。据说阿克拉格斯城首位骇人听闻的暴君法拉利斯（Phalaris）将他的对手放在一个状如公牛的铜炉中烘烤。在其独立存在的所有时间，阿克拉格 59
斯总是在暴政和无政府状态之间摇摆，而且其他大多数希腊城邦也无不如此。阿克拉格斯巅峰时期的人口有二十多万，其中绝大部分是奴隶，很多来自非洲。（在希腊政治思想家之中，只有柏拉图能够隐约提及一个非由奴隶制支撑的共同体。不过，那也只是出现在他早期著作《理想国》中的非分之想。）虽然希腊人的健康状况很不错，在大多数城市，身强力壮的普通公民的共同预期却是，他们可能在非常年轻的时候便死于暴力。就算在奢靡的阿克拉格斯，那些爱美的希腊人也都勇敢坚强，习惯于刀光剑影的生活。毫无疑问，对于千百年后的世俗学者将他们的生活刻画成一幅田园牧歌的景象，他们会惊诧不已。*

无论是每座希腊城市公民神庙中的那些像人一样神奇的奥林匹亚神祇，还是许多希腊人心里更向往的那些掌管幽暗世界、神秘之物和家务

---

* 不过，总的来说，希腊人憎恶酷刑，而且他们不允许戏剧中出现酷刑。他们可以将攻下的城池中所有适合当兵的男性人口统统杀掉，可是，他们不会故意非常冷血地残酷折磨肉体。

事的神灵，都没有像耶和华对待以色列那样赐给希腊人个人和公共秩序的准则。奥林匹亚众神和冥界神祇多次互相厮杀，所有的希腊城邦也都如法炮制，一旦他们觉得侵略行径有利可图，便时刻准备着发动对蛮族或其他有着相同渊源和体制的希腊城邦的战争。每个城市里的阶级冲突、政治争斗和个人野心每隔几年就将公民社会秩序撕裂一次。民主政体的动荡程度不比独裁政体和寡头政体低。对希腊人而言，“自由”主要意味着他们自己所在城邦的独立，并非较高程度的个人自由。他们非常热诚地依附于眼前的出生地，这既是他们的优点，也导致了他们的失败。与此同时，他们美轮美奂的宗教没有为他们提供一个连贯的道德秩序。

60 梭伦与雅典政体

然而，这些古希腊人在美国人对秩序的理解方面做出的贡献比初看之下要多。尽管希腊人从来没有为自己争取到持久的正义，但他们也没少尝试。他们中的有些政治家和哲学家间接地影响了美国的建制。在美国建国时期，对美国人影响最大的希腊秩序构建者是梭伦。

大约在先知耶利米预言尼布甲尼撒将摧毁耶路撒冷之际，诗人梭伦升入雅典的权力殿堂。后来，希腊人将其尊为七贤人之一。两个世纪以后，柏拉图评论说，如果梭伦继续写作哀歌和韵律诗，他作为宗教诗人的成就可能会比肩或超越荷马或赫西俄德（Hesiod）。可是，梭伦改行从政，成为雅典卓越的立法者。梭伦曾为雅典制定一部新宪法，将近两千四百年后通过的美国宪法也有梭伦式审慎的气息。

通过希腊传记作家和伦理学家普鲁塔克（公元 46—120 年）的作

品，18 世纪的美国人得以了解梭伦。其中一些人曾读过普鲁塔克的希腊文原著，不过更多人读的是诺斯（North）或德利顿（Dryden）精彩动人的译作。借着他的《希腊和罗马贵族的生活》一书，普鲁塔克对美国人观念的影响大于所有其他古典作家（可能的例外是西塞罗）。在普鲁塔克写下的所有传记中，对当时新生的美利坚合众国最有用且急需的内容无外乎梭伦的生平。

费城医生、学者及《独立宣言》签署者本杰明·拉什（Benjamin Rush）博士并不欣赏古典研究的种种科目，不过，拉什做了一个梦，在梦中遇到三位立法者。第一位立法者说：“我是梭伦。”* 拉什认为，
以《圣经》和希伯来典籍高强度地教导美国孩子，比将时间花在希腊和 61
罗马神话上要好。可是，他了解梭伦的价值。喜欢新花样的激进主义者汤姆·潘恩虽然平时似乎比拉什更厌恶古典学问，却语带敬重地阐释梭伦的这一原则：当“对最卑微的个体造成的最轻微的伤害被视为对整部宪法的羞辱时”[3]，民主政府就显出它最突出的优势。

与拉什和潘恩同时代的美国人明白，声名显赫者如柏拉图和亚里士多德在进行创作时没有什么权力，因为那时的希腊城邦已经衰败。不过，梭伦却和那些美国领袖们一样：拥有很大的权力，在一个强有力的国家机器孕育而生之际，努力为符合正义的体制构建一个长久的框架。

作为诗人、哲学家、宗教老师、爱国者、英雄以及实际生活中的领路人，梭伦拥有美国建国者们在自己世代里寻觅的那种智慧和品格。不奇怪的是，在美国日常的新闻用语中，梭伦（solon）已成为立法者的同义语。如果没有梭伦，也许美国照旧会有一部宪法，不过这部宪法的下述色彩会淡得多：“制约与平衡”，不同利益群体和阶层间的妥协，以

---

* 拉什梦中的另两位立法者是威廉·佩恩（William Penn）和努玛·庞庇里乌斯（Numa Pompilius），后者在罗马相当于梭伦的角色。

及“混合政府”（mixed government）。在新兴的雅典城邦，梭伦阐述并在很大程度上确立了这些原则。在梭伦之后的漫长岁月里，这些原则被柏拉图、亚里士多德、波利比乌斯、西塞罗和其他古典政论作家重新阐述，它们逐渐成为整个西欧地区以及新世界（各种不同形式的）宪政理论和实践的一部分。

在巴比伦人占领耶路撒冷之前大约五十年，梭伦出生于一个良好的家庭，不过其父亲却挥霍无度。在耶路撒冷被占之后，他继续活了三十年；不过，那一事件似乎对他没有产生重大的影响。他富有远见，是一位预言家。他暗示，他所获真知的源头在他个人理性范围之外；就此而言，他就像一位先知。他的实践成就虽然很大，却远远比不上他树立起
62 的公正诚实的高大榜样，也比不上他引入政治秩序中的道德想象力。

在公元前 7 世纪晚期，雅典部分地失去它早在公元前 10 世纪便已在希腊大陆上享有的主导性优势。哥林多、斯巴达和它的近邻墨伽拉（Megara）有可能会超过它；尽管阿提卡（Attica，被雅典控制的临近地区）的人口规模巨大，雅典的政治组织却相对脆弱，不再由国王统治的雅典深受内部纷争的折磨。德拉古（Draco）于公元前 621 年开始施行的严酷法律恢复了秩序，这种情况已持续一些年头，不过这些法律扩大了社会阶层之间危险的裂痕。在梭伦的青少年时期，雅典是一个由贵族统治的国家，带有贵族社会的优点和缺陷。对雅典人来说，爱财是万恶之源成了活生生的现实。

富裕的土地所有者渴望得到更多的财物，较贫穷的阶层满怀嫉妒，希望得到他们没有能力加以有效利用的东西。更紧迫的是，德拉古的法律在保护财产权的同时将穷人逼到了墙角。在雅典的自由民中，许多人陷入债务黑洞，无力自拔，被迫将其财产收入的六分之五支付给债主——这一数额是体面生活和陷入贫困的分界线。非洲的无数手工业者

或工匠们的命运更差，因为他们几乎都是外国人的后代，不能享有完全的公民权，一旦不能履行其对债主的义务，他们自己及妻儿就可能被卖为奴。实际上，成千上万名工匠已经被卖到海外为奴。在这种情况下，反叛是预料之中的事。不管反叛者是输是赢，雅典城邦都会四分五裂，在外敌面前毫无防御能力。尽管雅典拥有财富、人口和文化，管制它的依旧是一部从更为简朴的部落时代演化而来的宪法。雅典人能够找到一位天才之人，让他们重新获得真正的命运共同体吗？

这个人就是公道正派的诗人梭伦。他宣称，只有依靠公义的秩序，
共同体才能长存。梭伦在他的一首哀歌中写道，民众领袖们已经腐化， 63
变得不公义。他们得罪了正义女神（Dike），正义女神将进行报复，除非共同体改变其作为。* 在危机席卷雅典之前，作为爱国者与外交家的梭伦已名声在外，因为他为雅典重新夺回了萨拉米斯（Salamis）岛，也因为他超越于各政治派系之上。因为经商的缘故，他游历颇广。作为一个富有灵感的诗人，他在古希腊人中获得的评价要高于现代美国选民对他的评价。

公元前 594 年，梭伦被选为雅典的首席民政官（chief civil magistrate）。由于这时的雅典城邦已陷入绝境，所有人——包括中产阶层、富人和穷人——都同意赋予梭伦“仲裁者”或“宪法改革者”的权力，让他有权采取他认为必要的一切经济和政治措施。如果被授予如此的权力，几乎任何其他希腊人都会让自己成为暴君。可是，梭伦拒绝了攫取绝对权力

---

* 希腊字 dike 意为正义、对邪恶或毁坏的补偿、法律程序。法律的希腊字是 nomos，意即习俗、传统、宪法或实证法。有关这些词汇的恰当定义，参见 F. E. Peters，*Greek Philosophical Terms: a Historical Lexicon*（New York University Press, 1967）。有关对希腊人正义和法律观的精确敏锐的描述，参见 Huntington Cairns，*Law and Its Premises*，第二十次 Benjamin N Cardozo 讲座（New York：Association of the Bar of the City of New York, 1962）。凯恩斯（Cairns）博士写道：“既然法律的源头是一种秩序体系，这种体系必然会限定法律领域正当与正确的范围。”

和巨额财富的机会，治愈了雅典社会的毛病。

我们这里可以谈谈他实际的改革措施。在经济政策方面，梭伦废除了原有的允许个人抵押自己身体的法律；他解放了所有因债务被卖为奴的人，并将已经被运到其他国家的那些人赎了回来。他否决了激进人士要在所有雅典人中间均分土地的诉求，然而他削减了债务，并采取措施减轻土地的集中程度。他修改并重新评估币值，降低了利率。在没有没
64 收富人财产的情况下，他成功地改善了穷人的处境，并恢复了雅典城邦共同体合理的经济平衡。

在政治建构方面，梭伦肯定了现实“政体”的存在——即尊重共同体内所有阶层和群体的利益和权利的政府体系。经他改革过的秩序既不是贵族政体，也不是民主政体，而是“混合”政府。他废除了担任公职对良好出身的要求，建立以财富为基础的资格要求和义务责任——决定财富水平的标准是年度收入。公民被分为四个阶层：较富裕的阶层可以担任较高的公职，较贫穷者可以担任较低的职位。这些阶层与服兵役联系在一起，此后，雅典的军事实力就主要依靠中产阶层的男子，因为他们支付得起服兵役所需的重装步兵的盔甲和兵器。

梭伦增强了由所有自由公民组成的民众大会的权力。不过，梭伦将行政权力留给了原有的亚略巴古（Areopagus）委员会——这是一家类似元老院的机构，其成员为以前的宗教、军事和民事官员。为了让公民大会更加有效，梭伦创建了一个四百人委员会，以预备和指导公民大会的各项事宜。梭伦写道，这两个新旧不一的委员会将使得公民大会避免唐突之举，“城邦这艘船要靠两只锚行进，在风浪中才能较少剧烈摇动，让人们免于颠簸之苦”。

他允许那些让其儿子们在阿提卡从事贸易或学习手艺的外国人和长久流亡于自己城邦之外的外国人获得雅典公民身份，他鼓励雅典人从事

手工业和商业。很快，这些措施就使得雅典成为希腊在制造业和商业方面首屈一指的城邦。

梭伦也让雅典人享有一定程度的民主，可是，在此过程中他得罪了很多人，其中包括一些曾极大地受惠于他的人。有些人竭力侮辱他，因
为他没让自己成为雅典的绝对主人，也没有损公肥私。他以一首讽刺诗 65
回应这些人：

> 梭伦确实是一位梦想家，一个头脑简单的人；
> 当诸神赠予他财富时，他自己选择了拒绝；
> 当沉甸甸的渔网里挤满了鱼儿，
> 他拒绝将它拉起，既没有心思，也没有手段。
> 如果有一天我只能选择财富和王位，
> 我宁愿人们扒掉我的皮，拿走我的房产，让我死去。
> 梭伦没有追逐权力；他随时愿意放弃权力。

在颁布了法典之后，梭伦（他宣称他的法律会统治城邦一百年）离开希腊达十年之久，很可能既是为了看看民众在他不在的情况下是否会遵守新的宪法，也是为了避开对他的新举动不满之人的抱怨和讥诮。到这时，他大约已五十二岁。他后来又回到雅典。不过，现在我们可以考察一下梭伦在其诗歌中描述并身体力行的那种秩序的伦理根基。

梭伦说，最高神宙斯是公正的，祸害人类的是人类自己。宙斯查看这一切，他的正义会让作恶者得到报应；确实，他的报应不仅加诸作恶者自己，而且会延及他的子孙和邻居，因为神的大怒会给整个国家带来苦难。

人们满怀幻想地劳作；他们期待最不可能发生的事，要求应由命运

裁决的东西。疯狂地追逐财富通常会导致蠢行和犯罪：

> 财富我所欲者，不过，以不当方式获得的财富，非我所欲者；
> 正义，虽然迟到，但一定不会缺席。

有德性的人应追求荣誉——这里指的是源自卓越的荣誉，而不是财物。抛弃幻想，追求正义，努力听命于诸神，因为我们生命的奇迹都源自诸神。

鉴于个人必须在其私人生活中放弃幻想，建立秩序，共同体同样也必须争取和谐共存；正义的内容包括协调安排社会义务和权利。公义之
66 人让自己的欲望和责任保持平衡，这一点对国家也适用。如果城邦想要长久存在下去，各阶层和派别必须约束自己；公正的法律协调不同社会集团的诉求，这就是梭伦经由宪政改革达成的目标：

> 我将这样的权力归还给民众，
> 既不删减他们已有的，也不赋予新的；
> 对于那些豪富之人和居高位者
> 我的设想同样让他们免受各种羞辱。
> 在这两造面前，我都用强力维护他们，
> 不让一方触犯另一方的权利。

一个人在行动方面给人的教益可能与他的言辞作用一样大；梭伦就是这样的人。当他离开雅典，开始十年的流浪生涯时，他宣称将对他盖棺定论的不是他同时代的人，而是时间本身。时间已经给他下了判语，认定他是高贵公义之人。埃里克·沃格林（Eric Voegelin）这么评论梭

伦道："他树立了古典意义上的立法者的典范，不仅是希腊的典范，而且是全人类的典范。他是一位政治家，并没有超脱于党派之上，而是活动于其中；他对民众的激情感同身受，因此使自己在政治上被接纳为他们中的一员，而且他能够以人民政治家的身份采取富有权威的措施，因为在他灵魂中，那些激情都已顺服普遍的秩序。他为希腊城邦塑造的法律女神（Eunomia）源自他灵魂中的法律女神。他活生生地展现了灵性政治家的原初模样。"[4]

大多数人对公义原则都不甚了了。在梭伦离开雅典的当即，谋私利者就抢着破坏由梭伦改造过的宪法。到了公元前 561 年，梭伦早先的一位名叫庇西特拉图（Peisistratus）的朋友利用阴谋诡计成功地让自己成为雅典的僭主。* 他被赶下台，后来又夺回权力。在这新的艰难局势中， 67
梭伦回到了雅典。他以惯常的勇敢无畏精神反对庇西特拉图；在这位僭主的所有其他对手都逃散之际，老迈的梭伦走到集市中，鼓励市民们推翻那位僭主。没有人响应他。于是，梭伦回到自己的住处，将武器放在门廊上，宣布他已与公共事务无缘；他不会逃跑。他告诉国人，是雅典公民们的愚蠢将雅典卫城再次让渡给庇西特拉图；践踏公义的是人的恶行，而非诸神的恶意：

如果你们正遭受苦难，不要责备掌权的神祇
因为他们本是良善的，而所有的错误都因我们自己；
你们将一切要塞都置于他的控制之下，

---

* 庇西特拉图导演了一出希腊最阴险狡诈的阴谋。他让一位个头非常高的年轻漂亮的女子身着类似女神雅典娜那样的盔甲，让她乘坐战车赶往雅典卫城，庇西特拉图则在后面毕恭毕敬地跟着，然后她被当作神灵迎进雅典卫城。庇西特拉图和他的随从一旦以假冒的雅典娜女神的追随者的身份进入卫城，那里的治安官员便不能将他们驱逐出去。雅典人也许是希腊人中迷信程度最低的，不过，他们的理性并不总能辨别出冒牌货。

现在他的奴隶们必须按他的命令行事。

除僭夺权力外，机变的庇西特拉图后来成为梭伦所创立的宪制的盟友；在某些方面，他甚至强化了其中宽宏大量的条款，并说服梭伦向他提供建议。临终时，梭伦开始写一首关于传说中的亚特兰蒂斯岛的长诗，不过那时他已八十高龄——这是他希望活到的年龄，写作任务对他过于艰巨了。希罗多德后来写道，梭伦在旅行中告诉吕底亚（Lydia）王克罗伊斯（Croesus）说，所有人都应等到生命的最后一刻才宣称自己是幸福的人："不管是什么事，我们都应理所当然地求个好结局，因为上帝常常先让人们尝到一丝快意，然后又让他们坠入毁灭的深渊。"不过，梭伦已让自己的灵魂和行为井井有条，与宇宙的秩序协调一致。他在日子满足、荣誉等身之时离世，留给人类公义的榜样。在其离世的那一刻，梭伦是幸福的，如果人类曾经有幸福的话。

倾覆的城市

梭伦努力在公共和私人领域培育的那种公义，以及可能成为所有希
68 腊城邦之楷模的雅典那种平衡的宪制，注定都不会长久。诚然，有一段时间，公正与混合政体看似会取得胜利。在梭伦去世之后的半个世纪里，大部分时间都属于僭主的时代，不过，他们常常是开明和审慎的独裁者。* 雅典和许多希腊城市都更加繁荣、更加强大，也更加美丽了。

---

* 虽然大多数希腊人声称厌恶专制，许多人却希望自己成为专制者。"专制"一词的希腊语意思是非法地获得权力；专制者不一定就是冷酷无情的，而且希腊的独裁者很少是蠢才。至少在其初期阶段，新的专制政体通常会受到贫困阶层的拥护。亚里士多德将专制视为已经退化了的王制。

到了公元前 6 世纪末，（至少希腊大陆上的）僭主们开始失去权力，相对民主的宪法被公之于众。公元前 510 年，庇西特拉图的儿子们在雅典被推翻；推翻他们主要凭借的是斯巴达的武力——斯巴达这个老式的城邦共同体既反对专制，也反对民主。在斯巴达军团被迫撤出雅典之后，贵族克利斯提尼（Cleistenes）起草了一部修订版雅典宪法。这部宪法比梭伦宪法更为民主，但也受梭伦原则的很大影响，小心谨慎地分配权力，而且按照普鲁塔克的说法，它“做了令人赞叹的修正，以推进共识，保护城邦”。当时的时代趋势是更大程度的公民自由，联合抵御蛮族的敌人，以及日渐增强的道德意识。

可是，希腊诸城邦日益受到来自东西两面的威胁。小亚细亚海岸的爱奥尼亚希腊人最先被吕底亚人征服，然后又屈从于波斯人；在西西里，让人害怕的迦太基人夺取大片希腊殖民地，而新崛起的罗马已开始挤压意大利的希腊城市。到了公元前 490 年，庞大的波斯帝国开始入侵欧洲，而且不久之后，迦太基这个非洲的商业国家凭借着庞大的战舰和许多雇佣兵从西部进攻希腊人。

虽然处于不利的境地，希腊人还是在东面和西面取得胜利。雅典的米太亚德（Miltiades）和地米斯托克利（Themistocles）两位军事家在马拉松和萨拉米斯重创波斯大军。在叙拉古的独裁者格隆（Gelon） 69
的帮助下，阿克拉格斯的独裁者瑟隆（Theron）在西莫拉（Himera）击垮迦太基军队，拯救了西西里；据说，就在当天，雅典海军在萨拉米斯获胜，终结了波斯对希腊大陆的入侵。希腊的“伟大时代”由此发端——一般认为它只持续了短短的四分之三个世纪。

这将是一个璀璨文化和残酷的军事行动并存的时代。很久之后，年轻的美利坚合众国的政治和知识领袖会从公元前 5 世纪希腊人的悲剧性经历中获益，因为那时受过最好教育的美国人对普鲁塔克的作品很热衷，而且有些人读过修昔底德的令人惊叹的《历史》——作为雅典的一名将军，修昔底德见证了伟大时代的终结，理解希腊失败的缘由。在雅典与许多其他城邦国家，希腊的伟大时代是民主的时代。一直到安德鲁·杰克逊的时代之前，很少有美国政治家声称自己是民主人士，这就是其中的原因之一。

作为希腊诸城邦中最杰出、最民主的国家，雅典对被称为伯罗奔尼撒战争的那场自杀式冲突负有最大的责任。在很大程度上，由于雅典未能在其民主体制内成功建构公义的秩序，其愚蠢和不义让希腊在公元前5世纪末陷入贫苦之中，在蛮族对手面前也弱不禁风。*

大约在公元前461年，雅典民主派领袖厄菲阿尔特（Ephialtes）夺走了亚略巴古委员会的权力，并废除了全部对大众主权的限制；而这些限制曾经是梭伦“混合政府”的组成部分，并被克利斯提尼大体上保留下来。因此，法定的政治权力便转移给工商业群体以及雅典数量庞大的海员群体——后者的人数在海军将领地米斯托克利的政策鼓励下有所增加；贵族或者中产阶层的雅典人将这些人称为“海上的乌合之众”。极
70 富才干的政治家伯里克利完全实现了厄菲阿尔特的目标，让雅典民众成为公共政策的实际控制人。从公元前443年到公元前429年，伯里克利成为雅典民主体制的领头人——一开始，雅典城邦因此获得惊人的收益。

在击败海上和陆地的对手后，雅典扩展成一个富裕的帝国。由于伯里克利本人是一位富有才华和鉴赏力的知识分子，他也鼓励雅典伟大时代的那些哲学家、建筑家和艺术家。在波斯战争中被毁坏的雅典卫城被不计成本地重建，其光彩夺目的形象直到今天依然清晰可见。在从波斯

---

* 在希腊人眼中，凡是不说希腊语或不认同希腊文化的人都在野蛮人之列——实际上，几乎所有不参加奥林匹亚运动会的民族都可能会被视为野蛮人。

人于萨拉米斯被击败到伯罗奔尼撒战争结束这段时间，雅典可以自豪地宣称，它所培养或吸引的具有原创性的知识分子和艺术家的数量超过之前任一国家；实际上，自那以后，也许再没有任何地方聚集起这么多的才智之士。戏剧家埃斯库罗斯、索福克勒斯、欧里庇德斯和阿里斯托芬（Aristophanes）都是伟大时代雅典城邦的杰出公民。这也是属于历史学家希罗多德、修昔底德和色诺芬，以及菲迪亚斯（Phidias）和伊克提诺斯（Ictinus）等艺术家的时代；这个时代开启了雅典的各哲学流派（伯里克利曾邀请诸如普罗泰戈拉和希庇亚斯之类的著名诡辩家到雅典），而苏格拉底则是伟大时代勇敢无畏的老师和殉道者。

可是很快，这些辉煌灿烂的文化就毁于政治和军事灾难。雅典人因骄傲和贪婪而变得忘乎所以，自大成了他们的顽疾，于是雅典的民主政体抛弃梭伦的公义，转而追求帝国的好处。曾经为雅典同盟军的较小国家被贬低到侍从的地位，于是这些受害者将雅典称为“暴政之城”——意即雅典不管在国内如何民主，海外的雅典已成为其他城市自由的蚕食者。许多希腊城市为自救而联合起来对付雅典。当其对手获得斯巴达军事力量的奥援，雅典便无望地陷入夺取伯罗奔尼撒战争胜利的长期斗争中——这场战争从公元前 431 年延续到公元前 404 年。

在经历了可怕的围城之后，一个斯巴达军团占领了雅典卫城，战争随之结束。修昔底德写道，雅典这座城市就像某位悲剧性英雄一样因内
部问题而衰亡。雅典的民主政体表现得鲁莽自私、冷酷无情，甚至摧毁 71
了中立的城邦；雅典无数的资源被浪费在奢华的项目上，而且雅典人将民粹分子和追逐私利的冒险家选为领袖，同时却或流放或排斥或错误利用那些本可以拯救城邦的公正和干练之士。由于目标不一、缺乏自制力、不够审慎，自梭伦在雅典城邦恢复正义以来所取得的一切成就都被

雅典人抛弃。*

决定战争胜负的地方不在阿提卡或伯罗奔尼撒，而在遥远的西西里。西西里的叙拉古是希腊西部最强大和人口最多的城市，却成了雅典野心的牺牲品。雅典公民大会积极投票赞成派遣其海军和相当数量的部队发动一次海盗式袭击，希望从叙拉古那里获得大量战利品。然而，叙拉古人得到一个斯巴达舰队和一支斯巴达军队的增援。经过数月的战斗，雅典在西西里残存的部队于公元前 413 年 9 月向叙拉古人和斯巴达人投降。被捕获的雅典人被扔进叙拉古城外的石头坑里，从阿提卡出发的所有雅典男子中，几乎没有人活着回来。在这场大灾难之后，雅典的投降仅证明其活力的衰竭和希望的破灭。

由于对叙拉古的这场愚蠢的远征，希腊民选政府的信誉破产；不过，内战削弱了希腊所有的城邦，甚至包括那些在战争中保持中立的城邦。在希腊世界的边缘地区，蛮族势力在希腊人的内耗中崛起。迦太基人决意要征服希腊的整个西西里地区；他们在拿下塞利努斯（Selinus）
72 和西莫拉两城后，便开始围困阿克拉格斯城——这是西西里仅次于叙拉古的第二强城市，也是西西里最辉煌美丽的城市。

在雅典向斯巴达投降前仅仅一年多一点的时间，阿克拉格斯落入迦太基手中，这座所谓的“最可爱的人世之城”的毁灭表明，持久的秩序原则的缺失摧毁了各地的希腊人。哲学家恩培多克勒（Empedocles）曾说过，他的阿克拉格斯城同胞在建城时仿佛视自己为永远不死之人，而他们豪奢的生活又好像表明他们认为自己明天就会死去。就在迦太基人

* 美国革命和立宪时期的一些领袖人物都提到雅典民主体制的失败。例如，本杰明·拉什写道，有着“复合立法机构”（compound legislature）的斯巴达享有五百年的自由，与之形成对照的是，雅典纯粹的民主体制却带来不稳定和国内的暴乱。[当然，斯巴达的自由只是斯巴达人的自由——不是拉斯地蒙尼亚（Lacedaemonia）的被压迫民族的自由，也不是被称作“希洛人”（helots）的农奴的自由。]

准备好士兵和船只要入侵南西西里时，阿克拉格斯城的一位名叫格利乌斯（Gellius）的非常富有的公民极尽招摇地招待该城的每一位到访者。有一次，他在仓促之间接待了来自格拉（Gela）的五百名骑兵——这些骑兵来时已被雨水浇透，他“从自己的店铺里给他们所有人拿来了内衣和外衣”。在迦太基人围困阿克拉格斯时，该城的元老院命令警戒的公民士兵不要使用两个以上的枕头和三条以上的毯子。这让人回想起梭伦对过度贪财的警告。

阿克拉格斯从西西里的其他希腊城市召集来雇佣兵和士兵，可是，这些人背叛了他们。阿克拉格斯人相信，他们的同盟军及雇佣军的斯巴达将领被迦太基贿赂过。由于被这些可疑的盟友抛弃，惊恐不安的阿克拉格斯人于公元前 406 年 12 月的一个夜晚逃离他们那座迷人的城市。第二天，迦太基部队入城，凡是没有逃跑的自由公民尽被屠戮。慷慨好客的格利乌斯及其友人宁死也不愿逃亡，便躲到雅典娜神庙中，在他们所有的东西都被劫掠一空后，他们放火烧掉神庙，自己也死在那里。迦太基人先是将阿克拉格斯当作他们的冬季大本营，后来又烧毁了这个地方，今天仍高高矗立的赫拉（Hera）神庙的圆柱上有迦太基人纵火的印记。“城市倾覆了，城市悲惨地倾覆了。”

到了这个时候，东西地中海地区的希腊城邦的秩序就开始瓦解了。希腊人在每个城市都因帮派纷争而四分五裂，无法有效团结起来抗击蛮族对手，他们不负责任地追逐权力，常常因过分在意个人收益而牺牲公
共利益，没有能力维系自己的自由。在新的观念和环境面前，传统道德 73
衰落，老一代人和新生代人矛盾重重。

梭伦曾在诗中描绘的公义秩序的退化导致了雅典和阿克拉格斯的败亡。公义可以凭借想象力和知识观念失而复得吗？这就是柏拉图和亚里士多德念兹在兹的问题。

洞穴和沙尘暴

虽然柏拉图和亚里士多德对我们所谓的“西方文明”的影响超过任何其他哲学家，说他们对美利坚合众国的创建者有非常大的直接影响则可能是错的。柏拉图的理想国——他心目中“最好的国家”——从来就不属于这个世界，也不可能属于这个世界。实际上，就美国人而言，柏拉图和亚里士多德在 20 世纪的影响大于他们在 18 世纪的影响。

约翰·亚当斯宣称，他只从柏拉图那里学到两件事情：打嗝是打喷嚏的克星，以及农夫和工匠不应免于服兵役。对革命和立宪时期的美国人来说，他们自己的殖民地经验——再加上从英国继承来的有秩序的自由——比柏拉图和亚里士多德对希腊城邦失败经验的反思更加重要。美国人当时寻找的是适合美国情况的合理的实际政府模式；这些模式不可能在柏拉图的著作中找到，亚里士多德的政论作品和他们的许多问题也没有直接的关联。

不过，作为雅典学院创始人的柏拉图和作为第一个知识体系整理者的亚里士多德以微妙的方式对美国人产生了重要的影响。在作为殖民者来源地的欧洲，柏拉图和亚里士多德的观念无所不在。这些观念曾渗透
74 进罗马文明，然后进入中世纪文化，接着在文艺复兴和宗教改革之后进入欧洲人和美国人的思想——在文艺复兴之后，柏拉图的影响力有极大的提升。

另外，希腊思想无可避免地被纳入基督教教义体系，于是，人们几乎不可能对希伯来观念体系和希腊观念体系加以明确区分：使徒保罗和基督教会的希腊与拉丁教父，将耶路撒冷与雅典的遗产联合在了一起。以希腊语写成的《新约》到处都是柏拉图式的洞见，如果不了解柏拉图的《理想国》，一个人就不可能充分理解奥古斯丁的《上帝之城》；亚

里士多德的学说则主导了中世纪教会的学问。

这两位哲学家对美国人思想的影响并不只表现在他们偶尔提及柏拉图或亚里士多德对政府体制的分类。相反，柏拉图和亚里士多德对人类状况的分析以及他们的正义理论都被纳入美国人的秩序观念之中。美国领袖人物的思想观念中都带有希腊伦理学和形而上学的印记，在整个 18 世纪以及 19 世纪的很长时间里，美国的正规教育非常注重古典学问，因此，那些完成语法学校课程的人都不可能一点不了解柏拉图和亚里士多德的教导，就像他们不可能完全不了解摩西或以赛亚一样。

举例说，《独立宣言》和《宪法》签署者对苏格拉底名字的熟悉程度不亚于对阿尔弗雷德大帝（King Alfred）的熟悉程度。不管美国人是否把柏拉图的神秘教义当回事，但苏格拉底所树立的楷模却让他们感动，而且他们是通过柏拉图的对话集了解苏格拉底的。

苏格拉底为真理献身，为自己所处的时代献身，为将他处死的民众献身，也为持久的法律献身。雅典在伯罗奔尼撒战争中的失败暂时颠覆了其民主宪制。在接下来的一个短暂过渡期，被称为“三十位独裁者”（Thirty Tyrants）的雅典寡头政体成为权力的中心；在这三十位独裁者中有几位是苏格拉底的学生。雅典的民主党人将三十位独裁者拉下马 75
后，重新被恢复的民主体制变得毫无节制。对民主体制的一切批评都被禁止，任何人如果教导看似新花样的东西都会有危险。公元前 399 年，哲学家苏格拉底被（从公民大会中选出的）雅典陪审团指控“不敬拜城邦尊奉的神祇，引进宗教创新和腐化年轻人”。

苏格拉底富有德性和智慧，一直教导其学生遵守雅典的法律，而且自己也是一名勇猛的公民士兵。他的教导意在恢复私人和公共道德，不过，民主的雅典不理解他的教导。他以微弱多数被判有罪。尽管他可以选择流亡，可是，如果他真的逃亡，他就愧对真理，愧对他的城市以及他自己。于是，他选择了死亡，饮下别人送来的毒芹酒。苏格拉底的这种死法让他在古典世界获得类似被绞死的拿撒勒人耶稣在基督教世界的地位。柏拉图对话集中的《申辩篇》（*The Apology*）、《克里托》（*Crito*）和《斐多》（*Phaedo*）描述了苏格拉底最后的日子，古典时代受过良好教育的人几乎视它们为圣书。

在其老师喝下毒酒之后，柏拉图和苏格拉底的其他追随者到海外寻求庇护。过了一些年，柏拉图返回雅典，并在那里的阿克蒂姆（Academe）小树林建立了后来所谓的雅典学院——这是一所高等研究机构，或者大学的雏形。年长之后，柏拉图曾两次渡海到叙拉古，希望转化西方世界的这座伟大城市，以拯救希腊文明。他以八十多岁高龄逝世于雅典，没能拯救他的时代，不过，由于才智和想象力过人，他取得的成就要比公元前 4 世纪的统帅和国王们的成就持久得多。

和他之前的苏格拉底一样，柏拉图努力想要通过深化希腊人对宗教的理解来恢复希腊社会的活力。他在灵魂深处寻找超越物质和时间的真
76 理，他在其微言大义的对话集中以诗性表达他感知到的真理。在柏拉图死后的数百年里，希腊和罗马以及希腊化帝国的哲学家和许多公众人士程度不一地接受了他理解和传播的那种真理。不过，人民大众对他的了解还比不上雅典陪审团对苏格拉底的了解；因此，只有基督教在民众中取得广泛胜利之后，柏拉图的洞见才开始像他曾希望的那样改变世界。

虽然柏拉图富有远见，却并非不切实际的梦想家。正如保罗·摩尔（Paul Elmer More）所说，在很多地方，“柏拉图主义”一词几乎已变成“乌托邦主义”的同义词。摩尔说：“一个悲哀却无可辩驳的事实是，只有下述这些人才更可能自称为或被他们的欣赏者称为柏拉图主义者：妄图凭借一个没有希望的方案使世界获得重生的改革家；对人性现实视而不见却抱有廉价理想之幻觉的梦想家；以随性的幻想代替理性想

象力的浪漫空想家；逃离实际生活中的冲突却沉湎于病态冥想的‘平庸的灵魂’（fair soul）；或者将信仰律法化却抛弃更严格的劳作与报应的律法的信徒。社会上一半的热心人士和狂热分子都以柏拉图这位雅典伟人当自己的挡箭牌。”[5]

正如摩尔接着谈到的那样，柏拉图本人不是那种柏拉图主义者：柏拉图不是狂热计划的制定者，反倒着力于打开别人的眼睛，让他们看到人类存在的更高现实。柏拉图以他的“洞穴寓言”（myth of the cave）解释说，大部分人认识不到真正的现实。他们就像被铁链永远囚禁于洞穴中的罪犯一样，只能看到石壁上的影子，并将这些影子误认为外面真实世界的活生生的物体。如果他们中有人逃走后又回来，将他在光天化日之下看到的景象告诉众人，那些人就会认为他撒谎，应被处死。

富有远见和公义之人的日子并不轻松。在《理想国》中，苏格拉底谈到某个堕落和暴力时代的这么一个人：“他就像在狂风大雨沙尘暴中躲到墙下面的那个人，眼见同胞充满邪恶，然而，倘能过自己的日子， 77
免受邪恶与不义的玷污，他就感到心满意足，在和平与善意中满怀光明的希望离开这个世界。”那希望是灵魂不朽的希望。

不过，柏拉图没有一直躲在墙下面。他渡海去叙拉古只是他尝试推行重大改革——灵魂的更新和共和国的维新——之努力的比较突出的例证。他一生有很多时间都在寻找一位哲学王，也即能够以智慧和榜样恢复公义的第二个梭伦。如果希腊诸城市能够在此类英勇领袖——比如叙拉古的某位领袖——的带领下联合起来，他们便可能推行这些道德和社会改革，而且准备进行集体防御，如此便可能维系希腊的自由与天才。

在雅典的荣耀被埋葬在叙拉古的乱石堆中之后，柏拉图渴望重新恢复其荣耀，哪怕以叙拉古为中心也行。可是，哲学王了无踪影。苏格拉底为了说出真相而献出生命，在寻找哲学王的过程中，柏拉图差点遭逢像他老师一样的命运。年轻的叙拉古国王狄奥尼修斯（Dionysius）二世软弱邪恶，甚至不愿跟着柏拉图研习几何学。柏拉图的叙拉古朋友、品德高尚的迪奥恩（Dion）推翻掉年轻的狄奥尼修斯；不过，迪奥恩在决定其命运的危机时刻行事莽撞且游移不定，于是被柏拉图的另一个学生杀害。由于缺少合适的人，叙拉古人复兴希腊城邦的希望破灭了。为成功应付数不尽的麻烦所需要的智慧和美德很少统一在某一个人身上。

于是，柏拉图的世俗努力失败了。不过，他在观念上的努力——他确立了现实的象征体系，以上帝作为万物的尺度——在他死后获得了胜利。他无法洁净他的世代，不过，如果柏拉图没有教导那些愿意倾听他的人，他那个世代会更迅速地变得更糟。

柏拉图的所有努力都志在恢复秩序：灵魂的秩序和城邦的秩序。他明白，这两种秩序并不完全一样，不过也不能截然分开。柏拉图著述的
78 核心真理在于他有关灵魂的教导，为理解这一教导，我们必须了解柏拉图要应付的相互对立的观点。

“哲学家”一词是指“爱智慧的人”。希腊语中还有一个词专门指哲学家的对手：“空想者”（philodoxer），也即“爱发表观点的人”（lover of opinion）——意指喜欢空想、醉心于追逐虚幻之物的固执己见者，他们狂热地追捧的那些错误想法（*doxa*）导致灵魂和政体的失序。如何约束这种失序状态？梭伦的回答是，靠法律女神（Eunomia）：也即公义的秩序及个人灵魂有条理的和谐——这会让“人类所有事务都得到恰当合宜的处置”。

在进行这样的讨论时，由于所掌握的词汇工具不完善，我们会感到束手束脚。我们当下的语言中没有对应的英文词汇可以充分表达“空想者”（philodoxer）这个概念——空想者也指欲望遮蔽了公义的人。我们有源自希腊语的诡辩家（sophist）这个字，它部分地表达出空想鼓吹

者的意思。与柏拉图争雄的希腊诡辩家们虽然口头上声称是智慧的教导者，实际上却教导世俗成功之道。

公元前 5 世纪和 4 世纪的诡辩家在谈论成功时一般并不将灵魂的健康状况考虑在内。柏拉图推论说，如果人没有恢复灵魂的秩序，那么国家也不可能恢复秩序。希腊人已经失去对其宗教、传统和旧习俗的信心，与诡辩家作对的柏拉图为堕落的希腊社会指出一种路径，使希腊人的灵魂和希腊文明能够再次焕发出生命力。

自从文明兴起之后，就有人——诗人、先知和哲学家——探寻有关灵魂的知识。灵魂是什么？根据词典的定义，灵魂是“一个实质性的存在，是每个人里面具有生命力、感知力、思考力和意志力的东西”。它是一个人的核心部分——让他的躯体运动并让他拥有自我意识的东西。虽然与肉体紧密结合在一起，灵魂并不等同于躯体。灵魂是“你”和“我”。我们感知到的每个人的存在并不仅仅是一个名字或者有机组织 79
的集合。如果说我们是有道德的存在，那也是因为我们有灵魂，也即我们每个人内在的灵魂以某种方式渗入或指引我们的大脑和身体。将人类与无生命的物体、植物和低等动物区分开来的是灵魂。

据我们所知，有关灵魂的猜想首次出现在古埃及，我们已经提到过一个埃及人与他的灵魂有关自杀的对话。柏拉图很可能受过埃及人的灵魂观的影响，可能也受过希伯来观念的影响，虽然我们无法肯定这一点。

在柏拉图之前几百年，希腊早期的诗人—哲学家曾试图理解灵魂，以及灵魂与私人和公共领域之秩序的关系。可能生活于公元前 10 世纪末或公元前 9 世纪初的荷马最多也只是模模糊糊地感知到灵魂。在《奥德赛》中，荷马描述的被杀死于特洛伊的酋长阿喀琉斯（Achilles）的灵魂处于地下的阴间（Hades）之中。阿喀琉斯以及其他死在那里的人的灵魂暗淡无光，怏怏不乐；阿喀琉斯宁愿成为波提雅（Boetia）最卑贱的奴隶，也不愿在阴间当国王。荷马时代的希腊人只知道心理（*psyche*）——它是一种随死亡而逝的生命力（life-force），之后再也不会活过来，除非是在梦中。在荷马眼中，死人不过是一堆细胞、一具尸体。

不过，荷马生活于一个混乱和暴力的时代，其时，希腊文明刚开始从较早的迈锡尼文明的废墟上升起，他确实察觉到他所处的社会混乱无序，原因是人们的灵魂都混乱无序。他认识到人的灵魂是其激情的枢纽，也是其设定秩序、判明知识之能力的枢纽。他试图让人的灵魂与某种神圣秩序和谐一致——与奥林匹亚众神对人的心意和谐一致。尽管荷马认为人的灵魂差不多会随着肉体一起消亡，可是，促使一个活人干好事或坏事的依然是灵魂。

很可能是在公元前9世纪，诗人赫西俄德（Hesiod）试图描述为宇宙设定秩序的神圣正义。他写道，宙斯通过斗争让混乱的宇宙有了某种
80 脆弱的秩序。宙斯曾派遣大力神（Force and Power）阻止普罗米修斯说服众人像神祇一样行事。不过，与荷马一样，赫西俄德笔下的灵魂是“模糊不清”、难以辨识的，他不知道它怎么才能与神圣智慧产生亲密的联系。

在赫拉克利特（Heraclitus）（约在公元前5世纪初）的帮助下，希腊人扩大了对灵魂的理解。这一理解贯穿了埃斯库罗斯和索福克勒斯在雅典伟大时代的所有悲剧作品。在这些剧作家那里，悲剧或宗教剧提供了一种手段，让灵魂面对正义的相互冲突的要求。悲剧英雄必须拷问自己的灵魂，这样才能知道正义之道，以及他是怎么偏离它的。

不过，在悲剧于雅典取得巨大成就之时，空想者或诡辩家们已经在忙个不停，其中最突出者当属普罗泰戈拉（Protagoras）。普罗泰戈拉

教导说，“人是万物的尺度”。他绝不是彻头彻尾的空想家，因为普罗泰戈拉宣称每个人的灵魂中必须要有敬畏和正义，否则共同体便会消亡；在普罗泰戈拉看来，一个灵魂病态的人会给城邦带来疾病，而且如果在经过五年的改造教育后仍然无可救药，这种人就该被处死。

“诡辩”一词意指“聪明却误导人的推理”，充分揭示出诡辩家们普遍的道德倾向。在公元前 5 世纪和前 4 世纪的希腊混乱局面中，空想者和诡辩家露出头角；他们是“现实主义者”，玩世不恭、任由权力欲驱驰、以诡诈和威吓代替光明正大的说理，激励他们的是自己的情绪、低级利益诉求和幻想，即便在他们宣称自己是作为务实的逻辑学家和常识普及者言说时也是如此。诡辩家们收费教导雅典与希腊其他城市的年轻人物质成功之道，尤其是通过在公民大会前或法庭判案时公开演说获得成功之道。诡辩家普遍将普罗泰戈拉的名言“人是万物的尺度”解释成个人无须为自己的行为向超越的道德权威负责。

与普罗泰戈拉的追随者不同的是，苏格拉底和柏拉图认定上帝是万物的尺度。这里体现出希腊人最高级别的“存在的飞跃”（leap in 81
being），可与希伯来先知媲美。柏拉图说，人必须让其灵魂的秩序与神圣的律法保持一致，只有这样，社会才能变得有序。在这方面，柏拉图跟随了梭伦的脚踪，因为后者曾说，想法（*doxa*）或生命的激情必须因秩序或法律女神的缘故受到约束。

虽然柏拉图的文字清晰易懂，他本人却是一位非常复杂的思想家；在观念史上，对他的评论注疏超过任何其他哲学家。柏拉图采用象征的写作方法，因为除此之外没有其他办法可以表达超越性的知识。在最高级的层次上，有关人及其状况的真理一定是宗教性真理，而且带有某种程度的神秘性。（正如切斯特顿这位 20 世纪的作家所说，所有的生命都是隐喻，只能按照寓言的方式来理解。）柏拉图寻觅超越性现实，他的著作就是存在的飞跃，对神所命定的永恒秩序的窥探——我们必须努力让自己的灵魂和社会体制模仿这永恒的秩序。鉴于此，柏拉图就像希伯来先知以及后来的拿撒勒人耶稣一样，只能以象征和寓言言说。

不过，我们仍可以以平铺直叙的枯燥文字在这里列出柏拉图的基本原则。首先，柏拉图宣称个人灵魂不灭，只是被暂时禁锢在这个世界，也被它暂时腐化。让灵魂得洁净和解放应当是我们在此世的首要目标，我们必须让自己摆脱虚假的爱欲和低级的欲望，以使我们能够遵从超验上帝的法律。可与肉体分离的灵魂会永远长存。

柏拉图极其坚定地教导说，神圣的道德法是存在的，虽然不易理解，却对所有人都有效。他拒斥了某些诡辩家认为美德和邪恶无甚差别的观点，而且认定上帝而非人才是万物的尺度。

他说，真正的现实存在于理念（Ideas）之中，属于智识和想象力的范畴，物质运动要靠理念。我们人类不单是完全受命运和运气摆布的物质性受造物：凭着理性，我们可以认知部分真理，并遵从真理。

82 为了更清晰地说明这些原则，简单阅览一下柏拉图最富争议的对话作品《理想国》是有益的。柏拉图的正义和秩序观在不同时代受到不同的评价，因为所有时代的评论家都试着在《理想国》《政治家》（*The Statesman*）和《法律篇》（*The Laws*）中发现切合于他们自己时代的观点和事件，并根据柏拉图是同情还是反对他们自己的偏见和利益来决定要赞美还是驳斥他。在 20 世纪，柏拉图被有些人斥责为共产主义者，也有些人则称他为法西斯主义者。他不是这两类人，他甚至不是 19 世纪的评论家所认为的那种“理想主义者”。

原因是，如果《理想国》主要被当作一部政论作品，那么它就会被误解。实际上，这部对话集提出了一种灵魂和谐的模式。柏拉图认为，“社会”就是大写的“人”。如果我们能够设想出一个公正的社会，也许我们可以发现更为重要的东西——正派人的品格。柏拉图推论说，将应当存在于一个良善的社会共同体之中的和谐与人的灵魂加以对比，我们就能够理解人的灵魂。柏拉图借苏格拉底之口说，《理想国》所刻画的“最好的国家”如果有任何可能会适应于现实存在的希腊世界，就必须经过改造采取肉身的形式。《理想国》探讨了灵性与社会和谐的真正性质。它是个人秩序的类比或隐喻，并不是宪制的标杆——尽管它确实提出了国家的改革措施。柏拉图要说的是，想想一个良善的城邦该如何构建自己的秩序；如果我们能够设想出来，那么也许我们能够想象出人该如何构建自己灵魂的秩序。

在《理想国》所设想的城邦中，社会被分成三个大的阶级。其中的哲学王统治阶级没有私有财产，甚至妻子和孩子都是共有的。这些人是引导国家的“引领阶级”（Guardians），他们受过良好的教育。

然后是战士阶级，也即保卫国家的人；第三个阶级包括绝大多数民众，他们是农业耕作者。每个阶级都有自己的收益：引领者获得沉思的乐趣，战士们拥有军人的荣耀，农民得到物质利益。每个阶级都应专注 83
于履行自己特定的职责。每个人都从属于自己的阶级，做合符他本性的工作。

这种社会规划与 18 世纪的美国社会毫不相干，就事论事，它也不可能被强加于公元前 4 世纪的任一希腊城市。不过，它不应当被视为一项需要马上付诸实施的规划。

事实上，柏拉图要探讨的不是某种想象中的政治新把戏，而是正义问题。柏拉图实际上是在说，有现实可能的最好的社会是这样的：每个人都应从事最适合他本性的工作，其中更富聪慧者应根据良善的法律捍卫公共利益。他论证说，我们追求正义，不是要像有些诡辩家宣称的那样随性而为；相反，正义的实现要靠遵守法律或传统。[6] 正义的本质是什么？嗨，正义就是“各得其所”。也就是说，每个人都应该履行自己的职责，并获得合符其本性的报偿。换句话说，正义的社会是这样的：每个人都无私地从事一份恰当的职业，行动的动力来自对公共利益的深切关心。如果我们在脑海中形成一个有关正义共和国的观念，也许我们就能开始理解正派人的品格——并开始通过更新个人及其灵魂来改造社会。

柏拉图说，与共同体一样，人的灵魂也有三个组成部分。共同体有引领者、士兵和农户。灵魂包括理智（intellect）、意志（will）和欲望（appetite）。理智类似于引领者，意志类似于军人，欲望类似于经济上的生产者。正如引领者应当领导士兵和农夫一样，在灵魂中，理性或理智也应当控制意志和欲望。这就好像每个人都在驾驶一辆两匹马拉的战车，不过，这里的马变成了意志和欲望，驾驭者则是理性。

因此，灵魂的更新和社会的改造必须比肩而行。可是，如果我们受
84 制于飘忽不定的意志和欲望冲动，或者如果我们听从流俗诡辩家邪恶的教导，所有的更新或改造都是不可能的。我们只有凭借理性才能建构灵魂和共同体的秩序，而理性的其中一个工具便是“故事”（myth），也即真理的象征：传说、隐喻或寓言。《理想国》至少部分地就是此类故事、寓言或类比。将“最好的国家”误认为一种即时的社会重建方案就陷入了柏拉图曾花费大量时间揭示的那种智识混乱之中。

即使柏拉图曾给出某种更适合美国条件的社会和谐规划，它也会因为年代过于久远而很难在 18 或 19 世纪的美国付诸实施。不过，天才之人给后世遗留的东西不是要被一板一眼模仿的社会模式，这位伟大哲学家的遗产是能经受时间检验的、适合很多不同环境条件的洞察力。柏拉图有关永恒之物的教导并没有过时。比如，柏拉图的正义观就深深地印在美国早期领袖的脑海中——这种正义观被融进基督教思想，被纳入罗

马法理学，并体现在英国法律之中。《理想国》和柏拉图的其他“社会”学说的核心是要教导人们如何让他们的灵魂与神圣的秩序协同起来。如果人性恒常不变，此类观点就适用于各种不同社会环境下的人类状况。所有的一切都取决于灵魂的状态——而灵魂是永恒的。

柏拉图的这些了不起的洞见被吸收进古典和基督教文化，成为其精华，然后经过很多世代传到现代，其中就包括约翰·亚当斯。通过潜移默化，亚当斯在智识上从柏拉图获得的教益要多于他自己体认到的。柏拉图是怎么认识到他谓之为理念的那些超越性现实的？最主要的是通过深度的沉思默想：进入几百年后所谓的“灵魂的暗夜”——它比普通的意识要深，直到［按照 20 世纪神学家鲁道夫·奥托（Rudolf Otto）
的说法］这位神秘的思想家“在某种压倒一切的绝对力量面前化为乌 85
有”，并意识到他要依赖无法用语言描绘的某个存在（Presence）。也许可以说，柏拉图经历了某种启示，某种性质不同于希伯来先知所经历的那种启示，不过这种启示却同样经得起时间考验：在他对人类灵魂的认知上，尤其如此。在通过柏拉图的理性对话和象征性符号表达出来之后，这些洞见就成了普遍的文明意识的一部分。

柏拉图出生于公元前 427 年，四年之后，伯罗奔尼撒战争爆发；当苏格拉底被处死时，他二十八岁；年届六十时，他试图让比他年轻的狄奥尼修斯成为哲人王；当他于公元前 347 年去世时，马其顿（Macedon）国王菲利普（Philip）正准备进军希腊，终结希腊各城邦的自由。柏拉图的一生既见证了希腊的伟大时代，也经历了它的衰败。在他最后的对话集《法律篇》中，他肯定地说，“对你和我来说，那万物的尺度是上帝”。上帝似乎已在他的天平中衡量过希腊，结果发现了它的缺陷。

不过，只要古典世界能勉强维持自己的存在，苏格拉底的榜样以及柏拉图的远见就会有持久的生命力——维系对秩序、正义和自由的某种理解，提醒某些人注意：长久存在的理念王国比欲望王国更真实，确证未经检验的生活不值得过，坚称如果人的灵魂失其秩序，社会就变得像一个洞穴或一场沙尘暴。在柏拉图死后很久，他的思想与以色列所获得的启示以及差不多四百年后拿撒勒人耶稣所说的话相结合，开始在远离希腊世界的各民族中间发酵。

像梭伦一样，柏拉图希望写一个有关传说中的亚特兰蒂斯的长篇寓言；和梭伦一样，他从未写出来。不过，在大西洋另一侧有一片无人光顾的土地，比柏拉图的故事还要奇妙的是，在这位神秘哲学家的灵魂离开雅典之后两千四百年，柏拉图对秩序和正义的理解仍在鲜活地影响着那片土地上的人。

86 亚里士多德和政体形式

亚里士多德在十八岁时来雅典学院归入柏拉图门下学习，他的学习生涯持续了二十年。他出生于斯塔基拉（Stagira），他的父亲是马其顿国王的医生，斯塔基拉这座希腊城市归半蛮族、半希腊化的马其顿王国管辖。还在雅典学院时，他就写过一些论文。柏拉图死后，亚里士多德开始游历希腊世界，先去了小亚细亚的阿塔纽斯（Atarneus），那里的独裁者和米阿斯（Hermias，曾经是奴隶）成为他的朋友，后来他又娶了和米阿斯的妹妹。当时正值马其顿征服希腊诸邦之际，和米阿斯是马其顿国王菲利普的盟友。波斯国王阿塔薛西斯·奥库斯（Artaxerxes Ochus）以诡计抓获和米阿斯，将他绞死。

这一灾难性事件迫使亚里士多德又开始往爱奥尼亚海地区游历——波斯和马其顿当时正在那里争霸。由于他的学问和他与马其顿的关系，约在公元前 343 年，他被国王菲利普任命为其时年十三岁的儿子亚历山大的教师。至少有三年时间，这位著名哲学家为这位后来征服了大部分已知世界的年轻人教授伦理学和修辞学。当他的父亲在远方征战时，亚历山大于公元前 340 年成为摄政王。亚里士多德这时在他出生地斯塔基拉——这座城市于公元前 348 年被菲利普攻陷，随后，在亚里士多德的请求下又恢复原样——享受沉思与写作的乐趣。

在亚历山大成为马其顿国王后，当时已五十岁的亚里士多德回到雅典，建立了一所名为吕刻昂（Lyceum）的新学校，他在那里教书和写作，直到亚历山大于公元前 323 年死于遥远的亚洲。随后，雅典的民主政府开始反抗马其顿的霸权，并指责亚里士多德不敬虔（其实是捏造的政治罪名），和他们的爷爷们迫害苏格拉底的手法一样。亚里士多德不愿喝下毒芹酒，便流亡退隐到优卑亚岛（Euboea），几个月后，他在那里死去，时年六十三岁。

亚里士多德在其一生中亲眼目睹了世界天翻地覆的变化。他出生于公元前 384 年，当时，斯巴达是希腊大陆首屈一指的强权国家，独 87
裁者狄奥尼修斯一世是西西里的统治者，而马其顿仍然是一个落后地区，深受邻邦的侵略压制。他于公元前 362 年前往雅典，时值曼提尼亚（Mantinea）战役期间——此役中，斯巴达人和底比斯人（Theban）相互杀戮，为将来马其顿征服希腊打开方便之门。

公元前 347 年，菲利普插手希腊中部的神圣战争（Sacred War），亚里士多德也离开雅典学院。在菲利普将其权势扩展到伊庇鲁斯（Epirus）后，他于公元前 343 年成为亚历山大的老师。在他于雅典创立吕刻昂学校之后，亚历山大在一夜之间攻下底比斯，毁掉那座古老的城市。在战无不胜的亚历山大征服波斯帝国，并将希腊文化一直带到印度的前沿阵地甚至更远之际，亚里士多德写下了他的大部分科学、伦理学和政治学著作。在他去世的那一年，雅典向他的朋友、马其顿摄政王安提帕特（Antipater）投降；雅典演说家和爱国者德摩斯梯尼（Demosthenes）被迫服毒药自杀；亚历山大的将军们开始将已死的亚历山大国王征服的地区瓜分成各个希腊化帝国。亚里士多德的时代既面临极其巨大的麻烦，又有非常可观的创新——在很多方面，1914 年开始的 20 世纪的诸多麻烦可与之比肩。

严肃的政治思考往往发端于这样的艰难时代，因为才智之士认为有必要考察普遍失序和暴力的原因，并尽其可能地提出解决方案。马其顿在希腊、亚洲和埃及的胜利结的一个果实是亚里士多德的《政治学》；他大约在公元前 357 年开始写作这本著作，直到三十七年后他去世，仍没有完成。

诗性、伦理和政治真理比科学理论持续的时间更长。在古代世界和中世纪，有着系统学问的亚里士多德首先被尊崇为“自然哲学家”（natural philosopher）——也就是今天的物理学家。他的科学成就非常大，不过已被现代科学取代，不过，在另外一层意义上，亚里士多德在科学方法上的开拓性工作以及他的某些非常有价值的假设和猜想已成为
88 20 世纪科学的奠基石。也就是说，亚里士多德的科学论文于今而言，其主要价值在考古方面，而他的《诗学》《伦理学》《政治学》和《形而上学》（或神学）在今天仍是这些学科中各自不可缺少的内容。这些名著自从出版以后就几乎从未间断地被世界某一地方的人们研习，人们在一读再读这些作品之后，会想起艾略特对古代作家恰如其分的辩护。艾略特在 1919 年写道：“有人说，‘死去的作家们已远离我们，因为我们知道的比他们多得多。’此言不虚，不过我们知道的就是他们。”[7]

亚里士多德在其伦理学和政治学研究中以世界公民的身份写作，因为他游历甚广、经验颇多，而且是他那个艰难时代的许多最富权势的人

的朋友或敌人。虽然《政治学》和《尼各马可伦理学》（*Nicomachean Ethics*）看似平淡无奇，但这些篇章都源自动荡不安、废墟处处的公元前 4 世纪。我们在这里只能考察亚里士多德的那些影响了美国秩序的伦理和政治学说——我们可以条理清晰、相对轻易地做到这一点，因为和柏拉图一样，亚里士多德认为政治和伦理之间没有什么鸿沟。我们在这里只能简单提一下，亚里士多德的形而上学在中世纪非常深地渗透进基督教会的教义体系之中——最终被纳入托马斯·阿奎那的《神学大全》。

在伦理学、政治学和形而上学领域，柏拉图的思想与亚里士多德的思想之间有非常大的差别。比如说，亚里士多德没有继承柏拉图灵魂不灭的高尚观念，亚里士多德认为灵魂不过是人体的一项功能或特性，就像斧头有“斧子的特性”（axness）一样。（托马斯·阿奎那的观点追随亚里士多德，而不同于柏拉图，他认为灵魂无法脱离身体存在——尽管在天国中灵魂将进入一个“灵性的躯体”。）在伦理学和政治学方面，亚里士多德一般被视为两人中较为“实际”的那个，不过，在我们下面对亚里士多德的分析中，其根源可以在柏拉图的对话集中找到。

亚里士多德说，人是群居的社会性动物。“独处的人一定要么是野 89
兽，要么是神灵。”人是在共同体中实现其生存目的的，他们只有在文明化之后才成为完全的人，而文明意味着城市生活。人天生就是行动者，最高级的行动是思考。在野蛮人的国家，人很少思考。除非我们成为社会性存在，否则我们不是完全的人。

因此，伦理学和政治学实际上共同构成了一门学问：它们是研究人类最高级的善之学问的两个侧面。亚里士多德认为，这门学问在伦理学层面重点关注个人的思想状况或者其品格，在政治学这个层面则重点关注作为实现人类最高级的善之手段的国家。

就在希腊城邦的主权烟消云散之际，亚里士多德提出一种经过严密论证的城邦秩序理论。在他看来，希腊城邦优于任何其他形式的社会组织；不过，在他讲学之际，现实已不再如此。亚里士多德相信，一旦城邦崩溃，就连最基本的道德也一定会解体——古典世界的事态发展印证了他冷峻的论断。

在臣服于亚历山大的希腊诸城邦认可亚里士多德的这位征服者学生为希腊世界抗击波斯斗争的总指挥官之后，他们确实终结了长久以来来自东方的威胁。不过，实际上他们同时也放弃了自己的自主权、创造力以及非常敬虔的信仰。除他易怒的脾气外，亚历山大很像是一位哲人王。亚历山大向他的父亲菲利普宣告说，自己的性命要归因于父亲；而向亚里士多德宣称，自己的美好生活要归因于老师。历史的吊诡在于，正是亚里士多德的这位战无不胜的门徒的所作所为，导致了亚里士多德曾赞美和阐述的希腊伦理和希腊政治的毁灭。

“万事不可过分”，自荷马时代以来，这就是希腊伦理的最主要原则。在被亚里士多德（正如早得多的梭伦一样）应用于政体形式之后，这一信念成了亚里士多德及其学派在秩序观上的主要贡献。其表现载体便是亚里士多德的中道观［有时被称为“黄金中点（Golden Mean）”］。

这一“中道”的意思不是平均、平庸，或者差异的切分（亚里士多德称之为“聚讼纷纭的中线”）。“中道”也不一定总是意味着最好。
90 相反，中道相当于通过避免过分和极端而实现的那种和谐，它是私人和公共生活中的稳健或平衡。

亚里士多德在《伦理学》中指出，真正幸福的生活是一种良善的生存方式，且不受各种阻碍的挟制——也即是说，相当程度上免于贫困、疾病和禁令之苦。这种道德高尚的生活可以通过持守中道实现。既不要苦行禁欲，也不要贪得无厌：要克制。既不要胆小怕事，也不要鲁莽冲动：要恰如其分地勇敢。既不要卑躬屈膝，也不要骄傲自大：要自重。

在政治这门实践科学中，对个人如此，对国家也是如此。多数人（尽管并不总是哲学家或英雄领袖）会发现中道是他们生存的坐标。在政治生活中，通常一个国家会趋向中道的治理。亚里士多德清楚地指出，政治上的中道不是可以想象的最佳状态；不过，尽管它并不完美，却依旧是一个共同体可能达到的最令人满意的和平状态。

为确证这种中道政治的意义，人们必须理解有哪些可能的政府形式。于是，亚里士多德考察了他自己那个时代以及更早期的许多城邦。他区分了三种旨在谋求大众福利的“恰当的政府”形式：君主制、贵族制以及共和制。亚里士多德的君主制是指某位具有卓越德性的人物在限制其权力的一系列法律的规范下领导国家，他眼中的贵族制则强调出身高贵、负责任和具有后来所谓的位高任重（*noblesse oblige*）精神的某个阶级的主导地位，他所谓的共和国则指由多数人行使权力——不过是具有德性的多数，而且他们尊重所有阶层的合法权利。

这些形式各有变异：民主制是为占主导地位的多数人的利益而施行的民众治理；寡头制是少数人为自己利益施行统治；独裁制是一人为满足其个人私欲而非法僭夺权力。这些堕落的政府形式的缺陷显而易见。 91
不过，“恰当的政府”也不容易维持。亚里士多德提倡的是一种融合了几种不同形式之优点的混合政府——而且其中的各混合成分因具体条件而变化。

亚里士多德在《伦理学》中将这种混合政府或中道政治称为勋阀政体（timocracy）——也即由符合为选举权设定的财产条件的负责任的公民治理的政府。［柏拉图曾将“勋阀政体”一词的含义扩充，也可表示由贤人（men of honor）治理的政府。］亚里士多德在《政治学》中使用的词汇是“政体”，而不是勋阀政体。这种政体通常混合了贵族制和共和制或者寡头制和民主制，符合中道，因为它一般由中产阶级主导。亚里士多德所说的“中产阶级”是指既不富裕也不贫穷的公民——既不属于大贵族家庭，也不是人民（*demos*）或由没有财产的工匠和海员组成的群众。雅典和许多其他城邦的中产阶级是重装步兵的来源，而重装步兵是城邦陆地征战的主力；中产阶级在经济产出上最富成效，比其他阶层更少鲁莽，而且家庭生活更为稳定。希腊人的内斗让中产阶级损失最大，他们是最想要维持一个体面持久的社会秩序的民众。

“政体”（polity）一词将其他政府形式的各种优点结合在了一起。政体从寡头制那里嫁接了选举治安法官或公职官员的做法。（希腊民主体制选择官员的方式通常是抽签——也即根据抽签随机选择。）政体从民主制中嫁接了这一合理的原则：所有出身自由的公民都应有份于公共决策。自私的富翁或嫉妒的穷人都不会获得主导地位，贵族的暴力和民众的要赖都会受到制约。

这个政体是友爱的共同体，既基于共同的情感，也基于共同的利益。一个国家的人通过和平合作的方式能够多有获益，就好像他们都是
92 同一个躯体的许多组成部分；不过，由于无知或贪婪，他们通常会无视中道，并争先恐后地拥抱带来灾难的极端做法。亚里士多德承认，真正的政体很少有：

> 首先，大多数国家的中产阶级人数通常较少，结果是，一旦另两个主要阶级——财产所有者和大众——中的一个取得优势，它就会践踏中道，而且会将宪法拉往它自己所确立的方向，不管是民主制抑或寡头制。
>
> 其次，大众和富人之间的派系纠纷和斗争随时会爆发；不管哪一方可能取得胜利，它都拒绝建立基于共同利益和平等原则的宪

> 制，而且由于它希望争取到更多的宪法权利作为胜利的奖赏，它会根据自己的原则确立民主制或寡头制。
>
> 第三，那两个带动希腊崛起的城邦的政策应负责任。这两个城邦都只顾维护自己的那种宪制，其中一个在被它控制的城邦中建立民主制，另一个则建立寡头制。它们都只顾自己的利益，而不顾其所控制的城邦的利益。[8]

上述分析完全正确，尤其是最后批评雅典和斯巴达的部分。然而，亚里士多德的著作没有促进政体的发育。［实际上，他的《政治学》一书似乎直到他死后几百年才出版——尽管他的更早期的政治学论著（现在已经遗失）也许在他那个时代有很多读者。］亚历山大和亚里士多德死后，城邦也死了。从外形上看，有些希腊城邦接下来又延续了千年之久，不过它们已被降格为普通的城市，不再是独立的城邦，也不再拥有完全独立自主的文化。一开始，主宰这些城市的是马其顿和亚洲的希腊化帝国，但它们最终都屈服于罗马。由于被褫夺了自由，它们在罗马的和平治下凋零了。灵性逐渐离它们而去，它们的创造力慢慢消失，随之，繁荣褪色，人口萎缩。[9]

在希腊化世界，一切都取决于中央权力，在更早的希腊世界，一切 93
都取决于人性标准和地方性情感。亚里士多德认为，在一个真正的政体中，能够享有选举权的自由公民的数量最多只能是五千人，受普罗泰戈拉数学原理影响的柏拉图将这一数字定在五千零四十位公民。[10]尽管他们确实四处游历，希腊人从未形成我们所谓的那种“世界观”。他们的宗教、他们的道德体系、他们的政府框架，与他们小巧玲珑的城市、他们所依赖的土地以及保护他们的神祇紧密相连。一旦被迫纳入一个外来的帝国架构，他们就会在丢弃傲慢缺点的同时患上奴性的毛病。

正义变成一个纯粹的学术问题，供闲散的雅典人辩论。到了罗马时代，当圣保罗在这座荣耀之城传道时，人们对他嗤之以鼻，他们相互打听道：“这个小丑是谁？”雅典人逐渐失去相信任何东西的能力，而且保罗只在雅典没有赢得任何改教者。主导古典时代希腊人堕落过程的是诡辩家们狡猾的相对主义，而不是柏拉图或亚里士多德追求至善的神秘洞见。各哲学流派继续存在了很长时间，直到查士丁尼（Justinian）皇帝于公元 529 年将之取消；不过，在此之前很久，它们的讨论就不再与持久的秩序有关。

然而，柏拉图和亚里士多德以后将远渡重洋来到美国。美国建国时期的领袖们将会发现，亚里士多德的政体观对他们仍然具有特别的价值。确实，亚里士多德很多著作的首要价值属于历史学领域。新兴的美国远不是城邦国家的领地，因为它勉强只有不过半打可以称为城市的乡镇；新英格兰的镇区和弗吉尼亚州县政府也不太像城邦（*polis*）。严格地讲，美国没有血缘贵族，没有一个英国贵族永久定居在殖民地，也没有任何贵族头衔赐给殖民地人士。确实，美国有奴隶制——比希腊人的奴隶制还要严酷的奴隶制；不过，在最初几十年，美国没有像希腊城市
94 的乌合之众或罗马无产阶级那样规模较大的城市人口。美国的趋势是快速扩张，成就“更完美的联合体”，并不向往城邦的地方性忠诚。

尽管如此，亚里士多德所提倡的友爱共同体也成为美国的理想；协调各利益群体和各阶级也是美国人有意识的目标之一。亚里士多德对中产阶级的赞美是对美国社会的某种认可，因为美国从一开始就基本上是一个中产阶级社会，这表现在独立的小农场主占新英格兰和中部殖民地人口的多数。即使在南方种植园，“自耕农”也占据有选举权人的多数，而且被［诸如托马斯·杰斐逊和约翰·伦道夫（John Randolph）这些背景各异的弗吉尼亚人］称赞为自由社会的主要支柱。[11] 主导美国

城镇的也是小商人和手工业者；很少有美国人会想到称自己为贵族或民主派人士（后者直至19世纪20年代之后才出现）。中间阶层几乎囊括了美国的所有人。

因此，美国人在亚里士多德、波利比乌斯和普鲁塔克的著作中找到的希腊人有关政治和社会均衡的观念被直接纳入美国宪法之中。不过，其他一些希腊观念没有被新美国认同。

希腊人有关宗教与文化必须和城邦密不可分地联系在一起的信念有违美国人的个人主义气质。美国从一开始便是一个多元社会，认同不能设立国教的原则，想必这会让希腊人感到震惊，这么一个未尊奉诸神的民族国家能够持续存在十年以上。

不过，从另外一个意义上说，恰如托克维尔反复指出的那样，维系美国的那种宗教纽带比希腊人或罗马人所理解的更为坚固：基督教信仰作用于个人和家庭，而不是通过国教的方式发挥作用。希腊人无法为他们的文明秩序找到某种持久的大众化的宗教支撑，这是城邦世界崩溃的一个主要原因。基督教教义对个人良心的影响成就了领土和人口比古希 95
腊大很多的美国的民主社会。希腊人的某些突出的远见卓识被融入基督教教义之中，经由它们，柏拉图和亚里士多德的希腊思想丰富了美国的宗教道德体系。

在美国的政党开始组建时，希腊政治经验的灾难和希腊哲学的成就启示各政党的领导人：他们自己的新政体必须是梭伦的“混合政府”的放大版。孟德斯鸠和其他18世纪作家所提到的古典范例加深了他们对希腊文献的理解。实际上，美国宪制在细密的制衡体系方面将超过梭伦宪法；他们将按照英国的模式在美国以及各州建立代议制政府体系，而不是连在小小的阿提卡都会崩溃的“直接民主体制”。由前辈遗留下来的法律——那正义的工具——在美国很少遇到诡辩式的反对者。

崛起于希腊的文明没有被政治灾难彻底埋葬；华盛顿的古典风格的建筑便是证据。有关希腊人天才的更有力的证据是希腊哲学和历史知识被纳入美国的社会建制之中。柏拉图常常说，观念是不灭的：物质的外形具有欺骗性，因为它们总会消亡，并以新的形式再现。诚然，希腊观念仍旧持续给美国秩序注入生命力，尽管物质上的希腊对我们已成渺不可及的传说，就像梭伦和柏拉图眼中的亚特兰蒂斯。

注释：

[1] Sir Henry Maine, *Village Communities in the East and West* (third edition, London: John Murray, 1876), p. 238.

[2] Alfred E. Zimmern, “Political Thought “, in R.W.Livingstone(ed.), *The
96 Legacy of Greece* (Oxford: Clarendon Press,1921), pp. 330-31; see also Zimmern, *The Greek Commonwealth: Politics and Economics in Fifth-Century Athens* (Oxford: Clarendon Press, 1911), particularly Chapter VIII.

[3] 关于拉什和潘恩对经典作家的讨论，参见 Chapters VI and VII of Richard M. Gummere’ s *Seven Wise M en of Colonial America* (Cambridge, Mass.: Harvard University Press, 1967).

[4] Eric Voegelin, *The World of the Polis,* Volume II of *Order and History* (Baton Rouge: Louisiana State University Press,1957), p.199.

[5] Paul Elmer More, *Platonism* (third edition, Princeton: Princeton University Press, 1931), pp.280-283.

[6] 为了更好地理解 *ph ysis* 和 *nomos* 这两个词，参见 F. E. Peters, *Greek Philosophical Terms: a Historical Lexicon* (New York: New York University Press, 1967), pp.131-132, 158-160.

[7] T. S. Eliot, “Tradition and the Individual Talent “, in his *Selected Essays, 1917- 1932* (New York: Harcourt, Brace, 1932), p.6.

[8] Aristotle, *Politics,* Chapter XI, translation of Sir Ernest Barker (Oxford: Clarendon Press, 1948), p.217.

[9] See George Findlay, *Greece under the Romans* (London: J.M. Dent, 1844), particularly Chapter I.

[10] 柏拉图对最大公民数的计算受到毕达哥拉斯数学神秘思想的影响。亚里士多德对这个公民人数也做过更为慎重的限定，参见 Eric Voegelin, *Plato and Aristotle,* Vol. III of *Order and History* (Baton Rouge: Louisiana State University Press, 1957), pp. 293-294.

[11] 关于弗吉尼亚州政治制度，以及对美国历史形成期的争论，参见 Charles Sydnor, *Gentlemen Freefwlders: Political Practices in Washington's Virginia* (Chapel Hill: University of North Carolina Press, 1952); and Russell Kirk, *John Randolph of Roanoke: a Study in American Politics* (revised edition, Chicago: Regnery, 1964), particularly Chapter V.

第四章

美德与力量——罗马的张力

97 罗马人古老的高尚品德

美国人发布《独立宣言》的当年，爱德华·吉本（Edward Gibbon）出版了他的《罗马帝国衰亡史》第一卷。罗马的伟大充满了此书的字里行间，极大地刺激了美国建国者们的想象力。他们认为罗马共和国和自己创建的美利坚合众国之间有类似之处。后来，随着美国的成长壮大，人们发现了两者之间更多的相似之处。

1764 年，吉本便有了书写这本巨著的想法，“当时，我在主神殿（Capitol）的废墟中静坐沉思，赤脚的修士们正在朱庇特神庙咏唱晚祷曲。”吉本当年所坐的大理石阶梯现在可供人们歇息，这些台阶通向卡比托利欧山（Capitoline Hill）上古老的天庭圣母玛利亚（Santa Maria in Aracoeli）教堂——也即罗马朱庇特神庙的所在地。公元前 8 世纪中叶前后，罗穆路斯（Romulus）在这座山上为逃亡的奴隶建立一个小村庄，并在此处建造了朱庇特神庙——后者现在是一间方济各会教堂。罗穆路斯村民的后裔后来征服了世界很多地区——从苏格兰到美索不达米亚，从德意志到摩洛哥，现今的人们在欧亚非三大洲各地的断壁残垣中仍能看到罗马和平时期的影子。

98 不过，将罗马文明仅仅视作一片废墟是没有道理的。在罗马共和国和美利坚合众国之间有一以贯之的延续性。让我们从主神殿走到中古罗马的核心区［曾经的共和国战神广场（Campus Martius）所在地］，再绕过建于罗马首位皇帝奥古斯都统治时期的庞大的圆顶万神殿：呈现在我们眼前的是持续了两千多年的公民生活，即使是最恐怖的时期，这种公民生活也在延续。旧罗马衰落了，但没有死去。执政官的罗马、皇帝的罗马以及教皇的罗马——也就是所谓的永恒之城——常常被毁，却从未消失，反倒赋予很多国家以秩序。

约翰·亨利·纽曼（John Henry Newman）认为，通过其对现代国家的影响，罗马帝国直到今日还有鲜活的生命。罗马的力量是圣保罗所谓的那种“阻遏性力量”——阻遏完全失序的状态或者基督教谓为敌基督统治的无政府状态。1838 年，纽曼写道：“我们与父辈一样，实际上都要面对一种无所不在的强大的无序原则。它悖逆上帝和人类的精神，各个国家的政府权力即便使出浑身解数也很难控制它……至少先知预言告诉我们，现有的社会和政府框架就其作为罗马权力的对应物而言，是阻遏性的，而且一旦这种束缚失效，敌基督便会崛起。”[1]

确实，罗马人对法治的理解在现代世界仍旧鲜活有力，并束缚着破坏性冲动。罗马人的法律和义务观经由波利比乌斯、李维（Livy）、维吉尔、西塞罗和斯多葛派人士的丰富多彩的阐释，进入美国的政治思想和法理学体系，并被一劳永逸地纳入美国宪法之中。

罗马法的精妙结构是从台伯河边上的一个商业小镇逐渐发展起来的——这个小镇最初的样子远比耶路撒冷或雅典寒酸。大约在公元前 6 世纪中叶，也即老梭伦从雅典归来以及犹太人从巴比伦归回归耶路撒冷之际，当时仍由伊特拉斯坎（Etruscan）国王统治的罗马人开始在文化 99
和力量上迅速壮大起来。

公元前 4 世纪，罗马征服了附近的拉丁城市；从这一场战斗起，罗马就开始将军团派往海外，直到公元前 146 年攻克迦太基，并完成对后者屈辱性的撒盐仪式。为了从马其顿手中解放旧希腊各城市，罗马军团深入到欧洲东部，一俟完全占领希腊并在那里站稳脚跟后，罗马人便陷入与塞琉古（Seleucid）帝国的争执，并借此开始征服亚洲。后来，在尤利乌斯·凯撒（Julius Caesar）的带领下，罗马军团征服高卢，并抵达英国。等到共和国晚期时，罗马已经没有非常强大的外部对手，不经意间，罗马人成了整个地中海地区的主人，其主宰的地方甚至延伸到之前地中海文化很少抵达的区域。

罗马的追慕者指出，这一普世性胜利的秘诀在于罗马人古老的高尚品德，罗马的伦理学家们也如此说。“美德”意指富有阳刚活力的男子气概。早期罗马人是敬虔的族群，虽然他们的宗教信仰本身很单纯，后来又吸收了许多希腊宗教的元素。他们认真、执着、纪律严明、简朴，而且在国家陷于危难时常常勇于自我牺牲。责任感和对诚实和荣誉的执着指引着他们的领路人。这些品质后来逐渐废弃，但是，直至罗马体系最后被毁的时刻，遵循严格古代罗马生活方式的人依然存在。

罗马人在打败迦太基人之后，已很难被外界腐化。希腊政治家波利比乌斯写道，他们的公正清廉源自他们的敬虔，不过，持怀疑论的他却将这一敬虔归因于他们的迷信。“如果那些才干之士（比如希腊人）受委托管理公共钱财，即便他们写下十份书面保证，按下十个印章，找来二十个见证人，他们依旧不能公正诚实地履行托付给他们的信托责任。相反，不管是处理地方事务还是出任驻外使节，罗马人在经手大笔金钱
100 时总能履行他们所承诺的义务，以无可指责的诚实完成自己的职责。其他国家的公职人员鲜有不贪赃枉法者，罗马人中同样鲜有以贪贿玷污公职者。”

在想象力和艺术天才方面，罗马人不如希腊人。可是，罗马人却拥有了不起的实用技能，他们是出色的工程师、不知疲倦的政治管理者、军事战役的成功指挥家，最重要的是，他们制定法律，创建强有力的社会体系，并因此让世人享有罗马治下的和平。

罗马人在半个世纪多一点的时间里征服了世界很多地区。对他们的所作所为提出最中肯评价的是波利比乌斯。波利比乌斯是希腊城市麦

格罗伯里斯（Megalopolis）的一位领袖，多年来以人质的身份居住在罗马，不过他理解罗马人的非凡才能，自己也成为其罗马主人的一位有影响力的顾问。大约在公元前 2 世纪中叶，波利比乌斯写下对罗马人品格和罗马宪法具有划时代意义的评论。两千年之后，美国制宪会议的领袖们认真地研究过这些评论。*

罗马共和国政体主要由三个部分组成：执政官、元老院和公民大会。（为了让民众能更直接地制约元老院，他们还选拔拥有否决元老院决议之权力的护民官。）两位执政官是主要的行政官员，在战时拥有近乎绝对的权力；元老院控制公共财政并制定日常的一般性政策；通常按照“小团体”投票的民众确定奖惩，选举行政官员，批准或否决立法，并决定战争与和平及联盟。［这是波利比乌斯对布匿（Punic）战争时期罗马宪法的描述；在布匿战争后不久，公民大会就开始衰落，而到了 101
共和国末期，民众已几乎丧失所有的权力。］

这一体制内含对政治权力的制衡，同时将政治职责分散开来。波利比乌斯写道，罗马宪法并非根据抽象的原则制定，而是从罗马人的艰难环境中发育出来的。到第二次布匿战争时，罗马宪法的成就已臻巅峰，它就是亚里士多德所称颂的“混合政府”。不过，亚里士多德认为在大国中维系这样的混合政府几乎是不可能的。

罗马宪制既不是完全君主制的，也不是贵族制的或民主制的，尽管它包含了所有这三种政府模式的特点。在其辉煌时期，这一共和制宪法有着明显的优势，能够将所有公民团结起来，开展艰难的公共事业。它

* 宪法制定者们对波利比乌斯尤其感兴趣。他们视他为希腊城邦国家问题的主要权威，对他进行了专门研究。他是诸如斯宾格勒和汤因比之类的历史学家的古代同事，分析研究的对象是国家兴衰的循环。参见 Richard M. Gummere, *The American Colonial Mind and the Classical Tradition*（Cambridge, Massachusetts: Harvard University Press, 1963）, pp.177–178.

特别适于将富有实际才干的人送上权力的宝座。在共和国后期，主导地位不断强化的元老院由男人们组成，其中许多来自平民家庭，这些人通过政府和军队的常规渠道不断升迁，最后成为元老院的终身议员。* 最杰出的议员都是些英雄人物，最差的也是某几个方面的栋梁之材。

两千年之后，罗马宪制的名声依然如此之响亮，以至于美国宪法的制定者们会尽可能地模仿它。美国的政府框架模仿了罗马的政治制衡和
102 分权体制。美国总统类似于罗马的执政官，美国参议院理当部分地履行罗马元老院的职能。不过，就在波利比乌斯写下上述评论时，罗马宪制已开始衰败，虽然它曾让罗马人成为文明世界的领导者。

波利比乌斯预见到罗马的衰老。他写道："所有东西都会衰败和变化。如果一个国家在安然经过许多危难之后获得无与伦比的权力，并享有无可争议的完整主权，那么显然，长久持续的繁荣必定会滋生出奢靡之风，人们相互之间雄心勃勃的竞争会白热化，在追求名利时会急于求成。随着这些丑恶现象的不断增加，权力欲和统治欲以及对自身地位低落的羞耻感会首先成为共和国毁灭的肇端；接着，傲慢和奢靡会加速共和国的毁灭；最后成就这一变化过程的是人民大众：当他们发现某些人的贪婪是对他们的伤害和压榨时，当他人的雄心让他们的虚荣心膨胀时，当这些野心勃勃的人为讨好他们而许诺虚假希望时。到那时，怒火中烧的他们只听从自己激情的召唤，不再按规则屈从于任何权威，或者满足于平等的行政管理权限。相反，他们会独揽对所有事务的最高决定权。当这一切都变成现实时，政府将收获属于一个自由和主权在民国家的最高的平等美誉；事实上，这时的政府已变成乌合之众的政府，本身

* "贵族"和"平民"之争只存在于罗马最初的几百年间，没有延续到布匿战争时期或共和国后期。那些贵族属于罗马的古老家族——也即罗马最初定居者的后裔，许多贵族是我们所谓的能勉强维持生计的农民。

就是最大的恶。”[2]

上述过程开始于布匿战争之后，最后导致毁灭性的内战。不过，普通的罗马人并不喜欢社会和观念的变迁，固执于所谓的祖传方式。旧共和国有很多东西值得保存。根据适用于罗马公民的民法，罗马人享有免受独断权力侵害的权利以及财产受保护的权利，这在古代世界是罕见的：不管其如何严厉，罗马人的共同体明白有秩序的自由的真谛。

一直到共和国晚期，将罗马社会凝聚在一起的是家庭纽带，罗马人 103
的家庭纽带强于所有其他的西方社会：家庭被认为是一种连绵不绝的精神实体，通过血缘关系将死人、活人和尚未出生者联结起来。一家（这里指家族，通常包括多户人家）之主和家族委员会拥有巨大的权威。与此同时，罗马的遗孀、妻子和妈妈享有的尊重超过古代所有其他社会的女性——唯一的例外可能是斯巴达。*

一直到布匿战争，罗马社会都是由小户农民业主组成，这些农民业主勤奋、勇敢、敬畏神祇、富有爱国心。在整个古代世界，他们以勇气胆量和在不利处境下坚韧不拔著称。拉丁民族传说中的领袖埃涅阿斯一直被称为“敬虔的埃涅阿斯”，敬虔观念是罗马文化的核心要素。

“敬虔”一词在20世纪一般意指严格遵守宗教仪轨，它对罗马人有类似的含义，同时还有其他含义。在罗马人的理解中，敬虔之人指的是履行其宗教和社会职责的人，也即让自己的欲望屈从于别人要求的人。后来在罗马共和国分崩离析之际，西塞罗写道：“敬虔是所有其他

---

* 据说，在罗马的最初期，罗穆路斯颁布法令，强硬地保护已婚妇女。丈夫要有特别严重的理由，如通奸，才能抛弃妻子；若驱逐妻子的理由不足够，那么这个违反法令的男人就会被判没收财产，一半给受伤害的妻子，一半献给女神刻瑞斯（Ceres）；男人若卖掉妻子，就会被国家送去地狱诸神那里。在罗马共和国最后一个世纪之前，离婚的情况都很罕见，而且在历史上（不同于古罗马的神话），哪怕是出于严重理由而抛弃妻子的男人，也可能会受到惩罚，惩罚他的人是监察官，即罗马的执法官，推行公众道德法则，此外还要对部族进行人口统计。

美德的基石。”

敬虔之人会通过适当的敬拜和献祭尊奉神祇，尊崇（honor）自己的父母以及所有祖先，信守对朋友的承诺，在需要时准备为国捐躯。也就是说，敬虔之人顺服于神圣之物，坚定地相信宁死也不背叛其神圣的职责。由具有如此凝聚力的信念团结在一起的社会能有力地抵御分裂瓦解的力量。

104 然而，就在波利比乌斯对它大加赞美之时，古老的罗马社会已开始分崩离析。罗马共和国衰败的主要物质原因似乎是罗马军队的胜利以及罗马领土和权力的扩张。三次布匿战争消耗掉了一半以上的罗马农民，其中英勇战死的数以几十万计，经过几年甚至几十年征战回到罗马的农民士兵已经被债务压得喘不过气来。在征服迦太基及其附属国以及后来征服马其顿、希腊、小亚细亚、高卢和其他地区之后，无数的奴隶蜂拥而至意大利，进一步破坏了原有的经济模式，并在罗马形成一个外来的无产阶级。诡辩家和修辞家从被征服的希腊来到罗马，诸如老卡托（Cato）之类的保守派人士鄙视这些人，因为他们尽管可能会提升罗马文化的品质，其哲学则颠覆了罗马古老的“宗教情感”（*pietas*）。越来越多的罗马自由公民只能勉强糊口度日，时刻准备着投奔某一富有魅力的煽动家或雄心勃勃的军人。由于贫穷的公民有投票权，以“面包和马戏”来笼络他们就显得越发必要——包括公共救济或食品补贴，角斗士表演，以及其他公共娱乐活动和公共工程与配给物，而支付所有这些费用的唯一途径是不断的海外征服。

不管哪个民族，由于道德秩序和社会秩序盘根错节地交织在一起，要想搞清楚衰败的具体原因是极其困难的。共和国到底怎么了？在旧宪制临近终结之时，西塞罗开始探究其中的因由。是人的品质比前人差了，还是恶法腐蚀了罗马人的共同体？西塞罗认为，罗马衰退的原因可以追溯到这两个不利因素：除非大多数公民具有良好的德性，否则良善的共同体无法形成；当政治混乱和腐败之时，罗马公民很难坚守旧有的道德。罗马人古老的高尚品格的退化有物质性原因，同时，德性的衰败也加速了共同体政治解体的过程。

于是，仅仅在迦太基被毁（公元前 146 年）之后十三年，罗马人就已开始互相争斗——不同阶级相互对抗，盟友反抗罗马的主张，奴隶反对主人，行省敌视罗马驻军，将军内斗，元老院以民众为敌。从公 105
元前 133 年到前 121 年，提比利乌斯（Tiberius）和凯乌斯·格拉奇斯（Caius Gracchus）这两位保民官试图抛开宪法进行根本的改革，结果二人被暗杀。这场争斗将罗马人分裂成两大尖锐对立的党派——贵族派（Optimates）或“好人派”与平民派（Populares）或民主派。

为反对罗马不断集中的权力，其他的意大利城市发生叛乱，导致公元前 90 年到前 88 年的社会战争（Social War），虽然叛乱被镇压，但代价却很沉重。马里乌斯（Marius）是一位战绩辉煌的指挥官，支持平民派的诉求，他战场上的对手是贵族派将军苏拉（Sulla）。可怕的是，随之而来的内战拖拉了七年之久，在此过程中，大片大片的农田被征用或沦为废墟。以罗马首支职业军队为奥援的马里乌斯一时之间取得上风，却在随后失去权力，他在临死前重新担任执政官，这时他已拿下罗马，并屠戮了他的反对者们。继承他的是残酷无情的元老院领头人、独裁者苏拉。

苏拉刚刚恢复了秩序，本都（Pontus）国王米特拉达梯（Mithridates）就侵入亚洲行省。公元前 73 年到前 71 年间爆发了武装奴隶起义，带头者是角斗士斯巴达克斯（Spartacus），随之引发的奴隶战争（Servile War）使整个意大利苦不堪言。

苏拉死后，元老院重新拿回部分权力，不过，真正的权力落入三位不配享有权力之人的手中——庞培（Pompey，他重新征服了亚细亚）、凯撒（一位破落的年青人，天才的煽动家），以及富有的克拉苏斯（Crassus, 他曾镇压过奴隶起义，因内部纷争而露峥嵘）。这段罗马历史是 18 世纪的美国人最熟悉的，它也是马库斯·图留斯·西塞罗所处的时代。就美国人对秩序的理解而言，西塞罗的思想和活动的直接或间接影响超过古典时代的任何其他人。

106 西塞罗与自然法

西塞罗卓越过人，曾反对武力革命，失败后付出了生命的代价。看似悖论的是，革命时代和制宪时代的美国人敬重这位带头抵制暴力变革的人。

因为西塞罗是有关“有秩序的自由”理论的代言人，而当时的美国人正试图实现有秩序的自由。他的作品被纳入美国人所接受的教育体系之中：在整个 17 和 18 世纪，对西塞罗的研习都是英国和美国教育科目的重心。他们学习的修辞是西塞罗式的，而且他们自己的大气磅礴的政治修辞术也是对西塞罗的模仿。另外，西塞罗是古代世界最著名的律师，而建国年代的大多数美国政治领袖都学习过法律，许多人还是执业律师。最后也是最重要的，在罗马时代对自然法理论进行过清晰阐释的是西塞罗，这一法律理论对美利坚合众国的创建者们至关重要。

西塞罗出身于骑士（equites 或 knights）家庭（骑士是指最初必须自带装备到罗马军队骑兵团服役的家境殷实的中产阶级公民），凭雄辩获得罗马共和国最高等级的公职。他的职业生涯开始于为被独裁者苏拉的追随者错误地指控的人做辩护。西塞罗是那个堕落时代里难以被腐蚀的人，他的雄辩无人能及，而且他知识渊博。公元前 70 年，他起诉曾劫掠西西里的罗马总督维雷斯（Verres），后者逃到国外，西塞罗公正勇敢的名声以及作为一名杰出律师的地位由此树立。

公元前 64 年，当时任执政官的西塞罗镇压了喀提林（Catiline）反对共和国的阴谋，将为首的密谋者处死。罗马的律师团结一致反对那些企图支配共和国的军人，西塞罗则是这场反抗运动的领导人。尤利乌斯·凯撒希望能与西塞罗做朋友，不过后者拒绝与他同流合污。有一年，诚实能干的西塞罗在辽阔的亚细亚行省西里西亚（Cilicia）任总 107
督，在他回到罗马时，共和国的崩溃已指日可待。

在那场危机中，西塞罗与庞培和元老院议员们站在一起，反对凯撒，随后，庞培战败被杀。西塞罗拒绝担任剩下的元老院军队的指挥，回到罗马，在那里受到凯旋的独裁者凯撒很好的款待，有两年时间在政治上处于休眠状态。期间，他写下了一些最优秀的著作。凯撒遇害后，西塞罗努力恢复宪制，在元老院叱责马可·安东尼（Mark Antony），并试图团结各省总督一起反对接替凯撒的三巨头（Triumvirates）。尽管屋大维（Octavian，即后来的奥古斯都）试图将西塞罗的名字从受罚者名单中拿出，最终却还是被马可·安东尼及其同伙流放。

公元前 43 年 12 月，马可·安东尼的士兵在西塞罗的海边别墅找到他，对他进行残酷的折磨。他们割下西塞罗的头颅和双手将之带给安东尼这位放荡不羁的冒险家，后者当时正在罗马广场的一个选举现场。普鲁塔克这么描述道，安东尼“让人把他的头颅和双手绑在西塞罗发表演讲的讲坛上面。罗马人目瞪口呆，不敢观看这一景象，而且他们认为，自己在那里看到的不是西塞罗的脸庞，而是安东尼的灵魂”。

共和国和西塞罗一起陨落了。多年以后，第一位罗马帝国皇帝奥古斯都看到他的小孙子正在读西塞罗所写的一本书，便对他说：“孩子，这个人学识渊博，是一位爱国者。”

作为共和美德的典范，西塞罗对新生的美利坚合众国有重大意义。美国的领袖们曾仔细研读过西塞罗的作品，尤其是他的《国家篇》（*Republic*，写作于公元前 57 年他从流放地回来到公元前 49 年内战重新爆发之间）和《论职责》［*Duties*，或《论职务》（*Offices*），编纂于凯撒独裁统治时期他被迫退休之际］。* 他们中那些受过较好教育者
108 几乎可以背下西塞罗主要的演讲词，而且熟读过西塞罗的信函——这让他们对西塞罗的洞见有了一种亲切感，超过对古代任何其他人的了解。他们在西塞罗的作品中发现了被浓墨重彩阐释的自然法理论——它对理解美国的社会秩序至关重要，他们在这方面研读的是西塞罗的《法律篇》（*The Laws*）一书。

西塞罗在《国家篇》中写道："真正的法律是与自然（Nature）相和谐的不偏不倚的理性，它具有普遍的适用性，永远存续，不会改变；它依靠指令让人履行职责，它依靠禁令避免人犯错。而且它施与好人的指令或禁令不会白费功夫，尽管它们对坏人没有任何作用。试图变更这一法律便是犯罪，企图废除其中的某一部分也是不被允许的，将它完全废除更不可能。元老院或人民都不能让我们免于其中的责任，我们也无需找外人阐释或解释它。罗马和雅典不会有不同的法律，今天和明天不会有不同的法律，这一永恒不变的法律对所有国家和所有时代都适用，我们所有人都有一位主人和主宰——也即上帝，因为上帝是这部法律的制定者、颁布者和强制实施它的法官。”[3]

一直到罗马掌控意大利其他地区，罗马人只知道适用于土生土长的

---

* 不过，就《国家篇》而言，立宪会议时期的美国人仅知道名为“西皮欧之梦”（The Dream of Scipio）的部分以及某些片段，因为直到 1820 年，这部书留存下来的较为全面的版本才在梵蒂冈被发现，而且其中的很多内容今天仍不见踪影。

罗马公民的民法（civil law，*jus civile*）。它是一套复杂的习惯法体系，并非通常的由元老院和民众正式立法后颁布的法律，而是因罗马人自己长期使用发展起来的——很像许多世纪以后英国的普通法，后者也是从具体判例确立的先例中内生性发展出来的成果。随着这套法律体系日趋复杂，它在某种程度上被罗马裁判官或首席司法官（他们几乎可以被称为罗马的大法官）的年度裁决理性化。

不过，一旦罗马将权力扩展到整个意大利，它就有必要承认——事实上是创制——第二套法律体系，以适用于不属于罗马公民，并因此不 109
享有罗马人的特权、也不习惯民法的许多人。这一套新的法律体系逐渐被称为万民法（law of nations，*jus gentium*）——意即它们不是国家法，而是一套立基于多少为非罗马民族所共同拥有的习俗的法律准则。另一位司法官或寄居人法官（*praetor peregrinus*，judge for strangers）对此类案件有管辖权。

不过，在很多情况下，将在各个“外来”民族占主导地位的不同形式的法律协调起来，或者让这些形式适当地与罗马民法保持一致是很困难的。因此，司法官们不得不探求能够适当地应用于这些不同法律体系下的案例的正义原则——也即那些基于伦理规范、人类的普遍观念、理性人的特质之上的原则，以及基于普遍正义原理之上的原则。这就发展出了第三套法律体系：自然法（natural law，*jus naturale*），以区别于习惯法（无论是民法还是万民法）和成文法（或由民众正式立法且由元老院认同的实证法）。

作为法理学和政治学用语的自然法可以被定义为由某种超越政治国家的权威确立的一套松散的行动规则体系。这些规则被认为是源自神圣的律令，源自人性，或者源自人类长期的共同体经验。

一方面，自然法必须区别于由国家颁布的实证法或成文法；另一方面，它必须区分于自然科学中的“自然规律”（laws of nature）——也即区分于表达某些（如生物学或物理学）自然现象一般规律的命题。有时，自然法也被混同于“自然权利”的学说——后者可能是也可能不是基于希腊和罗马的自然法概念。

西塞罗的作品——从他驳斥维雷斯的演讲词直到其生命最后的文字——包含了最为详尽的对自然法的早期讨论。西塞罗对自然法的下述
110 理解仍在影响着某些人的头脑：人类法只是仿效了永恒法。这些永恒法是人类独有的，因为地球上只有人才是理性的存在。衡量国家法律有效性的标准是它们是否符合理性。

换一种说法就是，自然法是对习惯法或实证法的基于普遍伦理原则的诠释。自然法不是成文的法典，而是以人类普遍规范为参照实现正义的手段。在英国法中，这种方法被称为“衡平”（equity），正如亨利·梅因爵士所言，英国衡平法院的法官将罗马人所写的有关衡平的整段文字都写进他们那些具有持久效力的判决之中，尽管他们没有公布他们引用的来源。

诉诸自然法的做法让罗马法律避免因罗马社会的变迁而过时。梅因写道：“要不是自然法理论赋予罗马法某种与众不同的卓越之处，我不知道罗马人的法律是否还有任何理由优于印度人的法律。就这个特殊情况而言，罗马社会让这一绝妙且十足完美的法律保持了其简单和对称的特性，同时，罗马社会的其他方面注定要对人类产生巨大的影响力。对某一国家或行当来说，在提升完善自己时有其清晰可辨的目标具有无比的重要性。”[4]因此，考虑到罗马自然法的和谐特性以及能够通过理性扩展的特质，它的寿命超过了罗马的政体结构。

在西塞罗死后的几百年间，裁判官和法学家们（或为罗马政府认可的法律权威）对民法和万民法进行了诠释，这样，整个罗马法体系就渗

透着一种并非简单人为确定的正义观。在罗马帝国初期，哲学家兼政治
家塞内卡（Seneca）详细阐释了西塞罗非常雄辩地提出的自然法观念。
即使在罗马衰亡之后，自然法原则也影响了君士坦丁堡的查士丁尼皇帝
公布的法律系统汇编。经由基督教会和经院学家，特别是经由博洛尼亚
（Bologna）法律博士们以及圣托马斯·阿奎那的作品，西塞罗的自然
法直到 7 世纪一直主导着法律理论。在南欧，这些自然法理论在经历过 111
“黑暗时代”的失序后又重新涌现，罗马法中的自然法要素也适时地在
北欧占据了主导地位，而且——通过一个微妙的渗透过程——也影响了
独立的英国普通法，尽管英国国王们试图排斥罗马理论。

西塞罗在他的《法律篇》中写道，最高法来自上帝。它的渊源比“成文法或国家的出现”还早。民众将法律定义为成文的规章，命令人做什么或不做什么；不过，大众是错的。博学之人知道，“法律是内置于自然中的最高理性，它规定什么该做、什么该被禁止。一旦在人的思想中获得稳固的位置和充分的发展，这种理性就是法律。因此，他们相信法律就是智慧，其天生的功能就是命令做对的事，禁止做错的事。他们认为这种特性的希腊文说法源自每人各得其所的观念，在我们自己的语言中，我相信它的名称源自选择的观念。* 正如他们将公平的含义赋予法律这个词，我们让法律一词有了选择的含义，虽然这两种含义都是法律的应有之义。如果这么理解是准确的话——而我也确实认为这种理解一般是对的——那么正义的缘起就在法律之中了，因为法律是自然力量，它是智慧人的思想和理性，是衡量正义和不义的准绳。”[5] 因此，从根本上看，法律是有关人类伦理规范的知识。

---

* 根据西塞罗在这里的说法，希腊名词 nomos（法律）源自意为“分配”的希腊动词；法律的拉丁字 lex 取自 lego，后者意为“选择”。因此，西塞罗的观点是，正义体制——也即在合理与不合理主张之间的选择——源自人类对持久的自然法的认可。

如果真正的法律的确是智慧人的正义理性，是一种上帝的恩赐，那么我们只能得出这样的结论：有关人性的法律优于民法或万民法，优于裁判官的判决，优于凯撒或安东尼的命令。国家的法律应该与自然法保持一致，人们可以将执政者的不义诉诸道德真理的永恒法。

112 西塞罗非常尊重传统和先例、宪制和秩序。在这里不是说我们应当质疑每一部习惯法或成文法相对于自然法的合规程度，相反，一般的人为法是我们展示自己对永恒的道德法的理解的手段（不管它们多么不完美）。自然法不是与国家所立之法相反的一套固定法典；自然法应被理解为道德想象力，而且自然法让我们能够透过理性富有人性地应用习惯法和成文法。按照西塞罗的说法，自然法是阐释人们借以构建共同体生活规则的道德原则。

不过，在严重危机的时刻，执政者们的真正合法性可能需要诉诸自然法来衡量。如果某位独裁者（比如凯撒）或一群寡头（比如西塞罗与之斗争的第一和第二“三巨头”）蔑视或推翻一个国家的宪制，那么其命令便不具有真正法律的道德效力。如果国家的暂时主人是没有正义的——也即如果他们的行事有违自然法，拥有正义理性之人就没有服从他们的道德义务。西塞罗在《国家篇》中写道：“确实，在国内冲突中，如果美德的重要性高于数量，我想弄清公民们的质量而不是搞清他们的数量就是应当的。”[6]民众也可能行事非法不公：人们当以神启的永恒法作衡量私刑（mob–law）的标准。美德和强力之间总是存在着张力，而且即使多数人暂时支持强力，美德也不应就此屈从。

西塞罗绝不是一位革命者。不过，在随后的成百上千年间，自然法理论被那些决意要推翻现存政治秩序的人拥抱。于是，《美国独立宣言》的签署者们诉诸于“自然和自然神”（Nature’s God）。通常情况下，治安法官们运用自然法的概念让一套已确立的习惯法和实证法体系变得人性化、现代化以及协调化：自然法是进步的工具，不是革命的武器。

如果某种根深蒂固的秩序已不再在其实证法中承认少数人甚至多数人的权利主张，那么，反对者就会诉诸于道德法，也即正义理性之法、 113
人性之法及正义的源泉。以自然法为自己辩护的反对者就可以拿起武器。根据西塞罗的理论，即使在 20 世纪的德国这个受实证法影响最大的国家，反对希特勒的人也通过援引被希特勒颠覆的宪法以及自然法来证明他们抵抗行动的合理性。[7] 极权国家的法令与道德法之间的冲突在当代比在罗马共和国晚期更加激烈。

A.P. 登特沃斯（D'Entreves）写道："如果没有自然法，意大利半岛上的那个农民小共同体的微不足道的法律就绝不会成为一种国际性文明的普世规则。如果没有自然法，中世纪将神圣智慧与世俗智慧融汇贯通的伟大成就就不可能存在。如果没有自然法，就没有美国或法国革命，而且有关自由平等的伟大理想也不会在获得人心的支持后成为法律的一部分。"[8]

西塞罗和罗马共和国一同消亡了。不过，西塞罗给后世留下了混合了希腊理论与罗马实践的自然法遗产。早期罗马人的一项英勇习俗是将某个人"奉献"给诸神，这样，通过他的献祭，共同体就可能在做错事时获得宽宥。西塞罗最后完全献身于罗马人的祖制（*mores majorum*）和道德法。在其公职生涯的某些时刻，西塞罗会胆怯或犹豫，可是到了最后，他展现出罗马人古老的高尚品德。

帝国的辉煌与苦难

在 20 世纪的罗马，早已废弃的庞大的屋大维陵寝躺在黄褐色的台伯河与时髦的商业街之间。屋大维曾被元老院授予奥古斯都（Augustus）114 的头衔——这一头衔以前是诸神的专用品。屋大维或奥古斯都（他很快便以奥古斯都的头衔作为他个人的名字）仅仅在名义上恢复了共和国，实际上却成为第一位皇帝。

屋大维为疲惫不堪的罗马世界带来了和平。公元前 31 年，他在阿克提乌姆（Actium）的海战中击败安东尼。四年后，元老院宣布他为恢复后的共和国的第一公民（Princeps）。作为元首（imperator）或罗马军团的指挥官，他本可以让自己拥有绝对的权力，可是，他选择了重新启用共和国政体，勉强恢复了宪法。他确实对元老院加以保护，清除了其中的腐败；不过，对于公民大会（*comitia*），他觉得有必要仅仅保留名称，还自己攫取了属于保民官的权力。罗马的民众——也即那些靠面包和马戏为生的城市居民——已沦为无产阶级。按照罗马人以前的定义，无产阶级就是除自己的孩子外对国家毫无贡献之人。这些人像无根的浮萍，生活困苦，没有工作，性格暴烈却胆小懦弱——以前的人民（People）已经堕落成这座帝国都市的沉重负担。

如果没有奥古斯都冷静的智慧，罗马体系可能在共和国崩溃时就已彻底烟消云散。奥古斯都像他的舅舅凯撒一样机智多谋，而且更有智慧，他对罗马的政治架构加以彻底的改造，并尽其所能地恢复所有阶层的道德活力。奥古斯都统治下的罗马在建筑和艺术方面达到以前西方闻所未闻的辉煌程度。在叙事方面，那个时代拥有一位杰出的历史学家——李维；李维颂扬罗马的历史经验，激活上层阶级的历史意识。在诗歌方面，这个时代属于维吉尔和贺拉斯；一千八百年后，这两位仍是所有受过良好教育的美国人所接受的传统的一部分。

没有任何政治建制体系能够永远长存，而奥古斯都的伟大贡献在于：直到两百五十年之后，他所构筑的体系才轰然倒塌。即便奥古斯都体系算不上真正的共和国，它在本质上也不是暴政。那个体系确实维系了和平、繁荣以及某种程度的自由。

如果衡量某个时代的标准是其培育的富有远见之人，那么，奥古斯都的“黄金时代”就可与希腊的伟大时代媲美。在所有这些天才中，维 115
吉尔的名字在我们的文明遗产中占有首屈一指的地位。

与他之前很久的荷马和他之后很久的但丁一样，维吉尔是位宗教诗人，对世界之意义有宗教性的洞见。借着在《埃涅阿斯纪》（*Aeneid*）中传颂拉丁民族的传奇历史，维吉尔希望重新将罗马的使命神圣化。他没能完全战胜他那个时代的骄傲、激情和炽烈的色欲，没有诗人能够做到这一点。不过，假如没有维吉尔激发起帝国里某些人的良心，帝国体制就可能会变得更加粗俗无情，而且后来的人对人类尊严的理解就可能会更少。

如果没有维吉尔，初期罗马帝国的社会就可能已被物质主义和自我中心所吞噬。很可能是受到古希腊智者毕达哥拉斯的神秘理论的影响，维吉尔认识到罗马文明中潜藏着一种神圣的使命——也即有某种宗旨，基督教称这是“上帝命定的”。虽然维吉尔本人并非生而为罗马公民，但他将这一洞见传递给同时代以及后代的思想卓越之人，并将罗马精神（*Romanitas*）或罗马文化理想化，认为它已部分地实现他对罗马使命的预言。

20 世纪最杰出的诗人 T.S. 艾略特（Eliot）是维吉尔这位最杰出的拉丁诗人的最佳阐释者。艾略特评论说，维吉尔的诗句里有三个关键词：劳动（*labor*）、敬虔（*pietas*）和命运（*fatum*）。帝国时期的罗马若有什么优点，全都体现在这三个词里面了。

维吉尔的“劳动”一词意指劳动（尤其是农业生产劳动）为个人和国家带来的尊严。他反对乔治·奥威尔（George Orwell）所谓的“奇怪空洞的闲散梦”。他明白，我们必须在工作中找到快乐，否则就无快乐可言。艾略特说，维吉尔这方面的论述“是我们现在应该尤其觉得睿智的洞见，因为城市化聚集、对土地的逃离、对大地的蹂躏以及对自然资源的挥霍正开始吸引人们的注意力”。他传递给基督教“这么一个原
116 则：对一个完全的人来说，行动与沉思、劳作与祷告都是生命中必不可少的”。

维吉尔的“敬虔”一词具有比参加教会活动或正确对待父母更宽广的含义。他意指对诸神的谦卑、对祖国的热爱，以及责任感——这些意思用任何英文单词都无法充分表达。他为一个重新寻求意义的时代提供了敬虔的观念。艾略特接着说：“维吉尔所想象以及埃涅阿斯为其规划命运的罗马帝国与罗马军团、执政官和总督、商人和投机者、煽动家和将军们的罗马帝国并不完全一样。它是更伟大的东西，不过这种东西的存在要归因于维吉尔对它的想象力。它依然是一个理想，不过，这个理想被维吉尔传递给基督教，有待后者珍惜和培育。”

维吉尔的“命运”一词意指罗马的帝国归宿——也即某种未知力量强加给它的义务：为世界打造和平，维护秩序、正义和自由，并抵御野蛮文化。“我认为他几乎没有什么幻想，而且他能清楚看到每一个问题的两面——对失败者有利的一面以及对胜利者有利的另一面……”，对维吉尔来说，这一使命是罗马历史的真正意义所在。艾略特反问道：“你真的认为维吉尔错了吗？”“维吉尔向其当代人展示出所有世俗帝国（哪怕是并不神圣的罗马帝国）的最高理想境界。就我们是欧洲文明的继承人这一点而言，我们仍旧都是罗马帝国的公民……”[9]

奥古斯都的继承者、朱利安（Julian）和克劳狄（Claudian）王朝的皇帝们并非维吉尔的追随者。不过，对于帝国时代的某些行政官员和士兵来说，劳动、敬虔和命运仍维持着原有的意义。而且维吉尔的伦理诗

被印在了罗马法学家、哲学家和文人雅士的脑海中。在中世纪，维吉尔是所有古典作家中影响最大的那一位——尽管普罗大众将他误认为魔法师。诚然，维吉尔的文字中有某种魔力，不过，这种魔力发挥效能的对象是良心，而非物质性的东西。十三个世纪之后的但丁视维吉尔为古代 117
世界最纯净的灵魂，便以他为穿越地狱和炼狱的神秘世界的向导。

维吉尔是罗马社会的标志。那个由堕落皇帝、罗马斗兽场（Colosseum）中的残杀、受迫害的无辜人以及亚细亚毁灭性战争构成的罗马，也是正派哲学家所在的罗马。公元1世纪期间，维吉尔的理想与斯多葛主义哲学融汇在一起——后者从希腊引入，不过被罗马人转化成某种更仁慈有力的信念——让本可能成为荒凉之地的罗马社会变得能够容忍。

在一个血腥的世代里，罗马的斯多葛哲学维系了中央集权帝国的内部社会秩序，且教导一小群人真正自由的本质。公元1、2和3世纪，这一宗教哲学对公共政策产生了直接的影响，它对美国文明的微妙影响并不容易衡量；不过，它延续了下来，不管是作为独立存在的学问，抑或“通向基督教的门径”。

斯多葛哲学与古老的罗马品格尤其意气相投，虽然它无力深深打动帝国的民众。斯多葛主义始于一种彻底的物质主义：斯多葛主义者宣称，我们所知的这个世界是唯一的世界，其中的一切——甚至被称为灵性的品质——都具有物质特性。不过，统治这一世界的是神圣的智慧。上帝指挥万物，良善且富有智慧，无处不在，实际上几乎等同于宇宙。人的责任是查明自然之道，也即上帝命定人当采取的生活态度。

良心会让智慧之人辨明善恶。多数事物——包括肉身享受——无所谓善恶，只不过无关紧要而已。斯多葛主义者认同理性本质，将所有人（不管是恶人还是蠢货）都视为自己的兄弟，并为他们谋福利。（斯多葛主义者认为，既然所有人在上帝眼中都是平等的，那么奴隶制就是不公义的。）我们人类生下来就是要相互合作的，就像手足。

118 斯多葛派哲学家似乎都生活在高山上——超越了虚荣，对同胞无所求，但富有同情心且乐于助人。斯多葛主义者不抱怨命运的不公，因为那等于指责上帝。他们抛下野心，勤恳履行自己的职责，其目标不是幸福，而是德性。

塞内卡是这些斯多葛主义者中最为雄辩者。作为政治家、伦理学家和戏剧家的他承担起服务国家的斯多葛式责任。吊诡的是，他同时代的最富高尚原则之人都成功地在最臭名昭著的皇帝——尼禄——的统治下升上高位。在这么一个皇帝的统治下，担任公职者在高举劳动、敬虔和命运之理想方面所能做的塞内卡都做到了。然而，到了最后，塞内卡还是与元老院的阴谋家们达成共识，认为为了罗马的缘故，尼禄必须去死。尼禄粉碎了这场阴谋，命令他的这位臣僚自杀。塞内卡和他的妻子一起死去；随后，尼禄也没能活很久。

塞内卡是罗马社会的上层人。朱利安和克劳狄王朝时期的另一位主要哲学家是一个名叫爱比克泰德（Epictetus）的瘸腿奴隶。他来自弗里吉亚（Phrygia）的希腊化城镇希拉波里斯（Hierapolis）的一个普通家庭，从早年起就是自由民兼尼禄宠爱之人依帕弗洛狄忒斯（Epaphroditus）的奴隶。爱比克泰德一出生就有疾病，据说还受到其主人的虐待，他从这些无助的苦难中领会到，幸福是意志力的产物，不是外部因素的结果。

他那放荡不羁的主人送他到哲学家穆索尼乌斯·鲁富斯（Musonius Rufus）门下求学——因为受过教育的奴隶更有价值。于是，其貌不扬的爱比克泰德征服了随后几百年间人们的大脑。尼禄的秘书依帕弗洛狄忒斯亲眼见证了皇帝满怀遗憾的死亡过程，并帮助这位落败的可怜虫自杀，这一仁慈之举可能是依帕弗洛狄忒斯所做过的唯一善举，也成为他自己毁灭的原因。继承尼禄皇位的多米田（Domitian）因此将这位以前的受宠者处死，并宣称任何仆人都不得破坏保护皇帝的神性，哪怕是在皇帝的命令之下。爱比克泰德好像在其主人被处决后获得自由，不过，多米田命令从罗马赶走所有哲学家，他被牵连其中；于是，他定居在伊 119
庇鲁斯，在那里办学多年，在豪奢的哈德良（Hadrian）统治期间的某个时候去世——据说，他是哈德良的朋友。

爱比克泰德说，自由存在于对上帝意志的顺服和对自己欲望的拒斥之中。因此，他虽然一生很多时候都处于被奴役的状态，但无论生死都像一个真正的自由人；与此同时，尼禄——他主人的主人——却像可怜的奴隶一样，无论生死都屈从于意志和欲望，虽然他从外表上看好像世界上最幸运的人。爱比克泰德严于律己，终至获得不朽的名声——对斯多葛主义者来说，这乃是唯一可能不朽的东西。

这位奴隶哲学家的自由思想反映在他的有男子气概的简练辞章中。他的《手册》（*Enchiridion*）一书由历史学家阿里安（Arrian）编纂而成，后者是他忠心耿耿的学生，也因此记录下了对老师的观察。《手册》意在向一个小圈子的人提供爱比克泰德最有可能塑造良好品格的说辞，部分地重复了他流传到现代的四部《对话集》。

爱比克泰德说："我们必须将这两项准则永远牢记于心：意志之外不存在善恶，我们一定不要试图预测或指导事态，只要以智慧接受它们。"如果我们运用自己的意志力，我们每个人里面的灵性卫士就可以把我们引向公义，并让我们摆脱物质和他人对我们的奴役。多米田皇帝发现斯多葛派的这些原则与独断权力存在着不可调合的对立，因此把那些哲学家驱逐出了罗马。

深陷困境的社会有时会有复兴，而维吉尔和斯多葛派的教导是出现品质更好的弗拉维（Flavian）王朝一系皇帝的部分原因。弗拉维王朝是拉丁文学的白银时代——这是一丝不苟的历史学家塔西佗（Tacitus）的时代，他宣称罗马人在扩张中“制造了旷野，却称之为和平”。紧接着弗拉维王朝的是“五位好皇帝”（98–180 年）—— 涅尔瓦（Nerva）、图拉真（Trajan）、哈德良、安东尼·皮尤（Antoninus Pius）和马可·奥勒留（Marcus Aurelius）。我们现在来看看这最后一位哲学家皇帝。

120 作为模范的马可·奥勒留

人类总是在寻找范例——也即品格的榜样。在普鲁塔克的作品之外，对 18 和 19 世纪的美国人可能最富吸引力的古典模范是马可·奥勒留皇帝。自英国人在美国首次创建殖民地开始，马可·奥勒留的作品一直被人阅读。指挥着由第一批弗吉尼亚人组成的民团的船长约翰·史密斯（John Smith）看重马可·奥勒留超过所有其他作家。

在现代罗马，安东尼·皮尤和马可·奥勒留皇帝时期的宏伟建筑仍在俯瞰着街面的汽车洪流。主神殿前面的广场上矗立着骑在马背上的马可·奥勒留青铜模拟像——它差不多是古代世界存活到现在的最完美的骑马塑像。（由于人们普遍认为它是基督徒的朋友、皇帝君士坦丁的塑像，它在中世纪时免于被熔化为金属的命运。）这位青铜骑士目击了罗马人连续长达十八个世纪的拼搏和欢乐。*

他出生于公元 121 年，当时名叫马可·安尼乌斯·维鲁斯（Marcus

---

* 霍桑（Nathaniel Hawthorne）在小说《大理石雕像》（*The Marble Faun*）中是这么描述它的：“它是世人所见过的对君王品格最为壮观威严的展现。看一眼这位从前的异教徒皇帝就足以让人们对民主体制的忠诚有逐渐流失的可能，因为他看起来是如此威严，如此适合做人们的统治者，如此配得上人们最深切的尊重和顺服，如此势不可当地激起人们的拥戴。”

Annius Verus），是罗马两个名门望族的后代。皇帝哈德良对这位男孩的慷慨大方和敬虔颇为欣赏，便指示他的法定继承人安东尼·皮尤收养这个孩子——同时被收养的还有卢西乌斯·维鲁斯（Lucius Verus）。为了培养这两个孩子驾驭世界的能力，爱比克泰德的《对话集》成为他们的必读书目，这本书对这位未来皇帝的思想产生了无法估量的影响，让他变成彻头彻尾的斯多葛主义者。

哈德良的坟墓在中世纪时变成圣天使城堡（Castel Sant'Angelo），
现在仍是台伯河畔的主要建筑。哈德良的仁慈政策在他死后的两个皇帝 121
任期内仍主导着罗马帝国，哈德良的遗嘱变成了现实：马可·安尼乌斯更名为马可·奥勒留，在管理帝国的事务中与他仁慈的继父合作，而且在年仅十七岁时便知道他有一天必须扛起整个世界的重担。阿克顿勋爵（Lord Acton）写道："权力导致腐败，绝对的权力导致绝对的腐败。"不过，这句话在马可·奥勒留身上不适用，虽然他曾经的伙伴卢西乌斯·维鲁斯没能经住公职带来的诱惑。

马可·奥勒留被授予绝对的权力，实际上，他拥有的绝对权力可比肩亚细亚独裁政权之外的任何人。不过，他一直约束自己，在所有事情上都遵从元老院的意见，将自己视为元老院和人民的仆人。他对罗马帝国持续十九年的治理的特点是，在国内进行审慎宽厚的改革，对边疆的帕提亚人（Parthian）和日耳曼人取得决定性胜利。在所有这些成就中，皇帝本人都是指挥者。

厄尼斯特·雷南（Ernest Renan）说："我们每个人都在内心里为马可·奥勒留感到伤痛，就好像他昨天刚刚去世一样……，由于他的缘故，我们得以理解那些经历过坏皇帝统治的古老的罗马家族为何依旧能够坚守公正的品格，持守他们的尊严和正义感，保持他们的公民精神以及（如果可以这么说的话）共和主义精神……，安东尼·皮尤和马可·奥勒留王朝的到来不过是罗马社会的加冕，因为罗马社会公义的震怒已经由塔西佗传递给了我们，而这个由良善睿智之人组成的社会是对之前的凯撒们深恶痛绝的所有人的联合体。”

马可·奥勒留是一位改革型保守派人士：“他总是视人为道德性的存在，他从不像一般的自称具有超自然能力的政治家那样假装自己是个机器或是达到某种目的的手段。即使无法废除他那个时代严酷的刑法，他也在使用它时有所缓和……，塞内卡曾说过，‘如果追根溯源，所有人都以神祇为他们的父亲’；乌尔比安（Ulpian）说，‘根据自然法，所有人都生而自由平等’。”就思想高度和军事领导品质而言，马
122 可·奥勒留是柏拉图很多年前试图寻找的那种“引领者”（guardian）。

马可·奥勒留的《沉思录》（*Meditations*）一书属于所有著作中最有亲切感的那种（其真正的书名是《马可·奥勒留写给自己的书》），在很多读者看来，皇帝本人和我们之间好像不存在时间的鸿沟。不过，他的沉思到了现代才得到认可，因为他这本小书直到16世纪才广为人知。自那以后，人们对它的阅读超过所有其他的古代哲学著作，因为它的内容与每一个时代经受磨难的人的处境息息相关。马可·奥勒留的写作才能不及塞内卡，不过，他那本小书的个人特质赋予它尖锐性，可与更早期的西塞罗的信件媲美。尤其战士们发现马可·奥勒留是一个将心比心与他们对话之人。

历史留给这位皇帝的污点只有一个：迫害基督徒。不过，他的这一举措是出于诚实的动机，出于对基督教教义和实践的误解，促使他这样做的原因是教会周围的那些过于狂热的激进人士。指引他政策的不是不宽容，而是几近泛滥的仁爱。

第一位斯多葛派哲学家芝诺（Zeno）曾说道：“同情是一种病。”不过，这位信奉斯多葛主义的皇帝却认为邪恶更多是无知的结果，而不

是恶意的结果，因此他总是宽宥那些最恶劣的背信弃义行为。由于同情，他容忍了放荡的卢西乌斯·维鲁斯，也没能约束自己的儿子康茂德（Commodus）的残暴行径。在才干出众的将军阿维迪乌斯·凯西乌斯（Avidius Cassius）在亚洲举起反抗的大旗后，马可·奥勒留为了普遍和平的缘故提议自己退位。当凯西乌斯的头颅送到他面前时，让他感到悲痛的是凯西乌斯已被杀，他失去了原谅这位反叛者的机会；他非但没有惩罚凯西乌斯的支持者，反而在这位反叛将军的所有通信都提交给他后，他看也没看就全部烧毁。

在 18 世纪的最后二十五年，每一位读过严肃作品的美国人都了解吉本在《罗马帝国衰亡史》开头所描述的皮尤和奥勒留皇帝时期光辉灿烂的图景。这是一段丰裕、安全和辉煌的时期，那时的法律被有效执行，许多恶行被抑制。尽管如此，它也是道德破产的时代，虽然它见证 123
着高等文化死亡前的回光返照；而且让奥勒留皇帝感到悲伤的是托付给他管理的几百万民众的败坏和愚蠢。他以最正直的罗马人作自己的朋友，尤其是那些坚守斯多葛主义的家族——他们的斯多葛主义再加上古老的罗马高尚品德，成为抵御邪恶的凯撒的屏障。

公元 180 年，因过于劳累，年仅五十九岁的马可·奥勒留死在维也纳附近的一场军事行动中，此后过了仅仅几年时间，上述高尚原则的主导地位就不存在了。如果我们阅读马可·奥勒留有关角斗表演的记录，那么我们就会清楚无误地看到大众道德上的堕落——正是这种情况导致了军人皇帝的出现。尽管他厌恶那些令人作呕的表演，却也不得不迁就于口味败坏的公众舆论的压力，到场接受角斗场里注定要送命的男子的礼赞。当奥勒留以读书和接见民众的方式拒绝观看场内的屠戮表演时，多达九万名面目不清的野蛮人——即挤满斗兽场的观众——以犬类的勇气嘲笑他富有人性的表现。

据说，他在马科曼尼（Marcomanni）战争的最后两年内写成了《沉思录》，当时他正在多瑙河沿岸参加激烈的军事行动——他形容自己的行动是“蜘蛛猎取苍蝇”。马可·奥勒留是位成就卓著的指挥官，击退了马科曼尼和其他日耳曼部落，让罗马和意大利又存续了两百年——在此期间，基督教逐渐壮大，这样，公元5世纪政治秩序的崩溃就不会毁掉罗马所有的遗产。与此同时，以马可·奥勒留为重要代表的斯多葛哲学为垂死的罗马文化接受基督教教导预备了道路。所以，这位哲学家国王就好像是他所理解的上帝的工具，成为尘世的管理者，并不知不觉地成就了他自己迫害过的宗教。

马可·奥勒留写道，上帝为这个世界设计了一个自然秩序。每个人的义务是在这个秩序中各尽其责，心甘情愿地在共同体中生活，并帮助他人：

> 如果你曾看到一个人手被切掉，脚或头与身体其他部位分离，
> 124 那么一个对已发生之事不满的人、一个让自己孤立于其他人之外的人、一个做过任何不合符社会规则之事的人，就已经让自己成为那个与身体分离的肢体。设想一下，你让自己脱离自然统一体——而你本来天生就是自然的一部分，现在却把自己切割出去，不过这里还有个非常好的解决办法，就是你有能力再次让自己与自然结合在一起。上帝没有赋予任何其他物种在与自然分离后再次融合为一体的能力。不过，要考虑到上帝对待人类的非同寻常的仁慈，因为他让人类有能力杜绝与自然宇宙的分离；而且即便人已被分离出去，他也允许人再次回来，与自然复合，继续作为整体的一部分。*

---

* 这些源自《沉思录》的引文是乔治·隆（George Long）的翻译（第二版，伦敦，1883年）——隆是英国一位研究经典文献的学者，非常敬仰罗伯特·李（Robert Lee）将军。

他活着不是为了自己，而是为了履行他的公共义务。尽管《沉思录》贯穿着忧郁的基调，他却以满怀希望的精神履行自己的职责。我们看到他软弱身体的挣扎（当时他有病且极度疲劳），同时他也打趣着鼓励自己早起，这都是为了能完成手中的工作。我们看到，他喜欢前线帐篷里艰苦危险的生活，胜过帝国宫廷里的虚假造作和阴谋诡计。我们听到他告诫自己要迎接死亡的到来，因为除了其他理由之外，如果一个人活得太长，他就可能变成自己常常遇到的那种败坏之人。皇帝本人总是能察觉人类的自大虚荣，不过他以男子汉的气概面对这一切：

> 一直保持你原来的样子，过一种和原来一样的混乱腐化的生活，实际上显示了你的愚蠢和胆怯，就像那被打得粉身碎骨的角斗士一样，哭喊着请求将自己的命运托付明天，却再一次被同样的爪牙撕裂。然后看看你是否具有（良好品格的）为数不多的特征。不过，如果你在斗争中失手或者被击败，要像个男人一样，到一个安静的角落去，你可以在那里坚持活下去，或者作为最后的办法，你可以不用生气地、简简单单地、自由自在地、谦卑柔和地结束自己的生命，至少在一生中能够取得这样的成就，勇敢地离弃自己的 125
> 生活。

在将马科曼尼人和夸地人（Quadi）击溃并逐出多瑙河地区之际，马可·奥勒留写下了上述话语。他的话语让后来许多陷入困境的人备受激励。

不过，斯多葛哲学以及好皇帝们的正派品格没能让罗马民众重获新生。斯多葛主义是一套高标准、严要求的信念体系，又过于抽象和理智，不能为大众所接受。当时，就连从埃及引进的异端伊西斯（Isis）都比斯多葛主义的信徒多。从长远来看，圣彼得和圣保罗传到罗马的基督教信仰将使得道德秩序焕然一新，即使它没能拯救那个国家。不过，基督教是启示性宗教，敬拜的是被送上十字架的上帝，而且它将触动人心。

马可·奥勒留的继承者及他的儿子康茂德外形强壮有力，却似乎定意要毁掉他父亲的所有道德和政治成就。他像尼禄一样剥夺声誉卓著的罗马人的公民权，亲自在角斗场与野兽和角斗士厮杀，还坚持要求民众把他当罗马的赫丘力神（Hercules）敬拜。帝国宫廷中的人惧怕他们的主人。公元 192 年，在皇帝身边人的鼓动下，一位角斗士将康茂德勒死。在接下来的一百年间，罗马帝国不断沉沦。由于灵魂的秩序已经衰败，罗马只能靠武力和主子来统治。

有人居住的废墟

在现在被称为南斯拉夫的那个国家，斯普利特（Split）港码头边上矗立着巨型的戴克里先宫（Palace of Diocletian）——一半是城堡，一半是别墅，城墙内是中世纪城市般的纵横交错的街巷。公元 614 年，阿瓦尔人（Avars）和斯拉夫人推翻了罗马人在达尔马提亚省（Dalmatia）的统治，被摧毁的沙隆纳（Salona）城的市民们便躲到这个宫殿里避难，自那以后，宫殿围墙内就一直住满了人。

126 在野蛮的阿瓦尔人及其附从民族翻山越岭而来时，这座快快不乐的宫殿已存在了三百多年，建造它的是戴克里先皇帝。戴克里先最初是位粗鄙的农民，父母为沙隆纳附近山区的奴隶。戴克里先退位后回到亚得里亚海沿岸的这个美丽城市，在舒适惬意的退休生活中度过晚年。戴克里先坚定有力，他能平安地从权力的宝座上退下来已是不小的成就，因为 3 世纪的多数皇帝都死于刀剑之下，甚至有时死于自己的士兵之手。在由潘诺尼亚（Pannonian）军团拥立的这位皇帝的治下，奥古斯都打造的政治结构寿终正寝了。为挽救国家，戴克里先建立起独裁统治，要求所有人称呼他为主，并把他当神敬拜。元老院被降格到差不多相当于市政会的地位，而戴克里先本人在其在位的大多数时间里都居住在小亚细亚的尼克米底亚（Nicomedia）。他将罗马帝国分成四个广大区域，任命三位官员与他一起共同管理，这样，帝国政府就既可以保卫被蹂躏的边疆，又能有效地承担起管理帝国内陆地区的任务。

在戴克里先的统治下，罗马体制下的民众都处于平等的地位——也即平等地受奴役或平等地受折磨。每个人都分配了沉重的义务，却没有相应的权利。城市管理者要对税收的征缴负个人责任，并且被牢牢地固定在这些职位上；义务被强制性地在父子间传承。农民被永久性地降格为农奴。工资和物价都被锁定，所有的一切都受中央政府的管制——在其权力能够强制施行的范围之内。沉重不堪的税负让所有阶层都陷入贫困。在戴克里先统治的最后八年，他毫不手软地迫害基督徒，因为他们拒绝敬拜这位自我封神的皇帝。

不过，戴克里先不是一位邪恶的皇帝。相反，他竭尽全力地维护罗马的国家建制。极其严酷的现实需要迫使他采取严厉的政策。只有通过让军队的规模翻倍或者增加两倍，将所有的权力都集中到皇帝及其同僚
手中，并试图让这种权力带有某种神圣性，他才能阻挡住边疆的蛮族并 127
暂时避免罗马帝国从内部瓦解。

戴克里先头戴冠冕，身着华丽的东方长袍，致力于维系一个被公元 3 世纪长达百年的战争和社会败坏所撕裂的帝国。在康茂德被谋杀后不

久，帝国皇位被一位击垮了所有对手的粗野军人攫取，他名叫塞普蒂米乌斯·塞维鲁（Septimius Severus）。公元 211 年，战功卓越的老将塞普蒂米乌斯奄奄一息地躺在英国的约克（York）。他的两个冷酷无情的儿子走过来，问在他死后他们该如何统治罗马帝国。皇帝答曰："同心协力，要让士兵们发财致富，其他的都不重要。"

这就是罗马在公元 3 世纪的故事：不停地前进和反击，范围涵盖从泰因（Tyne）河*到幼发拉底河之间的区域；为争夺皇位而展开的一场又一场战争；社会阶层与城市的衰败；帝国境内思想和精神的衰竭。士兵们——不管是农民兵还是蛮族雇佣兵——勉强得到了报酬；所有其他事都不重要。

戴克里先对帝国管理架构的重组工作由他的继承者君士坦丁（Constantine）接了下来，确实也拯救了罗马帝国。西罗马将在公元 5 世纪被蛮族入侵，不过，帝国东部——那里希腊化和亚洲化的程度高于罗马化的程度——接着又延续了一千年。不过，这一获救的代价是被奴役，而且在戴克里先退位回到达尔马提亚之后，残存的帝国就像是共和时期、奥古斯都黄金时期或白银时代罗马的幽灵。

今天，人们可以坐在斯普利特大教堂前的广场咖啡馆里，观看东西方的游客们匆匆走过一个黑色的古埃及狮身人面像。这个狮身人面像被戴克里先运来装饰他的宫殿，其与戴克里先的时间差就像戴克里先与游客间的时间差一样遥远。广场是戴克里先巨型宫殿的中庭（peristyle），考古学家们正在挖掘它下面的地下室。大教堂是戴克里先的陵墓，虽然这位迫害基督徒的皇帝的大理石棺材很久以前已遭破坏。另一位残忍的
128 家伙——性格上有点像戴克里先——是今天达尔马提亚省的绝对独裁

* 在英国东北部。——译注

者；另一方面，斯普利特人的生存状况和过去成百上千年没有区别。人性是不变的常量，每一时代都有同样的美德与恶行，而政体形式则会消逝。

在戴克里先获取权位时，罗马已是千年的古城。在当代罗马的火车站附近，戴克里先建造的巨型公共浴场的遗址仍在吸引人们的眼目，那些大厅现在都已变成教会和博物馆。在戴克里先统治时期，罗马的艺术品味处于急速下降的边缘，不过，那些浴场的工程技术和雕刻技术仍带有黄金时代的印记。戴克里先为一个已经堕落的群体建造了这个迷惑人的庞大建筑群，因为那个群体靠施舍维持生计，而且他们的安慰来自斗兽场、马克西穆斯竞技场（Circus Maximus）以及其他竞技场和剧院的表演。戴克里先给士兵们支付报酬，守护住了边疆，他像神一样地施行统治，而且还大兴土木工程，好像罗马会永远长存一样。到那时，所有其他事都不重要了。

罗马为世界立法，却无法维系自己的文明，这是为什么？这一问题的答案过于复杂，不适合在这里详尽分析。不过，我们可以设想，问题的原因既出在共同体秩序的不足上，也出在内在灵魂秩序的缺陷上。于是，蛮族人对罗马帝国的征服就好像猛然流入真空中的空气：最终，哥特人和汪达尔人以及其他入侵者进到一个空壳里面，他们在其中遇到的抵抗很少。

我们先来看看秩序退化在社会上的一些表现。政治结构、各阶层的争斗以及经济困境都与此有关。

一、罗马的政治问题与希腊城邦失败的因由恰恰相反。希腊人无法超越小城邦的边界局限，并因为不团结而衰亡：描述对地方利益念念不 129 舍的牵挂的那个词是“特殊主义”（particularism）。不过，罗马人问题的由头与此非常不同，是中央集权或普世主义。

诚然，罗马人给予帝国境内各城市相当程度的地方自治权。然而，统治各大行省的是罗马城，所有真正的权力都集中在中枢，代议制政府体系没有发育充分。例外的一点是：许多元老院议员和首席地方官（principal magistrates）及将军可以从西班牙、非洲或其他地区产生。帝国的多元人口或者其中的上层阶级可能已被彻底罗马化；不过，由于非罗马文化和政治体系的衰败，公众便陷入冷淡漠不关心的状态。帝国的整个结构过于中央集权化了，当中枢不再能够把持得住时，枝干就开始崩溃。罗马管理架构中的权力越来越严重地集中到皇帝身上，让一个人背负其无法承受的重担；戴克里先觉得罗马的问题过于严重，他力不能胜，便将管理帝国的责任分派给四位将领——这就是帝国碎片化的开始。奇迹是，考虑到帝国广袤的领土范围以及当时有限的通信手段，罗马帝国的政治架构居然延续了这么长时间。

二、罗马人从未能成功协调不同社会阶层的利益。在共和国晚期，罗马城的大部分自由民变成没有工作、骚动不安的无产阶级，重获新生的手段一直付之阙如。一边是元老和骑士家族，另一边是城市里为数众多的自由民；一边是被解放的奴隶（freedmen），另一边是土生的罗马公民；一边是城市或乡村的公民，另一边是无数的奴隶；一边是城市人，另一边是农民——在所有这些社会阶层之间很少有相互间的同情。

为了获得大众的支持，许多皇帝与陷入贫困的民众站在一起，反对元老和骑士阶层；实际上，到了戴克里先统治时期，骑士阶层［我们可
130 以将其称为“上等中产阶级”或“资产阶级”（bourgeois）］几乎已被消灭。由于无法忍受的税赋——用于支付士兵并讨好无产阶级，最勤劳能干的阶层衰落了。

在公元 4 世纪的罗马，阶层消失了，取而代之的是带有强制性且可世袭的种姓（caste）。政治自由已成为幻想。罗斯托茨夫（Rostovtzeff）写道：“这一遗产几乎没有什么积极的东西，唯一正面的遗产是，帝国

及其自然资源都还在。在帝国境内居住的人们已完全失去平衡感。仇恨和嫉妒无处不在：农民恨地主和官员，城市无产者恨城市资产阶级，军队被所有人仇恨，甚至连农民也恨他们。基督徒被异教徒厌恶和迫害，后者视他们为决心破坏国家体制的犯罪团伙。”

到了君士坦丁时代，唯一相对免于中央政府压迫的群体是大地主有产者——他们凭借贿赂、影响力、强力或地处偏远，荫庇他们的“委托人”不受收税者和征兵者的搅扰。当蛮族推翻罗马政权时，城乡里的许多人无疑认为中央权力的崩溃是一种解脱。

三、在经济方面，自由农民的消失——尤其是在意大利、非洲和亚洲的很多地方——以及由奴隶或农奴耕种的大地产的扩张，不仅让罗马体制的社会基础发生转变，而且还导致生产力的下降。由于冷漠和绝望情绪的扩大，总人口下降了。

税收和不断扩张的官僚体系吞噬了繁荣。由于缺乏想象力而且需要公共收入，在第 3 和第 4 世纪，商业与制造业的负担及所受的管制令人无法承受。以国家产业取代私人实业的做法没能奏效。

弗雷雅·斯塔克（Freya Stark）是如此评论 3 世纪的社会革命的：“由于利润减少，过去的那种乐善好施的富豪消失了。在强制性负担日益增加的情况下，公共服务系统（system of *liturgies*）——根据此系统，各个国家的公共债务由富人承担——更加严苛，以应对经济困境。公民 131
荣誉不再是自愿性的，它们被强制性地推行，并且人们无法逃避。谷物、体育场用油（每个城市很大的支出项目）、骚动不安的军队运送等免费项目不再是免费的了，变成政府日益增加的收费项目；处理公共财务的人必须承诺以自己的财产做担保，而且在必要时自己掏腰包弥补所有的赤字。从 3 世纪起，债务体系这种从集体到个人的转向促使许多纳税人绝望地抛弃他们的家业。”

简言之，公元 4 世纪的罗马帝国已变成许多人感觉不再值得活下去的地方。罗马社会秩序的缺陷在某些方面（尽管绝不是所有方面）已经达成这种程度。与这种衰落同时并行的是灵魂的退化，尽管正如在奥古斯都或者安东尼·皮尤和马可·奥勒留统治时期那样，道德复兴的努力也曾尝试过。我们可以在这里简要地谈一谈内在秩序衰退的某些迹象。

一、原有的罗马宗教虽然深入人心，本身却很简朴且主要是仪式性的；在共和国的最后两百年间，它也开始凋零。希腊宗教观念的引入——尤其是在与迦太基的战争期间和之后不久——没能引起大众的兴趣。斯多葛哲学也不能有效影响罗马民众，即使它确实激励了一些社会领袖。

二、以皇帝崇拜支撑罗马帝国体系的努力从未真正获得牢固的基础，因为它与西方的传统格格不入。实际上，即便最为温和的皇帝崇拜形式，也不可能被诸如哈德良、皮尤和奥勒留之类富有智慧的皇帝们真的采纳。在戴克里先的统治下，有关皇帝神性的主张获得更充分的支持，而且背后有严厉的强制措施压阵，不过，这种做法一定激起人们暗地里的嘲讽：这位通过暴力攫取最高权力的伊利里亚（Illyrian）农民可能很了不起，不过尽管他天生带有某种高贵气质，他也不可能被视为超自然的存在。

三、为填补信仰真空，叙利亚、埃及、希腊和波斯的东方神秘教派
132 在罗马帝国泛滥开来。不过，这些稀奇古怪、花样繁多的教派摧毁了罗马民众在宗教和伦理上的共识，并严重削弱了罗马国家体制的宗教神圣性。另外，虽然早期罗马宗教的伦理性高于超越性，许多东方宗教压根就缺乏伦理或社会性内容：它们没有在个人得救与公共秩序之间建立起联系。

随着时间的推移，基督教将把对超越真理的信仰与某些强有力的社会共同体原则结合在一起。不过，在具有决定性意义的公元 3 世纪，基督徒是受迫害的少数群体；而且在那段时间，罗马社会受到无法挽回的损害。到君士坦丁大帝敕令容忍基督徒时（公元 313 年），让这一新信仰支撑起整个罗马社会结构的努力为时已太晚。到基督教在 4 世纪晚期被正式宣布为国教时，罗马帝国已分裂成两半。基督教会确实在整个黑暗世纪（Dark Ages）将罗马文明的诸多方面保存了下来，不过，与此同时，西方的罗马政治秩序几乎彻底瓦解了。

因此，晚期的罗马世界在文化上已处于精神贫乏和失序的状态，缺少共同的核心信念。它已被称为死亡的世界：普罗大众已丢失古老的罗马美德，而基督教美德尚未取得支配地位。这是一个精神和智识乏味的时代。人类无法长久忍受乏味的状态。由于人们无法让他们自己的绝望的灵魂获得秩序，共同体的秩序也就没有办法挽救了。

维吉尔的那些关键字——劳动、敬虔和命运——的命运如何？它们已沦落为普通的文学修辞。

农业的衰败以及市民-农场主（citizen-farmer）对土地兴趣的减弱早已开始，只不过公元 3 世纪和 4 世纪的暴力与压迫让它们加速了而已。商业和手工业也衰败了，而且在戴克里先死后不久，艺术和工程才能也迅速退化。一个奴性的民族只有在万不得已或被强迫的情况下才劳动。一旦失去其神圣性，劳动就成为单调无聊之事。

至于敬虔——也即对神圣力量及自己祖先、同时代的共同体和后代 133
的那份责任感，已经失去宗教信念和自由的民族对它已无法有任何感知。3 世纪和 4 世纪的多数人都像狗一样过一天算一天，除了直接的物质性生存需要外，不考虑任何其他事情。从最好的角度说，曾经是他们情感聚焦点的罗马国家体制已成为督促他们做苦工的主子。卡比托利欧山上的朱庇特、朱诺（Juno）和密涅瓦神庙已不再能感动罗马人的灵魂。“永恒社会的契约”被遗忘了。

那命运——罗马所担负的使命呢？由于人口减少，繁荣消失，蛮族击败罗马军团，挫折感几乎笼罩所有人，希望和信心也随之渐渐远去。皇帝本人已不再相信命运。在西方衰落的前夕，一位来自非洲昔兰尼（Cyrene）的希腊哲学家最雄辩地道出了罗马的伟大。当时在君士坦丁堡访问的他请求东罗马帝国皇帝阿卡狄乌斯（Arcadius）镇压阿拉里克（Alaric）治下的四处肆虐的西哥特人（Visigoths），并展示罗马秩序源远流长的活力。

用爱德华·吉本的话说：“西内修斯（Synesius）建议的措施是一位勇敢慷慨的爱国者的心声。他鼓动皇帝展示男子汉美德，以身作则重新激起臣民们的勇敢精神；将奢华赶出宫廷与营地；以有意保卫自己的土地和财产的军人取代蛮族雇佣兵；在此公共危机时刻强令技师停止经营店铺，哲学家不再教授学生；让懒散的公民从惬意的梦中醒来；并将武器发放到农夫之手，以保护他们的农业。”宫廷众人彬彬有礼地对西内修斯表示赞许。不过，之后不久，阿卡狄乌斯却任命蛮族首领阿拉里克为帝国的总指挥（master-general）。

阿拉里克和他的蛮族同胞挺进意大利，在公元410年夺取罗马城——城门由奴隶们在夜间为他们打开，并洗劫了这座永恒之城。在罗马因此陷落后，没有人再相信命运（*fatum*），因为世界已经被搞得天翻地覆。

134 伟大的罗马是怎么走到这个毁灭的地步的？在阿拉里克洗劫罗马城的那一年，圣奥古斯丁就提出了这个问题，在18世纪最后几十年，这个问题仍被人们提起。吉本的历史著作提出的问题比它回答的要多。建国年代的美国人非常在意这个问题——而且不只关注吉本的著作，因为当时出版的还有另外几部有影响的有关文明崩溃的研究著作。[*]

在费城制宪会议的辩论中，罗马的经验被屡次提到。正如希腊的不团结促使人们反对松散邦联的提议，罗马式中央集权也相应地让人们不愿在美国设立中央——而非联邦——政府。罗马的社会纷争提醒美国领袖们，他们需要理解并协调自己社会里的不同阶层的诉求。而且在18世纪的理性主义氛围中，美国人的有关罗马宗教和道德衰败对社会秩序之影响的认识有助于确保美国人坚守宗教自由的原则。

因此，罗马衰落的前例是警示美国人的教训。不过，罗马的法律遗产是美国人继承的历史遗产的一部分。而且罗马的行政天才、西塞罗和维吉尔的洞见以及罗马共和主义者与皇帝们的英勇范例都被纳入美国建制之中，也影响了早期美国人的思想。[†]那时的所有美国人都理所当然地认同20世纪的美国诗人艾略特后来写下的这些话：只要我们继承了欧洲文明，我们就一直是罗马帝国的公民。他们不想放弃那一遗产。

在接下来的一千年里，东罗马帝国一直定都在君士坦丁堡。与此同 135
时，在罗马帝国的西部，罗马文化很多最精华的部分被教会不知不觉地保存了下来。罗马的法律体系在东部延续下来，而且几百年后又在西部扎下根。在阿拉里克攻占罗马后又过了一百三十多年，皇帝查士丁尼在东罗马帝国颁布《民法大全》（*Corpus Juris Civilis*），这是对罗马法的系统整理，加入了诸如盖乌斯（Gaius）和乌尔比安之类的罗马著名法理学家的自然法理论。这部恢宏的法典依然是西欧现代法律的基石，而

---

* 比如，沃尔尼（Volney）伯爵的《毁灭或对帝国革命的思考》（*Ruins, or Considerations on the Revolutions of Empires*）。沃尔尼曾在美国旅行。

† 乔治·华盛顿虽说不是研究古典时代的专家，却深受约瑟夫·艾迪逊（Joseph Addison）的悲剧《卡托》（*Cato*）的影响。《卡托》再现了西塞罗的那位坚定的共和主义者友人的最后日子。卡托宁愿在尤提卡（Utica）自杀，也不愿接受凯撒以其投降为条件的友情；他并不想在共和国灭亡后还继续活下去。革命和制宪时代的美国人几乎毫无例外地敬重卡托和西塞罗，而不是凯撒。

且也间接地影响了英格兰和美国的法律。

在 12 世纪，经由意大利博洛尼亚大学里的法律博士，被查士丁尼编成法典的罗马法又成功地传回中世纪的西方。H.A.L. 费雪（Fisher）说："罗马法所体现的是比中世纪初期的西欧更文明和更成熟的社会的观念。这个社会发育出某些非常清晰的有关私有财产和财物、家庭权利以及合同的神圣性的观念，并将法律视为适合人类整体需要的一套理性明晰的体系。一个在全世界都有商业交易的大国发育出一套能够满足生活多层次需要的法律。罗马法虽然受过哲学的影响，却接近现实。建构这套法律体系的更多是习俗以及法理学家对提交他们的真实或假想案件的裁决，而不是立法行动。于是，在西欧开始摆脱中世纪黑暗之际，它在查士丁尼的《民法大全》中看到某些伟大东西的表征，而那些伟大的东西就是欧洲文明曾经的样子，而且可能再度变成的那种样子。"

除英国和美洲殖民地以外，罗马共同体的法律和其他方面对新生的美利坚合众国的意义超过所有其他文明和政治共同体。20 世纪的美国的崛起与罗马的崛起类似，在一个日益城市化和中央集权化的社会，在一个困难重重的普世主义时代，在权力通常无视美德的当下，20 世纪
136 的美国与劳动（*labor*）、敬虔（*pietas*）和命运（*fatum*）这些古老的观念迎头相撞。罗马曾经的张力也是今日美国的张力。

注释：

［1］ John Henry Newman, "The Patristical Idea of Antichrist ", in *Discussions and Arguments on Various Subjects* (London: Longmans, Green, 1891), p.51.

［2］ *The General History of Polybius,* translated by James Hampton (fifth edition, 2 vols., Oxford: W. Baxter, 1823), Vol. II, pp.177-178.

［3］ Cicero, *De Re Publica* (translated by Clinton Walker Keyes; Cambridge,

Mass.: Harvard University Press, 1928), III, xxii.

[4] Sir Henry Maine, *Ancient Law: its Connection with the Early History of Society and its Relation to M odern Ideas* (sixteent h edition, London: Oxford University Press, 1897), pp. 44-45,78.

[5] Cicero, *De Legibus* (translated by Keyes; Cambridge, Mass.: Harvard University Press,1928), I, v, vi.

[6] Cicero, *De Re Publica, op. cit .,* VI, i, vi.

[7] 参见 Klemens von Klemperer, *Germany's New Conservatism: its History and Dilemma in the Twentieth Century* (Princeton: Princeton University Press, 1957); and Hans Rothfels, *The German Opposition to Hitler* (revised edition, Chicago: Henry Regnery, 1962).

[8] A. P. D'Entreves, *Natural Law: an Introduction to Legal Philosophy* (London: Hutchinson' s University Library, 1951), p. 13.

[9] T.S. Eliot, "Virgil and the Christian World ", in Eliot, *On Poetry and Poets* (New York: Farrar, Strauss, 1957), pp.135-148. (Despite common usage, "Vergil" is a more correct spelling than "Virgil" .) 另一篇关于该诗人的内容丰富的论文请参见 "Vergil and Augustan Poet ry", in H. J. Rose, *A Handbook of Latin Literature* (second edition, London: Methuen, 1947), pp. 233-294.

第五章

基督教的过人之处

137 受苦的仆人来了

在罗马城创立之后第713年，离拿撒勒人耶稣的诞生还有四十年，维吉尔写下他的《第四田园诗》。诗人宣称世界已经到了最后的关头：新的世代交替就要开始了。正义的童女（justice，the Virgin）要回来了，开天辟地之初被推翻的农神将再度掌权。一个更优秀的民族将从天而降，将要诞生的一位男童会毁掉铁器时代，复兴黄金时代。所有的罪行和眼泪都会被抹去。这位男童是永生之神，将统治一个已由其父赐下的和平世界。

后来，基督徒们会将这些诗句解释为对弥赛亚降临的预言。公元前1世纪后半期有很多搅动人心的传言，这些传言都与一位拯救者或者救赎者的到来有关：他是神，会给人类带来全新的秩序。卡比托利欧山上的天庭圣母玛利亚教堂还在向游客展示一个祭坛的遗迹——这个祭坛据说是奥古斯都所建，目的是庆祝预定在他统治时期降临的未知之神（Unknown God）。有关三位智者去伯利恒的故事，说明救赎者即将来
138 临的消息已广为流传。在基督降生前的最后一百年间，古代世界到处充斥着血腥的混乱，迫使人类向往干预历史的神圣力量，希望某个超自然的拯救者能够带来人心和共同体的秩序。正如柏拉图在若干世纪之前所说的那样，凡人的渴望都有获得满足的可能。

在犹太人中间，此类预言已经流传成百上千年。《以赛亚书》第五十三章有一段就突出描写了这种性质的预言：上帝会派来受苦的仆人。“他被藐视，被人厌弃，多受痛苦，常经忧患。他被藐视，好像被人掩面不看的一样，我们也不尊重他。”（《以赛亚书》53章3节）

［尽管这些经文用的是过去式，不过它们被当成某人在未来回首往事时所说的话——这就是前面一个章节里提到的希伯来人的“心灵”（psychic）时间的概念。］他会像羔羊一样被宰杀。“他虽然未行强暴，口中也没有诡诈，人还使他与恶人同埋，谁知死的时候与财主同葬。”（《以赛亚书》53 章 9 节）于是，钦定本《圣经》这么写道：“哪知他为我们的过犯受害，为我们的罪孽压伤。因他受的刑罚我们得平安，因他受的鞭伤我们得医治。”（《以赛亚书》53 章 5 节）

与以赛亚这位大先知写下的上述经文相对应的是诗篇第二十二篇：

我的神！我的神！你为甚么离弃我？

为甚么远离不救我，不听我呻吟的话呢？

我的骨头我都能数过，他们瞪着眼看我。

他们分我的外衣，为我的里衣拈阄。

（《诗篇》第 22 篇 1，17–18 节）

受苦的仆人为拯救人类而献身，经受死亡的折磨。在旧约的这些特定预言中——尽管并非在所有此类预言中——受苦的仆人或弥赛亚是一位受难者，他牺牲自己，以求上帝赦免他的百姓。像许多早期的先知一样，他受逼迫，然后被杀死。犹太人后来所写的作者不明的书卷也包含此类有关救赎者的预言。

不过，犹太人认为许诺给他们的弥赛亚将是一位君王，会恢复大卫 139
和所罗门的荣耀。他将让犹太人摆脱外族的统治，并战胜他们的敌人：在这个世界上对作为一个民族的犹太人的集体拯救。道德复兴内含于预言之中；弥赛亚会为犹太人向耶和华代求。不过毫无疑问的是，他们共同期盼这位拯救者将在无比荣耀中到来，可能还带着一支武装的军队。

在旧约的预言中，这位即将到来的救赎者分别被称为弥赛亚、受苦的仆人和人子。我们不清楚这些称呼是不是都指同一个等待的对象。

“基督”一词源自希腊语，意为上帝的受膏者——也即弥赛亚。初代基督徒承认弥赛亚的基督与犹太大众心目中的救赎者没有多少相似之处。

有关拿撒勒人耶稣尘世生活的历史证据很有限。不过，我们所拥有的有关耶稣的相关信息依然比古代世界的其他伟大人物多。我们主要的信息来源是耶稣的门徒马太、马可和路加写下的对观福音以及约翰福音，尽管大量的额外细节还存在于这些地方：新约的其余部分（特别是保罗的书信）、早期基督徒认为可靠性不如四福音书的小福音书（lesser gospels），以及优西比乌斯（Eusebius）和其他早期的教会历史学家留下的历史记录。虽然犹太历史学家约瑟夫（Josephus）只简要提及耶稣，有些同期的希腊和罗马作家却谈到耶稣及其跟随者。很可能，耶稣简短的一生被他的大多数同代人认为是危难时代的微不足道的一段插曲，如果他们对他有任何了解的话。他们认为，在耶稣死于十字架上之后，他领导的运动便寿终正寝了。

耶稣说，他的国不属于这个世界。然而，在他被钉十字架之后的几代人时间里，耶稣使基督的信仰传遍所有已知世界，并开始转化罗马帝国以及对罗马几乎一无所知的民族。虽然有关耶稣生平的故事最广为人
140 知，由于针对新约的学术研究过于复杂，几乎所有耶稣行迹甚至其使命目的都还是神学院辩论的对象。

耶稣的生母是加利利的一个犹太人，当时的加利利是犹太教世界一个孤立边远的地方。耶稣多数的“伟大事功”都是在巴勒斯坦那个遥远的北部地区完成的。他法律上的父亲约瑟夫是一位木匠，不过，在基督教教义中，他真正的父亲是上帝，而且他由童女玛丽亚所生。在生命的头三十年，耶稣与约瑟夫一同劳作，除了显出早熟的智慧外，并没有留下其他的记录。

接着，年轻的木匠离家，与施洗约翰会合；后者是居住在旷野的苦

行者，预告上帝最终审判即将到来的消息。有些人认为施洗约翰是一位先知，甚至可能是重回人间的古先知以利亚——后来，耶稣自己也被问到他是否就是以利亚；另有些人误以为约翰就是弥赛亚。约翰给耶稣施了洗，根据基督教的教导，当时圣灵降临到年轻人的身上。

受洗之后，耶稣在旷野之中独自度过四十天，与邪恶之灵撒旦角力。撒旦把耶稣领到高山之上，提出让他统管世界各地，就好像这位弥赛亚有意掌管地上的王国似的。耶稣拒绝了这个以及其他试探，撒旦——犹太人圣书称他为人类的“敌人”或“捣乱者”——便退了下来，以待更有利的时机。

耶稣从旷野出发，来到加利利，像古时的先知一样向那里的人传扬福音。他周围聚集起成群结队的跟随者，其中多数是出身贫寒的男男女女，他接收了十二位亲密的门徒。他对其追随者们宣告上帝的国度已经到来，人类会从罪中得到拯救。于是，他呼吁众人悔改。他与肉眼不可见的撒旦势力争斗。

耶稣赶鬼驱魔。他严厉叱责附在人身上的鬼魔，好像有权柄者，内有上帝的大能。他的追随者见证说他行过神迹：他治愈麻风病人、瘫子、盲人、聋子和哑巴；他让多人吃饱，被人看见在加利利海上行走；他甚至让三个死人复活。

许多人承认他是先知，甚至大于先知。他会是上帝之子、预言中的 141
弥赛亚吗？他禁止门徒说他是弥赛亚（按照基督教正统教义，耶稣只有在死而复活之后才变成弥赛亚）。犹太人当时主要的教派法利赛人和撒都该人不知道该怎么应付耶稣，就连他的门徒也不确定他究竟是谁。西门·彼得是其中的一位门徒，曾被耶稣问及他以为耶稣是何人；他的回答是，耶稣是永生神的儿子。然后基督告诉彼得，他要把教会建造在那磐石上：“我要把天国的钥匙给你，凡你在地上所捆绑的，在天上也要捆绑；凡你在地上所释放的，在天上也要释放。”（《马太福音》16章19节）即使耶稣没有治愈那些看似毫无治疗可能的人或没让死人复活，这么讲话的可能只是一位普普通通的人吗？

最终，他来到耶路撒冷，后面跟着很多加利利人和其他人。耶路撒冷以及古犹大王国的残存地区当时处于罗马的统治之下，代表罗马统治的是一名财政官员或者总督，不过，耶路撒冷城的大部分事务由犹太公会或者犹太宗教长老会（court of Jewish religious elders）处置。对在犹太人中间据主导地位的宗派来说，耶稣的行动看似异端且危险，对已确立的犹太教信仰构成冲击。

耶稣最亲密的门徒中只有一位不是加利利人，就是他出卖了耶稣，让耶稣被抓。耶稣被带到大祭司和许多长老面前，并被指控亵渎神。大祭司问耶稣是否是受颂赞者的儿子（Son of the Blessed）——即上帝的儿子、基督。耶稣回答说：“你说的是。然而，我告诉你们：后来你们要看见人子坐在那权能者的右边，驾着天上的云降临。”（《马太福音》26章64节）

犹太公会认定，弥赛亚绝不可能是眼前的耶稣这么一个人，因此，他肯定是亵渎神的骗子或疯子，而且这位来自拿撒勒的传道者应该被处死。可是，死刑处罚的决定权在罗马当局。他们把耶稣带到罗马总督那里，声称他是一位危险的革命分子，定意要成为犹太人的王——按照罗
142 马法律，仅仅不同意犹太正统教义算不上犯罪。

罗马总督本丢·彼拉多（Pontius Pilate）在查验这名犯人时一定感到困惑。针对耶稣提出的造反指控不能令人信服，也许，对犹太人没有好感的彼拉多认为耶稣是一位伦理老师，与有着大批拥趸的希腊哲学家没什么不同。他没有发现耶稣做错了什么。彼拉多问耶稣：“什么是真理？”他的意思可能是：“你谈论的是何种真理？”——是犹太人理解

的真理，或罗马国家崇拜中的真理，或希腊哲学的真理，或其他某种教义体系包含的真理。

尽管彼拉多有顾虑，犹太人的鼓噪迫使他给耶稣判了死刑，因为他担心耶路撒冷躁动不安的民众可能会进行暴力反抗。作为拯救耶稣的最后一次努力，彼拉多让民众做出一个选择：他会让两位被判刑的犯人中的一位获得饶恕，要么是耶稣，要么是强盗兼革命者巴拉巴。犹太民众喊着说："要巴拉巴！"

于是，耶稣被钉十字架，夹在两个盗贼中间。在难以名状的苦楚中，耶稣应许其中一个同受十字架酷刑者，当晚将与他一起同在乐园。耶稣的尸体被放在一个坟墓中，对犹太公会和罗马当局来说，一切似乎都已了结。然而，基督、弥赛亚和人类的救主从坟墓中复活了。

我们下面来看看拿撒勒人耶稣在为期三年的传道、赶鬼和医治事功期间的教导。耶稣曾对多疑的门徒多马说："我就是道路、真理、生命。若不借着我，没有人能到父那里去。你们若认识我，也就认识我的父。从今以后，你们认识他，并且已经看见他。"（《约翰福音》14章 6–7 节）这是在宣示耶稣的神性：说这话的人宣称自己是神。直到耶稣生命的末了，就连他的门徒们也不确定他们所跟从者之本性，只知道他比先知还大。不过，耶稣在死后向很多门徒显现，并对其中的一些人说话；保罗说，耶稣"最后才对我说话"。初代基督徒们宣称，复活的
基督确实是人子、上帝之子、上帝自己。耶稣在地上活动的三年间，他 143
给了他们什么样的教导？

由于耶稣本人并没有留下文字记录，今天流传给我们的只有耶稣讲话的片言只语。在这些零散的讲话中，最长且最感人的是登山宝训——即使是马可所保留下来的版本，这段讲话的长度也超不过二十分钟。不过，耶稣的信息中有形象性的描述，自他死于各各他或髑髅地之后，解

释耶稣讲话信息的方法有一千多种。

首先，耶稣传讲上帝国度马上就要到来的大好消息。这一消息有两方面的含义。它表明人们将很快就只认上帝为王：人类会从罪中得救赎，公义会在全地得胜，原有的世间秩序将被终结。那时仍活着的人将面对面地看见上帝，并明了他完全的爱。上帝的统治不只是为这个世界带来新的国度，而且会成全个人灵魂和人类共同体。为完全成就这个国度，耶稣会再次在人们最意想不到的时候到来，“就像夜间的盗贼”。所有忠心的信徒都要带着盼望警醒等候。

上帝的国度已经到来：“神的国就在你们中间”——这是钦定本《圣经》的译法。（《路加福音》第 17 章 21 节）也就是说，真正的基督徒在新的时代秩序（New Dispensation）中如兄弟般活在基督里，所结成的共同体已经能够了解上帝为他们设定的秩序，即便这个世界似乎没有什么改变。

初代基督徒期待基督会随时在荣耀中再次降临，他们热切地等待着。可是很多年过去了，很多代基督徒都已离世，基督仍旧没有回来做王（尽管信徒的数量在快速增长）。基督徒逐渐认识到，耶稣的应许指的是地上权柄终结后在基督里的永恒生命，于是他们便较少提及于近期在地上建立上帝国度。那些满心喜悦承认基督为救主的人现在就会进入天国，因为在上帝眼中，过去、现在和将来是一体的。

那么，基督的门徒们在这个堕落的世界该当如何生活？基督已为他
144 们指出了一条道路。耶稣说，他来并非是要废除律法和先知，而是要成全他们。他的信众要按照一项新约活在这个世界上——这新约是一种新的时代秩序，也是兄弟相爱之约。不过，尽管他们已被免除遵行犹太人某些律法条文的义务，他们尚须遵守旧约中的很多内容。从某些方面看，耶稣加诸他们的命令比摩西所宣布的诫命还要严格。

耶稣道德教导的核心是大诫命（the Great Commandment）：“你要尽心、尽性、尽意、尽力爱主你的神；要爱人如己。”（《马可福音》第 12 章 30–31 节）这样，它被写进犹太人的律法之中，而且每位虔诚的犹太人每天要重复两遍这个诫命。不过在这里，犹太人所理解的“人”是与他们直接相关的人，最多是指犹太人的社区；而耶稣在用这个字时指的是所有人。

“你们愿意人怎样待你们，你们也要怎样待人。”（《路加福音》第 6 章 31 节）这是耶稣宣告的“金规则”，基督徒要按照这种精神去履行他们爱邻舍的诫命。大约生活于耶稣时代的伟大犹太拉比席勒尔（Hillel）以否定形式表达了相同的原则，这一原则就以这种形式被记录在犹太人的圣书以及其他宗教中，这种否定的表述形式早在中国就被孔子所用：“己所不欲，勿施于人。”

然而，耶稣正面的教导更引人注目，也需要更大的牺牲。和在其他诸多方面一样，耶稣的教导在这里也敦促人们积极服侍上帝。在耶稣时代，犹太人的信念是，犹太人必须严格遵守律法，也即履行他们在律法之下的义务，不过无需超过法律字面上的要求。跟随拿撒勒人耶稣需要勇气，也需要断然拒绝有七情六欲的普通人所珍视的许多东西。基督的追随者需要付出的远远超过犹太律法所要求的。耶稣的忠心门徒必须抛弃世俗的财物；在需要时，为跟随耶稣，他们甚至必须抛弃父母。

爱的律法（The Law of Love）就是如此。耶稣要人们有同情心：“我对你说，要饶恕七十个七次。”（《马太福音》第 18 章 22 节）不过，基督没有说过要不分皂白地容忍人类的所有缺陷：人应当饶恕其邻 145
舍，可是所有人都应对上帝审判的前景感到恐惧战兢。他说，吝啬的富人进入天国应该比骆驼穿过针眼还难。由于银钱兑换者玷污圣殿，耶稣严加斥责并将他们赶了出去；这并非是 19 世纪伤感主义者眼中的耶稣。

他诅咒不结果的无花果树，就是谴责那些声称自己有信仰却不结果实的人。他宣称，对于那些腐化孩童者，“倒不如把大磨石拴在这人的颈项上，扔在海里”。（《马可福音》第 9 章 42 节）

耶稣对爱的宣扬不能与他对公义的宣扬分开。他的话语符合大先知传统的套路，鼓励不公不义者悔改。然而，他要求于其门徒者超过法律所要求的形式上的公义。他的登山宝训的对象主要是他的一大群门徒——与他关系更亲密的十二个门徒就是从他们中间选出来的，耶稣清楚地告诉他们，相信他的人必须无私地爱上帝。

耶稣说，十诫禁止杀人；如果他的门徒们想要躲避地狱之火，他们还必须让自己摆脱愤怒、蔑视和责备的辖制。律法禁止乱伦；新的时代秩序还禁止看见妇女就动淫念。旧的诫命禁止随意起誓或起假誓；基督则告诉人们不要起誓，却总要说诚实话，履行所有的许诺。

摩西律法要求以眼还眼，以牙还牙；可是基督的门徒则不能报复坏人，而且给予人们的要超过他们索取的。从前的犹太人被教导要爱邻舍恨仇敌；基督徒还必须爱仇敌，并为迫害他们的人祷告。摩西律法允许男人在特定条件下与妻子离婚；耶稣的教导则肯定婚姻的神圣性，将夫妇二人的结合看为牢不可破的盟约。

146 如此一来，基督徒的道路就显得前所未有地艰难。其道德准则要求一种新型的英雄主义——它比犹太人的律法更严厉，比罗马古老的美德要求更大的个人牺牲。后来，这一教导衍生出所谓的基督教“神学美德”（theological virtues）：信心、盼望和仁爱（charity）。

有信心就是要凭借意志力在行动上对上帝的爱与智慧做出道德上的回应：信靠“我们的主耶稣基督的父上帝”。有盼望就是对上帝存在的现实欢欣鼓舞，有耐心和信心。有仁爱就是在行为和灵性上履行大诫命，爱上帝，爱所有人。如果再加上古代哲学家提出的四项美德：正义、审慎、刚毅和节制，一个虔诚的基督徒就可能是一位英雄和一名殉道者。成千上万这样的基督徒受迫害死去：在耶稣被钉十字架后不久，对基督徒的迫害就开始了，而且直到君士坦丁当政为止，迫害基督徒的事反复发生。

可是，跟随耶稣的人的数量不够多，没能实现上帝对全地的统治。G.K. 切斯特顿在 20 世纪时写道，基督教还没有失败，因为它还未被尝试过。从一开始，很多人就没有全面理解基督通常采取寓言形式的那些教导；对确实领会了教导的人来说，前路也是非常艰辛的。在对“拿撒勒人”或基督徒的迫害因帝国敕令而终结后，基督教教会通常会更在意耶稣教导的字面含义，而忽略内在的含义。不过，基督教的教导没能消除人类的弊病，这不令人感到奇怪；让人吃惊的是，基督教信仰如何有力地为很多人提供了心灵秩序，并借此提升了共同体的秩序。

基督所说的国度是爱的国度，并不是指某种不同的政治结构。耶稣接受现存的属世的政治权力格局，认为凯撒的当归凯撒，上帝的当归上帝。他在所有的布道中都没有提倡政治和社会革命，也没有新的社会组织计划。他没有谈及战争，也没有斥责奴隶制。公义实现的唯一途径是理智和灵魂的苏醒，不是武装力量。基督来是要拯救罪人：唤醒他们认 147
识父上帝存在的现实，并借着子耶稣的范例引领他们达致公义。他让人们的良心苏醒，苏醒了的良心会尽力让社会摆脱罪恶与残暴的境地。受苦的仆人就是道成肉身的上帝，借着在十字架上的受难牺牲为人类赎罪。世人因着这种爱的献祭便可能得救。

这种现象是怎么发生的：如此严格峻刻的宗教一方面是如此坚持仁爱贞洁，如此轻视世俗物质，且看似不切实际，另一方面却又赢得古代世界的大众？在所有其他东西都毁坏之际，基督教教会却崛起了。许多其他宗教对其信众的要求更少，且显然更愿意满足人的欲望。它们在基督教的萌芽期便与之竞争；不过，基督教在所有社会阶层的信众人数都有增长，而其他的宗教崇拜形式却凋零了。

基督教获胜的其中一个原因是耶稣以火般的热情关心穷苦人。耶稣所说的穷苦人不是指物质上穷乏之人，而是指谦卑之人、温柔之人、无权势者、受压迫者——也即顺服上帝意旨者。从这个意义上讲，罗马帝国中的绝大多数民众都是穷乏人。他们听到向他们传讲的话语——先是在城市，然后在乡村。

基督教获胜的另一个原因是，它的与政治体系无关的吸引力变得具有普世性。雅各布·布克哈特写道："确实，由于这一宗教的国度不属于这个世界，其显著优点是它没有像异教徒宗教那样让自己承担指导或担保任何特定国家或任何特定文化的任务，而且它能够相互协调，并能协调不同民族和时代、国家和文化阶段。这样，基督教虽不能赋予衰老的罗马帝国第二次年轻的生命；不过，它能够为帝国的征服者日耳曼人预作准备，避免他们彻底摧毁罗马文化。"[1]

最重要的是，这一新信仰教会人们如何在尘世生活中恢复他们心灵
148 的和谐，而且它还给人们永生的应许。在一个内部和外部秩序均失衡的世界，一个人该怎么做才能从罪和死亡中得救？对很多人来说，耶稣的使徒们在各处传讲的在基督里的永恒生命似乎比他们周围堕落中的社会更为真实。发端于加利利少数穷苦犹太人中间的信仰变成了帝国几百万民众的安慰和奇妙盼望。

在耶稣被钉十字架之后四十年，犹太人起而反抗罗马的统治。奋锐党人相信，彻底的毁灭会像预言所说的那样导致世界的终结，一个非常不同于耶稣的弥赛亚届时会最终到来，于是他们不顾性命地奋起战斗，直到被彻底消灭。耶路撒冷惨遭一场骇人听闻的内战的蹂躏，然后落入罗马军团之手，后者屠戮该城的居民或让他们做奴隶，耶路撒冷成了无

人居住的荒凉之地。地上的王国已成灰烬。

在耶稣死于加略山到圣城陷落的四十年间，福音已经从拿撒勒传到安提阿、帖撒罗尼迦、哥林多、迦太基、亚历山大以及罗马。公元5世纪初，罗马像耶路撒冷一样陷落。在此间的四百年里，外邦人将拥抱曾被犹太人拒绝的信仰。

我们是上帝的乌托邦

大数人扫罗（Saul of Tarsus）是一位精力充沛、热心忠诚的犹太人，属于教义严格的法利赛人——他们一直是耶稣的敌人。如果没有扫罗的努力，我们所谓的基督教的传播范围可能不会超过耶路撒冷和巴勒斯坦其他地方的由犹太基督徒组成的小型社区。

小亚细亚城市大数已经为其公民争取到罗马公民身份的所有特权。由于出生在大数，扫罗便被算作罗马人，虽然他在信仰上是犹太人。他在希腊和犹太学问方面颇有造诣，曾是著名学者迦玛列（Gamaliel）的
学生。扫罗或保罗（他在希腊人中间的名字）热衷于打击背离律法者， 149
让自己成为地中海东部地区新生的基督教群体的最积极的压迫者之一。保罗后来所遇到的事都记录在新约中的《使徒行传》。再后来，被囚的保罗向亚基帕（犹大地区已经希腊化的犹太王子）讲述了他看见的异象：

> 王啊，我在路上，晌午的时候，看见从天发光，比日头还亮，四面照着我并与我同行的人。我们都仆倒在地，我就听见有声音用希伯来话向我说：“扫罗，扫罗，为什么逼迫我？你用脚踢刺是难

> 的。”我说：“主啊，你是谁？”主说：“我就是你所逼迫的耶稣。你起来站着！我特意向你显现，要派你做执事，作见证，将你所看见的事和我将要指示你的事证明出来。我也要救你脱离百姓和外邦人的手。我差你到他们那里去，要叫他们的眼睛得开，从黑暗中归向光明，从撒旦权下归向神；又因信我，得蒙赦罪，和一切成圣的人同得基业。”（《使徒行传》第 26 章 13–18 节）

在看到、听到并相信后，重生的保罗扛起十字架，成为外邦人的使徒。耶稣曾从旷野出发，告诫众人要为自己的罪行悔改。现在保罗将带着这一信息，将基督是神的消息传遍地中海世界。

保罗虽然常常患病，身体虚弱，而且十分拮据贫困，却有很高的讲道和写作天赋。虽然有时被鞭打，有时被石击，有时与象征性的野兽博斗，有时与真正的野兽博斗，但保罗却不顾疲劳和危险，将拿撒勒人耶
150 稣的信息传到小亚细亚和希腊诸城市。他的书信占了新约的很大比例，却只约略提到这一庞大的事功。对许多犹太人来说，保罗是异端和反叛者，尽管他一直声称自己是犹太人，所做的事功也是弥赛亚命令他做的。

保罗在返回耶路撒冷后于圣殿中被他的对手抓获。如果不是罗马士兵将他带走，他们可能已经将他杀死。他的罗马公民身份使他免遭酷刑，却没有让他逃脱长期的监禁；与此同时，罗马的官长们一直在仔细考虑如何处置他，然而，保罗让他们不知所措，就像耶稣曾经让他们不知所措一样。最终，他因犹太公会所加诸的煽动叛乱的罪名从海上被运到罗马，听候审判。作为罗马公民，他曾向罗马当局上诉。使徒保罗在西方的事功就是这么开始的，他周围的外邦人从未听闻过耶稣，可能也没有听闻过罪（sin）。

至今人们在罗马还能看到据说是当年保罗居所的地下室房子。很可能，他最后摆脱了犹太人的指控，在这之前，他长期居住在罗马，可以自由选择自己的居所和行动。在凯撒做出判决之后，他似乎离开了罗马，不过后来又回来，在臭名昭著的尼禄迫害基督教期间于罗马被抓获。传统的说法是，他被扔进马梅尔定（Mamertine）监狱——这里是罗马帝国很多敌人最后的归宿。保罗写道："我现在被浇奠，我离世的时候到了。那美好的仗我已经打过了，当跑的路我已经跑尽了，所信的道我已经守住了。"（《提摩太后书》第 4 章 6–7 节）

彼得差不多也在这个时候被处死——迫害他的人把他倒着钉上十字架。由于保罗的罗马公民身份，他没有遭受类似的折磨和羞辱。他们将他砍头，却无法消除他话语的影响。

德国现代作家斯蒂芬·安德雷斯（Stefan Andres）说："我们是上帝的乌托邦。"外邦人——也就是大部分文明世界——得知犯罪之人如何能够透过死亡的恩典得以成全，这要归功于大数的保罗。保罗的教导是，人因罪的腐蚀性力量而遭受可怕的苦难；不过，爱他百姓的上帝让 151
美妙的灵魂得以复原。了解希腊人修辞和哲学的保罗，向外邦人清楚讲明了基督教的真理，要不然，基督教对他们来说可能仍旧是犹太人一个不起眼的教派。在此过程中，保罗充分阐明了耶稣以寓言讲述的真理。

保罗向罗马人将公义的上帝描述为父子一体，借着圣灵隐秘地作用于人的灵魂。上帝是所有人的慈父，人们只有通过他才能从罪的工价中得赎。可是，由于人们崇拜偶像，耽于被禁止的感官享乐，而且行事不公，他们自己疏远了上帝。通过悔改和顺服以及上帝的恩典，救赎是可能的。

保罗是这么描述罪的：它是人的自负骄傲，对上帝的忽视，自高自大，无法成为上帝期望于他的样子——我们甚至可以说，它是人拒绝成为上帝的乌托邦。如果他睁眼看看缺少了上帝的存在的可怕景象，骄傲孤立的人就会陷入绝望之中。只有承认自己确实是上帝之子，人才能从这种致人死亡的肉体中被拯救出来。通过十字架之刑而为所有人赎罪的基督邀请人成为上帝重生的孩子。保罗大声疾呼：除非我们接受基督为我们的救赎主，否则，我们就是孤立失丧之人，是时间和肉体的奴隶。

保罗的这些洞见原封不动地流传给了20世纪的一些人。保罗发现，那些试图过独立自主生活的聪明人普遍因孤独和罪恶感备受压抑。在艾略特的剧本《鸡尾酒会》中，年轻的西莉亚便是如此，虽然她最终成了殉道者：

> 这种感觉与我做的任何事都无关，我也无法逃离它，
> 这种感觉与我的内心没有任何关系，我也没法去除它，
> 不过是空虚、失败的感觉，
> 针对的是我之外的某人或某事；
> 我觉得我必须要……赎罪——这个词是我想要说的吗？

西莉亚后来发现，她要说的就是这个词。不过，保罗写道，人过于脆弱，无法为自己赎罪：基督的力量能够让人摆脱罪的辖制。物质贪欲
152 与罪的权势紧密相连，不过，它们也只是人将自己与上帝隔离的后果。保罗说：“贪财是万恶之根。”（《提摩太前书》第6章10节）他在此处的意思是，贪婪会导致许许多多的恶行。罪的真正根源是我们现在所谓的自我中心主义：想要取代上帝、违抗父上帝和假装父上帝不存在的个人愿望。

人怎样才能得救？通过相信耶稣基督——他从高天降卑而来，为拯救罪人而蒙受最深的羞辱和伤痛。律法向人显明了罪的本性，不过只有

基督才能抹去罪的印记。我们必须借着洗礼重生，以羔羊的宝血洁净自己。没有人配得上上帝的恩典，可是上帝仍旧赐下他的恩典。对基督有信心就是要顺服他，努力跟随他的脚踪。因为圣灵从外部赋予人力量，在圣灵里并经由圣灵获得重生的人可能会问："死啊，你得胜的权势在哪里？死啊，你的毒钩在哪里？"（《哥林多前书》第 15 章 55 节）

我们在基督里找到永生，这并不是要将个人稀里糊涂地融合进一个世界灵魂（World Soul）之中。永恒的生命意味着有人性的人会继续作为一个灵魂存在，与上帝和谐共处，却不会被吸纳进去。确实，我们还有在死亡之后身体复活的应许。保罗说，如果人无法逃避死亡并永远活在基督里，他就是最悲苦不堪的人。在历史终结之际，当基督再次在荣耀中降临，审判活人死人时，所有那些对基督忠心的信徒都会复活。与此同时，我们在世生活就应该像受圣灵感召从天国来的寄居者那样。我们一定不要惧怕为我们的信仰而死，基督让人从时间和环境中解脱出来，并在最后审判时把永恒生命赏赐给那些接受他恩典的灵魂。

保罗指出，基督徒的这种新生命不是孤立的，不管是在此时此地还是在基督第二次降临之后。基督徒依靠圣灵生存，相互关爱，相互安慰。基督的教会将存续到时间终了；其会众因上帝的恩典得力，所作所
为会主动积极地超过律法所要求的。 153

保罗书信很有力量，人们总是想要长篇累牍地加以引用，不想像本文这样对它们进行枯燥无味的概述。无论保罗走到哪里，"天国的聚集地"（colonies of heaven）——也即规模不大的教会——便会在那里兴起。保罗死于刀剑之下，因此让基督教信仰发扬光大，几乎就像耶稣死于十字架的效果一样。尽管有罗马当局的威胁，有些富人和权势者也开始拿起了十字架。很快，成千上万的士兵接受洗礼。

真心拥抱基督教的教导就意味着在基督里重生的人必须在生命里的每一天都做出道德选择。道德上的抉择没有回头路：无论好坏，它都会永远长存。可是，热心的基督徒们愉快地接受了这一重担，因为他们相信圣灵会引导他们，而且爱的律法足够他们用的。几百年来，对于那些拒绝口头上尊奉罗马帝国国家偶像的人，这一抉择可能就意味着死亡。尽管死亡采取的是最为恐怖的形式，但有些基督徒殉道士却勇敢无畏甚至欢天喜地地面对它：这是他们以鲜血为基督作见证的机会。在保罗被囚耶路撒冷即将结束之际，审讯保罗的亚基帕对他说："你几乎快说服我成为基督徒了。"（《使徒行传》第 26 章 28 节）对基督徒的迫害从尼禄时代一直延续到戴克里先时代，信徒们的英勇行为让许多外邦人转而信仰基督教，因为仅靠言辞是无法触动这些人的。

教会因此而兴旺发达起来——在受迫害时转移到城市的地穴，随后则无所畏忌地浮出水面。虽然当时的战争颇为激烈，其他的社会建制也都在退化，而基督教的教导和见证逐渐对公共秩序产生影响。物质性慈善活动的兴旺程度超过以往任何时候，由此带来的改教者对教会的物质性福利的兴趣超过对罪赦免的兴趣：很久以后，这类改教者在中国被称为"吃教者"。不过，殉道者仍不鲜见。公元 404 年，角斗士在竞技场
154 的角斗活动被永久终结了，当时一位僧侣为阻止对他人的杀戮而在角斗场倒地就义。* 圣灵已开始转变社会。

当时，罗马帝国境内外的几百万人接受洗礼，其中有些人主要是被耶稣为拯救人类而献身的故事所感动。不过，这一新信仰最吸引人的地方似乎在于永生的应许。在公元后最初的几百年时间内，密特拉教是基

---

* 这位殉道者生活于洪诺留（Honorius）皇帝统治时期，是一位亚洲的僧侣，名叫特里马库斯（Telemachus）。据说他是被罗马的观众用石头砸死的，因为他打断了角斗士的厮杀，让那些观众非常恼火。几年前，在外邦人祭坛上用牲畜献祭的做法已被禁止。

督教强有力的竞争对手，其神秘的教义许诺新入教者可以长生不死，在罗马帝国时期发展壮大的其他几个东方宗教也是如此。对有些人来说，有关死后生命的想法让人感到惊恐或者就是不可能的梦境：伊壁鸠鲁主义者拒斥它，犹太人中的撒都该教派也是如此。可是，随着古典时代社会秩序活力的下降，人们对长生不死的渴望与日俱增。

在罗马兵团逮捕（或者毋宁说，拯救）了保罗后，当犹太公会审讯他时，他承认自己相信死人有复活的希望。撒都该人否认有这种希望，“于是大大地喧嚷起来，有几个法利赛党的文士站起来争辩，说：‘我们看不出这人有什么恶处。倘若有鬼魂或是天使对他说过话，怎么样呢？’”（《使徒行传》第23章9节）法利赛人相信上帝最后的审判，也相信所有人（包括义人和不义之人）在此后的复活，这一信仰成了基督教教导中最有力量的应许。

保罗和他之前的一些人曾看到基督从死里复活。由于他已复活，所有对他有信心并跟随他的人也都可能复活。外邦人的神秘教义无法诉诸于已从死里复活的从上帝降卑而来的肉身的权威，已经窥见到永生之可能的古典时代的那些哲学家们也同样不能。多萝西·克鲁克（Dorothea Krook）评论说：“逻各斯——那神圣的律法之道（Word of Law），也即是爱——呈现在耶稣的肉身之上；真理和良善在逻辑上的无穷可能性 155
被具象化，在某个具体的时间点上被纳入某个人的灵魂和肉体之中，因此成为所有人救恩的路径。这种对神圣本性的私密性、个人性分享经验是柏拉图完全不了解的。柏拉图可以想象良善的形式（Form of the Good）在尊贵和力量上超越了纯粹的存在，却无法将之设想成肉体化身。”[2]

柏拉图主义无法提供的东西由基督教信仰提供了：人们应该遵循的一种道成肉身的生存模式以及一种分享永恒生命的模式。正如耶稣已经复活，所有对他忠心之人在最后审判的日子里也会在灵里复活，他们将获得生命的冠冕，拥有新的属灵身体。保罗在《哥林多前书》中写道：“就在一霎时，眨眼之间，号筒末次吹响的时候”，死人要复活，获得基督里的永恒生命，“因号筒要响，死人要复活成为不朽坏的，我们也要改变”。（《哥林多前书》第 15 章 52 节）

哲学家们隐约猜测和渴望的东西成了基督教的一项信心满满的教义。因此，弃绝世界、肉体和魔鬼的大多数人最终都加入基督教会，寻求战胜死亡之道。

在 3 世纪末，基督徒在罗马帝国还是少数，异教徒的数量远远多于基督徒的人数。不过，他们已成为有力量和凝聚力的少数，有人占据政府的高位。戴克里先在其统治末期命令系统性地打压基督徒，也许是因为他听闻风声，宫廷的某些信奉基督教的官员正图谋攫取帝国权力，这场严酷的逼迫运动最终失败了；它是帝国当局压制基督教的最后一次恐怖尝试。君士坦丁大帝在戴克里先弃位后夺取权力，看到基督徒可以成为他将帝国团结在一起的工具：既然他们无法被摧毁，他们就必须被加以利用。

君士坦丁宣称自己是基督教的保护者，发布了两项宽容诏令保护基
156 督徒；不久，他又赋予基督徒各项豁免权、特权和权力。尽管从未受洗，但他说起话来却像主教。325 年，他主持了一个教会人士的会议——尼西亚会议，此次大会的目的是制定一套为所有基督徒通用的信条——尼西亚信经。这个信经以及篇幅稍短的使徒信经今天还在被大多数基督教会采用。

君士坦丁是“一个伟大的坏人”（这是埃德蒙·伯克形容奥立弗·克伦威尔的用词），他狡猾、没有原则且冷酷无情，摧毁了所有挑战他的对手，其中包括让他感到不安的那些家人。在战胜了大多数对手

后，君士坦丁写信给老态龙钟的戴克里先，极尽威胁之能事，后者当时在萨罗那（Salona）附近的宫殿，无所事事。君士坦丁的意思是，退位的皇帝一定要死去。戴克里先疲惫已极，无力再战，便结束了自己的性命。元老院宣布这位已死的统治者为神——他是最后一位受此殊荣的皇帝。不久之后，君士坦丁的同伙将戴克里先的寡妻和女儿斩首。

君士坦丁一家人所获得的一切（包括罗马帝国的存续）都要归因于戴克里先。上述不必要的严苛和忘恩负义之举是君士坦丁大帝的惯常做法，他渴望获得全部权力，他也实现了心中的愿望。有形的基督教会不可能再有比他更不般配的保护者。自此以后，在罗马帝国存续的日子里，教会和国家事务就深度纠缠在一起；在东方，罗马帝国在君士坦丁堡建立了新的都城，以不断变化的形式比西罗马帝国多存续了一千多年。

在罗马帝国的实际权力从台伯河上的永恒之城转移到君士坦丁堡之际，基督教作为国教取代了罗马原有的国家崇拜。380 年，狄奥多西大帝（Theodosius the Great）——他是最后一位同时统治东西罗马帝国的皇帝——敕令整个帝国的所有公民必须信奉普世一统的基督教（Catholic Christianity）。正因为这样，罗马的基督教主教们逐渐享有相对于国家主导权的某种独立性。“拉丁”教会的相对自由源自上述政治权力中心的转移。不过，在 325 年的尼西亚，参加会议的主教们不敢有丝毫违逆 157
君士坦丁之举。对基督教教义来说，幸运的是，君士坦丁对信经并不真的感兴趣，他的干预只是为了迫使人们达成某种共识。

基督徒在哪些教义上应该有一致的立场？尼西亚会议达成的尼西亚信经这么写道：“我等信独一之神，即全能之圣父，创造一切有形无形之万物之主。我等信独一之主耶稣基督，上帝独生之圣子，是圣父在万世之先所生，是从神所出之神，从光所出之光，从真神所出之真神，是生非造，是与圣父同体，万物皆藉圣子而造；圣子为要拯救我等世人，从天降临，成为人身，受苦，第三日复活，升天，将来复必降临，审判生人死人。我等信圣灵。不过，有些人说‘在他以先’‘他出生之前并不存在’和‘他是从无中被造者’，或者假装上帝圣子是另一个存在或实体或者是被造物或者可以改变或变化，普世教会应革除这些人的教籍。”*

其他信经出现得更早，以后还有更多的信经涌现。† 不过，在基督教战胜罗马异教之时，尼西亚信经起到的作用是确定了普世基督教信仰的内容。正如保罗·摩尔所言，这个尼西亚信经是教会的宪章：“它直白清楚地陈明一个无可逃避的事实，所有基督徒都当被要求认可这一事实；可以说，它就像军队里的团结誓言，没有任何情感上的修饰，目的是要人们消极地防御信仰的最后堡垒，免遭异端邪说任何可能的颠覆或者不信对信仰的稀释。”[3]

尼西亚信经确认上帝只有一位，却有三个位格：父、子和圣灵。它
158 宣称耶稣基督是神，而非任何其他存在；他受苦是为人类赎罪；他将会审判死人活人。上述对基督神性的认信并没有告诉基督徒如何在垂死的社会秩序中生存，也没有触及基督徒注定要面对的巨大的道德和形而上难题。承担这些重任的是教会的教父们，他们在教会存在的最初几百年是基督教教义的强有力的增补者和护教家。

在那些于君士坦丁和狄奥多西将基督教确立为国教之后从事写作的教父中，对文明秩序影响最大的学者是非洲地区的希波（Hippo）主教

---

* 此段以圣公会版本为基础，按照英文原文做了修订。——译注

† 现在通常所谓的尼西亚信经与上面所列的文本并不一致。今天普遍采纳的“尼西亚”信经似乎是耶路撒冷教会洗礼的标志，加上了尼西亚所采纳之信经的内容，而且这些加进来的内容于 381 年被提交给君士坦丁堡会议。参见 Arthur Cushman McGiffert, *A History of Christian Thought*（New York: Scribners, 1932）, Vol. I, pp. 262–263, 272–274.

奥古斯丁。在罪恶充盈的世界，人可能成为上帝的乌托邦吗？奥古斯丁受过古典哲学和文学的训练，继承了旧有的罗马文化，将拿撒勒木匠和大数织帐篷者的教导应用于新的时代。

生活在罪恶的秩序之中

在尼西亚会议之后将近三十年，奥古斯丁出生于罗马帝国的非洲属地——当时那里是世界上最繁荣、人口最稠密的地区之一。那时，原有的异类宗教仍在和新兴的基督教竞争：奥古斯丁的母亲莫妮卡是基督徒，他的父亲则是和蔼的异教徒。在罗马帝国非洲行省的努米底亚（Numidia）和毛里塔尼亚（Mauretania）等众多城市中，迦太基鹤立鸡群：它是一个有着五十万人口的大都会，是罗马文明的一部分，尽管在阿特拉斯（Atlas）山岭和大海之间的非洲很多地方，有相当多的居民继续说着古老的迦太基方言。

在奥古斯丁出生时，不管有多少问题，罗马帝国看起来似乎肯定会永久延续下去。欧洲和亚洲边境上的野蛮人袭击没有伤害到非洲行省，意大利也没有什么危险。古典文明的外在表象依旧在罗马和米兰熠熠生辉；奥古斯丁有几年时间曾在米兰求学。不过，这一切就像用纸牌搭成 159
的房子，奥古斯丁会亲眼目睹它的崩溃。

奥古斯丁为后人留下了古代世界唯一一部完整的自传体著作，也即他的《忏悔录》：这不是出于虚荣，而是因为他觉得有必要告诉其他人他是如何被上帝的爱得着的。他年轻时沉溺于肉体的欲望，后来则对此十分鄙视：“在巴比伦的街道上与我同行的都是谁，我们在泥泞中打滚，就好像在盛满香料和珍贵膏油的床上。我想快速走到街道的正中心，无形的敌人却将我踩在脚下并引诱我，因为我是如此容易被引诱。”

他十七岁时开始在迦太基接受高等教育，而迦太基是“不洁之爱的大熔炉”。不过，在后来的岁月里，他忏悔更多的是罪本身，而不是沉溺于感官享受。在孩童时代，他和一些同伴抢劫了一家梨园，“拿走很多梨，并不是为了自己吃，而是为了扔给猪吃”，他知道这样做是错的，然而，这就是他犯错的理由。“我偷走那些东西，尽管我已有了足够多的此类东西，而且还有比它们更好的东西。我也不想享受偷来的东西，却为偷窃和犯罪行为感到愉悦。”

可是，上帝的恩典临到了这位躁动不安的年轻人。为探求真理之源，奥古斯丁考察了当时流行的各种教派和哲学——新柏拉图主义、摩尼教、怀疑主义；这些都不令他满意。他逐渐开始憎恶自己的世俗欲望，可是却无法逃脱它们；他向上帝祷告，祈求让他变得圣洁——然而现在还不是时候。不过，他逐渐受米兰的圣安布罗斯影响［后者和奥古斯丁一样，后来被认定为教会的四拉丁博士（Latin Doctors）之一］，很快，他就有了长期以来一直寻求的那种确据。有一天，当他试图努力说服自己必须开始新的属灵生命时，他听到一个孩童不断地说：拿起书，开始阅读，拿起书，开始阅读。他随便翻开保罗的书信，碰到这么
160 一段话：“不可荒宴醉酒，不可好色邪荡，不可争竞嫉妒。总要披戴主耶稣基督，不要为肉体安排，去放纵私欲。”（《罗马书》第 13 章 13–14 节）奥古斯丁信了。

回到非洲之后，奥古斯丁创建了一座修道院，成为一名教士，然后当上沿海城市希波勒吉斯（Hippo Regius）的主教。他余下的一生都被用来牧养群羊，辩驳非洲狂热的多纳徒教（Donatists）的异端邪说，而且还不停地讲道和写作。他的讲章和信件存留至今的有几百份，另外还有很多论文。

410 年，奥古斯丁已五十六岁，当时发生了一个预示着古典文明开始终结的灾难性事件：罗马城几乎毫无抵抗地陷落到哥特人阿拉里克之手。在将近八百年的时间里，罗马从未被外敌入侵；现在，对罗马城命运的信念被击垮。尽管阿拉里克洗劫了这座永恒之城，但从外表上看，罗马城没有受到多大伤害，而且在阿拉里克离开后，原有的生活方式基本上延续了下来。不过显而易见的是，整个世界已经被搞得天翻地覆，而且帝国各处都出现心理崩溃的问题。奥古斯丁本人对罗马帝国体系并没有完全绝望：罗马城可能会复兴，罗马帝国整体上可能会重新焕发活力。

可是，对单纯的人造物——伟大的城市和伟大的国家，人们应该信赖吗？在 413 到 426 年之间，这位希波主教写作并出版了有关政治秩序的重要作品：《上帝之城》。现今在地上很难再看到希波城的影子，而迦太基已成为穆斯林地区被现代化的别墅俯视着的一片废墟。不过，《上帝之城》对 20 世纪人们的思想和良心仍有巨大的影响力，而且我们当下的灾难也扩大了这种影响力。

这些欲望困扰着所有人类，甚至包括婴孩，人们只需观察他周围的人以及自己即可。自亚当以降，人一直无法凭借理性或意志约束自己可怕的欲望。最聪达之人可能和最无知之人一样邪恶。就是这些在每个人内心中争斗不休的种种欲望导致了犯罪、社会失序和侵略战争。

那么，我们是不是已无可救药？解药只能来自上帝。灵魂可以通过
上帝的恩典重新变得有序。在基督为人类赎罪之后四百年，人们可以看 161
到，这也没有让多数人睁眼打量自己堕落的光景或者重新激起向往公义的意志。此地之城（City of This Earth）无法获得拯救，它从一开始就是失序的，并将一直如此，直到末了。

在耶稣复活之后将近四百年，无可否认的是，上帝的国度在地上似

乎比以往任何时候都更加渺无踪影。那时，罗马帝国的半数人口已认信基督教，而且其他信仰被禁止，可是罗马文明并没有获得新生。异教作家宣称，罗马的衰落是对罗马人背弃原有宗教信仰的审判；他们还说，基督教教义削弱了对国家固有的忠诚，因此让那座永恒之城毫无防备地落入敌人之手。《上帝之城》的写作目的便是驳斥这一观点。奥古斯丁的辩驳超越了当时的具体环境，分析了人类直到历史终结都必须面对的困境。

奥古斯丁回应说，基督教的到来没有造成罗马文明的困境：因为自亚当堕落以来，在出现城市以前，人一直都是败坏不堪的。每一个世代都受困于暴力和欺诈，也都抱怨自己的苦难；不过，如果我们读历史，便会发现人类的经历中满是灾难。在每一个世代，只有经过被上帝恩典触动的少数人的努力，社会才得到喘息的机会，而且只有靠着国家的强制，社会有时才变得可以忍受并享有相对的和平——尽管国家本身同样腐败堕落。

奥古斯丁说，罗马衰落的原因是灵魂秩序的匮乏。从本性上说，人渴求秩序：不是燕子或蜜蜂的无意识秩序，而是人类理智认可的秩序。人的行为一定有其后果。除非人们能够找到“某种处置或安置办法，让平等和不平等之物各安其位”，否则他们会痛苦不堪。他们的人生必须要有目的。那么，这种目的是什么？那就是荣耀上帝，认识上帝，并永远享有上帝。

162 尽管人们极其渴望秩序，绝大多数人却在此中走了弯路。在亚当和夏娃犯罪之前，他们享有完全的自由。在他们堕落之后，人们依旧拥有自由——尽管这种自由一般而言只是选择不同罪行的自由。罪的权势如此之大，以至压倒人的理性和意志。让我们败坏腐化的原罪的本质是什么？奥古斯丁借用保罗的话回答说是骄傲——人类企图让自己成为宇宙中心的想法。在罪的捆绑中，身体支配着灵魂，上帝为人类设计的秩序被颠倒过来。

在每一个时代，人类总是处于这种罪恶的境况之中；在此情况下，爱屈从于欲望或力比多。受欲望挟制的人类渴望尘世之物——也即魔鬼的伎俩，厌弃永恒之物——也即上帝的恩赐。欲望有三种主要的形式。一种形式是贪财，贪恋物质，聚敛财货，由此引发嫉妒、欺诈和暴力，让人与人争斗不止。一种是贪权——也即力比多支配欲（*libido dominandi*），渴望拥有上帝般的绝对权力，或者取代上帝的位置：想要其他人臣服于自己。第三种是性欲，滥用人类繁衍生殖的恩赐，这是一种不洁的炽热欲望，违抗理性、良心和更高的意志。

确实，基督的国度不属于这个世界。那么，还有什么希望呢？希望就在于上帝的永恒之城，那里的一切总是井井有条。在我们的尘世人生中，它是灵性之城，在最后审判之后，它是天国之城。这座城并不拥挤：被召的人多，选上的人少。个人太过软弱，不可能选择基督的道路，上帝的拣选是必须的。那些蒙上帝拯救之人是“选民”，他们被从欲望之火中救拔出来，其中的缘由只有上帝知道。上帝出于怜悯，拯救一些人，又以他的恩典引领他们走正路。

我们无法猜测这些选民都是谁。世俗的成功不是一个人被上帝拣选的标志，而那些自以为公义之人可能是被自己蒙骗了。并非好的行为拯救了一个人（尽管如果他爱上帝，仁爱与正义就应当是他信仰的果子），只有上帝的介入才能拯救他。然而，人要通过信心和祷告寻求上帝之城；悔改；跟随基督。然后，恩典可能会临到你这个完全不配之人。 163

从发端时起，所有人类的建制就都内含败坏的种子。尽管在基督徒的信仰共同体中间应该有比整个世界更多的爱与忠诚，而且尽管教会因此是上帝之城模糊的影像，败坏却依然困扰着教会。奥古斯丁曾见识过已认信的基督徒常常是如何将某种狂热的教义或部分真理凌驾于福音之上的，他曾与多纳徒派的异端邪说展开激烈的争论，后者狂热的武装团伙曾威胁打垮非洲的大公教会；他在暮年时亲眼看到自己的教区被拥抱另一个异端邪说——阿里乌主义（Arianism）——的野蛮人摧毁。毫无疑问，他也想过那些追逐私利的教会人士：他们聚集在拉文纳（Ravenna）城堡的软弱皇帝阿卡狄乌斯周围，为享受宫廷生活而抛弃了救治灵魂的义务。确实，有形的教会并非圣徒的群体：它是这个世界的某种避难所，不过它也被罪玷污。

如果教会并不完美，那么国家如何？柏拉图曾将理想的国家设想成充满了智慧和美德的伙伴关系，人类所有愿望的聚焦点，受良善的观念的支配。亚里士多德曾希望国家成为友谊的共同体，通过节制和平衡调节各阶级和私人利益。不过，奥古斯丁不认同这些想法。统治国家的是人，而这些人受罪恶欲望的驱驰——尤其受权力欲支配。衡诸任一民族的历史，人们会体认到，尽管有少数良善和有力之士做过英勇的努力，所有国家却很快就会遇到败坏的难题。不要对经由政治秩序获得拯救抱有任何信心。

然而，国家是必要的——你也可以说它是一种必要之恶。因为国家约束人的毁灭性欲望和激情：国家唯一的替代品是无政府状态，后者会迅速毁灭掉整个民族。国家源于强力，因此它无可避免地会施加强制力，以让人们能够共同生活在一起。即便其主要目的是为了掌权者的利益，它也会尽其可能地限制暴力和欺诈行为。国家的职责是守护和平。
164 借着抗击外敌和制约或惩罚国内的犯罪分子，国家让民众有可能成为比该隐*更好的同类，不再各自为战。

---

* 旧约中的人物，因嫉妒而杀死自己的兄弟。——译注

因此，基督徒当把凯撒的归给凯撒，这样就可能维系和平。基督徒公民绝不会颠覆罗马秩序，反倒遵守法律，承认建制内地方长官的权威，缴纳赋税，并在罗马军团服役。基督徒履行他们对国家的所有义务，遵从国家的法令，只在一种情况下可能会有例外：如果国家命令他拜假神，让他行事为人像撒旦之子而非上帝之子，那么，基督徒就会反抗，并转而遵循上帝的律令。

奥古斯丁是基督教现实主义者。他认为，我们在此世没有一条直接通向完全良善的路径，相反，我们必须在不同的邪恶之间做出选择——出于爱上帝和我们自己生存的理由，我们应该选择其中最不邪恶者。世界为上帝所造，是为了人的幸福；生活本身是美好的，不应虚掷。可是，我们怎么才能生存下来？举例说，如果我们想要活命，就必须抑制暴力和穷凶极恶的不义。因此，战争是邪恶的；不过，教条式的和平主义可能更为邪恶，而且正义战争是可以想象的（如果我们不为战争制定正义的规则，那些战争就会更加恐怖和具有破坏性）。在《驳佛斯图穆》（*Contra Faustum*）一文中，奥古斯丁指出："战争真正邪恶之处在于对暴力的热衷、残忍的相互报复、强烈到无法平息的敌意、疯狂的反击、权力欲望，等等。当需要武力对这些问题施加惩罚时，好人们就得投入到战争之中；这时，他们就会发现自己在处理人类事务时处于这样的境地：妥当的行为准则要求他们不得不以这种方式行事或者促使别人这样行事。"

如果没有了国家，在强力支配一切的情况下，文明便不可能存在——实际上，除了在最为原始和兽性的层面上，人类便不可能存在。查尔斯·诺里斯·考奇雷恩（Charles Norris Cochrane）在总结奥古斯丁《上帝之城》中的政治观点时评论道："因此，奥古斯丁的建议是，不要信任君王或民众、王国或共和国。就国王和王国而言，奥古斯丁的看

165 法是，他们评估自己成就的标准不是公义，而且其臣民的奴性。另一方面，共和国的缺陷在于，其单纯的经济和政治（功利性）正义理想与同样邪恶的一致性或者毋宁说社会整合理想结合在了一起。他说：'就像雅典的妇人一样，你可以以一连串的小剂量逐渐让自己习惯有毒之物。'不过，要求一致的压力是如此之大，不服从就意味着被社会弃绝，而且'这人就成了对幸福的理想无动于衷的社会大众的敌人'。然而，设想通过返朴归真可以逃避组织化社会的邪恶是一种幻觉，因为它内含这样的错误想法：'自然'具有内在的德性，而'法律'是堕落的标志。"[4]

因此，为了生存，此地之城在这个世界上是必要的。尽管从某种程度上说，所有国家都是败坏的，但我们不能说所有政治结构都一样恶劣。我们不能说，既然法律落实得很差或者制定得不好，无法无天就是更好的选择。我们也不能说，既然许多政治人物被他们的私欲所支配，上帝的恩典便不可能临到任何统治者或领导人。在此地之城，我们一定不要期待完美。迈克尔·奥克肖特（Michael Oakeshott）是20世纪的一位教授，他曾在呼应奥古斯丁的观点时谈到这样一种幻想："政治中存在着某种安全港、一个需要抵达的目的地甚或可以辨识的进步轨迹。"[5]

那么，我们该如何在这个世界上生活？我们坚韧忍耐，信靠上帝，并希望越过时间和死亡的限制抵达上帝之城。我们尽其可能地生活在共同体之中，与那些试图依靠新的时代秩序（New Dispensation）自我治理的人联合起来，努力帮助其他人抵御试炼和诱惑。我们在此世的身份是朝圣者、客旅，明了眼下的疲惫和危险过后是永恒的归宿。而且我们不会迷失在尘世生活之中：因为上帝的护理掌管一切。我们仿佛被带入
166 一个角斗场，为真理而战斗。奥古斯丁说，上帝以神秘的方式打动我们

中间的每一个人：我们的苦难是上帝洁净和约束我们的手段，这样，上帝的意志就能遂行在历史之中。

赫伯特·迪恩（Herbert Deane）在评价奥古斯丁的历史观时说道，对基督徒来说，“戏剧的终点不是死亡或徒劳无功，而是与上帝在一起的永恒生命的十足和平与愉悦。对试图抵达天国之城的朝圣者来说，尘世生活中的受难和诱惑是绝不可少的要素。如果没有挣扎、痛苦和被引诱的经历，便没有自我认知以及灵性和自然力量的成长”。[6]

在此地之城的历史中，奥古斯丁没有看到世俗意义上的“进步”；不过，历史的意义也不在于简单的循环往复，就如许多古希腊人所幻想的那样。历史中有名副其实的变化和运动：基督到来之后的世界的特性迥异于这一核心事件发生之前的世界的特性。不过，我们一定不要预期人类的境况会逐步提升；相反，约翰的《启示录》告诉我们，在日子满了的时候（无人知道这有多快），敌基督这个大骗子会冒出来；大部分认信的基督徒将把这个从深渊中出来的怪物误认为救赎主，或者被他引诱或吓着，此地之城被毁灭的程度将远甚罗马的失守。

奥古斯丁的同时代人正亲眼目睹罗马帝国的解体，能够轻易相信奥古斯丁为此地之城刻画的远景。由于 20 世纪的人们在人类历史上首次明白，人类掌握的技术力量能够毁灭文明，甚至毁灭我们这个伟大的星球，他们可能比洋溢着乐观情绪的 18 和 19 世纪人更能理解奥古斯丁的预言。

不过，奥古斯丁坚持认为，在历史终结时，毁灭性力量不会得胜。敌基督最终会被击败，基督会再来；在此地之城以外，在我们所了解的这个堕落的世界以外，那些被上帝拣选并活在基督里的人将进入一种完 167
美的状态——这个尘世之城的语言甚至都无法描述这种状态。

奥古斯丁被称为自由的哲学家。从某种意义上说，他确实如此，而且还是现实主义的哲学家以及希望的哲学家。我们的确是自己欲望的奴隶，而我们欲望的源头是我们对自我的虚假崇拜。不过，在欲望之外有真正的爱，无私的爱（*agape*）。在恩典的指引下，我们本着爱心行事，可以让自己成为天国之城的公民。毕竟，我们在这个重要抉择上有自由意志：我们拥有要么接受要么拒绝上帝恩典的自由。让你的灵魂井井有条；减少你的欲求；过仁爱的生活；在基督徒共同体中寻找同道；遵守法律；相信上帝的护理——奥古斯丁告诉他的同代人，这样我们就能找到秩序，而且会逐渐认识到，服侍上帝就是完全的自由。

他的观点不乏听众。在整个中世纪，奥古斯丁的权威作品让教会一直保持着对秩序原则与灵性和谐的关注，尽管当时政治上处于分裂状态。在 16 世纪的宗教改革运动中，新教改教家们——路德、加尔文、慈温利（Zwingli）——将从奥古斯丁那里寻找复兴的根据。希波的奥古斯丁的论著对美国的宗教信仰以及美国政治原则的基础性观念都产生了影响，而且这种影响还在持续之中。奥古斯丁相信上帝护理的存在，而他本人则成为上帝护理的工具。

430 年，这位七十六岁高龄的伟大教父在围困中的希波城去世。已皈依阿里乌异端教派的野蛮部族汪达尔人在其首领盖萨里克（Gaiseric）的带领下从西班牙挺进非洲，横扫所经之地。奥古斯丁拒绝放弃他的教众。他以一句带有斯多葛色彩的“智慧人的格言”安慰自己：“当棍棒石头落下，凡人毙命之际，不凡之人认为这不是什么好事。”

在罗马帝国非洲疆域的成百上千家教会中，当时保存下来的只有三家——也即迦太基、塞塔（Cirta）和希波的教会，所有其他东西都落入贪婪的汪达尔人的囊中。奥古斯丁的朋友、博西狄乌斯（Possidius）主
168 教这么说道：“因此，几乎就在他生命的尽头，他经历或忍受的那些日子是他整个晚年最苦涩和悲伤的时候。像他这样的人却不得不亲眼目睹

城市被践踏和摧毁，城中的公民和居民以及地上的建筑也连带着被残忍的敌人消灭，其他人则四散逃亡。他看到教会的神父和神职人员被赶走，圣洁的处女以及誓言守贞的其他人落荒而逃，一些人受到残酷的折磨，另一些人被俘获，在他们敌人邪恶残暴的奴役中失去其灵魂和肉体的贞洁以及信仰。”[7]

四周到处是毁灭性场景，但奥古斯丁依旧相信上帝的护理，在祷告中祈求希波获得解放；或者，如果上帝有另外的意旨，他的仆人们能够获得力量，承受上帝对他们的安排；至于他自己，奥古斯丁则这样请求：“他会带我脱离这个世界。”尽管他无法从床上站起，疯子还是被带到他的住所，以让他赶出疯子体内的魔鬼。一位病人曾看到一个异象，异象揭示主教可以以按手的方式将他治愈。奥古斯丁说，如果他有那种能力，他会将之用在自己身上；不过，他同意了那位病人的请求，触摸了他。让奥古斯丁自己感到惊讶的是，那人健健康康地走了。接着，在希波城被围的第三个月，奥古斯丁离世进入上帝之城。

尽管他已亡故，他的祷告以另外一种方式获得回应，让希波城的公民们震惊的是，盖萨里克在第二年解除了对希波的围困。这仅仅让他们获得短暂的喘息之机。432 年，奥古斯丁的朋友、非洲伯爵波尼费斯（Boniface）与汪达尔人展开了最后的决斗，然后带着希波的大部分公民渡海逃到意大利——波尼费斯的哥特士兵几乎被消灭干净，所以他的船只有空间容纳那些城市居民。

他们带走了奥古斯丁的藏书，包括他自己的非常了不起的大量作品——他已将这些作品捐赠给教会。随后，盖萨里克的汪达尔人放火烧毁希波城，并在 439 年攻下迦太基，将这座伟大的城市变成强盗们的贼窝。盖萨里克又在 455 年袭击罗马城，并掳掠这座被攻陷的都城。那时，奥古斯丁的作品安然无恙地躺在拉文纳城。亚得里亚海沿岸的沼泽 169

地尚存有罗马文明的微光，后来，奥古斯丁的作品从那里传播到众人之手。虽然罗马城于血流成河中覆亡，上帝之城则会永远长存。

这是由两股力量统治的世界

在奥古斯丁去世之后一百五十年，曾被人们长久称为永恒之城的罗马在外形上依然如故。不过，罗马已虚弱无力，而且几乎处于无政府状态。元老院甚至已经不再举行会议。西罗马帝国的最后一位皇帝奥古斯都路斯（Augustulus）已在 476 年退位。野蛮部族的首领统治着意大利大部分地区，野蛮部族——主要是伦巴第人（Lombards）——占领了意大利半岛的很多地方。君士坦丁堡的东罗马帝国皇帝依旧声称对西罗马享有主权，通过拉文纳的总督们管理意大利未被蛮族占领的其他地区；不过，在整个“罗马公国”（duchy of Rome）——罗马城周围的古拉丁区，他们没有什么权威。

在哥特人最后一次围困罗马城期间，也即 6 世纪中期，围城者砍断供水管道，守城的指挥官则将所有平民赶到城墙之外。后来回到罗马城的人只占据了城墙内三分之一的区域——他们转到台伯河沿岸，因为那里依旧有水源。在今天的古罗马广场上，当时所立的一个纪念碑孤零零地矗立在那里，它便是那里最后修建起的一个建筑——佛卡斯（Phocas）圆柱，为的是纪念东方的某位残暴无能的皇帝。如果不是天主教会在帝国废墟上崛起，罗马会消失得无影无踪。

由于圣彼得曾是服侍罗马人的使徒，由于圣彼得和圣保罗都曾在罗马殉道，由于古典世界有从罗马那里接受指令的习惯，罗马的主教们——也即教皇——在这个时期逐渐拥有相对于遥远的皇帝宫廷的独立性，而皇宫对教会关切的问题也将信将疑。在 5 世纪和 6 世纪的很长时间里，罗马主教相对所有其他主教的优先地位尚不明确：但凡东罗马帝国在意大利掌握任何实际权力，罗马主教便小心谨慎地避免正式主张对耶路撒冷、安提阿、亚历山大和君士坦丁堡的大教区享有绝对的优先地位。不过，在 492 年到 496 年任教皇的格拉西一世（Gelasius Ⅰ）毫不含糊地宣称，“这是由两股力量统治的世界”——一股力量是国家，一股力量是教会，这就是“两把剑”的教义。很快，事态的演变让罗马教廷得以更为强有力地主张它的权威。 170

我们所谓的中世纪在古典时代和现代之间，很快就吞没掉原有的秩序。将古代世界和中世纪连接起来的是圣徒和教皇大格列高利（Gregory the Great）——他也是教会最后一位拉丁博士。在教会内部，在某种程度上也在教会外部，他在这一历史性转折时期维系了秩序的连贯性。

格列高利大约出生于 540 年，是一位元老院议员的儿子，家族在意大利和西西里拥有大量的产业。就像他的先祖那样，他年轻时打算从事公职，而且曾被任命为罗马的城市官员——实际上就是已经衰败的罗马城的总督。不过，他非常虔诚，读过很多圣奥古斯丁的作品，于是，他在 574 年离弃公职，成为一名修士，在西西里创建了六所修道院，将他家人在罗马的宫殿改造成另一所修道院，并在领受副主教的圣职后很快被任命为教皇驻君士坦丁堡的大使。他继承了先祖们管理公共事务的才能，不过他更喜欢沉思默想的生活，于是在 586 年成为罗马一家修道院的院长。他的平静生活没能持续下去。

590 年，教皇帕拉纠二世（Pope Pelagius Ⅱ）和许多其他罗马人死于瘟疫。罗马城的神职人员和民众一致选举格列高利为新教皇。这位固执的修道院院长恳请君士坦丁堡的皇帝不要批准选举结果，并因此想过逃跑。可是，在 590 年，人们将他活生生地拉到圣彼得大教堂，他在那里就任罗马主教。像罗马共和国的地方长官一样，这位罗马古老高尚美德的最后榜样成了“被征召的教父”。

171 格列高利如此不情愿接任圣彼得大教堂的主教一职，不仅仅是由于他喜欢宗教默想，还因为当年的罗马看似了无希望。东罗马帝国皇帝的总督“比伦巴第人更加败坏”，已听任罗马自生自灭；伦巴第人的领袖们从南面和北面威胁罗马公国。丹尼尔－洛普斯（Daniel–Rops）评论道：“意大利一直在遭劫掠，蹂躏它的野蛮暴力不仅仅出自伦巴第人。每一年都有更多的城镇被烧毁；旅客在通衢大道上没有安全保障；沦为奴隶的罪犯成群结队地在街上游荡，脖子上缠着绳索，好像一群狗。”[8]格列高利曾为城市长官，现在，虽然他的身体总是弱不禁风，他却必须做他们的教宗。他后来会冷冰冰地感叹说：“在这个时代，我不知道教皇是该作为一名灵性领袖还是世俗的君王！”

由于罗马已没有了世俗的权力机构，格列高利只能同时担当近乎世俗君主的角色。在被拜占庭军队抛弃的情况下，他发现有必要单独与伦巴第的公爵们达成和平协定，并向军队发号施令。为了维护公共秩序，给罗马正挨饿的穷人提供食品（政府已无力再给他们提供面包或马戏），他必须承担最高地方长官的职责。“彼得的财产”（Patrimony of Peter）包括教廷广泛散布在罗马周围、意大利其他地方以及海外的产业。格列高利将之整顿组合，后来这些产业就变成了所谓的教会国（States of the Church）。

他仍旧认可远方皇帝的主权，因此没有正式宣称教会享有优先地位。不过，当君士坦丁堡主教在莫理斯（Maurice）皇帝的鼓励下试图将自己封为“普世大牧首”时，格列高利（他仅以主教的名义签下自己的名字）反对这一做法，并取得了成功。格列高利教皇通常以“上帝仆人的仆人”的风格行事，不过，他的政策给世界带来的改变不逊于任何皇帝。

实际上，格列高利的领导将东西罗马帝国间尚存的政治联系割断了，也促使基督教信仰和文化向北传给条顿人。在格列高利的派遣下，坎特伯雷的圣奥古斯丁到英国促使异教的盎格鲁人和撒克逊人改信基督教。格列高利差派的其他传教士很快在日耳曼人的土地上结出果实，改 172
信基督教者非常普遍。中世纪的西欧开始成形，罗马将成为其灵性中心。

H.A.L. 费雪写道，在格列高利的领导下，“罗马教廷就像暴风雨中的灯塔一样矗立在西欧”[9]。格列高利拥有罗马人源远流长的才干，善于管理具体事务。他的社会原则和他的神学一样都源自希波的圣奥古斯丁。他努力试图让教会尽可能地接近上帝之城的样子。假如他没有尝试派遣传教士到很多地方，与蛮族的国王建立经常性联系，并在可能之处建造修道院，那么，古典时代与新兴的西方之间的文化和体制连续性可能会被彻底打断。他的讲章依然是基督教应用性教导的范本，他有关教牧规则的书包含许多治理社会的箴言——这些箴言从未失去其针对性。他是古代社会秩序的最后一人。

格列高利明白，古典时代的架构不可能保存下来。在献给殉道士纳利乌斯（Nereus）和阿奇利乌斯（Achilleus）的地下大教堂讲道时，格列高利说：“看看现在的世界凋零成什么样子了；不过，我们的心里依旧在贪恋这个世界。到处都是死亡，到处都是悲伤，到处都是荒凉哀戚；我们四面受击打，我们浑身上下都满是苦毒。不过，由于我们的头脑已被肉体欲望蒙蔽，我们却喜爱这种苦毒；当世界离弃我们时，我们却去追随它；当世界崩溃时，我们却抓住它不放。既然我们无法支撑起它，当它败落时，我们就一同败落。我们企图抓住它，却在它败落时与它一同败落。”

他的罗马会众当时还在地下聚会，就像已经被埋葬一样，却仍觉得与他们头顶上正遭劫掠和崩溃中的罗马这座此地之城息息相关。格列高利鞭策他们要追求永恒之物，他说道：

> 这个世界曾让我们对其中的快乐恋恋不舍。现在，它却满是苦难，以至于成为我们寻求上帝的动因：所以，好好想想，我们所经历的一切全是虚无。世俗之物的终极归宿向我们显明，可能衰败和
> 173 泯灭的东西只是虚无。它们的毁灭向我们宣告，这稍纵即逝的东西非常接近于虚空，尽管它可能看似坚固牢靠。[10]

可是，上帝的秩序却永存：天堂的秩序、地狱的秩序和炼狱的秩序（这最后一个说法很大程度上要归功于格列高利）。格列高利在讲道中说，在当下的生命中，我们要尽可能地洁净自己；我们的生命就是一个漫长的忏悔和赎罪的过程。中世纪——信仰的时代——在向他招手。

如果主持圣彼得大教堂的那些格列高利的继承者们能够达到格列高利的高度，中世纪的社会秩序可能会比之前的任何秩序更加公正。中世纪的教会确实维系了某种秩序，正如它延续了某种学问。不过，它没有变成上帝之城。19 世纪的阿克顿勋爵写道，教会肯定是由上帝命定的，因为没有哪个仅仅由人类建构的体制能够在犯下这么多的罪行和失误之后仍旧延续下来。不管其中的缘由究竟如何，格列高利一世向已经野蛮化的西方世界传播了一种道德秩序的观念，并为它留下一份沉甸甸的文化遗产。这些观念和遗产熬过黑暗时代的人间地狱，留存了下来。

格列高利看顾的那种秩序历经成百上千年，后来成为美国社会根基的组成部分。美国人的灵魂秩序端赖基督教：正如 19 世纪的托克维尔观察到的那样，美国人负责任的自由来自基督教“习俗”——源自人们借以规范其作派的思想和行为习惯，而且尽管美国的政治秩序是多元主

义的，并已部分世俗化，但它同样大大得益于基督教的教导。

20 世纪的很多人不太容易理解，一个文化的方方面面是如何从共同的宗教信念中发展起来的。不过，希伯来人、希腊人和罗马人的文明都是从宗教的土壤中成长起来的。一旦宗教教义的力量衰落，那些文化也就开始衰败了。大格列高利的努力构筑起通向中世纪的桥梁，而共同的信仰则再次在中世纪成就了一种高等文化。很明显，人们在哥特式和罗马式教堂仍能欣赏到的中世纪建筑风格的灵感源自宗教，其他所有艺 174
术形式也都如此。经济活动是在教会的影响下发展起来的：从修道院的农业地产到以基督徒兄弟会为其发端的手工业行会。教会净化并经常引导中世纪的政治秩序，皇帝们和国王们被迫承认教会的道德权威；大多数政治管理的实际事务由“办事员”（clerk）或神职人员（cleric）执行。

在中世纪结束时，宗教形式的转变会反映在政治形式的变化之中，而基督教的遗产依旧会延续下来。于是，基督教对人类状况的理解大多经由英国传到美国，让美国的政治秩序获得了内在的统一。美国的政治并非仅仅是全国性党派会议或者总统选举；相反，这些大会和选举以及美国所有其他政治实务创新都是手段而已，目的是为了落实有关人类状况的一系列信念。这些信念不都是基督教的，不过它们在很大程度上是基督教的。

约翰·海勒威尔（John Hallowell）在评论现代民主时充分阐释了这一看法。他说道：

> 世俗王国所追求的和平与正义是好的，但也只是相对而言，因为尽管他们所追求的和平与正义对实现持久和平与完美正义是必不可少的，却不等同于后者。人应该忠诚于自己的社会；不过，因为

> 他们有超越于此世生活的终极目的地，他们便有更大的义务和更坚定的忠诚，也即对上帝的忠诚。
>
> 这一教导的目的不仅是要对世俗领地和灵性领地加以区分，还要让世俗权威接受一个更高的权威的裁定。柏拉图曾以为只有少数人才适合的智慧和德性的生活现在被视为所有人都可靠着上帝的恩典平等享有的东西。这对政治产生了重要的影响。既然存在着某种高于特定国家的权威，那么，没有任何国家还能够要求我们绝对效忠于它，或者试图控制我们所有的生活……人们能够辨认出，这种
> 175 见地实际上源自基督教的教义。[11]

基督教没有划定任何特定的政治体系。教会曾和王国、独裁政权、贵族政体、寡头政体、共和国、民主政体，甚至20世纪的某些极权政体共存。然而，一旦基督教信仰为某个民族普遍接受，那么，任何政治安排都会受到基督教有关道德秩序的教义的影响。这一道德秩序会作用于政治秩序。基督教有关正义、仁爱、共同体和义务的观念可能会在不急速改变政府架构的情况下转化一个社会。个人的价值、上帝面前人人平等的观念，以及对所有世俗权威的限制——这些都将塑造美利坚共和国的基督教信念。

注释：

[1] Jacob Burckhardt, *The Age of Constantine* (New York: Pantheon Books, 1949), p.216.

[2] Dorothea Krook, *Three Traditions of M oral Thought* (Cambridge: Cambridge University Press, 1959), pp.143-144.

[3] Paul Elmer More, *The Catholic Faith* (Princeton: Princeton University Press,

1931), p.76.

[4] Charles Norris Cochrane, *Christianity and Classical Culture* (Oxford: Oxford University Press,1944), pp.493-494.

[5] Michael Oakeshott, *Rationalism in Politics* (New York: Basic Books, 1962), p.133.

[6] Herbert A. Deane, *The Political and Social Ideas of St . Augustine* (New York: Columbia University Press, 1963), p.67.

[7] Possidius, "The Life of Saint Augustine" , in F. R. Hoare (ed.), *The Western Fathers* (New York: Sheed and Ward, 1954), p.229.

[8] H. Daniel-Rops, *The Church in the Dark Ages* (London: J. M. Dent, 1960), p.223.

[9] H. A. L. Fisher, *A History of Europe* (London: Eyre and Spottiswoode, 1935), Vol. I, p.173.

[10] Gregory I, "Pride Rebuked ' ' , in F. M. Toal (ed.), *The Sunday Sermons of* 176
the Great Fathers (Chicago: Henry Regnery, 1963), Vol. IV, p. 262.

[11] John H. Hallowell,*The M oral Foundation of Democracy* (Chicago: University of Chicago Press,1954), pp.116-117.

第六章

中世纪之光

177 被忽略的遗产

在作为美国秩序之源的四个城市中，泰晤士河上的伦敦是最年轻的一个，现在我们就来对它做一番探究。在基督降临之后十九个世纪，伦敦这座都城达到其权力的顶峰。在罗马人征服英国之前，泰晤士河边那块低洼的沼泽地上很可能是一个英国乡村或小镇。罗马属下的英国将行政首都建在那里，并以城堡加固它；到哈德良皇帝统治时期，罗马治下的伦敦已有相当的规模，尽管与地中海世界的富裕城市相比，它还非常不起眼。

在将近五百年的时间里，英国一直是罗马的一个行省。不过，由于英格兰、威尔士以及罗马军团不时占领的部分苏格兰地区乡土气息太浓，离古典文明中心的距离又太远，一旦罗马军团从大不列颠撤走以防护更为重要的边疆地区，这些地方便无法再保持与罗马文化的联系。5 世纪，未受文明教化的盎格鲁人、撒克逊人和朱特人征服了英国大部分地区。在罗马军团离开之后大约两百年，大格列高利差派他的宣教士——坎特伯雷的奥古斯丁——到了当时所谓的英格兰，于是，拉丁基
178 督教开始在这些边远的北部岛屿重新确立起罗马文化的地位。人们可以从这时起——尽管后来有丹麦人的征服以及诺曼人的征服，有 16 世纪的英国宗教改革和 17 世纪的内战——追踪英格兰法律、英格兰政治体制以及英格兰文明的发展轨迹；这一连续的文化进程后来在 17 世纪扩展到美国，为美国文化的生根发芽提供了肥沃的土壤。

了解中世纪的英格兰和苏格兰对恰当理解美国秩序至关重要。在坎特伯雷的圣奥古斯丁到来与 16 世纪初文艺复兴和宗教改革取得胜利之

间的九百年间，英国涵育出这样的文明成果：被我们继承下来的法律体系、代议制政府的核心要素、我们正在说的语言、伟大的早期英国文学、仍在影响着美国社会的社会规范、作为我们现代经济之基石的基础性产业和商业、被美国模仿的学校和大学、作为我们物质遗产一部分的诺曼风格和英格兰哥特风格的建筑，以及在美国民主体制中仍能找得到的绅士的观念。美利坚合众国的创建者们认为这些中世纪遗产都是他们理所当然要继承的，因而他们甚至不愿费口舌去赞美它，虽然他们应该这么做。

在美国实现独立的日子，古典主义重新大行其道。确实，罗马和希腊文明在当时获得的评价很高，对中世纪文明的评价则很低。因此，多数建国之父一般都毫无疑问地认为，中世纪是黑暗的时代——一个晦暗不明、充斥着暴力和迷信的时代，而且他们常常不能区分 9、10 世纪（真正的“黑暗时代”）的无序无知与中世纪文明辉煌的文化成就（尤其到了 13 世纪，中世纪文明在英格兰达到顶峰）。

另外，由于早期美国的新教特征，人们普遍认为中世纪的“信仰时代”是罗马天主教会据有至高无上地位的时期，与美国人继承的遗产有点不合拍。然而，18 世纪最后二十五年对中世纪的兴趣阙如并不意味 179
着美国人从中世纪文明获益甚少。由英国而来——以及某种程度上来自欧洲——的中世纪遗产与美国体制甚至美国人思想的关系比希腊和罗马的遗产更为直接。

建国时期的美国公众领袖在向中世纪寻求教益时，有时会高估中世纪早期的价值，贬低中世纪文化巅峰时期的价值。托马斯·杰斐逊将 1066 年诺曼征服以前的盎格鲁-撒克逊体制理想化，错误地认为英格兰历史上曾因诺曼人的统治失去自由，且后来重获自由的历程非常缓慢和痛苦。杰斐逊的这一看法呼应了诸如弗里曼（Freeman）和斯塔博斯

（Stubbs）之类的维多利亚时代英格兰历史学家；不过到了 20 世纪，像梅特兰德（Maitland）和斯坦顿（Stenton）这样的历史学家已给出更准确的评价。杰斐逊曾想要求弗吉尼亚的所有学童都学习盎格鲁-撒克逊语言（尽管缺少用这种语言写成的伟大作品），目的是让他们都能以原文阅读盎格鲁-撒克逊人的宪法和法律文件，他认为封建制是诺曼征服者肆意强加给盎格鲁-撒克逊人的，取代了后者的古老自由。

不过实情是，美国人从黑暗时代的英格兰甚或国王阿尔弗雷德统治之下或之后的盎格鲁-撒克逊时期更开化的英格兰所继承的遗产非常少。那一时期的著作只有一本流传了下来，它就是可敬的比德（Venerable Bede）在 8 世纪初所写的《英吉利教会史》（*Ecclesiastical History of the English Nation*），而且是用拉丁文写成的，国王阿尔弗雷德将它连同大格列高利的《书信录》（*Letters*）翻译成了盎格鲁-撒克逊语。比德是位学识渊博的修士，住在被维京人蹂躏的北海诺萨姆布里亚（Northumbria）海岸边上的杰罗（Jarrow），他的这本著作确实是一项了不起的成就。不过，作为一项智识成果，它孤零零地罕有其匹，唯一的例外是盎格鲁-撒克逊时期的为数不多的诗歌。当日耳曼部落占领英格兰时，他们差不多还是野蛮人，而且只有拉丁基督教的到来才改善了他们的状况——主要是通过四处创办的修道院。

盎格鲁-撒克逊人的政治和法律体制也不配得到更多的颂扬。那些
180 蛮族小王国统一成英格兰，那里的人穷苦不堪，没有安全。罗马人在英国建立的城镇已经被毁，新的定居地扩展得很慢，一直都不如中世纪初期法国、意大利和西班牙的那些城镇。

盎格鲁-撒克逊人的法律实践只有一小部分被纳入今天英国（和美国）的法律体系。就连陪审团制度也是诺曼人的，源自欧洲大陆的法兰克国王建立的审理制度。尽管在诺曼人统治英格兰的初期，陪审团的组

成人员对被告人或案件的背景非常熟悉，这一情况与今天挑选陪审员的做法正相反。

英格兰的普通法留有很少的盎格鲁–撒克逊人的习俗。中世纪有人声称普通法囊括了从盎格鲁–撒克逊时代流传下来的很多“旧法律”，不过事实是，几乎所有那些所谓的“旧法律”都是诺曼人和金雀花王朝（Plantagenet）的国王们创制（或严重篡改了）的。这些国王宣称那些法律在 1066 年以前便已存在，仅仅是为了安抚他们臣民中的盎格鲁–撒克逊人。托马斯·杰斐逊和其他仰慕盎格鲁–撒克逊体制的美国人如果真的生活在盎格鲁–撒克逊社会的野蛮且实施不力的法律之下，他们的幻想会痛苦地破灭。

不过，必须说清的一点是，盎格鲁–撒克逊社会主要由小不动产保有者及其附庸或相对自由的人们组成；奴隶很少，欧洲大陆国家里的那种严格的农奴制并不盛行。诺曼征服没有从根本上改变这一社会特性，因为诺曼人既没有屠杀盎格鲁–撒克逊人，也没有把他们变为奴隶，而且他们依旧占英国人口的多数。就此而言，杰斐逊的理想型社会——其中大多数人像自由农民一样享有经济和政治的独立性——在历史上植根于很早以前的英国经验。美国的社会和政治体制确实反映了从英国继承来的广泛的家庭和乡村自由——多数是国王法律之下的自由，与此形成对比的是欧洲大陆那些顽劣君主和贵族们的统治，在中世纪，那里许 181
多国家的大部分居民是农奴，没有可据以反对他们直接主人的意愿的权利。

除了这些相对的地方性自由之外，盎格鲁–撒克逊人的秩序对英格兰很少有什么值得说道的，这相对的自由本身就源自缺少适当的政府管理。正如 20 世纪的英国历史学家道格拉斯·杰洛德（Douglas Jerrold）所说，“盎格鲁–撒克逊人所创立的唯一全国性政府机制是一个个人性且不负责任的王权”。国王在郡里的代理人是地方治安官（sheriff），这是从盎格鲁-撒克逊时代流传至今的唯一职务，而且就连它也已经面貌迥异。盎格鲁-撒克逊时期的英格兰甚至没有全国性的军队。

由于自由是如此随意，硬币的另一面便是失序。实际上，那一时期英格兰的真正主人是粗鲁的伯爵们，而且他们常常互相争斗不休。正义要靠粗暴的手段维系，如果它真能得到维系的话；弱势者可能会落得一无所有。在这种情况下，建筑艺术、文学或学问的发育程度很低，而且（非常有限的）城市生活只出现在伦敦和约克。几百年来，盎格鲁-撒克逊人不堪忍受维京人的侵袭，即使没有古斯堪的纳维亚人（Norsemen）的威胁，生活也穷困潦倒且缺乏安全。

杰洛德接着写道：“当然，王国在征服前后的社会结构本质上是贵族制的。每个人都必须有个主人。然而，这不过是说，我们的早期历史和现今一样，每个人都受政府的管制……，尽管如此，‘地主’是土地的主人，不是超越土地的主人。即使在乡村法庭，主人也只能做主持，却不能决断。法庭只能解释实施区（hundred）和庄园的习俗，而作出判决的是起诉人（suitor）；没有法官。习俗只有经过同意后才能改变。”[1]这不是能够维持和平与秩序的可靠体系，不过它的确维系了地方权利和个人自由，随着时间的推移，其中发展出中世纪英格兰的“普通
182 法”或“案例法”——几百年来，这一法律体系有了很大的改进，为今天很多的美国法律奠定了基础。

不过，我们不会到盎格鲁-撒克逊时代去寻找代议制政府或有效法治的源头。“维坛”（witan）——英格兰的盎格鲁-撒克逊和丹麦国王的议事会——与英格兰的现代议会或许多其他代表制议会（包括美国国会，它们深受威斯敏斯特的“议会之母”的影响）毫无相似之处。盎格鲁-撒克逊人根据数人之证词对嫌疑犯作无罪之判决或决斗式审判（trial of battle）离美国的司法体系有十万八千里远；支付赔命价（Wergild 或 blood money）以赔偿暴力犯罪的做法与现代刑法原则也相去甚远。只有在诺曼征服之后，英格兰才摆脱黑暗时代的政治和法律粗陋的状况。

征服者威廉（William the Conqueror）建造伦敦塔以强化他对那座小城以及他所占领的那个广袤国家的控制，据说，他用以造塔的那块高地曾被凯撒用来建造堡垒。两股力量将会对诺曼人国王和他们的继承者形成制约：一是差不多矗立在老城另一边的圣保罗大教堂，以及后来曾在威斯敏斯特修道院（Westminster Abbey）——位于泰晤士河上游一点——议事的国会。伦敦塔、大教堂和议会议事处都还在，虽然几百年来历经沧桑。

留存到现在的中世纪伦敦的遗迹很少：大部分建筑被埋葬在 17 世纪的大火之中，遗留的部分要么在第一次世界大战后被拆毁，要么在第二次世界大战期间被德国炸弹抹平。就连圣保罗大教堂也成了在拉德盖特山（Ludgate Hill）中世纪旧址上的一座新古典主义建筑，就连议会大厦著名的临河一侧也具有了 19 世纪的哥特风格。不过，无形的伦敦——那座法治之城、进取和文化传播之城——依然让纽约和华盛顿相形见绌。

伦敦位于一条可通航的河流边上，有进入海洋的方便通道，作为商业中心的伦敦后来的规模远远超过了耶路撒冷或雅典或罗马；到 18 世 183
纪末时，英国的对手都称她为“店主的国度”。同时，英国还是立法者、诗人、水手和士兵的国度。

英国文化和制度逐渐主导了现在属于美国的整个地区，除路易斯安那和以前属于西班牙势力范围的美国西南部外；即便是在美国的那些以前属于法国和西班牙的地方，英国的语言和方式也吞没了最初的欧洲殖民者的文化。美国所继承的古典遗产以及（从某种程度上说）美国的基督教和犹太教遗产只是在经过英国历史经验的转化后才从大西洋对岸传过来。因此，就在美利坚合众国的创建者们幻想着拒斥中世纪遗产的同时，让他们获得勃勃生机的却是英国的中世纪文明。

英国从 11 到 15 世纪的中世纪经验过于庞杂，我们无法在这里多所涉及。在本章中，我们只能勾画出一些轮廓：法律体系的扩展，代议制政府的形成，骑士精神和绅士观念，经院哲学思想和大学。我们这里所讨论的中世纪大部分与相应时段的英格兰和苏格兰有关。因此，对于中世纪时期，秩序的重心从耶路撒冷一直转移到伦敦——从一个多石山地上的城市转移到被大西洋波浪冲刷的城市。然而，伦敦从耶路撒冷、雅典和罗马吸取了其文化中最精华的部分，并将这些精华带到希伯来先知、希腊哲学家和罗马皇帝一无所知的大陆。

法律之治

不偏不倚、一视同仁的法律具有至高无上的地位：这就是英国法律理论和实践的精髓所在，而且从首批殖民地开始，它就传入美国。国王
184 本人也受法律制约，如果他违反法律，他的臣民就不再有效忠的义务。法律不只是由国王和议会创制，而且还是他们权力的来源。从根本上讲，法律体现了自然正义和一个民族古老的风尚。

自诺曼人肇始以来，英国的法律就由两个部分组成，拥有两套法院体系：普通法和衡平法。两者都逐渐由国王的法官们负责管辖。随着司法结构的演化，民事诉讼（Common Pleas）法院、王座（King's Bench）法院和财税（Exchequer）法庭成为普通法的最高代表；衡平法的最高代表是大法官（Chancery）法院——尽管大法官法院的两个法庭中有一个也是普通法法院。这些分工在英国从诺曼时代一直延续到

1873 年。我们先来更为仔细地谈谈普通法的情况。

普通法迥异于成文法（statutory law）——也即不同于拥有主权的政治机构发布的成文法律。普通法建立于习俗和先例的基础之上，尽管这些习俗和先例都是全国性的（national），而非地方性的。普通法是“有机”演化的结果，产生于几百年中法官基于民众公认的正义原则的判决，它是“规范性”法律，源自共同体里的人们很长时期内的人际经验，是“习惯性”或“传统性”法律，也是英国以及从英国接受它的许多国家的基本法律体系。在英国以及这些其他国家，所有其他形式的法律都发育得较晚，而且它们部分是为了处理普通法似乎无能为力的案件。

普通法被称为“不成文法”，而且它可能一开始时就这样。不过很快，普通法法官的判决开始被记录下来，于是，大量的判决书就累积起来，其中就有可确认为适用于类似性质新案件的书面先例。因此，普通法也是“案例法”，即一套复杂的法律判例体系——所有法官在当下和未来都当据此做出裁决：为了裁决眼下的案子，他们必须参照已确立的 185
先前类似案件的判例体系。或者更准确地说，普通法法官应听取对立的诉讼当事人的辩解，而作为当事人的两造会引用先例支持自己的主张，法官的裁决会有利于其律师最让人信服地证明先例支持己方立场的当事人。

实际上，普通法可以被称为非法典化的法律，而非“不成文法”。一个国家的正式法律通常都被纳入一个正式的法典里；不过普通法是一套不同的体系，更复杂，基于许多的先例而不是系统的法律汇编。换一种说法就是，普通法不是由立法机构或议会通过的法案的集合，或者由主权者发布的法令的集合；可以说，它是“人民的法律”，因为在几百年的时间里，它取材于实际法律纠纷的具体案例，且因民众认可其公平性而得到背书。普通法无需莅临国会的国王或类似政治权力实体的批准。

因此，普通法最突出的一点是判例拘束原则（stare decisis），也即“遵从已判决的案例”，所有法官按理都要受以前裁决的制约（在多数情况下，这一原则在理论上仍指导着美国的司法实践）。判例拘束原则的目的是确保各个年代和时间点都能有公平的司法实践，法官不能随意创制法律或裁决案件，或偏向特殊环境下的个别人。他们必须遵循累积的法律习俗和经验，这样法律才能保持公正，而且人们才能够在行动时确信法律不会任意改变。

普通法的另一个鲜明特征是它使用由十二个人组成的陪审团，一般而言，其他法院基于不同的司法原则，其裁决由法官或裁判委员会（panel of judges）做出。这种意在考查实情的陪审团在当代是英国和那
186 些模仿了英国普通法体系的国家所特有的。罪或无罪都必须由自由人在公开法庭中做出裁决，而且法官无法推翻他们的裁决。不管陪审团制度有什么缺陷，参加陪审团就成了对公众进行有关法律性质之教育的强有力手段。另外，陪审团是公众参与公共事务的一种形式，这是代议制政府首先出现在英国的一个重要原因，因为参与普通法下的陪审团让自由人学会了承担对公共事务的一份责任。

法律程序的“对抗”形式也让普通法法庭有别于那些重新恢复了罗马法系的国家的民法原理。欧洲通常的情况是，随着中世纪初期法律体系的演变，法官来确定需要在法律案件中处理的事由，而且直到今日，此类欧洲法院中的被告人都被认为是有罪的，除非他能证明自己无罪，当局则逮住他并严格询问他的行为举动。不过，在英国普通法下，原告和被告或者检察官和被告被视为地位平等的对立双方。他们的律师决定需要处理的事由，而法官则保持中立。被告人被认为是无罪的，除非证据能够相当令人信服地证明他有罪。

在这个和许多其他问题上，普通法让那些适用它的人享有在“罗马法系”的法院中闻所未闻的特权，在后者，一般而言，国家的利益是第一位的。比如，普通法下的被告人不能被强制作证，如果选择保持沉默的话，他可免于自我诘难。在普通法下，复杂的令状体系使得个人相对轻易地就能享有司法公正。任何人在没有逮捕令的情况下都不得被监禁，而且他必须被迅速审判。公民权利受陪审团制度的保护，因为如果没有十二位独立公民的认可，国家任命的法官就不能执行既有政治势力的政策。就连国王的大臣们如果非法干涉臣民的权利，也可能会根据普通法被起诉，要求赔偿损失，或者可能被普通法法庭指控犯有刑事罪行。在所有这些情况中，被称为“普通法”的“私法”保护私人免受掌 187
权者肆意行为的伤害。

在美国，许多最初受普通法保护的公民权利被写入“权利法案”，也即联邦宪法的前十条修正案。出现这种情况的原因之一是托马斯·杰斐逊和他的盟友们宣称英国的普通法没有在新生的共和国得到实现。另一方面，支持普通法的美国人一般都基于下述理由反对前十条修正案：普通法已经而且必须同样在美国占据主导地位，普通法已经让公民获得类似的保护，在宪法中逐一列举某些公民权利可能会危及那些没有在其中提及的权利。无论如何，杰斐逊的权利法案修正案只不过是重申了普通法原则。从渊源上讲，普通法对美国个人自由的贡献可能高于任何其他来源。

尽管有这些优点，中世纪的普通法通常会变得僵化，有时还会变得粗劣，只求符合文书的字面意思，而罔顾公平精神。理论上讲，普通法在裁决时不考虑情有可原的背景或后果，看似有违于自然正义；有时它显得保守迂腐。因此，国王们针对这种毫不妥协地严格遵守先例的做法搞出了一个应对之策：为“减轻国王良心上的压力”，他们求助于大法官法院（lord chancellor’s court）做出的“衡平”或公平裁决。假如普通法似乎无法涵盖某类新案件，或者被严格适用的普通法似乎让当事人无法获得合理的救济，那么大法官法院就会出于公平的考虑接过这个案件或这类案件。几百年来，许多诉讼当事人可做这样的选择：他们的案件是在普通法法庭还是衡平法法庭审理。（到了 20 世纪，同一家法院同时管辖普通法和衡平法案件。）

实践上，普通法法院通常没有它们宣称的那样完全受先例的约束。
188 法官们实际可能根据已经变化了的社会环境解释先例，并事实上以此确立更适合不同时代的新先例。不过，普通法的下述普遍原则得到维护，而且现今仍在延续：普通法具有连续性，反对新花样，在判决法律案件时基于长期以来被视为公正且具有约束力的长期规范。普通法是经验性法律，也即它基于人类许多世代的经验，而这些经验很好地检验了其实用性。

可是，不管一个民族的历史可以回溯多久，仅仅经验就足以成为正义的引导吗？不是一定要有某些神学或哲学理论为集体经验赋予意义吗？智慧发端于普通法法官吗？

在中世纪的英国，普通法和衡平法法院都宣称它们的合法性源自既有的习俗或者当地的伦理观念，而不是源自罗马法。有一段时间，就连研习罗马法在英国也是受到禁止的。希伯来法律和基督教伦理都被认可为普通法的一部分，不过，在欧洲大陆和苏格兰复兴的罗马法或准罗马法并没有这样的待遇。

然而事实是，罗马法的原则构成了普通法中的一个要素，在衡平法中更是如此。英格兰人首先通过教会法——也即教会法庭的法律——了解了罗马的法律观。对罗马法更直接的认知来自博洛尼亚、帕杜阿（Padua）和曼图阿（Mantua）的意大利大学，接着，这些认识逐渐渗透到英国中世纪的法学理论之中，尽管这一点从未得到正式承认。很大程度上得益于西塞罗的自然法观念逐渐成为普通法与衡平法的其中一个支柱。另外，《查士丁尼法典》中所搜集的罗马法理学家的观点也日益成为英格兰法官裁决疑难案件的依据。理论上，普通法为所有针对法律的申诉都提供了补救办法；私底下，许多普通法法官似乎通过参照罗马人的理论找出补救办法和先例。

英国最富有生气的法律史学家亨利·梅因爵士宣称，亨利·德·布 189
拉克顿（Henry de Bracton，常常被称为“英国法律之父”）在亨利三世统治时期著有《论英格兰的法律》（*De Legibus Angliae*）一书，该书的主题是普通法，出版于 1260 年前后，整本书的形式和三分之一的内容借鉴于罗马的《法令大全》（*Corpus Juris*）。尽管后来的法学家们认为梅因的这一看法言过其实，显然，布拉克顿和其他推崇普通法的人受到他们所了解的罗马法的很大影响。[2] 在诺曼人和金雀花王朝的国王们统治时期，法官通常都担任圣职——其中有些人是主教；很自然地，这些法官熟悉植根于罗马法的教会法，这对塑造普通法的早期形式起到一定的作用。任何读过大格列高利和希波的奥古斯丁的著作的人，都无法忽略自然法理论的优点以及罗马人对正义的全部理解。

承认受罗马法的影响可能会让一位英国法官受到其国王和英国人的质疑：那是外国人的东西，而且可能对英格兰的“古老法律”有害。尽管如此，普通法还是将英国人的习惯做法与罗马人的某些原则结合起来——或者说罗马人的原则让英国人的法律习俗变得秩序井然。普通法所带有的罗马痕迹非但没有颠覆英国人的自由，反而有助于催生独立的法官和代议制政府。

普通法为何如此重要？部分原因在于，它是英格兰良善秩序的基础，自由社会的整个结构由此而生，并成为其他自由社会的典范。一套法律要真的能够被执行，它就必须得到生活在这种法律之下的人们的自愿认可。稳定的政府源自法律，而非法律出自政府。如果政治当局在颁布实证性法律时罔顾大众的认可，人们就会逃避或违逆那些法律，对法律的敬畏会减弱。如此一来，司法就只能被强力取代。多少个世纪以来，欧洲有些国家出现的正是对成文法的这种抵制。

190 于是，英国人将普通法看作他们的法律，也即他们历史经验的产物；它不是自上而下强加给他们的。既然如此，他们中的多数人自愿遵守法律，因此，一直到当代，在所有主要民族中，英国人都是普遍最守法的民族。这种自愿守法的做法使得下述现象成为可能（尽管中间穿插有内部纷争）：英国人团结一致抵御外敌，原有的方式与审慎的变革相互协调，物质上繁荣起来。普遍遵守普通法的其中一个不小的好处是合同一般会被执行，这大大地促进了英国国内和海外贸易的扩张。

如果说普通法是秩序的基础，它也是自由的基石。以前曾有人对普通法做出如此之高的评价：没有人，甚至包括国王，高于或超越于法律。布拉克顿写道："国王本人不应当在人之下，而应当在上帝和法律之下，因为国王出自法律。因此，国王要把法律赋予他的东西——也即主权（dominion）和权力——还给法律。因为在意志而非法律占主导地位的地方，国王是不存在的。"法律是对国王的限制。虽然国王无法被起诉，人们却可以向他陈情，如果他在收到合理的陈情后仍不秉公行事，国王自己的大委员会（Great Council）或者贵族和民众就可以限制他的权力。在布拉克顿写下这些文字之前不到半个世纪，约翰王就是被如此对待的，而且以后那些试图让自己凌驾于法律之上的国王们也将受到如此的待遇。这就是法治（而非人治）政府原则的开端。

到爱德华一世统治时，也即 13 世纪最后二十五年，普通法已经如此根深蒂固，以至于没有国王能够违逆它，不管他有没有其他想法。爱德华一世清除了腐败或无能的法官，不过却让普通法变得有力，实际上扩大了其功能。很快，律师会馆（Inns of Court）——伦敦的律师行业公会——变得像模像样起来，提升了普通法和衡平法的实际操作水平。在中世纪向我们所谓的文艺复兴和宗教改革时期过渡之际，普通法继续 191
发展和优化，而且其法官也继续接受更好的培训。

虽然都铎王朝的国王们在 16 世纪时在其他方面都几乎享有绝对的权力，但他们也不会想到恶意操弄普通法。实际上，亨利八世将宣称自己是普通法的提倡者和罗马法与教会法的抵制者。在 17 世纪，普通法获得诸如爱德华·柯克（Edward Coke）爵士和马修·黑尔（Matthew Hale）爵士之类的法理学家的更高的推崇。到了 18 世纪，威廉·布莱克斯通（William Blackstone）爵士的字里行间写满普通法理论的《英格兰法律评论》（*Commentaries on the Laws of England*）在美国的影响力比在英国还大。

在衡平法的节制和规范下，中世纪的普通法成为社会改良和维系旧有权利的工具。普通法在保持法律延续性的同时，通过向衡平法院（Chancery）的上诉或者国会立法的澄清，它自己也可以得到纠正。和欧洲大陆上的所有司法系统相比，它凭借其令状、法院程序和全国范围的执行力更能保护人们免遭强势个人的压迫。直到 19 世纪初期杰罗米·边沁（Jeremy Bentham）及其追随者试图以抽象正义原则的名义以法典化的成文法取代普通法，它的重要价值才遇到严重的挑战。

在美国，除新教主义和殖民地社会经验外，普通法原则对公共事务的影响力超过所有其他因素。殖民地特许状（charter）将普通法引入每一个殖民地。18 世纪最后二十五年美国主要的公众人物——特别是其中的许多执业律师——和他们在 19 世纪前二十五年的继承人［从杰斐逊和麦迪逊等共和党人到费雪·阿莫斯（Fisher Ames）与约瑟夫·斯托里（Joseph Story）等联邦党人］都熟读中世纪和文艺复兴时期普通法提倡者的作品；他们了解格兰维尔（Glanville）、布拉克顿、柯克和其他一些人。（约翰·亚当斯是同时仔细研究过教会法的少数美国人之一。）最了不得的是，美国人了解布莱克斯通的《英格兰法律评论》，
192 尽管布莱克斯通本人极力反对美国独立。

诚然，随着美国革命的爆发，对普通法的反对也开始了，就像英国的所有其他东西都遭到反对一样；不过，提倡普通法的美国人会在19世纪赢得胜利。就此而言，难以想象的是，如果普通法没有被调整修正以适应美国的环境，那么，美国社会在建国的最初几十年就很难保持团结，因为美国没有准备以州或联邦成文法典的形式开展司法工作，而且麦迪逊总统拒绝了边沁为新生的美国起草一部法典的建议。

在20世纪，英格兰、美国以及所有按自己需要接受并改进普通法的国家在成文法的进逼下都逐渐缩小了普通法的适用范围。有些立法者几乎没有意识到普通法的存在，而且他们按立法程序成功通过的法律在处理普通法已经完全可以应对的问题时不那么令人满意。

可是，如果不是原有普通法的功劳，今天通过新的成文法的那些代议机构可能压根就不会存在。中世纪英格兰的普通法先是大大帮助了一个国家的稳定，然后帮助维持了其他国家的稳定；与此同时，普通法维系了法律至上的原则以及各种形式的自治实践。

英国宪制的框架

将中世纪看作一个漫长的独裁时期是错误的。纵然那几百年间发生了很多暴力和凶残之事，但直到文艺复兴时期，政治上的专制主义都是

例外，而非常态。现代“极权主义”式的警察权力还没有出现，强有力的教会常常制约国王和贵族们获取更大的世俗权力。中世纪的国王通常 193
是“同侪之首”（first among equals），也即多个贵族中的那个最大的贵族；即便他想要拥有统一的力量，他仍旧没有获得这种独断权力所需的金钱和职业军队。神圣罗马帝国皇帝本人最多只能支配日耳曼人和意大利的很多地方，却没有古罗马皇帝的那种最高权力。在封建“体系”内，丰富的多样性和相当程度的自由是可能的——尽管这种自由与现代自由有所不同。

作为军政府的一种手段，封建体制使得欧洲能够抵御西班牙、非洲和地中海东岸的穆斯林敌人以及俄罗斯大草原的蒙古敌人。同时，封建体制在欧洲基督教地区维持了某种秩序。根据“封建契约”，贵族或骑士占有土地，作为交换，在需要时履行军事义务：他效忠领主，保卫后者更大的领地，或者保卫整个王国——这时，国王召集直属封臣（vassals-in-chief），直属封臣又继而召集自己的封臣。贵族们嫉妒皇室特权，国王们总是怀疑不听话的贵族，这就从总体上维持了一种差强人意的力量平衡。

封建结构之外（虽然并非与它无关），还有教会（最大的地主）和自治市镇（boroughs 或 burgs）——由商人和手工业者组成的有围墙的城镇，持有国王或某位王公贵族颁发的特许状。这种封建结构下面是大量的中世纪民众，也即土地耕作者，其中有些人是农奴，另外有些是相对自由的农民。由于基督教教导以及大规模经济变迁的影响，奴隶制消失了：农奴可能被固定在土地上，不过，他是社会共同体和教会灵性共同体的一员。共同的宗教信仰和抵御可怕对手的需要将中世纪欧洲松散地结合在一起。

中世纪社会是由个人效忠和义务构成的大拼盘，与现代政治国家的

相似之处不多。由于其孤立的地理位置以及诺曼征服后国王们所主张的
194 中央权威，英格兰比任何其他中世纪领地都更接近于一个统一的国家。在相对安全的英格兰境内，有些政治制度开始发育，后来成为美国政治秩序的源头。除英格兰的法律外，这些制度中最重要的是代议制政府。

孟德斯鸠在 18 世纪中叶写道，自亚里士多德以来，政府管制技艺发生的唯一重大变化是代议制政府。差不多在整个欧洲以及整个“自由世界”，现代的代议制政府要归功于英格兰树立的榜样。如果没有代议制政府，现代的大国最好的归宿要么是像罗马帝国那样的帝国架构，要么就再次解体为城邦国家和州（cantons）——其中的普通公民能够直接表达自己的意见。尽管美国人将抛弃只有象征性权力的英国国王和拥有实际权力的英国议会，美国的政府（虽然借鉴了古典时代的某些东西）本质上是英国民众代议制的延伸。

为了解代议制在全国性政治中的初步萌芽，我们要看看英格兰贵族们在公元 1215 年胁迫约翰王签署的大宪章。约翰虽然天资聪颖，是一位能力高超的战士，作为国王却非常贪婪邪恶，以至于后来的英国国王无人再起约翰这个名字。约翰王肆意监禁贵族、骑士和自由民（burgess），从他们身上勒索大量的钱财用于继续他的战争。由于多数贵族起兵反抗他，而且法国入侵的危险近在咫尺，约翰被迫保证王室会有良好的操守，并于伦敦和温莎（Windsor）之间的鲁尼米德（Runnymede）签署了这份保证书。这就是我们所说的大宪章。

随着封建时代的消逝，大宪章中的多数条款已经失去其意义。不过，大宪章的其中一个基本原则虽然在那个文本本身里没有被详细地说明，却一直延续到今日。这项原则融入了 13 世纪发展中的普通法，并
195 出现在后来的王室特许证和法令中，成为英格兰宪制的基石。它就是法律至上的原则：存在着所有人都必须遵守的持久法则。国王本人是法律

之下的众人中的一位。这项原则又导致了另一个原则——如果国王违反法律，侵犯其臣属的权利，那么贵族和民众就可以剥夺他的权力。

整个英国宪法就是以这一原则为出发点慢慢发展起来的，虽然它是一部“不成文”宪法，因为它没有被囊括在任何一部文献之中。在18世纪最后二十五年，这一原则被美国人高举，成为《独立宣言》的根基。

约翰的王位继承者虚弱无力，无法取消鲁尼米德的让步，便放手让他的大委员会中的贵族们负责政府事务。大委员会不是代表机构，因为其中的贵族作为个体只代表自己的利益。不过，如果国王没有绝对权力，而且贵族们以他的名义执政，国王和贵族的权力就必然来自某个比他们自身更重要的东西。几乎一直到中世纪结束时，英格兰的所有国王都必须重新确认大宪章的有效性——其中有些国王要确认几次。国王受法律的约束，要否认这项原则已不可能。可是，如果国王违反了法律，谁又能在不发动内战的情况下制裁他？代议制的发展提供了这一问题的答案：议会。

我们在这里只能谈谈议会在中世纪发展的主要阶段。在国王与贵族冲突不断的情况下，双方都觉得有必要寻找大委员会中大贵族之外的支持——实际上是所有贵族之外的支持。为了获得这样的支持，其他阶层或阶级的代表必须要能参与协商。如果需要钱，眼光就必须越过贵族。

一般来说，当时的欧洲公认存在着三个阶级或三大社会阶层：教士、贵族和平民。（这里的“平民”指的不是农民大众，而是指有财产 196
和一定地位的人，他们既不属于教士阶层，又不属于贵族阶级；大部分此类“平民”是被特许的城市和乡镇的自由民，还有乡村的不属于封建地主的不动产终身保有者。）在英格兰，贵族的儿子们和骑士也被列为平民——其中后者最初是对贵族有服兵役义务的佃户。这样，国王必须向教士和平民求助以对抗贵族，而贵族们有时也可能向教士和平民求援以对抗国王。

贵族和国王先后邀请平民代表参与王国事务的商讨。13 世纪后半期，大委员会开始将其权力让渡给一个更有代表性的议会。到了 1295 年，强势国王爱德华一世召集了一个代表所有阶层的“模范议会”（Model Parliament），因为他需要帮助用以对抗法国人和苏格兰人。议会组成人员包括原有的大委员会的高级教士（主教和修道院院长）和高级臣属，以及每个郡的两位骑士、每个城镇的两位自由民和低级教士的代表。在这个“模范”议会中，教士仍构成一个独立的阶层，骑士与贵族属于一个阵营，剩下的自由民组成第三等级。（这一安排在法国一直持续到 1789 年革命。）

然而，在议会（这个词的意思是“说话”）模式定型之际，英格兰的教士们却选择不直接参与政治进程——因为害怕失去他们只按照自己的估值交税的古老权利。这就意味着，在英格兰议会的权力不断增长之际，组成它的只有两个部分——精神和世俗贵族（或者高级教士和贵族），以及主要由自由民和骑士组成的平民。由于中世纪英格兰的社会等级不似欧洲大陆那般严格，骑士们觉得自己与城镇里的欣欣向荣的自由民们为伍比与大贵族们并列更加舒心，于是便以平民代表的身份加入
197 到议会中来——每个郡要选出几位骑士。贵族院（House of Lords）当时不是代议制机构，现在基本上也不属于代议制机构：议员们凭借自身的权利在那里参政。当然，自由民和骑士们的数量非常大，不可能都到一个议院里集会，于是，选举议员的工作就必须开始了。由于下议院从理论上说是被选出来代表所有英格兰人的，而且国王只有从平民中才能获得他们所需要的金钱，所以，到了后来，下议院的影响力逐渐大过贵族院。大部分教士脱离了议会，满足于偶尔举行他们自己的与众不同的教士大会（Convocation of the Clergy）。

1295 年“模范”议会的重要之处不在于其组织结构（因为它很快就变了），而在于国王的司法人员（men of law）为召集议员所发布的令状。这些令状中有一段话是：众人之事应得到众人许可。这一原则出自罗马法理学。为支持爱德华的战争而征税之事关乎所有人，模范议会便给他提供了金钱上的帮助。不过，这一拨款满足开支的时间并不长，于是，爱德华在没有议会同意的情况下开征新税。由于贵族们的抗议，爱德华被迫于 1297 年发布他的“宪章确认书”（Confirmation of the Charters），借此重申他将遵守以前的惯例，在没有王国各阶级的同意时不征收封建税额以外的特别税。众人之事必须由众人许可。

因此，财政权力就转入正开始变得明显与现代下议院类似的议会之手。只有全国性的代议制机构才可以批准增加收入，这将成为正在出现的英格兰宪制以及后来模仿它的所有宪制的首要特征。这使得议会能够在某种程度上控制国王的行动，或者借用美国人今天的说法，这种功能将让国会或者州立法机关能够有效制约政府行政部门的权力。如果没有资金，政府就什么也干不了——甚至无法给军人们支付报酬。因此，所 198
有现代代议制政府都将财政控制权交给代表机构。

宪章确认书只是为议会权力开了个头，实际情况则困难重重。直到 17 世纪，国王们都还在与平民们就财政权力的行使问题争执不下。不过，原则已经确立，并且到爱德华三世统治时期，议会的形式多多少少确定下来了——贵族们在上议院［议员们现在是贵族（noble），而非过去那种半独立的男爵（baron）］，自由民和骑士在下议院，大部分教士则退出议会纷争。

14 世纪的议会可以向国王陈情，宣布他们是否拨款可能取决于国王是否积极看待他们的陈情；不过，议会不能主动采取行动。［理论上，即使在今天，下议院还是“批评者的团体（a body of critics），而非立法机构”。］如果不切断对王室的一切财政支持，那议会怎么才能约束国王的行动？

除财政控制外，中世纪议会设计的最有效制约王权的机制是弹劾。将国王赶下王位会让国家机器瘫痪，通常会导致内战。而国王的臣仆可能会被追究随意妄为的责任。于是，国王不可能犯错的理论诞生了——意思不是国王具有没有瑕疵的美德，而是如果议会非得让某人承担做错事的责任，它会将目标对准国王的大臣。弹劾程序开始于 14 世纪的最后二十五年，由于弹劾可能意味着犯事的官员会被斩首，所以，它对王室的行为起到的惩戒作用显而易见。

14 世纪末，理查德二世试图摆脱议会的所有控制，重回专制主义。
199 他被柏林布鲁克的亨利（Henry of Bolingbroke）推翻，后者得到全国的支持，并被加冕为亨利四世。议会在同意加冕亨利的同时，实际上在施行它的废黜君主和选立另一位君主的权力——即使这位继承者像亨利一样不在长子继承的序列之内。这场“1399 年革命”将成为 18 世纪美国人的先例。

到了 1430 年，议会的一项法案设定了郡选举人——也即被赋予选举下议院议员权利的人——必须具备的永久条件。最主要的条件与财产有关——拥有永久地权，而且地权每年的地租收益在“扣除所有费用”后不低于四十先令。这一举措的用意似乎是避免让无知和混乱搅扰选举（直到 19 世纪，自治市镇都可以自行设定选举权条件，不过它们大多也都设立了某种财产资格要求）。对投票权的财产资格要求从一开始就被引入美洲殖民地，而且直到 19 世纪 20 年代或更晚，这些要求在合众国的几个州里都有效。

接着，大约在 15 世纪中叶，某种类似代议制政府的东西在英格兰已有迹可循。至少在理论上，法律是至高无上的。国王受守法誓言的约束，如果没有议会同意，他不能修改法律或征收新税。在郡法庭或自治市镇举行的选举中，民众从自己人中选出其在下议院的代表，而且这些代表有免受干预甚或逮捕的特权。弹劾的威力阻止或至少抑制了国王臣仆的肆意妄为或腐败行为。没有人民代表的同意，征税是不可能的，这就意味着国王及其大臣必须严肃对待人们不满的陈情。这样，贵族和平民间的对立都不会长久。在中世纪接近结束时，英格兰享有比任何其他国家都多的秩序、正义和自由。

英格兰宪制当时的情况就是这样。不过，中世纪世界在分崩离析， 200
尽管有这些代议制政府的要素，玫瑰战争——约克家族与兰开斯特家族之间的王朝争夺战——正肆虐英格兰。在这两个家族都被摧毁之后，和平才得以恢复，被加冕为亨利七世的亨利·都铎（Henry Tudor）便以胜利者的姿态俯视封建制的废墟。虽然保留了宪制的形式，都铎家族却通过操纵选举和武力威胁控制议会。从文艺复兴、宗教改革到英格兰即将开始的海外扩张，历经千辛万苦才慢慢成形的代议制政府被笼上阴影。17 世纪初，经过一个多世纪的强势国王的统治后，英格兰会再次见证国王与议会的斗争。然而，在中世纪结束时，宪制的核心特征已经非常清楚，英国人的特许权利以及那些有序自由的建制也将出现在美洲的大西洋沿岸。

信仰之剑

普通法和议会发育的时期也是十字军东征的时期。中世纪欧洲有两类奇人：伟大的圣徒和伟大的骑士。后来，他们的衣钵传人变成了学者和绅士。我们已经谈及圣徒，现在我们来看看一位著名的骑士。

从 11 世纪晚期到 13 世纪末，封建制度下的西方上演了被称为十字军东征的大冒险悲剧。这场历时两个世纪的对东方战争的开始之初，基督教国王和贵族们的目标，或至少教皇们的目标是将耶路撒冷圣城从穆斯林手中营救过来，并帮助君士坦丁堡的东罗马帝国抗击敌人穆斯林。十字军成功实现了前一个目标——不过为时只有八十八年。就后一个目
201 标来说，他们没能挽救拜占庭的帝国体系，反倒摧毁了它，因为拉丁人的十字军于 1204 年攻占君士坦丁堡，把他们自己的一位王子选为皇帝，然后将拜占庭帝国的疆域分割成封建采邑。

到 1187 年时，耶路撒冷已再次落入穆斯林手中，“海外”（*Outremer*，指基督教世界的海外据点）的拉丁基督徒们只占有巴勒斯坦沿海地区一块狭长的土地，以城堡所在地阿克镇（Acre）为他们事实的首都——尽管他们仍旧将自己的国家称为耶路撒冷王国。到 1208 年时，海外的欧洲殖民者甚至没有了国王，虽然他们有一个年仅十七岁的名叫玛利亚（Maria）的未成年女皇（girl–queen）。他们请求法国国王帮他们为玛利亚找一个丈夫：这个丈夫或这个国王要能够抵御人数占优势的对手并为他们夺回耶路撒冷。

法国国王菲利普·奥古斯图斯（Philip Augustus）自己就曾是一名十字军战士，他选了一位已六十高龄的没有土地的骑士做他们的国王——来自布瑞恩的约翰（John of Brienne）。中世纪的浪漫故事里到处有约翰的身影，他就是这样一位游侠骑士，可以与高文（Gawain）或兰斯洛特（Lancelot）媲美。他是个肉身凡人，不过不同一般的凡人，因为他身材高大。布瑞恩的约翰来自香槟省（Champagne），曾被当作未来的教士培养，却更热衷于耍刀弄剑。他的兄弟，借着与被推翻的南部诺曼人统治者的已遭抛弃的女继承人的联姻，徒劳无望地坚持由自己承继西西里王位的主张。在长达四十多年的时间里，这位布瑞恩的约翰

曾是女贵族勇猛的侍从、锦标赛冠军，以及法王军队里英勇的指挥官。这位身材高大、伤痕累累的老兵与耶路撒冷的未成年女皇结为夫妻，也许，她爱上了他，虽然这在中世纪的贵族婚姻里不常见。一般情况下，他对待女性温和谦恭，正如他对待武装男性毫不容情一样。确实，对作为国王和皇帝的他，唯一能够提出指责的是他过于放纵妻子和女儿。由于约翰自己一无所有，法王给了他四万镑银两（silver pounds），教皇英诺森（Innocent）也给了他四万。约翰王在阿克的堡垒里耐心等待，直到他聚集起足够的力量去和苏丹们兵戎相见。

耶路撒冷的玛利亚为他生下一个名为幽兰德（Yolande）的女儿，
然后死去。“海外”的人们敬重并服从他，因为他具有丰富的政治知 202
识，而且能征善战。到 1218 年时，他已准备好领导第五次十字军东征，意在首先攻打穆斯林的力量中心埃及。教皇英诺森三世为此竭尽全力，十万名武装起来的男子齐聚巴勒斯坦，旨在摧毁埃及并夺回耶路撒冷。匈牙利国王、奥地利大公、来自弗里西亚群岛（Frisian islands）的舰队、塞浦路斯国王，以及来自许多其他地方的十字军战士与约翰王汇合，而后者已经有了三支僧侣军事团和在“海外”征集的兵员。一切就绪后，他们开进了埃及。

布瑞恩的约翰打败苏丹的部下，夺取达米塔港（Damietta）；埃及苏丹提议，如果十字军退出他的领地，他就将耶路撒冷和其他地方让给他们，这足以让约翰感到满意。可是，新任教皇洪诺留三世（Honorius III）已将一位名叫帕拉纠（Pelagius）的西班牙红衣主教派到埃及做教皇使节。尽管帕拉纠既没有外交技巧，又没有军事经验，但却坚持由他领导约翰，机会就这样流失了。

当时抵达埃及的还有那个时代最奇怪、最圣洁的人：亚西西的圣方济各（Saint Francis of Assisi）。方济各在年轻时曾参加过亚西西和普鲁吉亚（Perugia）之间的战争，并被俘虏，现在他成了无畏的调解者。方济各和他的化缘修士们可能比 13 世纪之前或之后的任何人都更勇敢地效法基督的样式，生活在极度贫困和简朴之中。在不时更新中世纪教会的所有改革者中，他是最谦卑的，也是最成功的。他爱的对象包括所有有生命的受造物——甚至包括“狼兄弟”。

有着圣徒般热心的方济各和那位伟岸的游侠骑士间会有什么样的对话呢？我们没有他们谈话的记录。不过，年轻时做过教士的布瑞恩的约翰非常着迷于亚西西的这位苦行僧，以至于他自己也多少成了圣方济各会的修士。很久之后，他在下葬时穿着圣方济各会化缘修士的灰色长袍。

圣方济各穿过伊斯兰教徒的防线，引起埃及苏丹的注意。他请求那位穆斯林国王允许他赤脚走在火热的煤炭上，以为他的基督信仰作见
203 证。苏丹阿尔卡米尔（al-Kamil）没让他经受这种试炼，却与这位来自翁布里亚（Umbria）的和蔼的英雄人物讨论起宗教问题。20 世纪一位研究十字军的历史学家写道：“穆斯林卫兵们起初疑虑重重，可是很快便认定这么单纯、温和与肮脏的一个人肯定是疯了，且对他很尊重，就好像对待一位被上帝触摸的人一样。”[3]然而，亚西西的这位神秘人物无法说服双方军队达成合符上帝旨意的和平：一旦他离开营地，他们又开始兵戎相见。

由于帕拉纠的干涉，约翰的军事行动失利了。十字军被击败，损失巨大，布瑞恩的约翰退回阿克。他再次结婚，这回的新娘是一位名叫斯蒂芬妮（Stephanie）的亚美尼亚公主；由于她试图毒死他的女婴幽兰德，于是，约翰打了她。有传言说，她因此死去——因为约翰习惯于下手很重。

尽管第五次十字军东征失败，约翰仍旧占有他的一小块王国，必须在西方为他的民众找到支持，他也必须为幽兰德找到一个优秀的丈夫，

因为她当时已十一岁，而他已经七十好几了。1222 年，他与幽兰德一起到了意大利，在罗马求见教皇洪诺留。根据教皇的安排，幽兰德要与基督教世界最伟大的君主结婚——他就是能干、多疑、放荡的神圣罗马帝国皇帝弗雷德里克二世（Frederick Ⅱ）。这样，弗雷德里克本人就可能参加十字军，耶路撒冷就能再次被攻取。约翰犹豫了一下，不过，这个婚配对象过于显赫，就连最骄傲的游侠骑士也无法拒绝。

婚姻协定尚在起草之际，约翰到达法国，为“海外”寻求支持，然后又到了西班牙。他在那里又与卡斯蒂亚（Castile）国王年轻的妹妹贝伦加利亚（Berengaria）结婚。1225 年底，在意大利和“海外”举行的盛大仪式结束后，幽兰德在布林迪西（Brindisi）与弗雷德里克成婚。弗雷德里克精于算计、学识渊博，差不多就是一个无神论者。同时，他残酷无情且变化莫测，就骑士精神而言，他刚好是布瑞恩的约翰的反面。

弗雷德里克在娶了幽兰德，并引诱其伴娘也即其表妹后，便立即罢黜了老约翰的耶路撒冷王位，凭借自己作为年轻女王幽兰德之丈夫的身 204
份登上王位宝座。他甚至拿走奄奄一息的法国国王为支持“海外”而提供给约翰的五万马克。愤怒的约翰去罗马找教皇；幽兰德则被发配到弗雷德里克在西西里的后宫，在为皇帝生下一个儿子后死去。约翰王就像莎士比亚笔下的李尔王，晚景凄凉——或者看起来如此。

不过，不同于李尔王的是，布瑞恩的约翰还远没到老糊涂的程度。教皇与皇帝关系破裂，最后，被革出教门的弗雷德里克二世于 1228 年像十字军那样向巴勒斯坦挺进。可怜的幽兰德现在已经亡去，并被葬在西西里，约翰对弗雷德里克已无任何情感上的牵挂，于是他带着教皇的军队趁皇帝出征期间向其意大利领地进军，以教皇的名义占领城镇和城堡。复仇的约翰这时已近八十岁高龄，有人认为他应该被加冕为英格兰国王，因为那里当时需要一位强有力的君主。

可是，约翰很快接到另一个提议去继承一个更不可思议的王位，君士坦丁堡这座最宏伟的中世纪城市的拉丁帝国（Latin Empire）缺少一位强有力的统治者。有谁能比布瑞恩的约翰更胜任防守那片被围困的地区呢？贝伦加利亚和约翰有一个四岁的小女儿，名叫玛利亚（Maria），他们安排将女童玛利亚许配给君士坦丁堡的男童皇帝鲍德温二世（Baldwin Ⅱ），并由约翰自己就任皇帝和摄政，直到他离世。

于是，约翰便乘船驶向金角湾（Golden Horn）的宫殿，以接任君士坦丁大帝留下的皇帝位子。他于1231年抵达那里时，作为皇帝的他已经年届八十三。他威赫的名声暂时吓阻了北部和东部的敌人。约翰将军队解散，与妻子女儿平静度日：他如火的热情好像终于熄灭了。

尼西亚（Nicaea）的希腊人皇帝和保加利亚的令人畏惧的国王便是这么认为的。1235年，他们带领一支庞大的军队和一支大型舰队，联手向君士坦丁堡进击。约翰皇帝能直接指挥的只有一百六十名骑士和由警卫与弓箭手组成的一小股部队。

205 环绕君士坦丁堡的是世界上最坚固的堡垒，可是布瑞恩的约翰鄙视这些堡垒，他带领他的骑士们一马当先，对敌人发起进攻。希腊人和保加利亚人吓得惊慌失措，四散而逃。约翰的手下人缴获很多对方的战舰。接着，约翰传令拉丁帝国的各附庸国，将在原来的希腊地区拥有封地的西方人聚集起来，在1236年再次击败希腊人和保加利亚人。

这事过后，没有人再敢搅扰他。年届九十时，约翰荣誉满身，却（一如既往地）钱囊空空，在他的帝国宫殿安静地去世。遵照他的命令，约翰被安葬在一个方济各会修士的驻地，这位持剑的英雄是与亚西西的托钵僧心灵相通的弟兄。

骑士的时代是奇迹的时代。现实和想象的成色各占多少，没有人知道。布瑞恩的约翰所作所为的传奇性可比肩任何浪漫骑士。亨利·奥斯本·泰勒（Henry Osborn Taylor）评论道：“骑士精神是从这块土壤长出的精巧的荣誉之花，环绕它的是繁茂的想象力枝叶……，要了解实际以及理想的骑士精神的最有说服力的例证，读者可以省思自己的内心，看看想象与现实密不可分地缠绕在一起的状况。他会看到，那些曾经似乎属于他想象中的东西，在另外的时间里就变成他生命中最为真切的现实。即使这种骑士精神游移不定，却也真实可信。”[4]

中世纪的大部分游侠骑士都身强体壮，配备武器，四处寻找可以为之而战的事业——有时是照顾寡妇和孤儿，不过通常要收取费用。他们中间也能够冒出像布瑞恩的约翰这样的人。逐渐地，骑士理想衍生出绅士观念。18 世纪的埃德蒙·伯克后来说道，欧洲文明由两大力量维系：基督教信仰和绅士精神。等到 16 世纪的塞万提斯时代，原有的游侠骑士已经消亡，而其最后一位模仿者——堂·吉诃德——看起来荒诞不经。不过，堂·吉诃德敬佩像布瑞恩的约翰及其同伴那样的中世纪浪漫英雄人物，他本人称得上是一位真正的绅士，至少精神上远比那些讥讽他的人高尚。G.K. 切斯特顿写道，“一位高瘦愚蠢的骑士永远都是在做无用功”，不过，也不全是无用功，因为荣誉感和责任感以及信仰之剑 206
在某种程度上由中世纪世界流传给了后代。

在英国的文艺复兴时期，宫廷人士和绅士将取代游侠骑士的位置。他们就像过去的骑士那样快意恩仇，不过，他们的行为举止更加优雅。沃尔特·雷利（Walter Raleigh）爵士曾开拓弗吉尼亚的第一个殖民地，后来被以一个捏造的叛国罪名投进伦敦塔，他在那里写下他的皇皇巨著《世界史》（*History of the World*），还发明了药物。最后却还是免不了走向断头台，因为英王詹姆士希望以他的死取悦西班牙大使。他死得像个绅士。

诗人菲利普·西德尼（Philip Sidney）爵士在低地国家受到致命创

伤，却将他的一杯水给了一个奄奄一息的普通士兵：“你的需要大过我的需要。”在封建体制被席卷而去后，中世纪的骑士理想就这样延续了下来。

美国没有贵族，然而上述模范人物没有被殖民地及以后时期的人们遗忘。约翰·史密斯船长带领着早期的弗吉尼亚殖民地所能动员起来的全部武装力量，他就像圣骑士（paladin）再世——圣骑士与突厥人的战争充满半虚幻半真实的传奇故事。美国后来没有贵族，但有绅士，他们的勇气非凡。其中的一位不怕拿起刀剑，他便是乔治·华盛顿；另一位是后来的弗吉尼亚人罗伯特·李。李将军曾说，战争如此残忍，是好事，否则我们会喜欢上它。

据说，绅士是从来不愿这样自称的人。确实，今天很少有美国人声称自己有绅士风度。然而，中世纪的这些大手大脚的先驱给后世馈赠了一种勇敢正直和珍惜荣誉的精神，有时还有慷慨大度的精神，这些精神并没有失去其所有的价值。中世纪圣徒的信念流传给了我们，一如中世纪骑士的信念。正如诗人兼冒险家罗伊·坎贝尔（Roy Campbell）曾对我所言：“如果你是堂·吉诃德，你的所有风车都是巨人，不过接下
207 来，你的所有巨人都会成为风车。”亚西西的方济各生为高贵之人，在某一方面表现得勇敢无畏，布瑞恩的约翰则在另一方面表现得勇敢无畏，维系他们二人的是信仰。他们的亮光混合在了一起，仍在我们的20世纪闪耀，虽然我们这个时代有自己的风车和巨人。

经院学者和大学

骑士已几乎绝迹，可学者数量激增。中世纪以降，我们有一个从未

中断的遗产：大学。大学的功能在整理与完善知识。这一功能的系统运作开始于 12 世纪，如果没有了它，现代文明就会垮掉。

尽管美国人在本国的创始年代受到中世纪思想的间接影响，他们很少有人明白这一思想源头对他们有多大的价值。除少数例外，大多数人一般认为中世纪是野蛮的。不过，他们所受到的每一层级的教育在本质上都发端自中世纪。

经院学者，也即中世纪大学的基督教哲学家——超越了民族和语言的界限。因为大学的语言是拉丁语，不是各地的方言，而且教授和学生无需费劲便可以从一个国家流动到另一个国家，其教学和学习生活无需考虑政治效忠问题。“大学”一词便意味着它是普世的、普遍的——超越地方和私人的东西。各大学的学位在整个基督教世界都会被认可。

经院学者探究的是普遍真理。在他们的智慧达到巅峰的 13 世纪，他们形成了一套严密的哲学体系，其目的是证明理性与基督教信仰并不冲突。其中最杰出的经院学者托马斯·阿奎那调和了亚里士多德的论著与基督教教义。那个时代的经院学者都是唯实论者（Realist），认为宇宙因上帝的智慧与爱而被赋予秩序。他们宣称，真正的现实存在于“普遍性”（universals）之中，也即普遍的存在法则——多少有点类似柏拉 208
图的“理念”——之中。

13 世纪的经院学者们试图在政治以及形而上学和伦理学中找到“普遍性”，国家应受普遍的正义原则的指引。千百年前，圣奥古斯丁曾评论说，由于人的罪性，国家是必要的恶。不过，托马斯·阿奎那认为政治国家是自然和有益的，即便人类没有罪性，政府作为达成公共的善的手段也是可取的。在这个以及其他许多方面，阿奎那恢复了亚里士多德的权威。

就公民社会秩序来说，经院学者们的首要问题是论述教会与国家间的适当关系：如何平衡这“两把剑”或两大权力——它们是统治这个世界的力量。在教会于罗马帝国结构的废墟上崛起之际，圣格拉西（Saint Gelasius）曾描述过它们的确切含义。教皇与皇帝该如何分享权力？危机到来时，人们应该忠于教会，还是国家？教会法应独立于帝国或王室法律吗？这些在中世纪都是非常具有现实性的问题，因此，它们不时要经历鲜血的考验——比如为此殉道的坎特伯雷大主教托马斯·阿·贝克特（Thomas à Becket），他凭借自己的牺牲，也成为英国最受人尊重的圣徒。

人们会想要略微详细地讨论这些问题，因为它们与秩序问题一直有关。然而，那些在18世纪建立了一个新国家的美国人没有认真看待经院学家们的讨论，宗教改革让中世纪的“教皇派”哲学家和英属北美地区的殖民者之间有了巨大的障碍。阿奎那与13和14世纪的其他经院学者的观念最多只能间接传给某些美国人，其间的中介是理查德·胡克和宗教改革时期的其他一些圣公会牧师的书籍。一旦中世纪教会在16世纪烟消云散，欧洲大陆的经院学者们就与英国人和美国人绝缘了。

209 不过，许多较为杰出的中世纪学者是英格兰人或苏格兰人，他们的著述在某种程度上进入了作为美国文化之温床的知识观念之中。这些英国思想家中最早的那一位是诺曼时期英格兰的坎特伯雷大主教圣安瑟姆（Saint Anselm）：他出生在意大利，却是中世纪英格兰教会之观念和实践的缔造者。美国领袖中那些受过较好教育者会知道一些安瑟姆对启示上帝之存在和完美性的非常有力的论证。

其他一些英格兰和苏格兰经院学者也都闻名于整个基督教世界：13世纪的方济各会士黑尔斯的亚历山大（Alexander of Hales）、林肯郡主教罗伯特·格罗塞特斯特（Robert Grosseteste），以及其观念启发了现代科学方法的罗杰·培根（Roger Bacon）。还有14世纪前半期，慎思明辨的约翰·邓斯·司各特斯（John Duns Scotus）起而反对托马斯·阿奎那的学说；鲜有匹敌的唯名论者奥卡姆的威廉（William of Ockham）则崛起于英格兰。

英国人奥卡姆的威廉事实上解构了各大学之前的唯实理论，并因此在无意间有助于为文艺复兴和宗教改革扫清道路。被称为“唯名论”的思想模式否认“普遍性”的存在，唯名论者认为只有名称是普遍的，而存在的只有个体。比如，普遍的“马”是不存在的，“马”只是一个单词，我们出于方便会用它描述某一彼此类似的具体物种的某些特征。上述唯名论概念将滋生出一种与中世纪普世理想对立的私人和社会个人主义，从实践上看，它有助于打破教会与国家权力“在中世纪的融合”，成为文艺复兴的私人个人主义与宗教改革的宗教个人主义的促成因素。

奥卡姆的威廉在14世纪前半期有一个被称为帕杜阿的玛斯利乌斯（Marsilius of Padua）的同代人，他是一位比这个英国唯名论者更加激进的经院学者。巴黎大学的玛斯利乌斯认为，教会必须受制于国家：即使神圣法高于人类法，对神圣法拥有解释权威的也必须是国家。这样，
玛斯利乌斯在阐释亚里士多德的政治观——也即有关自主城邦的政治 210
观——时比阿奎那走得更远。玛斯利乌斯的观点实际上削弱了教皇的权威，让君王管辖教会成为可能，在宗教改革时期，这在某些国家变成现实。

不过，深入分析经院学家们的辩论已超出本书的目的，尽管它们很重要。原因是，即便对于18世纪美国的那些学识渊博之人来说，欧洲大陆声名显赫的经院学家们——阿尔伯图斯·麦格努斯（Albertus Magnus）、阿伯拉德（Abelard）、圣维克托的休（Hugh of St. Victor），甚至阿奎那——不过就是一些名字而已。只有当罗马天主教大学开始在美国创建时（主要在19世纪晚期），这个国家才了解了以前的经院学

家们的智识能力。圣公会、长老会和清教徒神学家们——而非中世纪哲学家——培育了美国的信仰与理性。

尽管如此，经院学家们在英国和北欧的大学于宗教改革中被改造成新教主义的堡垒，对美国秩序产生过重大影响——一方面通过它们自己，另一方面通过一开始便低调模仿它们的美国大学。今天被称为哈佛、威廉玛丽、耶鲁、普林斯顿和哥伦比亚的各主要大学，当初的用意都是将英格兰和苏格兰的高等教育模式输入到北美殖民地。就连建立于19世纪初的州立大学也以“牛津剑桥”（Oxbridge）或者苏格兰的大学为榜样，尽管后来对德国大学的模仿以及功利主义的目的让它们变化很大。

中世纪大学是独立的学者联合体（corporation），包括进行一般性研究的学院，通常有帮助年轻人获取学士或者硕士学位的文学院（colleges of arts），以及神学、法律和医学方面的高等学院。大学起源于教会的修道院学校或者教会学校（cathedral schools），通常是为了满足对高等教育的需求。

在英国和北欧，主导这些大学的是教会。学生是神职人员，要么属
211 于小的教团，要么即将加入教团，因为有些学生实际非常年轻——意大利和南欧其他地方并不都是这样。在博洛尼亚大学，学生们控制着一切，直到博洛尼亚的乡民们因反对学生们的傲慢态度而想办法终止了这一局面。然而，英格兰和苏格兰的大学名义上受教会的支配，实际上由它们的身为教士、僧侣和修士的教授们管理。他们的首要目的是为荣耀上帝而寻求真理。除此之外，他们意在教育年轻人成为教职人员，预备其中的一些人将来为国家和教会服务，以及发展法律和医学等其他需要专业知识的职业。在这些大学里，神学是科学的女王。

13世纪的托马斯·阿奎那认为，神学与哲学之间没有隔离墙，这

些研究科目的区别只在于方法。可是，14 世纪的奥卡姆的威廉将哲学从神学中分离出来，并坚称他因此让基督教教义摆脱了异教思想的影响。不过，这一分离将在大学里引发更多的思辨，一直到宗教改革时期都是如此。然而，欧洲的大学在其初创的几百年间是强化权威和传统的知识中心——即便教授们互相激烈争吵，学生们看似无法无天。

亨利·奥斯本·泰勒在评论这些中世纪的机构时说道：“它们没有古代先例可循。就这些教师与学生的联合体、他们不受质疑的特权、他们固定的课程以及他们经正式确认的成就等级而言，雅典或罗马没有任何可堪比拟的东西。即使托勒密王朝的亚历山大是不乏高谈阔论、学识渊博、对历史的研究精益求精的文人雅士，他也完全没有中世纪大学经院学者们的那种顺从巴结态度，因为后者试图将古典哲学与基督教启示捧上同一个王位，这样就能以同一个卑躬屈膝的姿态拜倒在那两者面前。”[5]

英格兰的两所中世纪大学——牛津和剑桥——发端于 12 世纪末和 212
13 世纪初，因此属于最早的大学之列——它们不同于修道院或教会学校。它们的不同寻常之处在于，尽管很快就接受了高级教士和国王提供的资金支持，但它们并非是从原有的教会学校成长起来的，而是作为教师公会崛起的。另一方面，苏格兰的三所中世纪大学——圣安得鲁斯（St. Andrews）、格拉斯哥（Glasgow）和阿伯丁（Aberdeen）——与北欧的多数大学类似，都与教会有紧密联系。

我们来看看苏格兰最古老的圣安得鲁斯大学，就中世纪大学的特征与影响而言，这是一个相当晚的样本。这里着重突出一所苏格兰大学而非牛津或剑桥有其原因。其中一个原因是，到 18 世纪时，牛津和剑桥将变成贵族性大学，而苏格兰的大学会一直保持其相对民主与大众化的特色，因此其教授和学生会更近似于美国早期大学的师生。另外，苏格兰大学在神学和教会治理模式上追随宗教改革，属于加尔文主义，而牛津和剑桥是圣公会风格的大学。在美国最初的五所大学中，哈佛、耶鲁和新泽西学院（现在的普林斯顿）都是追随加尔文主义的大学。

由于对殖民地的管理出自伦敦，苏格兰对新生美国的贡献有时被历史学家忽略。然而，美国最初在政治、商业和边疆上的活力源自苏格兰人，后来，这些苏格兰人成为美国仅次于新英格兰清教徒的最成功的族群。詹姆斯·威尔逊（James Wilson）是《独立宣言》签署人、制宪会议代表、宪法的主要起草者之一，后来成为最高法院大法官，也是主权在民的较为热心的鼓吹者之一，他出生在苏格兰的大学城圣安得鲁斯，并在那里受教育。苏格兰的长老会信仰对美国人的生活和品格有复杂精妙的影响。

213 那么，我们就来看看我们的有代表性的那所大学：它位于北海边上小小的教育中心圣安得鲁斯，这里曾在黑暗年代吸引来朝圣者，因为其大教堂安放有使徒圣安得烈（Saint Andrew）的臂骨和一些指骨。圣安得鲁斯的主教和大主教是苏格兰的总主教（primate），也常常是苏格兰国王的大臣。在罗伯特·布鲁斯（Robert Bruce）于班诺克本（Bannockburn）击败英国人之后的那一百年间，苏格兰人的爱国热情高涨，那块苦寒之地上的第一所大学就在一种民族独立的情绪中诞生了。

几乎从苏格兰历史的源头起，那里的学校就设在圣安得鲁斯：它们最初由库尔迪（Culdees）负责督导，库尔迪是凯尔特人的一个基督教教派，源自爱尔兰。15 世纪初，这个城镇有许多私人老师带领的欣欣向荣的微型学校。不过，那时已是必须将教育正规化并提升高等教育身价的时候。亨利·沃德洛（Henry Wardlaw）这位睿智强势的主教当时在圣安得鲁斯，教牧人员中的有识之士觉得他能胜任主持建立一所大学的工作。

一开始，这所新大学的目的就是成为正统教义的堡垒。林多尔斯的劳伦斯（Lawrence of Lindores）是斯克恩（Scone）修道院院长兼苏格兰异端邪说检察官（Inquisitor of Heretical Pravity），在维护正统教义这件事上是仅次于主教的领军人物，而且没有人比他更热心。这些神职人员发觉了被称为宗教改革大风暴的最初的低沉声响，他们随后便以理性来建筑信仰的高墙。

这是一个被异端和分裂困扰的时代。在中世纪教会的大分裂中，苏格兰坚持追随阿维尼翁的教皇们，而英格兰则支持罗马那些声称自己为教皇的人。因而，那些曾去南方的牛津和剑桥读书的苏格兰学生如果继续去那里就读的话，就必然会有落入分裂陷阱的危险。自苏格兰独立战争之后，苏格兰的教士们就越来越多地去欧洲大陆，尤其是巴黎和奥尔良的苏格兰人学院。可是在 1408 年以后，法国也背弃了它曾效忠的阿维尼翁一系的教皇本尼迪克特十三世（Benedict XIII），这样，除西班牙外，整个欧洲大陆都在排斥苏格兰学者。另外，英格兰国王亨利四世 214
引起的麻烦也阻碍了到英格兰的求学之路，与此同时，法国内战对巴黎和奥尔良的大学打击甚大，因为就连进入这些城市也变得危险起来。

异端的威胁不亚于分裂。所谓的罗拉德派（Lollardry）与曾将《圣经》翻译为英文的约翰·威克里夫（John Wycliffe）的观念息息相关，似乎志在发动社会革命。罗拉德派或威克里夫派宣称他们会让教会屈从于国王的权威，没收并重新分配土地，让英格兰和苏格兰适用犹太人的法律，将教士阶层连同他们的俸禄一并取消。1407 年，一位罗拉德派传道人约翰·雷斯比（John Resby）被烧死在苏格兰，因为他曾否认教皇是基督的代理人，并声称不良品格让教士们失去履行圣职的能力。

中世纪晚期的苏格兰教会的包容度很大，可是这些教义已危及它的生存。在富有远见的改革者引诱年轻人之前，新兴的一代必须提前得到警示，以免犯下这些错误。其他教牧人员与林多尔斯一道，在圣安得鲁斯镇讲授神学、逻辑学、上帝法、教会法和民法。1412 年，沃德洛主教为创建圣安得鲁斯大学给这些教师们颁发了一个成立特许状（charter of incorporation）。

中世纪的多数大学希望得到教皇的许可。1413 年，阿维尼翁一系最后的那位教皇、老迈严厉的本尼迪克特十三世所发的六道教皇命令到了，它们确认了特许状的有效性，并授权老师们教授神学、教会法与民法、艺术、医学和其他大学科目。

新大学有一位校监（chancellor）——这是某位意在保护学校的大人物。在宗教改革前，校监几乎一直都是圣安得鲁斯的主教或大主教。校长（rector）从大学内部选出，他必须拥有学位和圣职，掌握大学里广泛的民事和刑事司法管辖权，安排大学事务，制定纪律准则。第一位大学校长是宗教检察官林多尔斯的劳伦斯。由于苏格兰仍完全处于中世纪状态，新人文主义尚没有一丝一毫渗透进圣安得鲁斯的课程。林多尔斯的劳伦斯讲授 12 世纪的教科书、彼得·伦巴德（Peter Lombard）的
215 《语录》（*Sentences*）；残缺不全的拉丁文版本（因圣安得烈没有懂希腊文的老师）的亚里士多德科学论文是哲学的基础；大多数老师是唯名论者。

圣安得鲁斯的教师们以巴黎大学为榜样，刚入学的学生（其中多数不超过十五岁，许多人年纪更小）被假定通晓文法，开始学习逻辑和修辞，这些科目结束后是物理、形而上学和亚里士多德的《伦理学》。学生在十八个月后可获得学士学位，四年后便可获得任职资格，随后可立即成为教师。如果要成为神学博士，还需要再学习八年。讲师与管理人员都是教牧者，其中多数像教士一样生活，但其全部时间都投入到大学。

中世纪的几乎所有大学生都很穷。圣安得鲁斯大学的学生们靠粥（其中的燕麦是从他们的家庭农场带来的）和一些鱼为生。那时和现在一样，学生的动机各有不同：有些人渴望获得知识，多数人希望在社会上更上一层楼。成为一名有教养的教职人员是在教会和国家机构中获得美差的一个途径，而且如果有人希望成为一名优秀和有用的学者，卑微的出身不是障碍。中世纪的大学教授和学生逐渐形成了一个区别于其他社会阶层的社团或“等级”（estate）。

圣安得鲁斯大学日益壮大。与肯尼迪（Kennedy）主教于1450年创建的圣萨尔瓦特（St. Salvator）学院相比，创建于1418年的最初的圣约翰学院就有点相形见绌。这位权势很大的肯尼迪主教大兴土木，其工程几乎可以与牛津和剑桥的规模相提并论。他设计了一个神学家和艺术家的等级结构：一个博士（出任学院的教务长）、一个已获得任职资格者、一个神学学士、四个既为文科老师又为神学生的教士，以及六个身为穷预备修道士的文科学生和唱诗班成员。这十三位成员将主持学院的神圣救赎主教会（church of the Holy Savior），而且他们还讲课与学习。到1475年时，另外三十个牧师职位已经获得资助。到16世纪初时，在圣萨尔瓦特学习的已有六十到八十名本科学生。

圣萨尔瓦特将敬拜与学业进步结合起来，成为苏格兰所有高等教育 216
的楷模。圣萨尔瓦特的尖顶塔依然在俯瞰着圣安得鲁斯镇，而十八代学者已经从其脚下的拱道走过。

在圣安得鲁斯大学创建一百年后，它的第三所学院诞生了：圣安得鲁斯教会穷修道士学院（College of Poor Clerks）。其目的是教育那个奥古斯丁修会的新入门修士，以便让有学养之士能够服侍圣安得鲁斯的小修道院（Priory）。在1512年那个创建穷修道士学院的特许状中，苏格兰教会的腐化问题被提及。这个麻烦事无法被掩盖，因为朝圣者们已不再光临圣安得烈的圣坛。非常别扭的是，朝圣者的消失在大学特许状中被归因于基督教信仰的彻底胜利，即当所有人都信仰上帝时，上帝就无需在圣徒的圣坛上施行奇迹。

不过，实情是苏格兰教会在1512年时已深陷丑闻之中，朝圣者的缺乏就是因为对治疗奇迹缺少信心。从一开始，这所新的圣伦纳德（St. Leonard）学院（这是它后来的名称）就崛起于信仰衰变之中。不久，这所本应为正统教义堡垒的学院变成了改教家们的老巢，“喝圣伦纳德的井水”这一短语便象征着加尔文主义的蔓延。

帕特里克·汉密尔顿（Patrick Hamilton）是宗教改革时期苏格兰新教徒的首位殉道者，也是圣伦纳德的一份子，在这所学校仅仅成立十六年后，他就被以异端名义送上火刑架。乔治·布坎南（George Buchanan）是苏格兰最伟大的人文主义者，一位坚定的加尔文主义者，也是圣伦纳德的校长（principal）和年轻国王的老师。在圣伦纳德的井水干涸之前，成就了圣伦纳德的旧秩序的所有遗迹都被清扫干净。

在宗教改革刚要爆发之前的1537年，比顿（Beaton）大主教拿到了建立另一所大学的教皇命令，他把这所大学建在了圣约翰学院的原址上。由于大主教不理睬校长希望开设人文教育课程（拉丁语、希腊语和希伯来语）的请求，这所“蒙福的童贞女玛利亚升天大学”（College of the Assumption of the Blessed Virgin Mary）还保持着强烈的经院哲学色
217 彩。苏格兰的最后一位天主教总主教、大主教汉密尔顿完成学校的全部准备工作，然后，宗教改革的浪潮就席卷而来，将圣玛利亚学院连同所有其他地方都裹挟进来。在改教者们冲击过达姆巴顿城堡（Dumbarton Castle）后，完成教学楼宇建筑的那位大主教被绑着带走，随后被吊死在斯特灵（Stirling）的岩石上，当时他还穿着教士袍。改教者们获得胜利后，学院受命培训教牧人员，直到今日，它还是大学的神学院。

达西·汤普森（D’Arcy Thompson）是这么评论圣安得鲁斯的：“在我们经过时，那些石头向我们喊叫，讲述我们这片土地的故事，教皇和国王们的往事，以及老教会和新教会的历史。”[6]他说，与巴黎大学相比，圣安得鲁斯是一所小学校。然而，苏格兰人的学识将在美国被发扬光大。

北方的大学创建之目的是服务教会，不过很快，它们就将服务于文艺复兴和宗教改革——以及革命。圣安得鲁斯市场的铺路石上有一个石头的十字架，这就是中世纪市场十字架（market-cross）所在的地方，1433年，保罗·克劳（Paul Craw）在这里被烧死。

克劳是来自波西米亚的一位医生，受中欧的胡斯派（Hussites）信徒差派，来苏格兰搅动那里的教会。胡斯派信徒倡导社会革命，也是新教改教者的先驱。在圣安得鲁斯大学开始教学活动的那一年，大学的创建者沃德洛主教追踪到克劳。在两位经院学家的催促下，主教将克劳处以火刑，他死在火刑柱的熊熊烈火中，当时口里被塞进了一个铜球，以免他对围观者大声宣讲。然而，随着大学的扩张，更多像克劳这样的人陆续来到，并且他们也不可能全被噤声。

苏格兰和德国及其他地方一样，宗教改革将发端于大学，大多数国家的文艺复兴也是如此。这样，中世纪伟大的智力成就——大学——就成为中世纪的终结者。在中世纪接近尾声时，但丁将大学视为在影响力方面与国家和教会并驾齐驱的单独一方势力。他呼吁各大学共同恢复中世纪秩序，可是他过世后不久，它们却转向新的思想模式，并很快开启 218
了新的行动模式。

与它们低调模仿的中世纪大学相比，殖民地时期美国的六所小规模的大学显得荒凉局促。然而，哈佛大学的校训“真理”（veritas）是对英格兰与苏格兰各大学的高调理想的勇敢呼应。从许多方面看，人们可从中世纪文明习得的真理超过哈佛或威廉玛丽最初所了解的。即使已经崩溃，中世纪秩序还是将它的有关和合（synthesis）与和谐的愿景传递给了美国。

如果人们在看到“中世纪”这样的字眼时主要会想到十字军东征或者百年战争，那是不对的。在中世纪漫长的一千年历史中，失序的情况经常出现；然而从总体上说，一种具有长远眼光的秩序观被长久保存下来，而且那个漫长年代的实际成就有时也秩序井然。平衡教会主张和国家主张的努力；公民自由、代议制议会以及英格兰普通法的发展；教会、行会、乡镇和家庭内的强烈的共同体情感——所有这些都是某种健康文化的标志，不管其拥有怎样粗陋的活力，文艺复兴和宗教改革也不会全然夺去美国的这一中世纪遗产。

注释：

［1］ Douglas Jerrold, *England: Past, Present, and Future* (London: J.M. Dent, 1950), pp. 23-25.

［2］ Henry Maine, *Ancient Law* (London: John Murray, 1897, p.82.

［3］ Steven Runciman, *A History of the Crusades* (Cambridge: Cambridge University Press,1954), Vol. III, p.160.

［4］ Henry Osborn Taylor, *The Medieval Mind* (fourth edition,Cambridge, Mass.:
219 Harvard University Press, 1950), Vol. II, pp.536, 586n.

［5］ Taylor, *op. cit .,* II, p. 409.

［6］ D’ Arcy Thompson, “St. Andrews” , in *Science and the Classics* (Oxford: Oxford University Press, 1940), p.240.

第七章

改教家们的鼓声

221 比天使微小一点

我们所谓的文艺复兴和宗教改革这些全面的知识和社会变革开始于15世纪。中世纪的秩序崩溃了，逐渐取而代之的是一种新秩序，而且这一新秩序部分地延续到今日。

14世纪初的但丁·阿利基耶里（Dante Alighieri）是中世纪文明最高成就的代表，在14世纪往后的岁月里，尤其是在南欧，信仰的时代将烟消云散。但丁是继其楷模维吉尔以来的最富有华贵想象力的诗人，在生命的最后二十年，他从佛罗伦萨流亡出来，在意大利各处目睹了秩序崩溃的大洪水。不过，由于他知道是上帝的爱创造了地球和所有星辰，他坚信上帝之城。他在自己的“辉煌梦境”中看到，就人类状况而言，地狱本身是必要的，我们多数人在此生及以后要蹒跚经过炼狱；尽管不配，获得救赎者将最终得见天堂的耀眼光芒。上帝的秩序超越罪和时间，永远长存。*

但丁在给他的保护人、维罗纳（Verona）的主人、斯卡拉家族的
222 康·格朗德（Can Grande della Scala）的信中说，《神曲》（*The Divine Comedy*）有两层意思：其字面意思是指死后灵魂所处的状态，其隐喻的主题是人在善恶间的自由道德选择。经院哲学和中世纪意象在但丁那里融为一体。他那伟大的诗歌综合了各种知识，因为他从希伯来先知、古典哲学家、罗马法学家、经院学家，甚至阿拉伯学者那里汲取观念和意象。半个世纪前，圣托马斯·阿奎那将基督教和中世纪思想体系化：

---

* 炼狱是指死后灵魂经过净化考验的一段经历，有关的教义被新教改革者们抛弃。

神学、形而上学、伦理学和政治学都被囊括进阿奎那伟大的作品中。在但丁的作品中，同样的综合——也即对知识和信念的整理与协调——是通过诗性的洞见和象征实现的。真理是可认知的，秩序是真实的。真理被人们的愚蠢和激情所遮蔽，秩序被人们的权力欲望所扰乱。但是，正确的理性可以让人们再次明白真理，秩序可以凭借敢于行动的意志失而复得。这就是《神曲》的见识。

但丁这一宏大诗篇的主题大多与灵魂的秩序有关。但丁同时还是一位政治思想家。在苦难深重的中世纪欧洲，共同体秩序如何能够失而复得？但丁在他的政论文《君主国》（*De Monarchia*）中试图恢复社会的团结。帝国权力机关、教皇以及大学必须全心全意地携起手来，共同采取保守行动，以再次确认法律、真理和恩典。但丁以为亨利七世这位新皇帝会在人的世界中实现这种综合，但是，这种事并没有发生。德意志的这位皇帝在最初于意大利取得进展后，便失去了教皇克莱门特五世的支持，无法安抚意大利各邦；1313 年，亨利七世突然去世于锡耶纳（Siena）。自此以后，中世纪秩序便塌陷了。

社会衰败困扰着 14 世纪的欧洲。几乎所有国家都受到战争的蹂躏，与此同时，黑死病的流行减少了城乡人口规模。公共和私人道德持续退化。由于本国王室以及崛起中的商业利益集团的共同挤压，作为各种效忠关系之精巧平衡机制的封建结构开始崩溃。在南欧古老的自由城市， 223
暴君开始在公民自由的废墟上崛起。这些情况都被写进但丁的诗行里，而且在他死后变得更加糟糕。信仰的时代正接近尾声，基于中世纪基督教世界理想的团结意识和精神共同体意识也一样。一个共同的教会、各大学的国际化特性以及从乡村共同体和城镇行会发展而来的社会联结模式将不再能维系欧洲的团结，急速推进的文艺复兴和宗教改革将填补中世纪文明衰败所留下的道德和社会真空。

在西方神圣罗马帝国的理想及其德意志君主衰落的同时，东方拜占庭帝国的最后痕迹也消失了。1453 年，君士坦丁堡落入土耳其人之手。在十字军东征结束时，希腊诸皇帝已经重新占有拜占庭帝国的零星地块。然而，东罗马帝国剩余部分被雄心勃勃的意大利商业城市和土耳其苏丹们各从一方蚕食鲸吞，最后，君士坦丁堡也陷落了。堪称奇迹的是，它曾存续了那么长的时间——它作为古典文明和基督教文明的堡垒的日子长达十一个世纪之久。

在这场灾难临近之际，拜占庭的学者和贵族们逃到了意大利。在那里（尤其是在佛罗伦萨），他们说服西方更加全面地了解柏拉图和已经消失的古典文明的全部遗产。哲学、神学、艺术以及（很快）政治都深受文艺复兴的这种新“人文主义”的影响。这次的文艺复兴——有意识地让古代文化获得重生——之前就已开始，可是现在因东方的灾难性事件而加速。宫廷、大学以及教廷都开始抛弃中世纪的整合（medieval synthesis）及中世纪的体系，以便享受此世的物质世界。

尽管“人文主义”这个词最初意指对希腊古典文化的真诚信服，不过，作为对已被遗忘的古代洞见的发现，它很快就开始关切当下以及初
224 露曙光的欧洲，与中世纪哲学和宗教的超凡脱俗之态形成对比。文艺复兴成就多多，可是对中世纪秩序而言，它意味着死亡。

1486 年，这种新人文主义的一个古怪的杰出代表人物皮克·德拉·米兰多拉（Pico della Mirandola）来到罗马。皮克来自自称君士坦丁大帝后代的米兰多拉王室，该王室是意大利文艺复兴时期诸大家族中最光彩夺目的家族之一。皮克向学院的博士们发起挑战，要与他们就九百个严肃问题展开辩论。英俊富有的他当时只有二十四岁，却自己出资邀请世界上的所有学者前来罗马，与他一道讨论终极问题。约翰·阿丁顿·西蒙茨（John Addington Symonds）是这么评价皮克的：“人类

的超越物质享受的崇高理想因其观念上的活力而更加璀璨，代表着文艺复兴思想的胜利，而这个人实现它的程度无人可及。”[1]

在乔瓦尼·皮克·德拉·米兰多拉伯爵的大量著作中，今天仍被广泛阅读的唯一作品是他在罗马发表的简短演讲《人的尊严》（*The Dignity of Man*）。这篇演讲就像对中世纪权威发起挑战的宣言，是文艺复兴早期高尚理想的最精确表达。他的思想观念后来产生的效果可能会让皮克自己感到困惑。

自十四岁以后，皮克曾在博洛尼亚、费拉拉（Ferrara）、帕杜阿和巴黎的大学求学，成为学识极其渊博之人，精通希腊语、拉丁语、希伯来语、迦勒底语和阿拉伯语，他可能更多的是一位雄辩家，而非原创思想家。他同时也是神秘主义者、魔法师和学者，其品性中融合了中世纪哥特式的繁复与文艺复兴的自我中心和开明态度。他是所有人文主义者中最富有浪漫精神者，将希伯来文化、古典文化和基督教文化融合在一起，是他的雄心壮志。就此而言，他就像之前的但丁，不过，他发起挑战的后果是分裂而非整合。尽管他没有完全否定经院学家们——托马斯·阿奎那、约翰·邓斯·司各特斯、阿尔伯图斯·麦格努斯都在他研读的经院学家之列，却也非常渴望获得比他们更具穿透力的洞见。

在皮克的九百个问题中，有些论题接近于异端邪说。他认为， 225
魔法师的秘诀可以确认基督的神性，而中世纪犹太人的神秘哲学（Cabala）——因他也曾跟随犹太教师学习——会维系基督教的神秘性。于是，他将全部精力用于演讲、阅读、巡游、讲道，并开始了要驳倒基督教对手的浩大工程。不幸的是，刚过三十一岁，他便死于热病，死前他已经弃绝世界和肉体，并计划做赤脚云游的传道者。

这位早熟天才的《人的尊严》现在已成为人文主义的宣言：人可以重生。依贡·弗雷德尔（Egon Freidell）说：“这显然就是文艺复兴的首要意义：人按照上帝形象的重生。”中世纪的人一直很谦卑，几乎总是会想到他身上堕落的罪性，觉得自己被一位愤怒的上帝盯着。天使因骄傲而堕落。不过，皮克和他的人文主义者同仁们宣称人只比天使微小一点，而且人这种存在不仅能堕落到肮脏的深渊，还有能力变得像上帝一样。人是何等奇妙壮丽的生物！这就是皮克演讲的主题，他用以详细阐述这一主题的华丽自信的风格是人文主义理论导师们的普遍特点。佛雷德尔接着说道：“这个观念中潜伏着一种中世纪闻所未闻的极度傲慢，同时还含有一种只有到了现代才显明的巨大精神冲动。”[2]

皮克教导说，如果人积极地培育其智识能力，他就可以让自己变成几乎与天使——那些基路伯（cherubim）和撒拉弗（seraphim）——同等的受造物。让人高于所有其他受造物并区别于所有其他物质存在的是灵性，也即上帝的亮光（spark）。但是，不管他如何推崇人，皮克与下述现代观念无涉：人完全“成就了自身”，或者忠实的上帝是人类最杰出的成就。仅仅因为人是按照上帝的形象创造的，人才可能变成接近天使的模样。慷慨大度的上帝这样对人说道：“我们让你们既不属天，也不属地，既非凡人，也非神人，这样，借着自由选择和荣誉感，你就像
226 自己的创造者和塑造者，将自己打造成你所希望的任何样式。你有能力让自己堕落成野蛮的低等级生命形式，你也有能力靠着你灵魂的决断重生进入神圣的高等级生命形式。”

基督教人文主义的实质便是如此，它从意大利扩散到整个欧洲，在荷兰的伊拉斯谟（Erasmus）和英格兰的托马斯·莫尔（Thomas More）那里达到顶点。上帝赋予人极大的力量以及与之相应的自由意志，人可以有正当理由对他的较高的本性感到自豪，并将他的能力用于荣耀和改进人类自身。一个有待探索的世界横列在文艺复兴时期的人文主义者面前。然而，人性的所有尊严都是上帝馈赠的：皮克及其同伴们明白，如

果灵性和理性的力量被忽略，人肯定会堕落到野蛮人的层次。人文主义者不会试图将上帝赶下神坛。相反，通过人道主义（*humanitas*）的道德约束——古典时代的人性化学识的遗产，他努力向上接近上帝。

因此，许多人文主义者的骄傲都在一定程度上受到谦卑的节制，但是，知识的傲慢和过于自信的种子已经种下，到了一定的时候，人会将自己看作最要紧的存在和终极的目的。在皮克那里，“人的尊严”是指严谨的理性与想象力所具有的那种高贵，被基督救赎后的人性，以及真正富有人性的个体凭借着灵性与理智的升华。它不是指某种感官胜利或者自我中心的物质主义。皮克相信，没有人能够让自己高贵起来，因为尊严是一种与生俱来的品质：它是被授予的。为了让人类尊严成为可能，必然要求有某位可以让人脱离野蛮世界的主宰。如果这位主宰被否定，那么人的尊严便无法变成现实。

作为柏拉图主义者、基督徒、魔法师和雄辩家的皮克在设计他的九百个问题时，是把它们当作人之独特性的无可辩驳的证据的。五个世纪之后的爱默生是这样呼应他的：

> 有两种不同的法律
> 相互无法调和——
> 人的法律，物的法律： 227
> 后者建造起城镇和舰队，
> 却走向疯狂，
> 将人拉下王的宝座。

让人有王者——乃至天使——风范，是皮克的愿望，也是其他人文主义者的希望。如果人类要改弦易辙，为实现人的更好本性做好准备

（这是皮克的用语），“一听到战争的号角声就能投入战斗”，那么，有人就必须赤脚巡游世界，阐明道理，以反对当时无所事事、沉迷于感官享受的错误。这一鼓动人心的说辞明显带有圣徒与骑士、亚西西的方济各和布瑞恩的约翰的印记。

但是，皮克并非正统教义的支持者。他宣称十字架和画像不该受到尊崇，在有关罪的教义方面，他更多地倾向于圣奥古斯丁的对手帕拉纠，而不是教会里被认可的教导，说罪是塑造人性的一种力量；他怀疑基督是否真的落入阴间，而且尽管他认为占星术是伪科学，却依旧相信它是一种古怪的秘法学问。在生命接近尾声时，他成为萨沃纳罗拉（Savonarola）的同道——后者是狂热鼓吹悔改的传道者和宗教改革的先驱，如果皮克活得足够长，可能会与后者一道被烧死。

即使这样，教皇还是不允许这位扰乱人心的米兰多拉伯爵在永恒之城阐述他的九百个问题，有七年时间，皮克因其异端邪说而成为调查对象。1493 年，教皇亚历山大六世（Alexander VI）的一份敕书让他摆脱了这一指控。这位亚历山大六世在他凭借贿赂获得教皇宝座前是一位名叫罗德里格·波吉亚（Roderigo Borgia）的西班牙人，他认定皮克无罪的事实是对文艺复兴的嘲讽。

因为教皇亚历山大是贪婪、放荡和残酷的大魔头。由于他，教皇一职的声誉堕落到最低点。他靠出售教会职务聚敛财富，然后又慢慢地戕害他自己任命的那些显贵，以便他能再次出售他们的职位。1500 年，威尼斯驻罗马教廷的大使在写信回家时这样说道：“每天晚上，他们总能在罗马找到四五位被害的人，被害者是主教、高级教士与诸如此类的人物。”

228 在亚历山大被提升为教皇时，人文主义者感到欢欣鼓舞：他是一位愿意赞助艺术和教育的教皇，而且会充分享用这个世界上的好东西。确实，尽管亚历山大在神学上一直都非常正统，但他却以自己的方式爱着这个世俗世界和肉体享受。

这位冷酷无情的教皇是文艺复兴最阴暗的角落的产物。他企图与土耳其苏丹结盟以对付基督徒统治者，他热衷于通过暗杀和屠杀为其私生子谋利，他是凯撒·波吉亚*（Caesar Borgia）的父亲，却审判富有远见卓识的皮克·德拉·米兰多拉。亚历山大六世比天使微小很多：罗马民众确信他与撒旦有个约定。然而，亚历山大六世的宝座也曾是大格列高利的宝座。不奇怪的是，马丁·路德很快就站出来反对罗马和文艺复兴：路德对罗马的一次访问就改变了世界。

三百年后，皮克所表达的对人类改善自身的希望很多都融入美国人的信念之中。不过，除此之外，文艺复兴与美国的肇始很少有什么关联。早期的美国既没有财富，也缺乏闲暇去培育光彩夺目的文学和艺术，而且也没有像样的图书馆、堂皇的建筑物，或者襄助文化的教会或贵族。相反，殖民地时期的美国一般都和改教家们一样，憎恶文艺复兴的观念和方式。他们否定早期的文艺复兴，认为它是放浪形骸的偶像崇拜和腐败的天主教相结合的产物。

但丁曾祈祷中世纪秩序下的政治权力、知识力量和教会权威能够重新合一，然而，他的祷告没有被应允。按照皮克的设计，爱智慧者治下的和平（*pax philosophica*）将取代过去罗马帝国时期罗马治下的和平（*pax romana*）以及教会初期基督治下的和平（*pax Christi*），不过，文艺复兴所带来的欲望破坏了他的计划。在德国，文艺复兴的自我中心主义和新花样现在刚刚开始露出峥嵘，一位基督教改革家便发出他的声音。虽然这位改教家自己一开始也俨然是中世纪人，但他的观点将导致

* 凯撒·波吉亚是亚历山大六世的私生子，以其邪恶、残忍和征战的天才著称。——译注

中世纪世界的最终解体。

1503年，亚历山大六世凄惨地死去——据说，他死于毒药，而这
229 毒药原本是他想用来毒害别人的；对他的死亡，兴高采烈是罗马人的普遍反应。当此之际，马丁·路德这位来自德意志农民家庭的严肃认真的年轻人正在埃尔福特大学（University of Erfurt）学习，他的父亲希望他成为一名律师，很快便送给他一套《民法大全》（*Corpus Juris*）。路德当时正在苦思冥想：“一个人该怎么做才能得救？”他鄙视大学里的人文主义者小圈子。路德带给16世纪的不是和平，而将是刀剑。皮克曾将九百个问题提交给历史悠久的教会，这些问题却没有得到解答。路德将发布九十五条改革论纲，它们是教会无法忽视的。这些论纲将受到谴责，然后改教家的鼓声就响起来了。

信徒皆祭司

美国一开始时是新教国家，每一位美国历史学家都着重强调这一点。因此，我们要来看看所谓的基督新教（或者毋宁说某些改教家们）的教义、态度及其社会特征。不过，我们也需提醒自己，在我们说早期美国是新教国家时，我们的意思是美国是基督教国家。本书前面章节讨论的基督教的核心信念并没有在宗教改革时被颠覆。相反，其中的某些信念被路德、加尔文、慈温利和其他改教家们重新加以强调。人们偶尔会看到，美国的文化历史学者宣称新英格兰的清教徒们相信人的罪性，而且他们相关的遣词用句似乎会让人们以为原罪的教义是早期新英格兰所特有的。不过，其他新教教派都理所当然地认可人有犯罪天性的事实，反向宗教改革运动（Counter-Reformation）中的罗马天主教会如

此，中世纪的教会如此，教父们如此，耶稣如此，犹太人和希伯来先知也是如此。

就这一点以及其他重要教义而言，新教并不是一种新的宗教，而是 230
一个非常古老的宗教。新教改教家们认为，他们是在重新申张和复兴早期基督教会的教导。在 20 世纪晚期，那些挑战基督教秩序观的理念和势力对宗教改革和反向宗教改革时期的新教徒和天主教徒来说都是大逆不道的。在 20 世纪的人看来，16 世纪天主教和新教间在某些教义上的区别或者当时不同新教教派间的差别都非常小。

美洲十三个殖民地中的绝大多数人都认信某种派别的基督新教——主要是圣公会、清教主义（加尔文主义的一个分支）或长老会（加尔文主义的另一个分支）。因而，我们会在这里考察 16 世纪的天主教徒和新教徒之间以及不同新教教派之间的某些区别。应该记住的一点是，尽管宗教战争很惨烈，但就我们关注的灵魂秩序和共同体秩序这些问题而言，不同基督教教派间的相似之处比它们相互间的区别更重要。虽然天主教徒和新教徒常常残忍地对待另一方，他们对人和社会的理解仍然来自同一个基督教源头。

16 世纪的新教和天主教宗教改革都是对文艺复兴过了头的反应，因为被称为文艺复兴的那场知识、艺术和社会运动通常都意味着否定基督教对人类状况的看法。文艺复兴高举人的自我中心主义，对抗基督教有关谦卑、仁爱和共同体的教导。文艺复兴以肉体享乐——也即路德及之前的圣奥古斯丁和圣保罗所谓的“欲念”（concupiscence）——为荣，反对忠实基督徒原有的严肃的道德观。文艺复兴认可马基雅维利的狡诈的“实力政治观”，这种政治观不同于基督教从大格列高利直到但丁时代强调正义、自由和秩序的主流政治理论。有意识地重新发掘古典文明的文艺复兴的人性论基本上是异教的，而宗教改革运动尽管与导致 231

文艺复兴的那些力量奇妙地交织在一起，本质上却是基督徒对反基督教文化兴起的愤怒抗议。无论是 1517 年以路德的论纲为肇始的宗教改革，还是从 1545 年特兰托会议（Council of Trent）系统开始的天主教反向宗教改革，无不如此。

随着文艺复兴的胜利和泛滥，有形教会的联系变得紧密起来。文艺复兴早期的教皇们以及整个基督教世界的许多伟大教会人士和神职人员非但没有团结一致地抵制文艺复兴的风尚，反而常常成了新文化的热情支持者——并常常有份于文艺复兴的傲慢和败坏。实际上，路德对教廷权力的反抗最直接的动因是教皇利奥十世（Leo X）文艺复兴式的奢华，因为后者需要大量的金钱，以部分地为文艺复兴时期的艺术提供慷慨大度的支持。为获取这些资金，罗马教廷便特别积极地出售赎罪券——也即“教皇券”，一种赦免犯罪的书面文书。这种大规模滥用耶稣赐予彼得的权柄的做法，促使苦苦修行的修士路德于 1517 年以他的九十五条论纲对教皇政策发起挑战。路德本只希望进行一场经院式的辩论，谁料却引发了一场革命。

于是，当有形教会陷入败坏之中时，新教的宗教改革就到来了。在中世纪基督教世界的千年历史中，教会不时会有伦理和智识上的退化，不过也不断被许多受到激励的艰苦朴素的教会人士——其中多数人是新的教会团体的创建人——从内部更新。不过，到了 16 世纪初，神职人员道德上的堕落与其他重大变革同时出现——基督教信仰和道德受到文艺复兴的挑战，商业革命开始启动而且新世界被发现，民族主义和暴政
232 在欧洲多数地区兴起。要不是中世纪社会秩序本身正处于解体的过程之中，马丁·路德就可能像早期的诸多天才型教会人士那样，铲除中世纪教会的污垢，并让它重新恢复活力。然而，不管是出于上帝的计划，还是历史的偶然，路德及其追随者与罗马当局分道扬镳，将基督徒分成新

教徒和天主教徒两大阵营——他们很快就分别将自己武装起来。

我们不可能在这些短短的篇幅里对宗教改革进程追根溯源；我们能做的是大体论述新教改教家们的主要教义，然后通过一些思想家和行动家的人生轨迹描写英国的宗教改革过程，目的是揭示新教教义对美国秩序的影响。一开始仅仅是围绕着神学问题和教会纪律的争论很快就让基督教世界出现公开的裂痕，此后是长达一个半世纪的毁灭性破坏：天主教徒反对新教徒以及新教不同派别间的宗教战争。狂热分子们以人子及救赎主的名义，拿起刀剑对付其他基督徒，以实际行动阐释了基督教有关所有人皆为罪人的教义。不过，美国宗教上的多元主义和宽容也肇始于由宗教狂热引发的长期磨难——再加上各国间的政治倾轧、阶级战争和冷酷无情的个人雄心。

让天主教既有势力与改教家们分裂的最棘手问题是什么？虽然新教领袖们攻击16世纪教会的腐败，却认为有形教会道德堕落的原因是教廷及各层级教会机构都陷入了神学上的谬误。马丁·路德和约翰·加尔文都宣称，天主教徒和新教徒间最深刻的分歧在于自由意志问题。1524年，路德与荷兰人文主义者伊拉斯谟就这一问题进行了辩论。意志是自由的还是被牢笼的？路德说，这是“核心问题，真正难缠的问题，围绕教廷、炼狱、赎罪券以及其他类似无聊问题的没完没了的争论反倒不是”。

中世纪教会以亚里士多德为其古典哲学的权威，逐渐地修正了圣奥 233
古斯丁的下述教义：人是全然败坏的——也即如果人有自由意志，那也只是提供了选择不同恶行的机会。教会后来开始教导说，人是混合了善恶冲动的生物：在灵魂的深处有神圣本质的要素或亮光，可能会让被恩典的人有能力凭意志行善。中世纪的这个教义贯穿于但丁那伟大的诗篇，而改教家们则完全否定了它，他们回到了圣奥古斯丁的严峻教导。

路德说："因为人总是情不自禁地首先追逐私利，爱自己超过所有其他一切，这就是他犯罪的根源。"

改教家们论证说，既然人因爱自己（self-love）而彻底败坏，人没有行善的自由。只有通过上帝随心所欲的恩典，他才能从全然败坏的状态中被拯救出来。他们接着说道，由于教会或者毋宁说各层级的教会机构已经远离这一教义，教会已经腐化，臭名昭著的以赎罪券换钱的安排只是有关原罪的纯正教义被抛弃所导致的许多胡作非为中的一项。因此，只有教会的古老教义重获承认，教会才可能消除腐败。

中世纪的教会曾教导说，人可以通过信心和善行得救。改教家们同样否认善行本身——仁爱和自我牺牲的行为——可以成为灵魂得救的手段。对上帝真正的信心会促使人遵守道德法并行善，不过，良善的道德选择和行为仅仅是所谓恩典和信心的副产品。于是，改教家们要求教会放弃过去一千年间建立起来的有关忏悔、善行和赦罪的那套庞杂繁复的教义体系。

围绕着自由意志以及信仰与行为的争议是天主教徒和新教徒之间争执的核心所在；不过，其他许多教义和圣礼问题也都是激烈辩论的对象。从 20 世纪回头看，在 16 世纪的所有这些教义冲突的背后，都存在着一个有关真正基督信仰之源头的带有根本性的分歧。为了解真理，天
234 主教徒依靠权威；为了解真理，新教徒依靠个人决断。

在天主教徒那里，权威是指整个教会千百年来的教导权威，体现在《圣经》、传统、教父和教会博士的著作、教会大会的共识、圣徒的言论和行迹，以及教廷教令之中。在新教徒那里，个人决断意味着每位基督徒要凭着自己的良心理解《圣经》，并以此指导自己的行动。因此，新教教义严格以《圣经》为依据，认为每个人都必须充分了解"旧约"和"新约"，以训育其良心。这样，由特兰托会议系统阐释的旨在驳斥

新教主张的天主教教义倾向于结构紧凑的威权型教会和联系紧密的社会；与此同时，新教教义倾向于宗教和社会个人主义。

新教改教家们希望简化和纯化教会，摆脱庞大臃肿的建制性教会，并回归早期基督教的教导和实践。马丁·路德给改革运动注入活力，而约翰·加尔文则让它体系化。1535 年，加尔文在瑞士巴塞尔出版他的《基督教要义》（*Institutes of the Christian Religion*）一书，这本书为新教徒提供了知识弹药。J.S. 威尔（Whale）评论道："如果说路德属于拥有宗教直觉的伟人之列——保罗、奥古斯丁、明谷的伯尔纳德（Bernard of Clairvaux）、乔治·福克斯（George Fox），那么加尔文就与教会的伟大博士和泰斗们同属一系——德尔图良、阿塔纳修（Athanasius）、大格列高利、托马斯·阿奎那、胡克、贝拉明（Bellarmine）。的确，阿奎那《神学大全》对经典天主教的贡献就相当于加尔文《基督教要义》对新教的贡献。"[3] 路德和加尔文充满激情的观点迅速地从德国和瑞士传播到法国、英国和斯堪的纳维亚，甚至在有些年头，连地中海地区的国家似乎也成为新教传播的沃土。

到了 1536 年，罗马教会、神圣罗马帝国皇帝和身为天主教徒的君王们都已在奋力镇压改教家们；德意志诸邦的新教徒君王们已经拿起武器捍卫宗教改革。比路德派和加尔文派激进得多的新教教派已经崛起， 235
尤其是再洗礼派（Anabaptists），而且路德和加尔文已经觉得有必要驳斥极端的改教分子。但是，我们不能在这里详述欧洲大陆宗教改革与反向宗教改革的那段紧张复杂的历史。

在几十年的时间内，教皇权威在整个北欧被彻底清除。帝国分崩离析。北部拥有大量土地和组织化慈善事业的修道院系统被暴力解散，甚至主教制结构也消失得无影无踪。但丁所渴望的由帝国和教会权力支撑起来的和谐的普世秩序被彻底铲除。新教徒和天主教徒的冲突也将在新世界上演，而且在北美的大部分地方，随着英国人获得最终的胜利，新教将成为赢家。

自 16 世纪以来，北欧在智识和伦理上一直受所谓的“新教伦理”的支配——不管被弱化到何种程度，这种伦理一直延续到我们今天。这一新教伦理或“价值体系”与北欧不断扩张的商业经济、社会中快速壮大的中产阶级以及北欧王国和公国新兴的民族主义交织在了一起。新教伦理有助于塑造这个新社会，不过，它不仅仅是某种新社会秩序的反映。

新教伦理根植于路德所说的“所有信徒皆祭司”。如果他对基督有热情如火的信心，能有机会稍稍经历上帝的恩典，那么每个人都可以建立与上帝的亲密关系——而中世纪的教士阶层曾将这种亲密关系局限在他们自己人之中。确实，基督徒需要牧师或神职人员教导和引领他们——不过不是作为单独的教士阶层，因为真正的有信仰的基督徒不需要经过中介与上帝建立关系。狄伦博格（Dillenberger）和韦尔奇（Welch）提出这样的路德派观点：“人人皆祭司意味着每个人都是其
236 他人的祭司，用路德的话说，他可以成为邻舍的基督。”[4]

这就是新教（或福音派）神学家的教导，正如他们驱除出修士和教士一样，他们也废除了中世纪的大部分圣礼，只留下两个——洗礼和圣餐礼。研习《圣经》、查考良心、追随基督的脚踪、殷切地祈祷上帝的恩典能够临到自己，这样，如果上帝许可的话，你就能从这必死的肉身中得拯救。路德说：“相信上帝就要屈膝跪拜。”

我们所谓的新教品格就是从这样的信念中发展而来的。自立自主受到鼓励，因为从某种程度上说，所有信徒都得要自己断定《圣经》经文的含义，而不是求助于权威。由于所有人都为了灵魂得救而不停地查验自己的良心，人们便开始自我审思和反省，而且这种倾向通常会导致对其他人行为的某种程度的吹毛求疵。特别是在加尔文主义者中间，上帝

拣选某人得救的迹象受到非常积极的追捧。人们普遍认为，此类迹象可能就包括一个人在世俗职业上的成就——上帝的护理使其成为可能，于是，勤奋工作和物质成就会受到赞许。中世纪时的隐修生活被弃绝，取而代之的是在世俗世界符合上帝旨意的奋斗。

在政治上，新教倾向于民主。路德宣扬服从合法的君王，加尔文在日内瓦建立了某种强调美德的贵族共和国——它实际上由教会的神职人员和长老们进行治理。不过，信徒皆祭司的观念逐渐地从宗教领域转移到政治领域。尤其是，加尔文主义的长老会形式将成为民主体制的先导，即使它在一开始更近似于古希伯来人的神权政体。

新教的上述思想倾向和社会观将主导英格兰的十三个殖民地。那么，是新教精神催生了美国文明吗？我们一定要注意避免可能的夸大其
词。如果大西洋沿岸的早期殖民者多数是罗马天主教徒而非加尔文主义 237
者和圣公会信徒，美国社会会有截然不同的面貌么？马里兰州的天主教徒少数群体，或者被英国成功纳入其殖民体系的加拿大法裔天主教徒的生存状态与主流的新教徒殖民者并没有太大的差别。

假如爱尔兰天主教徒向美国的大规模移民发生在 17 和 18 世纪，而不是 19 世纪，再假如这种移居是按照英国法律并在英国政治体制的框架下进行的，而且爱尔兰的天主教徒得享彻底的宗教宽容——正如英国人在魁北克获胜之后，英国政府就是如此宽容对待加拿大的法裔天主教徒的；在这些假设性情景中，美国的社会发展状况难道不会和新教的美国实际发展状况一样？在这种情况下，经济增长可能多少会慢一点，而且新英格兰地区的共和倾向肯定会没那么突出；不过，这些假想中的天主教徒殖民地到 1775 年时会变得和新教徒殖民地非常相似。

因而，更准确的说法是，基督教精神——而非只有新教徒精神——帮助塑造了美国文明。不管怎样，埃德蒙·伯克在英国下院发表的见

解是相当准确的：美国人代表了新教中的新教精神（Protestantism of the Protestant religion），异议中的异议立场（dissidence of dissent）。殖民地时期的美国人所展现的对公民自由的警戒与他们的新教传承紧密相关，其中许多人准备与王室及议会当局决裂的姿态和新教徒之前拒绝教皇权威的做法如出一辙。至少在新英格兰，地方政府框架确实有加尔文主义的渊源。在殖民地时期的美国，对《圣经》的不懈研读培养了个人的判断力和自立精神。由于英国圣公会在美国的根基虚弱（这部分是因
238 为负责殖民地灵性事务的伦敦主教们拒绝将殖民地人士按立为圣公会的神职人员），美国在宗教上的异议立场比殖民地人民原本可能的立场更加激进。尽管如此，旧世界有关宗教改革的事件和观念仍然与我们对美国秩序的探究息息相关。

新教的宗教改革出现于 16 世纪，类似的运动在将近一百年前已经发生过，只不过当时被镇压了下去或者其范围受到限制。在英国，被称为“罗拉德派”的约翰·威克里夫的追随者们费了很大的劲才被压制下去。在中欧，约翰·胡斯（John Huss）——1415 年被当作异端烧死——的追随者们在成功地抵制了王室和教皇的武力后维系住了自己的信仰。胡斯派信徒的最富才干的将军是约翰·慈日卡（John Zizka），他失明后，仍有三年时间继续在战场上指挥作战。在他们的盲人领袖于 1424 年死于瘟疫后，追随者们用他的皮做鼓罩，以便继续号召胡斯派信徒作战。在此之后仅仅一百年，新教的鼓声开始在德意志诸邦响起。1525 年之后，天主教徒和新教徒的宗教笛声和鼓声在从阿尔卑斯山到爱尔兰沼泽地的广大地区回响，直到宗教战争因普遍的筋疲力尽和幻想破灭而终止。

我们这里首要关注的是建立于英格兰和苏格兰的新教会，以及区别于这些教会的不同立场：美国的思想和政府模式便形成于这些教会争议

之中。英格兰宗教改革带有理查德·胡克的印记，苏格兰宗教改革则带有约翰·诺克斯（John Knox）的印记。

英格兰的中间道路

据说，英格兰解决公共难题的办法就是“蒙混过关”，与其他现代国家的国内斗争相比，英格兰国内社会秩序确实一直都是以名为“节制稳健”（moderation）的原则保持着合理的均衡。英格兰人在纠偏性妥 239
协、避免极端及协调对立派别上的才干，是英格兰对美国秩序的重要贡献，而且美国人所学到的节制稳健不仅来自英格兰的政治体制，同时还来自在宗教改革时期成形的英格兰国家教会。

不过，那个颠覆了教皇权威并摧毁了英格兰修道院的好斗君主很少有节制稳健的美德。亨利八世是一位野心勃勃、能力出众的君王，却不太能容忍反对者。他也非新教徒，由于亨利激烈反对路德派信徒，教皇曾称呼他为“信仰的守护者”——直到亨利的西班牙裔王后无法为他生下一个男性继承人。为延续其王室，亨利以国家的理由要求离婚，教皇无法答应这一要求，于是，亨利与罗马决裂，宣布自己为英格兰教会的最高领袖，并解散修道院以攫取它们的财富。

中世纪时的教皇曾以通过革除君主的教籍和命令在惹事地区禁行圣事来压制这类反抗。但是，中世纪对教皇权威的敬畏当时正在崩溃之中，英格兰都铎王朝的权力巩固程度强于任何其他中世纪的国王，已经扩散到英格兰的改革情绪强化了亨利对教会权力的控制。到1534年时，亨利已让英格兰的教会彻底脱离罗马的控制。

原有的教会体系并不缺乏殉道者。亨利的大法官、英格兰最富有智慧和美德的托马斯·莫尔爵士拒绝认同国王对教皇权威的背弃，于是，亨利将他送上绞刑架。莫尔在受刑而死时宣称自己是国王的好仆人——不过首先是上帝的好仆人。约克郡（Yorkshire）和兰克郡（Lancashire）的教士、贵族、绅士和民众起而反抗亨利的分裂行径——这次武装反抗被称为恩典朝圣（Pilgrimage of Grace）；亨利先是通过欺骗，继之以杀戮将他们击败。国王以粗暴的方式赢得胜利，英格兰教会随之崛起——虽然它最初并非新教教会。

240 在接下来的亨利之子、爱德华六世统治时期，由于新教徒贵族控制了政权，新教确实大获全胜。不过仅仅六年之后，爱德华便走到生命的尽头，继承他的是亨利的天主教徒女儿玛丽，玛丽在其在位的五年期间一直迫害新教徒。玛丽之后继承王位的是亨利的小女儿伊丽莎白，伊丽莎白的即位让钟摆又摆回到新教。

在伊丽莎白的统治下，借着被称为三十九条信纲（Thirty-Nine Articles）的信仰告白以及《公祷书》（Book of Common Prayer）——一本为所有教会规定的礼仪用书，英格兰教会最终定型。在伊丽莎白的继任者詹姆士一世当政时期，语言优美华丽的钦定本英语《圣经》（Authorized Version of the English-speaking Protestants）的影响力超越了圣公会信徒的范围，覆盖了所有讲英语的新教徒。结果就是产生了一个既区别于罗马也不同于日内瓦，既不是纯粹天主教也非完全新教的国家教会。

虽然方方面面多次遭到迫害，英格兰因完成16世纪的这场宗教改革所导致的国内暴力，仍低于欧洲大陆宗教争斗的暴力程度。都铎王室的权力推迟了全面内战的爆发，尽管英格兰将在17世纪爆发这样的冲突。伊丽莎白女王努力坚守中间道路，让她的新教徒臣民和天主教徒臣民各有所得，她的成功依赖于理查德·胡克这位提倡节制稳健的哲人的聪明才智。应该被尊为英格兰教会创始人的是胡克，而非亨利八世。

英格兰教会的神职人员或者圣公会的神学家们承认《圣经》至高无上的地位，不过同时宣称教会传统在不与《圣经》经文冲突的情况下也应受到尊重。他们和路德宗信徒及加尔文主义者一样，都认为基督教的核心真理是道成肉身——也即基督为神，却降卑为人；然而，他们并不完全认同新教徒有关唯独因信称义和预定论的教义，以及其他与中世纪的基督教教导截然不同的观念。英格兰教会宣称它是天主教教会，不过是以英格兰国家教会的形式存在的，而且它在若干方面都遵循古老的样 241
式。圣公会信徒将基督徒的敬拜分成“核心部分”和“辅助部分”——也即救恩所必需的东西和方便宗教实践的东西，他们拒绝和欧洲大陆或苏格兰的新教徒一起将古老的礼仪和圣礼一扫而光，却在以前教会的传统和惯例中找到很多有价值的方便法门。

胡克和追随他的圣公会信徒有意追求稳健和平衡——遵循后来被称为中间道路的模式。对胡克来说，这一中间道路不是和稀泥，也非因时而异的不确定的妥协，而是近似于亚里士多德的黄金中道，审慎地避免极端立场，以使信仰既坚强有力又温和谦卑。诚然，伊丽莎白女王和 17 世纪的斯图亚特王朝的君主们有时对天主教徒和不从国教者（Dissenters）非常严苛。然而，和欧洲大陆的宗教压制相比，圣公会的掌权者们相对温和。圣公会温和节制的立场悄无声息地大大促进了美国 18 和 19 世纪的宗教宽容实践。

理查德·胡克值得认真研究——部分是因为圣公会信徒或美国圣公会教徒（以及 18 世纪从圣公会分离出来的公理会信徒）对美国思想和习俗的形成有很大影响，部分是因为他所提倡的原则本身就具有长远的价值。在基督徒人文主义者胡克的身上，托马斯·阿奎那的正当理性与宗教改革的复兴活力结合在了一起。

与马丁·路德、约翰·加尔文和约翰·诺克斯非常不同的是，“明智的胡克”是一位温和的学者。他在写作那本影响力巨大的著作时从公共事务中抽身出来，然而，他对良善社会之原则的理解比他同时代的所有人都更加透彻。在伊丽莎白统治时期，新生的英格兰教会有很大的危险可能降服于那些“日内瓦信徒”——他们是英格兰的长老会信徒，在被玛丽·都铎（Mary Tudor）迫害时曾到加尔文所在的那个瑞士城市避
242 难。加尔文的英格兰门徒可能会废除主教制以及所有的“罗马”礼仪，他们可能会在英格兰通过由敬虔之人组成的地方教会确立《圣经》律法的统治地位——同时顺带着落实摩西律法对渎神、通奸、谋杀和异端的死刑处罚。日内瓦信徒宣称，《圣经》是真理的唯一源头，生活的所有公共和私人层面都必须受《圣经》律令的规制。《圣经》中规定的所有内容都要按照字面意思遵从，而且《圣经》（Holy Writ）中没有提到的东西都必须被抛弃。

半个世纪以后，马萨诸塞湾的清教徒们试图建立的共同体几乎与托马斯·卡特莱特（Thomas Cartright）和其他长老会信徒或清教徒（这些标签的含义当时几乎完全一样）在伊丽莎白统治时期所提倡的共同体一模一样。在困难重重的简短试验后，美国人放弃了这一努力；在苏格兰，上帝选民争取按照《圣经》的教导进行治理的类似努力也失败了。理查德·胡克明白，日内瓦的方案如果被应用于英格兰的治理是何等不切实际。

于是，他决定开始写作他的八卷本巨著《教会组织法》（*Of the Laws of Ecclesiastical Polity*），其中的前四卷出版于1594年。这是宗教哲学著作，并非严格的神学作品，其政治理论的寿命超过了引发他写下这一著作的当时的那些争议。自那以后，胡克的论点就像他的散文风格一样逐渐渗透到圣公会的话语体系之中，而且为18世纪的几乎所有受

过良好教育的美国人所熟悉——即便有时他们仅了解其中的某些段落。我们这里要讨论的主要是胡克的某些已经成为美国社会普遍认知的观念。那就是他的有关法律、连续性、宪政自由和宽容的观念。

胡克认为，所有的受造物都受法的支配，由此非常清楚地暗示，对法的误解让日内瓦的信徒陷入了混乱和谬误。永恒法是存在着的这样一种“秩序，它是上帝在时间之前为自己设定的，以此作为他一切作为的凭借”。“自然中介”（Natural Agents）法是存在的，它规制着非理性的创造物。同时存在的还有针对天使——也即无形智慧——的上帝法。 243
针对人类的上帝法也是存在的——它通过《圣经》为人所知，不过《圣经》不是了解它的唯一途径。

日内瓦信徒曾坚称，针对人类的上帝法只有在《圣经》中才能找得到，胡克将这一论点批驳得非常彻底，以至于就连清教徒神学家和传道人在此后都只浅尝辄止地试图为它辩护。通过引用亚里士多德和阿奎那，胡克证明我们可以认识理性法——它可为自然理性所了解。这一理性让我们能够辨认出某些伦理原则，并明白上帝是存在的。事实上，在启示之前，理性法就已普遍适用。

人是理性的，不过人同时还是悖逆和败坏的，而且他的邪恶冲动仅凭理性法不能得到控制。如果人要生存于社会之中，他们的意志和欲望就必须受到节制。虽然《圣经》没有谬误，但它不能提供一套完整的规则，让人自己可以在所有环境和时代里管理自己。因此，人发展出而且自己也遵从胡克所谓的实证法（Law Positive）——或制定法，也即由共同体强制执行的法律，抛弃这一实证法将毁灭掉整个文明的社会秩序。

虽然理性法是普遍的，实证法——包括教会法——却因地因时而异。试图将某套整齐划一的法律诫命强加于所有民族和时代的头上将是一个灾难性的错误，英格兰王国不是以色列王国。如果说所有真理都理当存在于《圣经》之中，那么，国王亨利八世便不可能存在，因为《圣经》里没有提及他。

对法的上述分析促使胡克去考察政府的起源。他指出，人们之所以结合成一个国家，是出于两个动机，一是“与他人建立紧密的联系”；二是制约人的败坏，因为“为了解决相互间的不满、伤害和不法行为，唯一的办法是在他们中间达成和解协议，具体途径是确立某种公共治理形式并让自己服从于这样的治理”。总体而言，对政府的顺从是自愿性的，
244 而且只有在所有民众都认可时，法律才有效力。尽管有些政府源自暴力，文明的社会秩序不是强者对弱者的阴谋，而是自愿的合作。胡克在这里提倡一种“社会协定”理论，不过，它与约翰·洛克后来的社会协定理念不是一回事，而且也确实迥异于让·雅克·卢梭将在 18 世纪提出的社会契约论。

胡克认为，在政府存在之前，人们并不是完全处于无政府状态，因为他们那时仍然据有道德法，也即理性法。不过，政治国家为人类提供的安全和舒适远远好于没有实证法的原始“自由”所能提供的。胡克继而说道，要了解最初的社会约定的具体规定是不可能的；因此，我们就遵循成文法和习俗——也即遵循后来伯克所谓的“英国人的特许权利”（the chartered rights of Englishmen）。

一旦人们达成社会约定，他们便不能随意违背实证法或者解散国家。实际上，一个民族可以根据他们的经验和目前的需要改进实证法，因为实证法（与道德法不同）不是不可更改的，也不应当不改进。但是，改进法律非常不同于颠覆国家。如果某个政府没有公义或者玩忽职守，那么，其国民就可以陈情和抗议，社会革命则是极端的补救办法。

胡克写道，“人们普遍永恒的呼声就像出自上帝自己”；这一论断远远不同于有些民主派人士的下述看法，“人们的声音就是上帝的声

音”。相反，胡克的意思是，上帝主权下的人类经验是上帝启示的渠道，一个民族在几千年的历史中认识到个人秩序和公共秩序的某些真理——人类在某些至关重要的问题上形成的共识。我们必须征求的不仅仅是生活在某个年份的人们的意见，而且更需要了解我们之前所有世代的人的结论性看法——也即经过时间过滤的人类智慧。像在其他很多地方一样，胡克在这里重申了中世纪经院学家查特斯的伯纳德（Bernard 245
of Chartres）的信念——后者宣称，我们现代人是站在巨人肩膀上的侏儒，我们之所以能够比我们的祖先看得更远，仅仅是因为我们有着因他们的经验和思考而来的巨大优势。“人们普遍永恒的呼声”象征着人们从漫长的共同体生活经验中提炼出来的对人类状况的共同理解，它是“常识”，也即所有具有感知力的人都认同的智慧。

因此，胡克是具有可信度的连续性观念的倡导者。他推崇的原则是，就教会和国家事务而言，我们必须争取让代代相连。教会和国家是生生不息的联合体（corporations）：如果我们摧毁已制定生效的法律、生气勃勃的习俗和广受欢迎的礼仪，我们就是在鲁莽地忽视过去的教训并将社会的未来置于险境。我们的宗教、我们的文化，以及我们的政治权利都凭借着连续性得以维系：既凭借着我们对先人成就的尊重，也凭借着我们对后代生存境况的关切。正如每个人的身体只有在有机代谢的过程中保持着至关重要的连续性才能存活下来一样，除非法律和习俗在漫长的岁月中保持一致，否则教会和文明的社会秩序一定会消亡。任何无视有益的社会联合的人都是愚蠢的，尽管个体会消失，但社会将绵延不绝，没有人可以凭空造出一所新教会或一个新社会。

良善的政治建制就是从连续性中生长出来的。胡克因此抵制长老会信徒和清教徒对普世一统的政治模式的吁求。胡克指出，《圣经》经文没有要求实行君主制，在不同的环境下采用不同的政府形式可能是有好处的；不过，任何还算可以的政府形式都必须切合于一国的历史经验。他热诚地支持英格兰的以民众对法律自愿认可为基础的君主立宪政体，他再次申明了英格兰广受尊重的司法原则：国王在法律之下。这样的宪
246 制不会削弱自由，反倒会保护它，因为君王的权力受宪政框架的制约。

在英格兰王国内，胡克将容忍很多不同的观点和习俗；在英格兰教会内，宗教实践会略有不同。普遍的和平与自由通过说服和讨论来维系。恰如 F.J. 福克斯–杰克逊（Foakes–Jackson）所言，胡克正在“为宽容和进步而战斗，这样，（无论是清教徒还是教皇党人的）所谓“绝对正确”都会遇到难以逾越的阻碍。此后，现实环境常常让后人或对或错地将清教主义与公民和宗教自由划等号；然而，清教徒们要求确立某种被严格定义且由无谬误的《圣经》经文背书的规矩，而如果满足了他们的这一要求，那就意味着教会的停滞和独断专行”。[5]

胡克温和节制且学识渊博的论著暂时避免了这样的停滞和独断专行。胡克评论道：“将来会有这么一个时候，以仁爱温柔的语气说出的三个字所得到的奖赏，要远远好于以犀利睿智的嘲讽语句写下的三千本著作。”除胡克本人之外，当时能听进这一忠告的人很少。但是，尽管胡克只是一位腼腆谦让的神职人员，他却在英格兰 16 世纪的观念之争中获胜。

他的著作对摇摇欲坠的新生的英格兰教会起到如此之大的支持作用，以至于它经过下个世纪的内战和革命的洗礼后仍然流传下来：胡克突出强调的是中间道路。长老会信徒和清教徒敬重他思想的力量，尽管他们有点不情愿；教皇本人在阅读《教会组织法》时则钦羡不已。作为一名温和改革派的神职人员，克莱门特八世（Clement VIII）这样评价说：“这个人的学问无所不及。他确实配得上作者的名头；随着时间的推移，他的书将受到越来越多的尊崇，因为它里面包含着永恒的种子，

如果其他部分也都如此，它们就会一直流传下去，直到最后的大火吞噬掉所有的学问。”

就连美国革命的多数领袖都认可胡克对法律的积极意义、历史与文化连续性、有限政府和审慎的宽容的理解——不管他们是不是出自圣公 247
会信徒家庭，因为胡克的观点已渗透到英格兰教会之外。许多美国人（尽管并非多数是新英格兰人）最早是从伊丽莎白时代的《公祷书》那里获得他们的有关人性和文明社会秩序之观念的，而胡克对中间道路的辩护让公祷书成为宗教改革后的英格兰基础性的教会教导汇编。

在专制主义和狂热主义的时代，（曾被教皇克莱门特称为“可怜的、默默无闻的英格兰教士”的）理查德·胡克重新阐发了之前由柏拉图和亚里士多德、圣保罗和圣奥古斯丁以及经院学者们发展出来的属灵之物与世俗之物的伟大传统，即关于灵魂秩序与共同体秩序之间关系的认知，而且这种认知（用胡克的话说）能将人从“与野兽差不多”的境地中救拔出来。胡克说，他将自己的专著发表，以“使后人知道，他没有无所事事地沉默以对，让岁月梦游般地消逝”。对很多人来说，16世纪是一场噩梦，不过，胡克让人们重新看到未来秩序的远景。

教会与圣约

理查德·胡克的节制可能会让宗教改革几乎显得温和客气。不过，英格兰的改革进程粗暴僵硬，苏格兰则更加峻急严厉。在苏格兰，改革后的苏格兰教会（Kirk）的主要创立者约翰·诺克斯不同于明智审慎的胡克。经由诺克斯这位面向大众的传道人和鼓动家，加尔文主义战胜了衰败的天主教主流体系。

当宗教改革的风暴抵达苏格兰时，文艺复兴才刚刚开始扩散到这片贫瘠的土地。与多数北方地区不同的是，在苏格兰执政的斯图亚特家族为捍卫天主教信仰而展开了激烈的战斗。可是，一俟亨利八世摆脱教皇
248 的权威，英格兰的都铎王室便鼓励和支持这个北方王国的新教徒，已被削弱的苏格兰天主教会体系不堪承受来自南方的干涉。

16 世纪前半期，苏格兰与法国结盟对抗英格兰。通过迎娶法国天主教势力的主要带头人古伊斯大公（Duke of Guise）的聪颖、活泼、漂亮的女儿古伊斯的玛丽（Mary of Guise）［有时又被称作洛林的玛丽（Mary of Lorraine）］，苏格兰国王詹姆斯五世（James V）加强了与法国的联系。这场婚姻留下的唯一孩子是玛丽·斯图亚特（Mary Stuart），也即后来的苏格兰女王。许多年后，她将被英格兰的伊丽莎白女王处死。

在宗教改革前夕，苏格兰的天主教主流体系与斯图亚特王朝的政治机器紧密地交织在一起。圣安得鲁斯的主教们——也即苏格兰的总主教们——一般都是国王的大臣。当时，苏格兰天主教主流建制一点都不冥顽不化；相反，它的问题在于宗教冷漠或放任自流。军人兼政客出身的主教詹姆斯·比顿（James Beaton）是国王詹姆斯五世的股肱之臣。比顿狡诈，不知疲倦，富有爱国心，却非圣人。的确，当时的苏格兰教会在哪里还能找到一位十分虔诚和公义的主教或修道院院长呢？苏格兰罗马天主教会的崩溃是从内部开始的，诺克斯及其追随者只是加速了这一过程。

随着信仰时代的逝去以及朝圣客不再涌向使徒安得烈的祭坛，苏格兰的大贵族们竞相企图占有男女修道院以及教会的大片土地，让他们年幼的儿子成为平信徒修道院院长。帕特里克·汉密尔顿就是这样一个出身贵族的平信徒修道院院长，因为他在年仅十四岁时就获赠佛恩修道院

（Ferne Abbey）。这位招人喜爱、无所畏惧的年轻人成为路德宗信徒，在德国与路德及其学识渊博的友人梅兰希顿（Melancthon）交谈之后，他于 1527 年底回到苏格兰，开始宣扬路德宗教义。苏格兰宗教改革就这样开始了。

大主教詹姆斯·比顿将汉密尔顿召到圣安得鲁斯讯问。结果发现，
汉密尔顿曾经是圣安得鲁斯的一名教员，却在没有许可的情况下讲道， 249
并且否定权威，举行可疑的圣礼，敦促人们忽视什一税，坚称好行为不
足以成为得救之道，嘲笑炼狱及为死人祷告，并诽谤教会人士。总之，
他已经触犯法律了。

不过，大主教知道让人殉道并非审慎之举，所以似乎已准备好默许汉密尔顿逃跑，这样教会可能就只满足于在形式上谴责一下持异端邪说者。然而，汉密尔顿为真理不惜生命，愿以死（多少有点悖论地）来证明人并不具有自由意志，唯有通过信心和恩典才会得救。

这样，大主教的手下人将汉密尔顿烧死在圣萨尔瓦特学院的大门前，在煎熬了六个小时后，他才死去。［根据约翰·诺克斯的《宗教改革史》（*History of the Reformation*）的记载］比顿大主教的一位公开支持者这么提醒他：如果烧死更多像汉密尔顿这样敬虔的人，就会毁掉苏格兰的教会体系。“如果你要烧死他们，就在地下室里干吧，因为帕特里克·汉密尔顿先生的说教已经影响了它所波及到的所有人。”

汉密尔顿被处死的事让很多人感到震惊。不过，苏格兰政府和苏格兰教会在将近二十年的时间里一直压制着汉密尔顿的追随者。接替詹姆斯·比顿做苏格兰总主教的是他的侄子大卫·比顿，大卫像他叔叔一样坚定、严厉、狡猾。只要斯图亚特王室和圣安得鲁斯的大主教们享有权势，旧秩序就会持续下去。但是，渴望由英格兰主导苏格兰的亨利八世改变了事态的进程。

1542年11月底，诺福克公爵（Duke of Norfolk）带领的一支英格兰军队在索尔维·摩斯（Solway Moss）战役中血洗了苏格兰的部队。几天后，苏格兰的法裔王后生下一个女儿，名叫玛丽。年仅三十岁的苏格兰国王詹姆斯五世在听到索尔维·摩斯的可怕消息后就病倒了，当他死后，保卫教会和国家的重任就留给了骄傲的古伊斯的玛丽以及精明的大卫·比顿，后者当时是苏格兰的首席大主教（first cardinal）。将
250 要摧毁他们的那个人曾在圣安得鲁斯的杰出经院学者约翰·梅杰（John Major）的指导下学习，当索尔维·摩斯之役发生时，这个人还是一位不知名的教士、公证人和教师——他便是约翰·诺克斯。

圣安得鲁斯的比顿大主教自信满满地抗拒着怒气冲冲的亨利八世，因为后者也许能蹂躏苏格兰，却无法征服这个国家。由于这位英格兰国王没能成功地用武力拿下大主教，他便转而采用秘密暗杀的办法。

亨利的特工开始接触多位地头蛇和愿意铤而走险的领主（苏格兰的乡绅）——这些是与比顿为敌的人，或者激进的宗教改革者，或者身无分文的可怜虫。一个名叫乔治·威夏特（George Wishart）的古怪的狂热分子与这些阴谋分子有紧密的联系。这个人出身上流阶层，可能是反对大主教的阴谋的筹划者，也可能仅仅是这些阴谋分子的朋友和精神向导，不过他肯定强烈憎恨比顿和教会的旧势力。

威夏特是比路德或加尔文更加激进的改教者。他宣称自己是获得神启的先知和上帝所指定的中介，并到处宣扬预言，称它们会自行实现。威夏特宣称所有人都是祭司，因此传道人不需要被按立或者获得许可。他听信了莱茵兰地区（Rhineland）的一位犹太人，认为所有宗教艺术都是偶像崇拜，他曾一度怀疑基督是否救赎主。

诺克斯的故事在这里就和大主教的故事衔接上了，因为威夏特最为忠诚的一个追随者便是那位人到中年的哈丁顿（Haddington）的约翰·诺

克斯，虽然他与路德一样都是农民的儿子，但他却受过一些教育。他将让威夏特的预言变成现实。

威夏特可疑的名声让比顿大主教感到非常刺耳。他命令将那位“先知逮捕”，粗暴的博斯韦尔伯爵（Earl of Bothwell）将威夏特抓住（诺克斯试图像客西马尼园的彼得那样以一把双手握的重剑保卫他的领头人，不过威夏特阻止了他）。大主教很快便以异端的罪名审讯威夏特。1546 年 3 月 1 日，乔治·威夏特在圣安得鲁斯城堡前被勒死和焚尸。这个命运已定的人盯着总主教，讲出了他最后一个大胆的预言，他大声喊道，大主教很快也会完蛋。然后，行刑者拉紧这位异端喉咙四周的绞索，威夏特的尸体也被烧成了灰。 251

比顿大主教当时正处于其个人权力的巅峰期。然而，在威夏特被烧死之后不到两个月，他也完蛋了。伐夫郡（Fife）的一些地主与大主教产生纠纷，以文艺复兴时期的那种方式誓言要让后者流血，这说明对教会体系的尊重几乎已不存在。与他们携手合作的是英格兰的支持者以及某些极端的改教者，借着一个巧妙的花招，叛乱分子闯入圣安得鲁斯城堡，扑向大主教。

奄奄一息的大主教喘着气说：“一切都完了。”他们将大主教的尸体挂在一扇窗户上，后来又用皮革将它裹上，放进一个地牢里，等将来埋葬。约翰·诺克斯在他的《宗教改革史》中写道：“我们很高兴地写下这些事，不过我们希望读者们能够明白上帝公义的审判……这些都是我们上帝的作为，他借此警告这个星球上的独裁者们，不管他们拥有何等力量，最终他们会因自己的残暴行径而遭到报复。”[6]

约翰·诺克斯本人被追捕，便和那些谋杀大主教的人躲进圣安得鲁斯城堡避难。他向新教徒军队布道，不过也谴责他们散漫和不敬虔的做法。在漫长的围困之后，苏格兰摄政者在一支法国舰队的帮助下强攻夺取城堡，诺克斯与其他被俘者被罚到法国做划桨苦工。在 1549 年的冬天即将结束时，他获得释放，随后去了英格兰。

与此同时，苏格兰的情况白热化了。教会的新教徒贵族们（Protestant Lords of the Congregation）拿起了武器，摄政王后古伊斯的玛丽与他们兵戎相见。新任大主教汉密尔顿企图说服改教者们同意他的一份净化教会计划——不过，为时已太晚。他们那时都成了革命者，约翰·诺克斯掌握主动权的时候到了。

1559 年 5 月，诺克斯回到苏格兰。在爱丁堡，他被宣布为违法之人，但是他躲过古伊斯的玛丽，沿着东海岸一路讲道。在他来到珀斯
252 （Perth）后，一群“乌合之众”——诺克斯本人就是这么描述那些人的——攻陷圣约翰教堂，将修道院摧毁。诺克斯像征服者一样进入伐夫郡，一大群新教徒渔民跟随他，沿着东海岸步行迈向圣安得鲁斯。大主教和摄政王后在强势的改教者面前退却了。

1559 年 6 月 11 日，诺克斯开始在圣安得鲁斯大教堂布道，严厉指责教会旧势力的邪恶本性。他有四天的布道时间，最后一天，民众狂热地终结了教堂八百年的历史。他们将大教堂的所有宝贵东西统统拆下，使它变成一个空壳，他们还摧毁了富丽堂皇的圣安得鲁斯女修道院以及该城的两处男修道院。这些骚乱者用斧头将其祖先倾心打造的那些哥特式雕塑毁得面目全非。

正如奄奄一息的比顿所哀叹的那样，一切都完了。在那个凶猛异常的日子过后，大教堂的架子依然矗立，但它不过是一个遭到亵渎的空壳。既然他们没有主教的职位，故加尔文宗的改教者们不需要大教堂，只需要教区教堂。至此，曾经由保罗·克劳的火刑所预示的，由帕特里克·汉密尔顿的火刑所加速的，现在都已完成。1560 年 6 月，被改教者困扰的古伊斯的玛丽因某种疾病去世，至死都显出英雄气概。那年 8

月，苏格兰的三级议会在爱丁堡召开，大主教汉密尔顿和其他教会人士与会。三级议会正式终结了旧教会，废除了教皇的管辖权，谴责了所有违背诺克斯新信条的做法，并禁止举行弥撒礼，三次违反者以死论处。站在改教者和古老体制残余势力之间的，只剩下年轻的女王玛丽·斯图亚特，诺克斯也将击败她。

即使玛丽仍旧据有王位，新教徒贵族和地主们却已经开始将天主教会的土地在自己人中间分配，只有诺克斯留着用以支持苏格兰教会和学校的零散地块除外。在玛丽逃到英格兰并被囚禁在那里之后，苏格兰的天主教会势力被连根拔起，“拒不服从”的天主教徒只零星存在于苏格兰高地和西部的小岛。

诺克斯的《宗教改革史》是苏格兰首部重要的散文体文学作品，在 253
这本书中，诺克斯自己并不是以基督教仁爱或怜悯之榜样的形象出现的。他勇敢，个人品格无懈可击，而且雄辩；他不趋炎附势，对自己也不客气（与多数苏格兰人不同，他没有装着彬彬有礼的样子，因为他说自己出身低微）。借着他的布道，一种严格的加尔文主义在苏格兰扎下根来。

在诺克斯看来，《圣经》是权威的唯一来源。在他年老时，更年轻的牧者开始不认同诺克斯对《圣经》的解释，当他表示反对时，他们就问他，按照他自己的原则，他怎么就能将自己树立为权威？他们对《圣经》的理解可以和他一样出色。诺克斯闷闷不乐地反驳道，他通读《圣经》的次数远远超过他们。不过，年轻改教者们的反对意见反映了路德和加尔文的新教的一个严重缺陷：既然每个人都可以自行解释《圣经》，那么，如果人们对《圣经》的含义有不同理解，该怎么办？这一难题后来会导致苏格兰教会分裂成各个小教派，并使得英格兰的新教徒也出现明显的分化。

诺克斯创建的教会植根于两项主要的神学教义：路德因信称义的教义以及加尔文的预定论教义。“因信称义”的意思是，人只有通过毫无保留地完全信基督的话语和实在（reality），才能在上帝面前算为公义。只有上帝才是公义的，所有人都彻底败坏了；但是，借着上帝任凭己意的怜悯和恩典，那些信靠上帝之人可以得救——不管其在此世的生命中有何作为。

“预定论”的含义是，上帝在创世之前便已命定某些人得救，另有些人受罚。“选民”——也即上帝命令要拯救的那些人——不可能被确定无疑地辨识：多人被召，被选之人却甚少。此生凭借意志的所有作为都不可能将人从罪中拯救出来，因为此时此地所发生的一切都源自上帝的旨意，在亚当被放置在伊甸园之前就已安排好了。认罪没有用；赦罪则是不可能的，因为上帝对罪人的恩典与震怒从一开始就已确定了。

254 这两条严格的教义是加尔文宗信仰的核心，认同它们的还有荷兰的改革宗加尔文主义者、法国的胡格诺派信徒，以及许多瑞士人。英格兰的长老会信徒公开认可这一信条，不过却先后遭到克伦威尔的独立派（Independents）以及圣公会权势集团的压制。英格兰与美国的清教徒认同这一神学，尽管不认同在苏格兰发展出来的长老会的教会治理模式。

诺克斯的加尔文主义从苏格兰散播到爱尔兰北部阿尔斯特（Ulster）的“苏格兰-爱尔兰人”（Scotch-Irish）中间，又从苏格兰与阿尔斯特散布到新世界。随着大英帝国的扩张，苏格兰传教士将苏格兰教会的教导传遍几乎世界的所有地方——甚至传到非洲核心地区。尽管美国多数殖民地都依法确立了英格兰教会的地位，而且清教徒主张的那种加尔文主义在新英格兰占据主导地位，诺克斯所创立的、逐渐以“长老会”为人所知的信仰却成为18世纪许多美国人——尤其是殖民地西部边疆的那些人——认同的对象。

严格讲，“长老会”是指由长老（presbyters）或牧师和长老（elders）通过开会进行教会治理——以区别于天主教、圣公会和路德宗教会的主教制权威模式。就此而言，诺克斯本人算不上长老会人士：他可能会容忍主教，唯一的条件是他们也同意讲道。年迈可怜的约翰·道格拉斯（John Douglas）是宗教改革后圣安得鲁斯的首位大主教，在徒劳无功地试图满足诺克斯分子让他以讲道来开导他们的要求后，因怯场死于圣安得鲁斯的圣三一教会（Holy Trinity Kirk）的讲台。17 世纪的苏格兰加尔文主义者将把主教们完全清除出去。

为替代苏格兰以前的主教制体系，教会大会（the General Assembly of the Kirk）应运而生，其主事者是由选举产生的“主持人”（moderator）。就组织而言，J.M. 里德（Reid）写道：“苏格兰人的教会具有不可思议的民主性。虽然初代改教者中间有一种激进的思路，其目标却并非政治民主。这么干的那些人的目标是地域尽可能广地复制他们在《圣经》中发现的那种教会。不过，他们这样做时要通过由教会会众选出（或至少 255
批准）的牧师和长老——这些人然后会在教会法庭出庭或者委派自己挑选的代表出庭，由此产生的教会大会能够代表整个国家，其背后的支持力量也远远强于当时的所有议会。”[7]

在击垮玛丽·斯图亚特和天主教徒后，苏格兰教会几乎占有了政治上至高无上的地位——尽管教会按理不应当成为一个政治机构。苏格兰教会的《纪律手册》（下，1578 年出版）提出了“两个国度”——世俗王国和上帝的国度——的理论。在世俗王国，国王和地方官员们据有武力；不过，教会是上帝在地上的国度，除基督本人外别无元首，教会享有基督的天国钥匙所赋予的权力（中世纪教会曾认定，天国钥匙的持有人是作为圣彼得继承人的教皇们）。牧师们要受地方官员的世俗管辖，不过在有关良心和宗教的事务上，地方官员要服从教会的灵性纪律。不过，这个教会与国家分立（而非分离）的教义在 17 世纪期间几乎被忽略：苏格兰教会试图通过教会大会管理苏格兰国家事务。

无论如何，两个国度的教义（与初期教会的格拉西教皇的两把剑的教义非常相似）促使 17 世纪的苏格兰长老会信徒在他们理解的希伯来人圣约的启发下宣告他们的全民圣约（National Covenant）。这一全民圣约没有主张公民或宗教自由，却像某种宣言或宪制，意在确保改革宗苏格兰教会不受国王控制的自由。长老会的这份统一宣言所导致的后果，便是类似于旧约时代以色列国王与先知间的那种斗争。

在伊丽莎白女王死后，玛丽·斯图亚特的儿子、苏格兰国王詹姆斯六世也将成为英格兰的詹姆斯一世国王。苏格兰斯图亚特王室同时统治英格兰与苏格兰的时间长达八十五年（克伦威尔共和国时代王位中断那
256 段时间不算）。在这段时间里，苏格兰教会与斯图亚特王朝有一种爱恨交织的关系，前者常常表现得就像是苏格兰国家一样。全民圣约成为宗教团结和国家独立的双重象征。在斯图亚特王朝的最后一位国王詹姆斯二世于 1688 年垮台后，苏格兰教会才觉得有必要重新拥抱它自己的两个国度的原则，放弃其政治权力。

苏格兰长老会相对民主的教会治理模式传到美国的长老会教会，并很快开始对殖民地政治模式产生影响。作为宣言和全国性共同宗旨之框架的圣约的观念，构成了美国人的《独立宣言》和联邦宪法的部分背景性因素，而且两个国度的理论对美国人政教分立的观念也将产生某些影响。

诺克斯及其盟友赋予苏格兰人的品格对美国秩序之根基的影响也同样重要。一般的苏格兰长老会信徒在宗教上很敬虔，生活节俭，而且富有进取心：他们从自己严格的信条中汲取力量。他们一般都具有独立的判断力，并很在意自己的权利。因信称义及预定论的教义常常让他们成

为敬畏上帝、目标坚定之人。这些人很适合耕耘教化一片新土地，而他们早在 17 世纪就已开始大量到美洲殖民地定居。当 18 世纪初的《联合法》（Act of Union）将苏格兰与英格兰王位合二为一，并将议会的所有权力都集中到威斯敏斯特后，苏格兰人大量涌入美洲的十三个殖民地，他们在阿尔斯特的民族和宗教上的兄弟姐妹也如法炮制。

在英国于 18 和 19 世纪创建的整个帝国境内，苏格兰人作为管理者、士兵和商人甚至比英格兰人更为成功。在美国和其他地方，移居的苏格兰人常常都有受过良好教育的优势；在对学习的重视程度上，只有新英格兰的清教徒超过他们。国家授权的普及化教育——从小学直到 257
四所苏格兰大学——是诺克斯的理想，仅次于他想要确立一种直接源自《圣经》的宗教信仰的梦想。如果民众的识字水平要达到能够很好理解《圣经》经文的水平，那此类学校教育就是必不可少的。

为支持教会和学校，诺克斯从苏格兰国家财政中支取的款项只占宗教改革前教会收入的一小部分。不过，他仍旧能够凭此让他的国民教育计划有个良好的开端（一直到 20 世纪前几十年，教区牧师还是苏格兰校区委员会的当然成员）。教区学校教导纯正的加尔文宗教义，各大学成为改革宗神学的中心。苏格兰的学校在世俗教学方面享有盛誉，使得 17 和 18 世纪苏格兰民众普遍的教育水平高于任何其他国家，基于《圣经》研习的识字水平及对学问的向往也传到了美国。

虽然约翰·诺克斯成就了很多事情——无论是建设性的还是破坏性的，但对于动荡不定、贪得无厌的那个苏格兰，诺克斯却很难感到满意，即使他已将天主教的高级教士和天主教徒女王赶出了苏格兰。他发现，那些公开声称效忠改革宗教会的大亨们的腐败程度，一点都不逊色于他曾抨击的教皇时代。在 1571 年诺克斯行将离世时，他才零零星星地看到复兴的火花。他认同伐夫郡的一位牧师谈及教会之贫困和无知的讲道："约翰·诺克斯，用我枯死的手和喜乐的心赞美上帝，因着他的怜悯，他为自己荒凉之中的教会留下这样的亮光。"

人们将他葬在当时的圣吉勒斯（St. Giles）教会墓园——墓园位于石头城爱丁堡的中心地段，现在他的墓地之上是该城喧嚷的交通洪流。在接下来的两百年中，成千上万有着诺克斯那样信念的勇敢坚强之人从苏格兰和爱尔兰北部出发，在美洲殖民地的边疆地区与印第安人和法国人作战，并到荒野定居。

由路德发端、被圣公会和加尔文主义者进一步推进的宗教改革影响
258 了所有英属美洲地区，例外只有马里兰州和其他地区的少数天主教徒、殖民地时期的若干犹太人，以及此后的被征服的法裔加拿大人。当然，浸礼派信徒、贵格会信徒以及其他持不同立场的教派也都源自宗教改革的大熔炉。新生的美国秩序的活力和个人主义从旧世界的宗教温床中孕育而生了。

注释：

［1］ John Addington Symonds, *Renaissance in Italy: the Revival of Learning* (second edition, London: Smith, Elder 1882), p.330.

［2］ Egon Freidell; *A Cultural History of the M odern Age* (translated by C. F. At kinson; New York: Knopf, 1930), Vol. I, p.154.

［3］ J. S. Whale, *The Protestant Tradition: an Essay in Interpretation* (Cambridge: Cambridge University Press, 1959), p.121.

［4］ John Dillenberger and Claude Welch, *Protestant Christianity, Interpreted through its Development* (New York: Scribner's, 1954), p. 320.

［5］ F. J. Foakes-Jackson, "Of the Laws of Ecclesiastical Polity", in *The Cambridge History of English Literature* (Cambridge: Cambridge University Press, 1949), Vol. III, p. 411.

［6］　John Knox, *The History of the Reformation of Religion in Scotland* (Glasgow: J. Galbraith, 1761), pp.98-100.

［7］　J. M. Reid, *Kirk and Nation: the Story of the Reformed Church of Scotland* (London: Skeffington, 1960), p.53.

第八章

教会体制与国家建制

259 内战与秩序的恢复

大约三百年前，英国饱受相互敌对的宗教信念、政治理论和物质利益冲突的折磨。这些 17 世纪的内部冲突最终产生了今天美国所了解的那种宪政模式和宗教宽容精神的很多内容。从 20 世纪的观点回望过去，那些曾彼此恶斗的人们——保皇派（Royalists）和议会派、圣公会信徒、长老会信徒、独立派、殉道者和狂热分子——“都被归为同一类人”，在这些冲突中死去的所有人都以各自的方式为我们现在生活于其中的社会做出贡献。我们在这里将大致勾勒那场宗教与政治冲突的主要事件，然后着重刻画那些凭观念和信仰影响了教会体制与国家建制的人物。

就某一方面而言，所有这些都与出任英格兰、苏格兰和爱尔兰国王的斯图亚特家族有关，被称为“基督教世界最明智的傻瓜”的英格兰的詹姆斯一世可能在其他方面少有成就，不过他在其统治时期（1603—1625 年）保持了英国的和平。在那些年里，英国人在马萨诸塞和弗吉
260 尼亚建立起永久的殖民地；在那些年里，国王与下议院的对抗，以及圣公会信徒、独立派和长老会信徒间的冲突越发严重。

詹姆斯宣称他凭借“君权神授”（divine right）进行统治，不过议会中有些强大势力将王室的权力削弱到若有若无的地步。詹姆斯坚持“无主教则无国王”的原则——也即主教制的既有体系对王室的安全至关重要，不过长老会信徒和被称为“分离派”（Separatists）的日益壮大的小教派别有所图。17 世纪已被视为天才的世纪，同时，它还是非同寻常地热诚追求宗教和政治事业的世纪。詹姆斯的儿子查理一世国王

尽管勇敢且富有原则，却不是那种可以达成妥协以避免政治大爆炸的人。

首先，在查理执政时期，政治问题的严重性高过宗教差异。英格兰参与了欧洲大陆的宗教和王朝战争，于是查理需要钱来装备陆上和海上的武装力量。与他之前的其他国王一样，他试图尽其所能、不择手段地获得这些金钱，因此便与议会起了冲突。困境中的查理诉诸于不经议会同意征税、强迫贷款、戒严令、让士兵乱占营地、不经授权监禁人，可是他仍旧无法筹到足够的金钱。即便为了能够保守自己的领土，国王也必须向议会让步了。这样，查理在1628年气冲冲地、不情愿地接受了议会的“权利陈情书”（Petition of Right）——这是对查理为获取收入所采取的那些独断措施的严厉抗议。虽然权利陈情书不是一项法案，但它实际上具有法律效力。

对这份陈情书的接受只意味着议会已经获得国王的承诺：不再诉诸于议会认为非法的措施。议会没有从理论上主张它拥有高于国王的权力，陈情书只是指出，国王的臣仆们已经开始侵犯英国人自古以来的权利，国王应当改变他们的这些做法。不过，由于陈情书的出现，代表民众的真正主权开始从国王手中向议会手中转移（查理一世坚信他自己比 261
议会更真心实意地保护英格兰的普通民众，因为后者一般代表财产而非民众的利益）。在18世纪60年代和70年代，美国的爱国者们将向很多宪制的先例取经，其中之一便是“权利陈情书”的先例，而且陈情书中罗列的许多不满会再次出现在《美国独立宣言》之中。

但是，权利陈情书不足以让下议院感到满意，因为他们没有办法让查理一世感到害怕，也没有办法约束国王不要主张在教会和国家事务上的特权。这一冲突的后果是一系列的内斗，而斯图亚特家族希望像伊丽莎白那样进行统治的企图最后直到1745年才被挫败。这里将责任归给双方的任一方都毫无意义，双方都傲慢无礼且有各自的利益，而且双方也都有信念坚定和勇敢之人。

查理和他的保皇派或“骑士党”（Cavaliers）将自己视为古老英格兰的法律与习俗的捍卫者，以对抗那些对权力和财富汲汲以求的人和狂热的宗教幻想家们。下议院的多数议员和长老会信徒与独立派将自己视为民众权利和新教真理的捍卫者，伦敦、商人阶级和有些大地产主支持下议院的主张，保皇党的主力由乡绅和大部分农业利益相关者组成。不过，上述的概略性说法有许多例外情况。另外，有些清教徒与骑士党在同一阵线，而有些豪侠的绅士与议会力量结成联盟——后者逐渐被称为“圆头党”（Roundheads）。除上议院的一些贵族外，居中协调者人数少，力量弱。

我们通常将打败查理一世的势力说成是“清教徒”——尽管并非所有人都认信加尔文主义。起初，清教徒们没想要让自己脱离英格兰教会。相反，他们志在从内部按照加尔文的模式“净化”或改造它。这些
262 清教徒在他们个人主义的信仰上非常坚定，非常注重道德，将他们严格的敬拜形式置于国王对顺服和教会团结的要求之上。一开始，长老会信徒和独立派（或公理会信徒）都被列为清教徒，他们都认同加尔文主义神学，也都鄙视任何“带有罗马气息的”东西，他们都坚持教会圣礼要特别简朴，而且他们都敌视主教。

不过，长老会信徒坚持让他们得名的那种教会治理模式，而独立派——以及甚至让一般的独立派信徒相形见绌的更加激进的新教教派——坚持教会应采取更加民主的模式，也即不受任何一般性的教会权力机构指导的会众制教会。由于有些独立派的教会很快就完全不与依法确立的国教会一起敬拜，他们就被称为分离派。查理一世和坎特伯雷大主教威廉·劳德（William Laud）决心通过让不从国教者就范的方式避免英格兰教会解体。

可是，查理首先得对付另一种加尔文主义信徒。为迫使抗命的苏格兰长老会信徒认同《公祷书》和主教制的既有体系，他于1639年挥师北上。钱的问题再次让国王陷入困境：下议院不愿给他的士兵支付报酬，也不愿为他们提供给养，于是远征行动失败了。事实上，苏格兰人的军队入侵了英格兰。11月3日，所谓的长期国会（Long Parliament）召开会议，其中的绝大多数议员激烈反对查理的举措和劳德大主教专断的教会治理手段。议会弹劾了查理最能干的高级臣仆也即斯特拉福德伯爵（Earl of Strafford），裁决他犯有叛国罪，然后送他上了塔山（Tower Hill）的断头台。劳德大主教也很快受到惩处，为自己所坚持的圣礼付出生命的代价。

当下议院动议褫夺国王对民兵的指挥权，并威胁要弹劾身为天主教徒的王后时，查理亲自到议会试图以叛国罪逮捕五位清教徒领袖。他没能得逞，于是便离开伦敦，并很快在诺丁汉姆（Nottingham）树起王旗（royal standard）。内战开始了。

我们无法在这里详述惨烈复杂的内战历史。据说，革命会吞噬它自 263
己的孩子，17世纪的英国就发生了这样的事。到1644年时，保皇派在战场上已经被击败。不过到了那个时候，清教徒已经在议会和整个英国分裂成两个对立的阵营：一方是与苏格兰长老会结盟的英格兰长老会信徒，另一方是在教会治理和世俗政治上更加激进的独立派或公理会信徒。长老会信徒在议会占有主导地位，可是由奥立弗·克伦威尔（Oliver Cromwell）率领的圆头党军队却支持独立派。

在这样的情况下，查理与长老会信徒和苏格兰人达成谅解，而英国则饱受第二次内战的折磨。克伦威尔、独立派和较小的新教教派将长老会信徒从议会中驱除出去，成立一个“残余”（Rump）议会——其议员数量只有以前议员总数的八分之一。圆头党人在反对骑士党、苏格兰人和长老会信徒的行动中再次获胜。查理被捕入狱，克伦威尔决心处死他。残余议会成立一个特别“高等公义法庭”，以叛国罪审判他。1649年1月，国王被斩首。

凭借着这一流血行动，革命似乎已经完胜。不过，既然独立派已经将旧秩序摧毁，什么能成为统治英国的凭借呢？在国王被处死的当月，更激进的独立派向下议院提交《人民约定》（Agreement of the People）——这是一份成文宪法，旨在代表英国人的公共意志，建立一个民主共和国，人民在其中享有普选权、宗教宽容（至少要宽容与独立派及其盟友没有本质区别的基督徒）和自由与安全的权利，议会不得减损这些权利。它是美国宪法的其中一个先导。

但是，这份约定因为过于激进而遭到否决。在1649年2月到5月之间，残余议会任命了一个治理英国的国务委员会（council of state），废
264 除了君主制和上议院，并建立了一个“共和制自由国家”（Commonwealth and Free State）。这实际上意味着英国将变成一个军事寡头国家，让克伦威尔成为比查理更加专断的统治者。

暴力政治革命通常遵循一个清晰可辨的模式——虽然美国革命在某些方面不符合这一模式。革命开始时的目标相对温和，领导人也不是非常激进。不过，随着流血事件的出现和仇恨的增强，斗争初期的领导人让位于更加极端激进的人物。旧秩序在无政府状态中解体，但是可以接受的新秩序杳无踪影。很快，混乱局面变得如此恐怖，以至于恢复和平成为人们最为关切之事。接着，一位“骑在马背上的人”——通常是一位富有才华的军事指挥官——出现了，以自由为代价重建秩序。从古希腊诸国到最近现实中的非洲，上述革命进程都有迹可循。

奥立弗·克伦威尔是17世纪英格兰“骑在马背上的人”。君主制和教会都被颠覆，权力的真空必须有人来填补。一旦大权在握，独立派

的克伦威尔便着手残酷无情地镇压所有现实或潜在的反对势力。这种冷酷无情是必然的，因为克伦威尔要对付的那些狂热的理想主义者虽然能够推翻统治者，却没有组建和维系新政府——更不要提新社会秩序了——的实际操作能力。在英格兰 17 世纪的乱局中，那些最难对付的极端分子被称为平均主义者（Levellers）。

平均主义者和中世纪晚期的罗拉德派之间有某些相似之处。英格兰的平均主义者大约崛起于长期国会时期的 1646 年，当时的查理一世正处于软禁之中。这些政治和宗教上的宗派人士在军队中的势力尤其强大，敌视在议会中占多数的长老会信徒。平均主义者要求建立以普选权和民众主权为基础、全面保障宗教宽容的民主共和国。他们志在铲平一
切等级，实现地位和财产上的平等，他们在很多方面预示了一个半世纪 265
之后的法国的某些革命派。他们的追求在 17 世纪英格兰的环境下非常不具有现实可行性。

许多平等主义者提倡将现实中的栅栏、围栏、围墙和沟渠铲平，视它们为平等占有土地的障碍。他们试图让“公共土地”恢复其公共用途，尽管这些公共土地在很长时间内都被私人所有者圈占着。他们提出，“最卑微的人”也应有资格担任国家最高职务。他们的某些主张体现在詹姆斯·哈林顿（James Harrington）的专著《大洋国》（*Oceana*）之中——这本书大约在平均主义运动达到高潮之后十年出版。克伦威尔鄙视这些平均主义者，说他们的理论不过就是“搞破坏”，而且他们“比野兽好不了多少”。

到了 1648 年，平均主义者的激进程度被“掘地派”（Diggers）超过，后者自称为“真正的平均主义者”。这个小教派有一个能干的时事评论家，名叫杰拉德·温斯坦利（Gerrard Winstanley），是《自由法》（*The Law of Freedom*）的作者。1649 年 4 月，很多掘地派的人不顾

议会的法令，开始开垦位于萨里（Surrey）的公有的圣乔治山（St. George's Hill），不过被士兵驱散。

按照温斯坦利的说法，掘地派意图彻底改变英格兰的社会结构，侵占并集体耕种公用土地和荒地。温斯坦利说："我们可以按照公义行事，为将地球变成所有人——不管穷富——的公共财产打下基础，这样，生活在这片土地上的所有人就可以依据支配受造物的理性，从孕育了他们的地球母亲那里得饱足。"

比起作为他们渊源的最初的平均主义者，掘地派或者真正的平均主义者在宗教上更富创新精神。温斯坦利拒绝相信位格化的上帝，一度提议以"理性"一词取代"上帝"，将基督称为"值得信赖的真正的平均主义者"，并且不认为耶稣是一位历史性人物，而是"扩散的光明能量"。他否定奇迹以及天堂或地狱的存在，拒绝原罪的教义，怀疑灵魂
266 的不灭。他宣称，只要还有私有财产，真正的自由便不可能存在。共和国的所有官员都必须从一年一度的选举中产生。

在克伦威尔看来，此类想法可耻且具有很大的破坏性。为让英国免于无政府状态，处死国王的这位将领现在废弃了古老的代议制政府形式。1653 年，他以武力解散了残余议会，并很快组建了一个"微型"或"瘦身"议会——后者也在同一年解散了。此后，克伦威尔施行统治依据的是由军人们起草的《政府约法》（Instrument of Government）——它就像早前的《人民约定》一样，是美国宪法制定者所了解的宪法模式之一。

按照《政府约法》，所有的立法权都被授予护国公（克伦威尔）和一个由清教徒组成的新议会。护国公被赋予很大的约束议会的权力。除天主教徒和圣公会信徒（Episcopalians）外，宗教宽容的范围扩大到所有基督徒。理论上，约法将所有主权都移交给民众。实际上，根据这

个约法选举出来的两个清教徒议会在毫无益处的辩论上花费的时间非常多，这导致它们无法有效地发挥作用。如此一来，富有才干的克伦威尔就无视它们的存在，完全按照自己的喜好施政。

上述“圣徒的统治”很快就在普罗大众间变得极其不受欢迎——特别是在克伦威尔监禁过的某些早期盟友之中。独裁政体有这样的缺陷：一旦某位强势主宰者死去，继承人很少有胜任的。克伦威尔一死，护国公体制便崩溃了。在绝大多数人的支持下，包括某些曾罢黜其父亲的将军的帮助下，查理一世的儿子查理二世回到英格兰。1660 年，君主制和主教制体系复辟了，尽管此后王室权力的稳固程度永远都不可能与都铎时代相提并论，而且英格兰教会也认为有必要扩大容忍的范围。在差不多三十年的时间里，英国几乎完成了一个循环。

在这三十年，英格兰在大西洋对岸的小小的美洲殖民地无力影响母国的事态。几乎所有的新英格兰人都支持清教徒的事业，而弗吉尼亚和 267
马里兰的多数殖民者则同情骑士党。殖民地的这两个派别都赞同王政的复辟，正如他们都曾服膺于护国公体制一样。不过，美洲殖民者没有忽略英格兰内战的教训。他们认识到，王权可能被推翻；他们还认识到，接替王权的可能是更为专断的政权。

从英国革命激情四射的辩论和政论中，他们了解到崭新的政治理论，以及成文的政府约法的想法，他们还逐渐开始警惕乌托邦构想、暴力变革以及怀抱政治雄心的军事指挥官。乔治·波顿·亚当斯（George Burton Adams）很好地阐述了英格兰 17 世纪的斗争对美国思想和体制的上述影响：

> 革命为之奋斗的所有东西现在几乎都成为英格兰宪法的一部分，不过，这并不是革命事业本身的成果。相反，这是更为缓慢、

> 更为平常的增长过程的结果，从某种意义上讲，革命实际上就源自这一过程，只不过它暂时打断了后者。在美洲的清教徒和贵格会殖民地，与上述革命有关的观念营造出自发的政治氛围。这些观念在殖民地并不是革命性的，反倒成为这些微型政体正常的宪制生活之活力的来源。他们自发的政治进程发端于这些观念，而且随着他们人口和需求的增加，上述观念越来越广泛地落实在他们的政治进程实践之中，直到它们最终与其他因素一起在很大程度上塑造了第二个伟大的盎格鲁-撒克逊国家的体制。[1]

斯图亚特王室的回归没有终止17世纪英格兰剧烈的政治斗争：查理的继承人詹姆斯二世将继续面临抗争——而且这些抗争最终导致了1688年的“光荣革命”，其所带来的实际后果比清教徒推翻君主制的后果更加持久。一直到18世纪中叶左右，英格兰和苏格兰也偶尔会
268 爆发零星的宗教冲突，而爱尔兰的宗教冲突则持续到今天。动荡的年代通常会产生天才型的政治和宗教评论家——他们探究的是可以作为构建或恢复某种差强人意的秩序之基础的原则。我们在这里从17世纪此类思想家中选出四位进行考察，就英国思想对发展中的美国秩序的影响而言，他们——托马斯·霍布斯、托马斯·布朗爵士（Sir Thomas Browne）、约翰·班扬（John Bunyan）和约翰·洛克——代表了其中的很多侧面。

利维坦的面孔

人们怎么才能避免内战期间撕裂英国的那种极具破坏性的暴力？

政府的源头何在？人们为什么必须遵守法律？自然而然地，17 世纪中叶的思想家优先要考虑这类问题，写出这一方面最系统专著的是托马斯·霍布斯。

霍布斯的人性论让人想起安布罗斯·比尔斯（Ambrose Bierce）在他的《魔鬼字典》（*Devil's Dictionary*）中给现实主义下的定义："以癞蛤蟆的视角描述自然界的艺术。"不过，托马斯·霍布斯本人并非癞蛤蟆。

霍布斯的同代人约翰·奥布雷（John Aubrey）在其所著的轻快活泼的《短暂生命》（*Brief Lives*）中是如此刻画这位杰出哲学家的：一个机智甚至充满幻想的人，非常害怕黑暗和鬼魂，并不沉湎于读书，喜欢辩论、唱歌和网球。出生于 1588 年的霍布斯在那个令人绝望的时代里将日子过得有声有色，尽管他树敌众多；他死于自己声誉如日中天之时，时年九十二岁。

霍布斯似乎无所不能：他年轻时翻译的修昔底德的作品好过以后所有其他人的翻译；他先后教过两位德文郡（Devonshire）伯爵，流亡的威尔士王子和查理二世；他参与热烈的数学辩论，讨论他那个时代的几乎所有重要科学议题；八十七岁的他出版了自己的朴实无华的英式风格 269
荷马史诗译本——下面这段宙斯对奥林匹亚诸神讲话的译文可能足以作为其翻译风格的典范："嘿，神祇们，还有诸女神，请听！"

这个人拥有他那个时代英格兰领先的思想，尽管这种思想可能是恶意的，而且他的作品与所有派别都背道而驰。他很少有死心塌地的信徒。列奥·斯特劳斯（Leo Strauss）是这么形容霍布斯的："一位冒失顽劣的破坏偶像者和极端分子，第一位平民哲学家，他有着近乎孩子般的坦率、不绝如缕的人道情怀以及令人叹为观止的清晰与力量，他还是一位自得其乐的著作家。"[2] 在霍布斯的政治著作《利维坦》

（*Leviathan*）中，我们欣赏到第一流的思想（不管其好坏），这本书中包含的某些富有洞见的真理值得今天重述。

《利维坦》或其中的大部分内容刚好写作于内战之前，1640 年，斯特拉福德被长期国会送上塔山断头台，这时的霍布斯预见到即将到来的天怒人怨，便匆匆逃往巴黎：按他自己的话说，成了“逃跑的第一人”。从他逃亡到《利维坦》于 1651 年出版的这些可怕年月里，霍布斯部分地修订了书稿，以使自己能够重返英格兰，后来在克伦威尔统治时期，他反对宗教正统教义的立场比他之前公开阐明的立场更加果决。

尽管《利维坦》显然是要为君主制辩护，克莱仁顿（Clarendon）勋爵和其他骑士党流亡者却认为它否定了自己所珍视的那些原则。由于非常不满流亡的保皇派对他的敌意，而且对骑士党的恐惧大于对圆头党的恐惧，迫使霍布斯不得不向革命的英国政府寻求保护，从巴黎回到伦敦，在共和国时期的英格兰定居下来，直到查理二世登上王位，并优待其先前的教师。

对克莱仁顿和其他保皇派政治思想家来说，由于他们都受理查德·胡克的《教会组织法》的影响，也都敬重英格兰的法律之下的自由的传统，认为国家就是一个上帝主权之下由国王治理的自愿结合的共同体——而国王本人则受上帝法和自然法以及王国法律的约束。对霍布斯
270 来说，国家就是必不可少的庞然怪物利维坦。确实，霍布斯的著作冲击了英格兰古老的君主制以及圣公会既有体制的基石，它也攻击了后来被称为托利主义的“对个人的效忠”（loyalty to persons）。霍布斯的观点否认这些将君主与臣民联结在一起的爱与责任的古老纽带。霍布斯将用一种建基于恐惧和武力法则之上的、讲求实效的专制主义代替这些纽带。保皇派人士相信灵魂的共同体，对上帝忠诚，并效忠于一位基督徒国王；不过霍布斯认为，真正存在的只有个人，而且个人的社会动机不

是爱与忠诚，而是自利和恐惧。

尽管霍布斯的很多观点似乎让美洲的英国殖民者很难接受，但那些殖民地几乎从一开始就盛行一种强烈的个人主义。见证过去的有形纪念碑的匮乏、当地英格兰教会体制的虚弱、殖民地乡镇小小的规模、国王以及英格兰各大家族的遥不可及、边疆地区廉价土地的吸引——这些以及其他相关因素将美国人塑造成个人主义者，新英格兰清教徒紧紧抱团在一起的早期城镇在某种程度上是例外。因此，霍布斯的个人主义教导影响了殖民地的思想，尽管美国的领袖们很少有人承认这种微妙的影响。

乔治·萨拜因（George Sabine）精准地阐述了霍布斯的个人主义："这一个人主义代表了霍布斯完全现代的思想成分，而且他在这一方面的思想也最为准确地抓住了即将到来的那个时代的主题。在他之后两百年，多数思想家似乎将自利看作比公正无私更加显而易见的动机，而且明智的自利也是比任何形式的集体行动更加对路的治疗社会疾病的药方。"[3]

拥有绝对权力的中央权力，加上由单个个体组成的"沙堆"：这就是霍布斯的社会模式。这与中世纪不断增长的多样性相比正好是两个极端，因为中世纪具有复杂的社会组织和自我管理的社团与共同体。霍布斯的体系让人有逃离教会、乡镇、行会和地方当局的自由，不过代价是被利维坦奴役。比起 17 世纪，这些观念在 20 世纪更容易得到理解。 271

确实，霍布斯被称为现代政治哲学的创立者。霍布斯让政治与宗教分家，尽其所能地将宗教降格为"幻想的国度"。他将阿奎那和胡克所阐发的古典时代和基督教的自然法理论改头换面成一套人们可以凭此方便地生活在一起的普遍规则。他以"合宜生活"的原则替代荣誉原则或亚里士多德的"高尚雅致"，因此，在霍布斯那里，政治的目的不是提升民族的品质，而是增大个人物质上的成就。

霍布斯否决了社会是上帝命定的契约、以爱为准绳的观念，并以这样的观念取代它：社会是自私之人的集合，凭借某位拥有绝对权力的君王的刀剑才能避免人们互相杀戮。他为哲学思考引入主权这个重大问题，就连那些努力驳斥他的人也深受其影响，尤其是洛克。20 世纪的极权国家便是有血有肉的利维坦，而且霍布斯清楚表示，这一绝对主权不需要一位基督徒君王。

霍布斯的这本冷酷无情的著作让有些读者感到特别有冲击力的地方是，霍布斯对人性的解释揭示了近乎残忍的真相（即使这只是部分真相）。就如受到暗夜中一道闪电的启示那样，人们猛然领悟到，20 世纪的纳粹和极权暴政何以能够从软弱的旧秩序手中攫取政权。霍布斯写道，野蛮人——也即自然状态中的人——的日子是“孤独、贫穷、肮脏、野蛮和短暂的”。因此，寻求安全和生物性享受的人毫无保留地让自己屈从于国家权力。实际上，在所有时代里，很多人的生活比自然状态中的人好不了多少，只有集中化的武力才能让这些人免于毁掉他们的邻居和自己。利维坦——国家的绝对权力——好于无政府状态。对于国家的命令，人们只有权利拒绝遵守其中的一项：让其自杀或被处死的命
272 令。霍布斯认为，利维坦和野蛮状态之间不存在中间地带。

要喜欢上霍布斯的体系几乎是不可能的，不过它也没想去争取任何人真心的拥护。霍布斯说，社会中的人之所以联合在一起，只是因为他们相互之间的现实恐惧大于他们对利维坦的恐惧。他们暴力行为的原因是“所有人类的某种普遍倾向，一种永不止息、躁动不安的追逐权力的欲望，而且只有人死时这种欲望才会终止”。人们为自己争取的这种权力实际上是继续生存下去的权力，获得安全和物质福利的权力，支配他人的权力：它是一种贪欲。霍布斯的世界就像爱丽丝仙境，其中的人儿必须尽全力奔跑才能在原位站立得住：人们为权力和“使其愉悦的好东

西”展开无休止的竞争。于是，自然状态中的所有人都活在相互间的恐惧之中。霍布斯告诉我们，世界一直都是这个样子，而且将永远如此，没有尽头。只有将绝对权力集中于中央政府的利维坦依仗刀剑，才能约束个体的权力贪欲，解除他们的恐惧；只有利维坦才使得生存对本性上贪婪的人类变得可以忍受。

我们现在认识到这些尖刻的话语里面包含某些真理。20 世纪的有些人已重新领悟了权力欲是如何植根于腐败的人性的。如果这种权力欲不受基于宗教的道德感的约束，那么只有武力和奴隶主才能让它有所约束。曾与卡文迪许家族（Cavendishes）和其他贵族家庭一起生活的霍布斯会鄙视 20 世纪的那些龌龊的寡头，不过那些寡头证实了霍布斯的观点。七十年前尚非常不清楚的是，霍布斯所谈论的是在全部历史中让人类重复受难的状况。在 20 世纪最初二十五年的乐观气氛中，有些学者认为霍布斯的理论已不适用于现代社会的环境和观念。

于是，E.L. 伍德沃德（Woodward）写道：

> 如果过去的战争历史对人类有所教益的话，那就是：胜利不属于独裁者们，不受强制的自由人才是最好的战士。至于将来，战争 273
> 的终结不是因为人们更害怕死亡了——虽然这种无畏是我们这个时代最为稀缺的品质，而是因为人们渴望过上一种更“合宜”的生活，而且物质的力量、不确定的经济需求以及我们武器的不分青红皂白的破坏力让胜利变得差不多和失败一样具有灾难性。霍布斯谈到的城堡正在变成烦人的废墟，边疆正变成古旧的边界标志。武力已不再能激起人们的敬意。
>
> 因此，托马斯·霍布斯的思想已变得如此遥远和过时，我最后能够想到的是，人们只有尽全力才能找到已经从这个世界消失的

恐惧。[4]

然而，自从伍德沃德发出这番议论之后，战争越来越频繁和恐怖，而且推动这些战争的世俗意识形态甚至比引发17世纪战争的宗教仇恨更加冷酷无情。《圣经》启示录中的四骑士又出现了：战争、饥荒、死亡和革命。在历史的帮助下，霍布斯战胜了他的乐观的批评者。霍布斯的设想绝非遥不可及：像奥威尔的幻想小说《1984》一样，它离我们很近。在20世纪的许多地方，其拥有的强制力远远超过查理或克伦威尔的极权国家所成全的利维坦形象。

霍布斯对人性的消极看法以及政治上的专制主义理论在他自己那个时代也曾受到质疑。霍布斯本质上是无神论者，他否定人拥有自由意志，认为人的所有行为都取决于超出其理性控制的欲望和力量，并试图将基督教有关基督奥体（Mystical Body of Christ）的概念世俗化。可以这么说，在基督教神学里，所有已受洗的人的灵魂都是救赎主身体里的微粒，而基督的身体不属于这个世界。人之所以不朽，仅仅是因为他们活在基督里。霍布斯巧妙地以他的利维坦形象代替基督奥体的形象——
274 利维坦这个社会性庞然怪物将所有人都涵括其中，而且明确无误地属于这个世界：只有国家这个利维坦才是不灭的。

针对霍布斯认为人不过是社会肌体的原子（而且是非常自私的原子）的理论，他的几个同时代人提出质疑，其中最有力的质疑来自爱尔兰的德里（Derry）圣公会主教约翰·布拉姆赫尔（John Bramhall）。布拉姆赫尔毫不费力地证明，霍布斯的心理分析和政治立场不符合基督教的教导。布拉姆赫尔还说，如果我们接受霍布斯的观点，良善行为的标准便不复存在，为任何事赞美或指责任何人都将毫无意义。我们赞美或指责人的前提是，他们因上帝的恩典享有某些道德决择的自由：“如果某人天生是瞎子或者一只眼瞎掉，我们不会因此责备他；不过，如果某人因乱来而失明，我们对他的指责就是适当的。”

在布拉姆赫尔和其他圣公会神学家看来，人类存在的目的是认识上帝并永远享受他；对霍布斯来说，人类存在的目的不过是获得物质上的成就与安全和享受肉身的欢愉。在布拉姆赫尔看来，尽管国王是主权者，他也只是上帝在世上的托管人；对霍布斯来说，统治者拥有绝对的权力，而且掌权的他可以绝对地为所欲为。显然，霍布斯像温斯坦利和掘地派一样激进，尽管他们激进的方式不一样。这两种形式的激进主义——极权国家的激进主义和乌托邦冒险式的激进主义——一直延续到我们这个时代。

一般的美国人不会接受这两种形而上学和政治上的激进主义。诚然，美国人在革命之后所采用的政府形式确实与霍布斯的单一绝对政治权力的理论相悖。不过，在霍布斯身后的那个时代，霍布斯体系中的物质主义和自我中心的个人主义会越来越多地成为现实，它们在美国将会变得至少像旧世界那样有影响。

不过，自 17 世纪以降，美国所继承的不只是自私和暴力。为平
衡起见，我们来看看那个时代的两位宗教作家：托马斯 · 布朗和约 275
翰 · 班扬。

一位圣公会信徒医生与清教平信徒布道者

本书的很多有关美国秩序之渊源的内容必然与暴力冲突和社会溃败有关。在观念和制度史中，人们从灾难中学到的教益不少于从成功中学到的。不过，我们可以暂时喘口气，不再关注 17 世纪冷酷无情的政治

和军事事件以及霍布斯冷冰冰的体系，转而简短地考察两位没有世俗野心的好人。其中一位是学识渊博的医生，另一位是没受过完整教育的补锅匠和平信徒传道人。

到了 17 世纪末，美国的基督教信仰已变得相当宽容，既不同于劳德及其盟友的僵化的高教会体系（High Churchmanship），也不同于护国公时期独立派“圣徒”——他们是穿着将军制服的法利赛人——的那种好斗的自以为义。在南方殖民地，托马斯·布朗爵士所代表的圣公会中间道路成为多数领袖人物的宗教信念。约翰·班扬真诚谦卑的自我追问对新英格兰和其他地区有直接的影响。

1605 年出生于伦敦的无与伦比的托马斯·布朗爵士是医生和哲学家，还是一位文学风格复杂的大师。他在温切斯特（Winchester）就学——这所学校是中世纪最辉煌的两大公立学校基地之一，从牛津大学的布罗德盖茨讲堂（Broadgates Hall）——现为彭布罗克学院（Pembroke College）——毕业，获得学士和硕士学位；他也曾在法国、意大利和荷兰学习，并于 1633 年获得雷登大学（University of Leyden）的医学博士学位。他的大半生都是在诺维奇（Norwich）这座城堡城市度过的，他的日子宁静平和，尽管布朗的书中有某种与生俱来的忧郁气息。

虽然他本人是保皇派，布朗却在作品中完全没有提及英国内战。他的最有持久影响力的著作《医者的信仰》（*Religio Medici*）谈
276 的是一位医生如何协调信仰与科学；[正如他对可尼尔姆·迪格比（Kenelm Digby）所说，]这本书“是自己在私人书斋中设想出来的自我操练之作”。直到内战爆发的 1643 年，它才出版。他的《瓮葬》（*Hydriotaphia*）以极尽忧伤的笔调讨论人生命的短暂；在 1658 年，王政复辟终结那些黑暗年代里的狂热主义的前夕，这本书面世。他的《基督教道德》（*Christian Morals*）虽然在风格上几乎与他早期的著作一样

出色，但直到他死后三十年的 1716 年才出版。

贯穿布朗所有作品的是一个柏拉图式信念：这个物质世界只是本质世界的不完美反映。只要能构成他沉思的对象，地上的一切东西对他都有意义。尽管布朗像霍布斯那样努力专研 17 世纪不断翻新的物理科学，他从这些科学中得出的推论却完全不同于霍布斯的推论。霍布斯对自然科学的解释降低了人的地位，不过，布朗对这些相同的科学猜想的解释使人和自然变得更加复杂，更有灵性的感动。布朗写道："我喜欢沉迷于神秘事物之中，穷究理性，以至最终发出'深沉欢愉的感叹'（O Altitudo）！"

在一个不宽容的时代，布朗是节制温和的。他在《医者的信仰》第一部分中写道："并不是每个人都适合做真理的代言人或者为验明真理挺身而出，出于对这些道理的无知以及对真理的欠缺考虑的热心，许多人过于匆忙地拿起谬误作武器，成为真理的敌人的战利品。"

他对所有神学体系都有一定的同情，尊重每个民族和每个时代的传统。布朗认为，普遍的看法和传统应理所当然地获得正面的认可：如果某种东西长期被人信奉或实践，除非我们有清楚的证据表明它是错的或者已经过气，否则，就不应抛弃它。他接着说道，人类生存的某些最为重要的方面不是实验的对象，在这些方面，我们依靠启示、权威以及我们先祖的智慧。

他原则上反对使用"新教徒"一词——考虑到他所处的时代以及他 277
所在的那个地区支持议会的诉求，这是一次富有勇气的抗议。一种非常明智的怀疑主义让他笑对热心的福音传播者（Hot Gospeller）——也即热情的宗教信徒——的虚幻的自负；因为真理既不容易理解，也不容易获知。对现代读者来说，布朗思想主要吸引人的地方之一便是他的这种双重怀疑主义——他既怀疑所有事情都已被权威安排妥当，也怀疑新发明的办法能够推翻所有的权威。

布朗说，在每个灵魂里，理性、信仰和激情总是在相互争执。他预测，将来对秩序的真正威胁不会来自基督教教派间的差异，而是来自无神论：人的理性——在魔鬼的催促下——会试图全面控制灵魂。“因此，魔鬼和我下国际象棋，让了一个兵，想利用我诚实的棋艺杀了我的后；在我努力提高理性水平的同时，他全力破坏我信仰的大厦。”

尽管他是英格兰教会的忠实会员，他却不憎恨或害怕“过去的信仰”——也即罗马天主教会：

> 我们的宗教改革源自他们，不是反对他们……我们有共同的上帝的名，同一个信仰和共同的必不可少的原则体系；因此，我会放胆与他们交谈或一起生活，如果我们的教会不存在，我会大大方方地进到他们的教会，我会无拘无束地与他们一起祷告或为他们祷告……我宁愿折断自己的手臂也不愿伤害一间教会，也不会有意地损害圣徒或殉道者的名声。

即使在他幽默地考察各种细微之事时，人类想法的虚妄和死亡的神秘也总会让布朗着迷。布朗写道，有时，他感觉自己里面有一个地狱——这是他死后地狱的预兆，他的其中一个著名说法是：“我里面有一个人对我很愤怒。”不过，在那个激烈火热的年代，布朗自己没有迁怒于任何人，他提倡对敌人全面宽恕。

在斯图亚特王朝复辟之后，那些在内战时期曾压制或打击圣公会的
278 殖民地又允许圣公会敬拜，这一时期海外的英格兰教会一般都体现了布朗所阐述的宽容精神。在美国革命爆发时，它没有反对依法确立的国教会或者基督教教导——就此而言，非常不同于法国革命。在美国，阅读

布朗作品的都是受过很好教育的人，普罗大众只能缓慢间接地领略到他的圣公会知识和基督教箴言。不过，美国领导阶层中有很大比例是圣公会信徒，而且诸如乔治·华盛顿之类绅士的基督教非常接近于托马斯·布朗爵士的基督教。

17 世纪的一位英格兰作家确实直接影响到殖民地的多数人，他就是约翰·班扬。他的寓言作品《天路历程》自 1678 年出版至今，只要是说英语的地方，一直都非常受欢迎。就在几年前，在南非漫游的我看到特兰斯凯（Transkei）地区的科萨人（Xhosa）小男孩和女孩跑着上学，腋下夹着书本和书写用的石板。我问川斯凯的教育部长他们都在学什么，得到的答复是，他们的基础教材就是钦定本《圣经》和《天路历程》。这和 18 世纪美国的情况差不多，以班扬为启蒙教育有助于避免被霍布斯的利维坦吞噬掉。

《天路历程》被称为英格兰的第一本小说。可以想见，它的生命可能会超过此后出版的数以万计的所有小说。它在美国的阅读普及率高于英格兰，因而对美国早期重要作家有决定性的影响——值得指出的有华盛顿·欧文（Washington Irving）和纳撒尼尔·霍桑（Nathaniel Hawthorne）。清教主义还培养出另一位杰出的作家——约翰·弥尔顿（John Milton）；弥尔顿是克伦威尔的拉丁文秘书，也是伟大的诗人以及用文章呼吁公民自由的翘楚。不过，班扬的寓言小说比《失乐园》更有力地影响了人们的思想和良心——甚至包括哲学家的思想和良心。19 世纪初的萨缪尔·泰勒·柯勒律治（Samuel Taylor Coleridge）认为，《天路历程》是“有史以来非神启作家所创作的”无与伦比的最优秀的福音神学作品。

《天路历程》的作者在风格和背景上都迥异于《医者的信仰》的 279

作者。约翰·班扬1628年出生于贝德福德（Bedford）镇附近的一所普通农舍，他是补锅匠的儿子，从小就接受父亲的职业培训，走街串巷、挨家挨户地为人补锅和盆。当时和现在一样，除了罪犯（可能还有吉普赛人），英格兰社会所有阶层的人的地位都高于补锅匠。根据班扬自己的记述，他早期生活极其邪恶——尽管他的罪行似乎不过是说脏话、跳舞、敲教区教会的钟，以及阅读了一本骑士浪漫小说。

1645年，年轻的班扬正当兵服役，一位接替他位置的战友在围攻一个乡镇的战斗中被杀死。班扬因此认为上帝救了他一命，回家后便开始了一种最为严格的清教主义的生活方式。他终其一生都很穷困，不管出于自愿还是非自愿。

他加入一个分离派团体，逐渐成为雄辩的平信徒传道人；后来的他最近似于一位浸礼派信徒，尽管他的作品对所有的基督徒都有影响。他写道："我希望自己是一位基督徒。对于诸如再洗礼派、独立派、长老派或类似的派别性称呼，我的结论是，它们既非源自耶路撒冷也不是源自安提阿，却源自地狱或巴比伦。"

在担心自己被定罪的恐惧的折磨下，班扬以祷告、灵修反省（soul-searching）和研读《圣经》寻求救赎之道。《天路历程》是班扬让自己不完美的灵魂与上帝的计划协调起来的进度报告。

在克伦威尔统治时期，像班扬这样的许多平信徒传道人都被怀疑，因担心他从事颠覆活动，班扬本人受到监视，但未被监禁。但是，随着斯图亚特王朝的复辟，不幸降临到这位补锅匠传道人身上。当时的清教主义已衰落凋零，而且因为清教徒在共和国时期曾压制英格兰的古老习俗，大部分英国人都厌恶它。另外，更为激进的分离派小教派——比如基督王国门徒（Fifth Monarchy Men）——依旧是复辟的王朝和圣公会既有体制的潜在威胁。由于错误地相信班扬在煽动叛乱，并可能收留和鼓励拒绝认同《公祷书》的武装教派分子，一位地方法官将他送入监狱。在监狱里获得闲暇的他开始写作。在查理二世于 1671 年暂时（和违宪地）废除针对天主教徒和不从国教者（Nonconformists）的惩罚法令后，班扬获释。他在 1675 年又再次短暂入狱，当时在监狱里的他写下了《天路历程》。从他获释到 1688 年去世的这段自由时间，他又完成了其他作品，不过，没有任何其他作品像《天路历程》那样引人注目和感动人的良心。 280

理解清教主义的最佳途径便是阅读那本寓言小说。清教徒被称为“灵性的贵族”，尽管其中的绝大多数人就社会地位而言绝不是什么贵族。他们还被称为 17 世纪的法利赛人，因为他们给人留下的不快印象是他们认为自己比其他所有人都圣洁。不管是在英格兰还是在美国，清教徒通常都心胸狭窄、沉闷无趣。不过，他们的信仰深邃，动机高尚，有时他们的知识能力令人惊叹。直到最近几十年，清教徒在美国人的生活和思想史上一般都是受到称赞的，不过，今天已有对它的负面反映。清教主义常常无缘无故被鄙视，这和之前对它不加鉴别的欣赏一样都让人困惑不解。清教徒思想和良心的优点和缺点都深刻地影响了后世的很多美国人：如果美国没有清教徒的智识和道德贡献，美国历史的进程可能会全然不同。

清教徒最卓越的表现（正如班扬身上所体现的）是他们抑制住意志和欲望，坚定不移地寻求天国之城（Celestial City），并为美国留下一个旨在协调权威和自由的道德和政治秩序（尽管他们常常不宽容）。清教徒的最卓绝之处是他们信实地追求灵魂共同体和属世共同体的高远目标。

和其他有关人类状况的著名寓言小说一样，如果要明白它朴实无华的魅力，《天路历程》应该被通读。按照 C.S. 刘易斯的定义，寓言小

281 说是以某种东西为象征描述另一种东西，“以用形象的语言传达无形的讯息”。《天路历程》是个人力求灵魂救赎的寓言，其所用的形象是从他受咒诅的家到天上的耶路撒冷——也即天国之城——这一段危险重重的漫长旅程。除《圣经》和福克斯（Foxe）的《殉道史》（*Book of Martyrs*）之外，约翰·班扬几乎没读过其他英国文学作品，不过，他的道德想象力凭借单纯的经验和内心的挣扎成就了现代历史上具有原创性的作品之一。

在魔鬼主导的名利场，所有东西都被出卖了。因为基督徒——也即天路历程上的朝圣客——拒绝名利场上的“各种各样的表演、戏法、欺骗、游戏、比赛、蠢货、模仿者、流氓和无赖”，所以他和其同伴“忠信者”（Faithful）就被恨善主人（Lord Hate-Good）审问，嫉妒、迷信和马屁精这些假证人做证害他，于是他们被扔进监牢。忠信者在经受可怕的折磨后死去，不过，基督徒逃跑了，经过许多试探和战斗后，来到天国之城，被接纳入城。

与天国之城同时浮现在眼前的是山旁的一扇通向地狱的门，经过这个门的是一个非常不同的朝圣客：无知（Ignorance）。弃绝虚荣，摆脱无知，忠心至死：这样，许多朝圣客就能够凭借上帝的恩典从自己败坏的本性和时代的堕落中被拯救出来。这就是那位补锅匠传道人给他的时代和我们的时代的信息。

班扬充满激情的劝勉的形象在美国人的思想和美国人的良心中牢牢地扎下了根，而且不只是在新英格兰。因此，试图通过政治性论著——比如像詹姆斯·哈林顿的《大洋国》那样的作品——探究清教徒塑造美国秩序之轨迹的现代学者们都误入歧途，没有找到重要的影响来源。主宰世界的是想象力，不是辩证法。每有一个曾读过《大洋国》的美国人，便有一万个读过《天路历程》的美国人。

要不是这些基督徒作家的影响，新生美国的生活内容不外就是霍布斯式的对权力和财物的普遍的、无穷尽的欲望。虽然美国殖民地深受17 世纪英格兰的宗教和社会思想的影响，它们对英国内战时期的军事 282
和政治事态仅仅采取远观的态度。1688 年，英国内部的权力斗争结束，各个势力和教派达成某种程度上的和解，在这之后很久，美国殖民地才有足够多的财富或人口，可以承受长期的内部冲突。然而，西部边疆已足够野蛮和残忍：如果没有新教的基督教教导所提供的道德秩序的基石，那里的生存状况几乎和动物差不多。

在将近一个世纪的时间里，美国文明在稳定的英国的保护下，借着“有益的忽视”的殖民地政策不断发展。于是，我们来到了约翰·洛克和辉格党冉冉升起的时代。

论约翰·洛克

在约翰·班扬死后三个月，斯图亚特王朝再次失去王位。查理一世活下来的第二个儿子、查理二世的兄弟詹姆斯二世改信了罗马天主教。在一个新教国家，他非常不明智地将天主教徒提拔到军队和文职中的高位。1687 年，他发布《宽容宣言》（Declaration of Indulgence），废除针对天主教徒和不从国教者的处罚法令。他命令英格兰教会的主教们在各教会宣读他的宣言，由于其中的七个主教拒绝这么做，詹姆斯便让他们接受审讯。

于是，新教徒贵族们联合起来反对詹姆斯，邀请荷兰统治者奥兰治的威廉（William of Orange）在英格兰登陆，将他的岳父废黜——因为威廉娶了詹姆斯的女儿玛丽。詹姆斯逃走，尽管他后来在爱尔兰组建了一支军队，却在那里遭受惨败。詹姆斯党人（Jacobites）或者支持詹姆斯及其后裔之诉求的人将继续为斯图亚特王朝的复辟奋斗五十六年。随着威廉和玛丽加冕为大不列颠和爱尔兰的国王与王后，新教安全了。同
283 时，国王进行武断统治的可能性也大幅下降。奥兰治的威廉也即英格兰威廉三世的胜利是议会的胜利和被称为辉格的新教大家族的胜利。

约翰·洛克是一位积极参与辉格党政治活动的学者（有时是医生），1689 年 2 月，在荷兰度过将近六年流亡生涯的他回到英格兰。与他同乘一条船的有玛丽公主，玛丽公主是要去继承王位，因为她的丈夫已经将王位从她父亲手中夺了过来。

洛克是一位清教徒律师的儿子，大学时曾在牛津就读，当时正值《利维坦》出版之际。他将努力消除那本书的影响，然而他不知不觉地在某些方面扩大而非减弱了它的影响。他反对长老会的不宽容以及独立派的狂热主义，并逐渐认可被称为“剑桥柏拉图主义者”（Cambridge Platonists）的那些心胸宽广的圣公会信徒。在詹姆斯二世统治时期的种种阴谋中，他与新教徒政治人物有密切的联系，结果他只好跑到荷兰避难。现在他可以返回英格兰了，尽管他很快就对 1688 年“光荣革命”之后的和解感到不很满意。五十八岁的他开始了自己思辨文人的生涯，在其后的十五年时间里，他将成为英格兰知识界的领军者。

他的两本《政府论》大部分写作于二十年前，在他返回伦敦之后的几个月就出版了，他的《人类理解论》（*Essay Concerning Human Understanding*）一书于 1690 年面世。这些著作依然在影响着我们。尽管它们意在保护英格兰的宗教和社会体制，但在接下来的那个世纪，却成为美国和法国革命者的武器。

确实，在当下的美国，没有哪位政治哲学家被普遍引用的程度超过约翰·洛克，不过，也没有哪位政治哲学家被如此粗枝大叶地理解。洛

克的名字已几乎变成美德、宽容和代议制政府的同义词，有些学者甚至说，到目前为止，不管好坏，洛克的观念几乎等同于美国人的生活方式。

诚然，洛克在美国人的政治思想中占有突出的地位，但是，他并非
此一领地的绝对主宰。我们如果要评价洛克对 1776 年的美国人以及我 284
们自己时代的美国人的影响力，就应当考察洛克实际留下的文字和提出的观点。

尽管洛克的专著意在抽象讨论社会的起源和性质，它们实际上是在解释英格兰许多世纪以来的政治经验。《政府论》像是在预先为 1688 年革命辩护，尽管其范围远远大于此。

洛克在 17 世纪实际政治中的目标可以用简要的语言加以描述。他认为，政治主权属于民众，此中的含义是它不属于国王。民众将他们的权力委托给议会这个立法机构，不过他们偶尔会收回这一权力。行政权力源自立法权力，以议会为依托。洛克确信，这就应该是英格兰的宪制；与他结盟的那些有权势的人将他的理论付诸实践。

虽然洛克与英格兰教会保持一致，上述观点却接近于某些清教徒作家和政治家的理论。在 1642 到 1660 年的新英格兰，清教徒殖民者就是按照这些原则进行自我治理的，尽管他们觉得在复辟后有必要听命于斯图亚特王朝。在洛克设计的体制下，国王除作为王国的保卫者和法律的看守者之外，几乎没有个人性权力（事实上，强势的新国王威廉三世所掌握的实际权力超过了洛克在其著作中分配给国王的权力）。这就是洛克政治学论著的直接目的和价值，不过，其中还有值得考察的更广泛、更有持久价值的内容。

洛克的《政府论》（下篇）是英格兰最为重要的政治理论著作之一，实际上是对四十年前出版的霍布斯《利维坦》的批评，虽然洛克很少提到他那位聪明的对手的名字。洛克试图证明：政府是人们以自由

契约的形式协定而成的，统治者只是作为人民的受托人才拥有权力，而且当这种委托关系被破坏时，人民可以凭借自己的力量正当地推翻暴
285 政——但是只有在受到恶性挑衅时才如此。这些论证解释了 1688 年革命的成因，并为它辩护；它们同时还解释了 13 世纪以来英国为争取受制衡的政府而展开的长期斗争的性质。在洛克看来，它们所阐释的原则是一个文明国家可以在政治上落实“自然法”的凭借。

为理解洛克的论点——特别是洛克对生命、自由和财产这些“自然权利”的强调，回顾一下本章前面提及的霍布斯的观点是有益的。约翰·洛克努力试图找到某种好于霍布斯的武力法则的替代性秩序原则。在他自己那个时代，大多数受过良好教育的人都认为洛克已成功实现自己的目标。

洛克著作的内容与他自己那个时代欧洲大陆强势的权力和政策取向背道而驰。不过，约翰·洛克向专制主义时代发起挑战。洛克的政治观点将在 18 世纪渗透进欧洲大陆，帮助那里推翻了父权制专制主义，尽管后者此前看似铁定要大获全胜。现在仍有争议的是，他的原则在 20 世纪是否还有同样的影响力。

洛克在大多数问题上并非原创思想家，只是一位集大成者或普及者。他的道德哲学试图将 17 世纪的科学发现与基督教传统协调起来。与此类似，他在政治上努力将之前哲学家的观念融入符合英格兰历史经验和新需要的体系之中。

洛克写道，社会是在自然状态中地位平等之人自愿缔约的产物，其目的是更好地保障那些属于他们的自然权利——生命、自由和财产。［洛克通常使用的词汇是“资产”（estate），意指地产，不使用财产（property）一词。］他对资产或财产问题的讨论远远多于对生命和自由问题的讨论。他多次宣称，“人们进入社会的原因是保护他们的财

产”。这一论点对殖民地时期的美国特别有吸引力，因为那里有很大比例的白人居民都拥有某种地产。

不过，洛克的社会协定观在20世纪还有其价值么？自然状态中的 286
人真的曾自愿达成协定以结成一个民族么？原始族群到底有多少“资产”需要保护？洛克的契约论是他没能令人满意地加以论证的几个设想之一。作为对霍布斯的回应，现在它好像显得不足。[5]

仅仅六十年后，洛克的有关远古时代的人们曾为自己的福利自发达成协定的理论就被大卫·休谟（David Hume）驳斥得体无完肤。休谟指出，国家的历史起源与洛克的初民自愿结合毫不相干：在英格兰和其他地方，时不时出现的武力和征服是国家形成的原因，即便这些国家并不单靠武力维持。

在洛克之后一百年，埃德蒙·伯克建议他那个世代的人给国家的远古起源“罩上一块神圣的面纱”，其中暗含的意思也是如此。政治思想史家C.E.沃汉（Vaughan）在批评洛克的有关自然法确定会带来自由认同和相互协助的观点时指出：“人类的所有杰出表现都是以冲突为基础的；不管我们如何想避免冲突，如果缺少了斗争性品格，美德便所剩无几，进步这样的事也就不存在了”[6]。也许，洛克的“自然法”确实并不适用于原始初民，只适用于已经文明化的英国人，因为后者的冲动已经被基督教的教导成功地予以抑制。

实际上，洛克有关“自然状态”的说法，对《圣经》经文的引用以及对不言自明的真理的提法，不过是对1689年舆论环境半推半就的让步：当时所有人都在使用这类词汇。洛克毫无伪善地将这些词汇改造后用到自己的论著中。问题的核心在于，为解释英国人权利存在的理由，他真正想要的不是形而上学的洞见，而是某种说得过去的象征性缘由——也许我们可以称此为神话故事。

洛克可能没有非常成功地驳斥霍布斯——恰好是因为洛克像霍布斯一样是推崇个人主义的哲学家。他并不非常欣赏基督教的“灵魂共同
287 体”观念。毫无疑问，对于后来从他的理论派生出来的某些东西，洛克会感到吃惊——其中一个例子便是，在他之后一百年，让·雅克·卢梭将洛克对政治上服从多数原则的认同挪移到有关主权公意（General Will）的一种模糊不清的理论之中。19 世纪的卡尔·马克思以洛克［以及后来的李嘉图（Ricardo）］的财产价值源自所耗费劳力的观点为基础，发展出社会主义的价值理论，这会让洛克更加吃惊。

其中的原因是，从洛克的论证推断，他意在将政府限制在尽可能小的范围之内，因为他担心政府会干涉财产权利，而财产权利是公共福利之源。在 20 世纪早些时候，有人严厉批评了洛克对财产权过于热衷的立场，而且还有一些正当理由。不过，我们这个时代有更多的人逐渐开始明白，正如保罗·埃尔默·摩尔所说，就文明而言，财产权可能比生命权更加重要。每一种自由都与对财产权的保障紧密相连——这是洛克认为理所当然的真理。

然而，即便如此，洛克强调原始自由的做法，仍然会让我们称之为人类社会的那种精神连续性陷入危险之中。除在有些地方提到后世之人对社会协定的“默认”外，洛克没有谈及基督教的社会观：社会是上帝与人的约定，以及死人、活人和尚未出生之人的相互约定。洛克那里没有温情，没有神圣感。他的社会协定离《创世记》的说法甚远：“我把虹放在云彩中，这就可做我与地立约的记号了。”洛克个人主义的动机是效用，而非爱。洛克式的孤立个人是一种社会性原子，有可能享有生命、自由和财产。不过，那是一种怎样的生命？自由的目的为何？

洛克是第一位伟大的辉格党思想家，伯克是最后一位。在一个世纪之后的法国革命期间，埃德蒙·伯克觉得有必要审视抽象的社会协

定或契约观，即便这会让人不快。伯克在他的《法国革命反思录》（*Reflections on the Revolution in France*）中回应卢梭的追随者时说，自然权利和社会契约确实存在；不过它们不是卢梭阐释的那种权利和契 288
约。要不是在政治上对他太尴尬——因为他与辉格党人的关系，伯克可能还会说，这些货真价实的权利和契约也不是洛克所阐释的那种权利和契约。

伯克说，社会确实是一个契约、一种伙伴关系，不过，它不只是某种确保私人收益的商业性机制，也不是卢梭的无限公意所表达的那种意思。因着他们的人性，人确实拥有权利；不过，这些权利不是冷冰冰的抽象概念，也不仅仅局限于防范政府的单纯保护机制。伯克明白，将自然权利压缩成诸如“自由、平等、博爱”或“生命、自由、财产”之类的简洁口号就忽略了公共事务的复杂性，将大多数伦理关系排除在考虑之外。伯克认为，人们在社会中所拥有的最为重要的权利之一是免于采取那些会毁掉其邻舍和自身的行动的权利——也即让他们的冲动和欲望受到某种控制的权利。

伯克在1789年写道：“如果说公民社会有利于人，它所带来的所有好处就都变成人的权利。它是行善的体系，而法律本身不过是按照规则行善。人有权利按照那种规则生活；他们有权利公平对待其同伴，不管他们的同伴是据有公职，还是从事普通职业。他们有权利享有劳动的果实，有权利拥有让他们的劳动富有成果的工具。他们有权利继承父母的财物、养育和栽培他们的后人、获得生活中的教导以及死亡时的安慰。如果不妨碍他人，每个人都有权利为自己做他能独立完成的事，而且他有权利享用社会以其集中起来的技能和力量所能为他提供的好处。在这种伙伴关系中，所有人都享有平等的权利，但并没有得到同样东西的权利。”

伯克的这些话里面散发着《政府论》（下篇）中的某些气息，不过其中有更明显的理查德·胡克和经院学家的影响。伯克追溯到洛克之前
289 的一种共同体观念——它比洛克或霍布斯的个人集合更温暖、更丰富多彩。伯克继而说道，真正的社会协定是永恒的：它将死人、活人和尚未出生之人联结在一起，而且我们都是这一灵性和社会伙伴关系的一部分，因为它是上帝命定的。

在为他的社会和谐论辩护时，伯克在《法国革命反思录》中诉诸洛克曾忽略掉的东西。因为到了法国革命时，约翰·洛克在《政府论》（下篇）中的论点已经变得非常乏力，难以维系一个合理的社会秩序。也就是说，约翰·洛克过去依靠的主要是自利原则，但是，伯克提醒他那个时代的英国人注意邻人之爱和义务感。

洛克曾四次修订他的另一本非常有影响力的著作：《人类理解论》。当时在整个欧洲已经享有很大名气的洛克因这本书而更加名声大噪，以至于超越了当时知识界的所有其他领袖级人物。法国的孔狄亚克（Condillac）宣称，在亚里士多德时代和洛克时代之间没有其他真正的哲学家。

洛克在这一长篇论著中解释说，我们的所有知识都源自个人的五官经验。洛克说，我们看、听、触摸、品尝、闻：它们是我们信息、知识和智慧的唯一源泉。这一理论对他的同代人产生了石破天惊的效果。保罗·哈扎德（Paul Hazard）说，这一理论代表了“对到目前为止被普遍接受的价值观序列的彻底革命。最高尚、最公正、最纯洁的那些观念，道德教导，以及灵魂的召唤——所有这些都源自感官！我们的随着感性起舞的大脑不过是奴仆、辅助者”[7]。

洛克这本名著的主题是，人类所有个体出生时的大脑就像一块白板，经验在此留下一系列的印记，这些印记逐渐被组合成一般性的观

念。洛克认为，内在的观念是不存在的：一个婴孩从其先祖继承或者从上帝那里获得的所有东西只是赋予不同印记以意义的手段。

按照洛克的说法，婴孩无法凭直觉或本能领会无限的观念，或永恒 290
的观念、或连续性的观念、或敬拜的观念，甚至上帝的观念。他通过经验获知所有这些观念，而他获得经验的途径是他的五官——也即感观过程。洛克指出，道德信念非由任何高于肉体的力量植入人类个体；对，它们是经由欢乐痛苦的经验获得的，这样，我们逃避伤害我们的所有东西，视它们为邪恶；拥抱有利于我们的所有东西，视它们为良药。人类天真的大脑所具有的全部能力就是比较、区别、判断和决断。洛克在《政府论》中曾认为有关人类平等的感情以及对生命、自由和财产的渴望是人的内在品质；不过，他在后期的《人类理解论》中驳斥（尽管只是含蓄地）了早前的观念。只将获知观念的能力留给了人。

《政府论》旨在证明仅凭个人利益和判断就足以解释政治现象了，《人类理解论》旨在确立思想上的个人主义。《人类理解论》契合洛克那个时代的狂热追求，为 18 世纪的理性主义开辟了道路。天地之间的所有东西都必须接受个人判断的批判性审视。自然神论者以及比他们走得更远的怀疑论者轻易就能将洛克的哲学应用到他们自己不断翻新的概念之中。洛克既非自然神论者，也非怀疑论者，不过，他确实想把《人类理解论》当作武器，特别是针对天主教徒的武器，后者的权威与传统的堡垒肯定因此惊悸颤栗。

《人类理解论》的巨大影响力虽然持续了两百八十多年，今天却很少有人为整本书做辩护。有些人会越过洛克，一直追踪到不受约束的机械论，后者甚至否认比较、区别、判断和决断的能力是天生的。另有人则提请注意 17 世纪末以来的对人的神秘本性的大量探究，并指洛克没有考虑到那些潜意识的大脑活动；他同样没有考虑到的是，有些大脑活

291 动借着神秘的方法或者诗性或数学洞见，将人提升到超越纯粹理性界限的境界。更有些人指出，洛克对基因性遗传一无所知，因为在洛克的时代，基因科学还是人们不敢奢想的东西。

洛克没有否认上帝的存在。不过他认为，上帝没有将内在的真理普遍赋予人类。相反，上帝将感知力和反思能力赐予单个的个人，人们凭此就能发现他们需要了解现实世界的什么。巴希尔·威利（Basil Willey）是这么总结洛克的观点的："因此，我们当以思考'事物本身'（我们的大脑本身就是这样的'事物'）来寻求知识，并运用我们自己的而非他人的思想。"[8]洛克满怀信心地认为，非常理性的、彻底的认知上的个人主义会让人类免于非理性（Unreason）的暴力，而正式的教育将足以让人类保持理性。

洛克的知识论部分地是对17世纪英国的宗教狂热主义的反动。洛克实际上是在说，远离宗教教条主义。从此以后，人类可以以经个人五官验证的美妙理性作为行动的基础。然而，洛克没有预见到一个世纪之后狂热政治意识形态的到来，他更没有预见到从法国开始形成的对理性的狂热崇拜。

在18世纪后半期，洛克的政治理论和心理学对美国人的信念到底有多深的影响？从对那一时期美国人的阅读情况的研究来看，这一问题的答案好像是，在美国革命的前夕，受过教育的美国人常常会提及洛克，不过很少读过他的第一手作品。

美国人将利用洛克，不过不会崇拜他。总体而言，美国的领袖们既不接受霍布斯的决定论和绝对主权观，也不全盘认同洛克提出的有关社会起源和人类理解力的观念。

即使在更喜欢新花样的美国人中间——其中包括托马斯·杰斐逊，情况也是如此。正如吉尔伯特·希纳德（Gilbert Chinard）所说："杰

斐逊的哲学诞生于亨吉斯特（Hengist）和霍萨（Horsa）的印记之下，292
而非理性女神的招牌之下。”[9]*也就是说，杰斐逊所了解的英国历史（尤其是盎格鲁-撒克逊时期的历史，以条顿人首领亨吉斯特和霍萨在英国登陆为开端）对他的影响大于启蒙时代理性主义对他的影响。杰斐逊知晓洛克，而且给他以高度的赞誉；不过，在他的《札记》（*Commonplace Book*）和其他公开文件中，杰斐逊更经常引用的是诸如柯克（Coke）和凯姆斯（Kames）之类的法学权威。而且杰斐逊否认他的《独立宣言》抄袭了洛克的《政府论》（下篇）。

或者看看约翰·亚当斯这位最博学的联邦党人的情况。在亚当斯的十大卷作品中，提及洛克之处相对来说非常少。亚当斯写作于1776年的《政府论》（*Thoughts on Government*）确实有对洛克的赞誉之词，而且亚当斯在他写作于两年前的《诺凡格鲁斯》（*Novanglus*）一书中大量引用了洛克。但是，亚当斯只将洛克视为英国若干位值得尊敬的自由价值倡导者之一——这些人还有“西德尼、哈林顿、弥尔顿、内维尔（Neville）、伯尼特（Burnet）、霍德里（Hoadly）……”仅举一位杰出的作家为例，孟德斯鸠对亚当斯的影响似乎超过了洛克。

亚当斯、杰斐逊和其他有思想能力的美国人都利用洛克，因为他们发觉自己所处的环境类似于英国的辉格党在洛克那个时代的处境，而且他是辉格党的首屈一指的哲学家。从英国政治的角度看，美国爱国者领袖们毫无例外都是辉格党人，就此而言，几乎所有被误称为“托利党人”的美国保皇派人士也都是辉格党人。美国殖民地几乎不存在真正的托利主义：在革命前夕和期间，政治派别的实际区分是，一方是激进的辉格党人（爱国者），另一方是温和的辉格党人（保皇派）。因此，如

* 亨吉斯特和霍萨是传说中的一对兄弟，曾在公元5世纪带领盎格鲁人、撒克逊人和朱特人入侵英国。——译注

果仅仅从党派角度考虑，几乎所有美国的政治人物都对洛克表示尊重。

归根结底，当时有思考能力的美国人的秩序原则并不是从某个单一政治哲学家那里找来的，而是来自所谓的“伟大传统”（Great Tradition）——它源自希伯来人、古典时代以及基督教的教导，并经受
293 了他们英国祖先的个人以及民族经验，还有他们自己殖民地生活的检验。那些曾读过托马斯·布朗爵士作品的美国人可能会觉得布朗的《基督教道德》一书中的这段话足以表述他们自己的基本认知：

> 以旧伦理和经典的诚实原则为生活指南。不要在真正的美德和恶行上标新立异。不要以为道德是可变通的；不要以为一个时代的邪恶到了另一个时代就不再是邪恶；也不要以为公正理性永恒印记之下的美德会接受舆论的认可。因此，哪怕邪恶的时代扭曲了对事物的看法并以新的伦理对抗美德，你也要坚守旧道德；不要追随大众去作恶，反倒要像庞培之柱（Pompey's pillar）那样光明磊落，成为独自站立的美德榜样；邪恶的大洪水不可能淹没所有的人，至少有八个人会逃出；要尊重这样的英雄：他们高昂自己的头颅超过水位，常在河边走却不湿鞋，在普遍的瘟疫中却不被感染。

辉格党政治

詹姆斯二世逃离英格兰之后，反对他的贵族以及下议院议员们召集了一个新的议会，也即从 1689 年初开始运作的“公约议会”（Convention Parliament）。这个机构起草了一份权利法案，经国王威廉和王后玛丽认可后，这份法案变成权利宣言，这是最重要的英国宪法文件。一个世

纪之后，它的总体骨架以及其中的很多规定被纳入美国新宪法的前十项修正案。由于这是被称为辉格党的权利法案起草政党的胜利，我们这里就暂时脱离正题，快速考察一下从查理二世统治时期到 19 世纪一直在英国争夺权力的两个党派：托利党和辉格党。

“托利主义”意指托利党人或者维护教会和国家既有秩序者的原则 294
和做法。与和它对应的词汇“辉格主义”或“辉格派”一样，托利主义最先是作为蔑称使用的。不过，接近 17 世纪末时，作为它指称对象的那个派别将其作为自己的称号。

“托利”一词源自爱尔兰盖尔语方言，意为“快来，国王！”16 世纪晚期，这个词在爱尔兰有了搜寻者或盗贼的含义，统治爱尔兰的英国人和盎格鲁–爱尔兰人以它指称那些反抗政府的被判定违法的罗马天主教徒。不过，一个世纪之后，“托利”一词被用来指那些热心支持王权、英格兰教会及其分支机构，以及英国既成事实的英国人、苏格兰人以及爱尔兰人。

19 世纪的约翰·亨利·纽曼将托利主义称为“对人的忠诚”。他的意思是，18 和 19 世纪的托利党人认为社会是人身依附关系的网络，而非由托马斯·卡莱尔（Thomas Carlyle）所谓的“现金支付网络”联结在一起的利益组合。自复辟以来，忠于教会和国王一直是托利党与众不同的标志：托利党人是内战时期骑士党的继承人。

在整个 17 和 18 世纪，托利党人（其骨干成员包括“乡绅”或较小的土地所有者以及伦敦之外的圣公会教牧人员）拥护王室和圣公会建制的诉求，反对辉格党人和不从国教者的主张。而且托利党人一般代表农村利益，与商业和工业利益团体对立。1745 年结束的反对英格兰汉诺威（Hanoverian）王室的詹姆斯党人叛乱，就得到托利党人忠于斯图亚特王室的极端派别的支持。从威廉三世登基到法国革命，尽管托利党偶尔也会获得下院的多数，而且在上院一直都拥有雄厚的实力，但通常都处于反对辉格党的在野地位。

295 在1775年革命爆发的前夕，“托利”一词在美国各殖民地是针对那些仍忠于乔治三世和英国议会的美国人的蔑称。实际上，不管革命前还是革命后，真正的托利党人在北美都是少见的：被贴上这一标签的大多数人不过是有保守倾向的辉格党人——他们同情英格兰的谢尔伯恩（Shelburne）或罗金汉姆（Rockingham）辉格党人。

“辉格”一词最初也是蔑称，源自苏格兰盖尔语方言，意思是偷盗牛马的小偷，它首先被用在“狂野的西部辉格党人”身上——也即拿起武器反抗圣公会建制的坚定的加尔文主义信徒、苏格兰盟约派（Scottish Convenanters）。在查理二世统治时期，“辉格”开始指这样的人：他们拥护议会的权力，反对国王的权力，而且支持对不从国教者的宽容政策。莱斯利·斯蒂芬（Leslie Stephen）写道，辉格党人“对教区牧师疑虑重重”，意即辉格党人并非教会建制可靠的盟友（尽管大多数辉格党人自己仍留在圣公会），而且因此在某种程度上成为圆头党的继承人。

到了光荣革命时，主导辉格党的都是大土地所有者，他们——包括从欧洲大陆跟随威廉和玛丽来的一些家族——通过自己的财富有效地控制住了下院的很多席位，与他们结盟的是大多数商人和制造业者。在这两个政党里面，辉格党比托利党有更多贵族成分。

这些辉格党人反对专断的君王权力，对英格兰的很多海外事业持怀疑态度，并经常提倡内部的政府管理改革。大卫·塞西尔（David Cecil）勋爵写道：“即使在那些占据了辉格党人多数时间的国务中，他们也很少过问经济理论或行政管理的枯燥细节。对他们来说，政治首先意味着个人品质，其次是一般性的原则。而且一般性的原则对他们来说更像是表达的凭借，而非思考的对象。他们并不奢想去质疑辉格党正统

的基本理论。他们都认同有秩序的自由、低税收以及圈地政策；所有人 296
都不认同暴政与民主。他们唯一的关切是以新颖有效的方式重申那些无可辩驳的真理。”[10]

辉格党正统派通过1688年革命掌权。英格兰所谓的“威尼斯寡头”（Venetian oligarchy）——也即辉格党人大家族的联合——以不流血的方式推翻斯图亚特王朝的最后一位国王。这一不流血的革命没有影响到英格兰的社会基础；相反，它强化了贵族家庭以及成功商人们的地位。

埃德蒙·伯克评论说，光荣革命是一场“尚未启动既已被阻止的革命”。他的意思是，在辉格党人的眼中，鉴于詹姆斯二世企图增加王室的特权，所以，他才是真正的革命者。辉格党人相信，由于阻止了詹姆斯二世意图发动的革命，他们捍卫了英格兰宪制：他们高举英国人的特许权利，反对要削减这些权利的国王。不过，辉格党人起草的1689年权利法案却具有革命性，因为它确立了议会的至高无上的地位，从那时直至今日。

与后来的美国宪法一样，权利法案从表面看一点都不抽象，它是非常实际的有关宪政程序的法令。威廉和玛丽这两位新统治者要受这一法案的约束。议会——而非国王和王后——决定了英国宪制的特性（nature）。法案列出种种不满，并写明针对这些不满的长效解决办法，不过它没有规定任何抽象的政治原则。权利法案的不言自明的前设是，议会在这里只是重申某些之前曾由王室特许状保障的古老权利。实际上，法案是之前四个世纪英国宪制发展成熟的果实。

1689年，获胜的辉格党人的主要关切是宗教问题：权利法案要求，威廉和玛丽及所有的王位继承人都必须是新教徒，并且必须宣誓维护新教信仰。如果某位国王或王后“认信天主教或者嫁娶天主教徒”，那么
“王国人民就因此应当且确实不再有效忠义务”。除他们自己的新教信 297

仰外，那些大财主们在1689年仍一直害怕某位天主教徒国王可能会将以前的修道院土地还给复辟的天主教会，这些土地大多都分给了辉格党人的贵族家庭。就光荣革命的诱因而言，对“天主教会”的担心甚至超过对议会权力的关切。

权利法案的其余部分与限制国王的权力有关。公约议会宣布，詹姆斯二世曾试图“攫取及运用权力，以摈弃和中止法律并未经议会同意实施法律，借此破坏和铲除新教信仰以及本王国的法律和自由……”被废黜的国王受到下述指控：告发抵制其天主教野心的主教们、未经议会同意收取钱财、未经议会批准组建军队并非法征用民房驻军、在危险时刻解除某些新教徒的武装；侵犯议会选举自由；在法庭控告某些在议会看来算为正当之事；挑选不符合条件的陪审员；要求过多的保释金；滥施罚金；指令残忍且不同寻常的处罚办法；威胁非法收取罚金和罚没。

在给出解决方法时，权利法案重申了这些不满，以宣言的形式指出所有这些具体的滥用王权的做法都是非法的。在将王位授予威廉和玛丽时有这样的谅解：新国王和王后完全接受本宣言中的英国的每一项“无可置疑的权利和自由”。法案规定，议会应经常开会。其中暗含的意思很清楚：如果此后有国王侵犯这些权利和自由，议会可能会以辉格党人曾对付詹姆斯二世的方式对付这样的王室侵权者。

法案没有提及洛克的社会协定理论，不过，这一文件本身就是新统
298 治者与国民间的某种协定。有关生命、自由和财产的自然权利也没有提及：议会没有诉诸抽象概念，反倒诉诸法律上的先例——也即“已知的法律与法令，和王国的自由”，以及埃德蒙·伯克后来所谓的“英国人的特许权利”。王室特权与议会诉求之间的长达百年的斗争也没有提及：法案仅提到最近针对詹姆斯二世的不满。法案起草者好像认为一切都没有改变：这不过是古老的权利被议会重新确认，并得到威廉和玛丽

的明确认可。

不过，到了18世纪，内阁制政府会从权利法案中发育出来，其中的内阁首相对议会负责，并代表在下院据主导地位的政党或党派——或者政党与党派的联盟。国王日益被排除在党派政治之外，尽管直到19世纪中叶维多利亚女王统治时期，国王可能不时试图通过其个人影响和手中的财富操纵议会。当美国革命时期的乔治三世试图按“爱国国王”的要求施行统治并指导事件进程时，他没有尝试着采用斯图亚特王朝的强权手段；他主要依靠国王的庇护权力。即使这样，他还是会受到辉格党人的阻挠。

这样，1689年事件的效果就是认可主权已经从国王转移到议会。主权转移实现的途径是具有操作性的法律，而非诉诸抽象的权利；主权的转移让英国避免了18世纪末推翻旧制度的那种革命浪潮（认为英国人通过议会享有主权的普遍看法有助于减弱在法国喷薄而出的那种对王权的憎恨）。权利法案牢牢建立起代议制政府，即使在1689年绝大部分英国臣民尚没有获得选举权。就实际后果来说，权力已从国王及其宫廷转入到大地主家族和成功商人之手。议会里对辉格党主导权的唯一有 299
效制约还是由较小地主组成的“乡绅”，以及视自己为托利党人的那些大贵族家庭和商业阶层。

君主制得以保存，不过其代价是理论上放弃了它在很多方面的行政权力（实际上，通过利用国王的庇护和其他权力途径，直到19世纪初，国王在很长时间内仍旧能够操纵议会）。

在权利法案获得通过后，美国殖民地成熟起来。在查理二世统治时期，英国人已从荷兰人手中夺取了新尼德兰，并将这个殖民地更名为纽约；他们已特许威廉·彭恩（William Penn）在宾夕法尼亚进行他的“神圣试验”；卡罗来纳已分配给英国的八位经营者；新泽西已开始成形。

新英格兰、弗吉尼亚和马里兰已归英国人所有。这样，在光荣革命之前，从缅因到现在的北乔治亚的大西洋沿岸已变成英国的领土。不过，北美殖民地人口的快速增长和相对繁荣出现在权利法案获得通过之后。因此，美国借着权利法案成长起来，认为法案的规定理所当然地适用于他们。美国殖民者认为，他们在生而自由的英国人的诸自由上有份，而且自由因某些特定的特许权利而受到保障，法律对侵犯这类特许权利的行为都有适当的补救措施。

这些观念和条件是独立宣言和美国宪法的基础。在宪法的前十项修正案中，英国权利法案的很多内容再次浮现。类似地，美国人对有效的代议制政府的理解也源自英国议会——尽管美国人将在 1776 年否定英国议会至高无上的地位。

新英格兰东部或切萨皮克（Chesapeake）湾沿岸的若干古怪的老房子是 17 世纪遗存至今日美国的唯一肉眼可见的可资纪念的东西。不过，
300 美国的政府模式仍然基本上保持了 17 世纪的特征，而且那时已经成形的“新教伦理”尚未消亡。

注释：

［1］ George Burton Adams, *Constitutional History of England* (revised by Robert L.Schuyler; New York: Henry Holt, 1936), p.333.

［2］ Leo Strauss, *Natural Right and History* (Chicago: Universit y of Chicago Press, 1953), p.166.

［3］ George H. Sabine, *A History of Political Theory* (London: Harrap, 1937), p.403.

［4］ E. L. Woodward, “Thomas Hobbes”, in F. J. C. Hearnshaw (ed.), *Social and Political Ideas of the Sixteenth and Seventeenth Centuries* (New York: Barnes and

Noble, 1949), p.153.

[5] 参见 the chapter "The Basis of Authority", in Russell Kirk's *John Randolph of Roanake: a Study in American Politics* (Chicago: Henry Regnery, 1964); also H. V. S. Ogden, "The Decline of Lockian Political Authority in England ", *American Historical Review,* Vol. XLVI (October, 1940).

[6] C. E. Va ughan, *Studies in the History of Political Philosophy* (London: Longmans, Green, 1925), Vol. I, p.159.

[7] Paul Hazard, *The European Mind (1680-1715)* (London: Hollis and Carter, 1953), p.400.

[8] Basil Willey, *The Seventeenth Century Background* (London: Chatto and Windus, 1949), p.274.

[9] Gilbert Chinard, *Thomas]efferson: the Apostle of Americanism* (Boston: Little, Brown, 1928), p.87.

[10] Lord David Cecil, *The roung Melbourne* (London: Constable, 1939), p.20.

第九章

有益的忽视：殖民地秩序

301 严峻、孤立与自由

如果有人想要以英格兰派遣到那里的殖民者的眼光看待十三个殖民地，那他就应当从海路进入美国。因为它们是海洋性殖民地，分布在大西洋沿岸的狭长地带，这些殖民地的几乎所有重要城镇都是港口。它们相互之间的通讯甚至内部通讯都主要依靠帆船。威斯敏斯特和白厅（Whitehall）远在大洋另一侧，要经过许多星期的航行才能到达。随着时间的推移，这个事实涵育了与众不同的美国社会和美国的政治独立。

一直到爆发革命，绝大多数美国人的视线都锚定在东方，而且他们的经济与大西洋以及从阿巴拉契亚山脉流向大洋的宽阔河流紧密相连。如果没有这些提供方便的水路，弗吉尼亚就永远长不大，因为它最初的烟草种植园聚集在这些水道沿岸。

为了解一个国家的历史，仔细研究其国土以及留存下来的纪念物是有益的。对大西洋沿岸的很多地区来说，这么做依然是可能的。即便在今日，如果有人从汉普顿路（Hampton Roads）溯宽阔的詹姆斯河而上，
302 弗吉尼亚的海岸看起来与最初那些冒险者所见也并无不同——1606 年，伦敦的弗吉尼亚公司（Virginia Company）派出三艘船运送这些冒险者。詹姆斯镇岛（Jamestown Island）可作抛锚之地，那几百人于 1607 年 5 月 13 日在那里上岸，他们建造的要塞将成为英格兰人在新世界的首个永久殖民地。

几百艘“被封存的”二战遗留战舰、运输船和货船停泊在詹姆斯河下游的地方，这些空荡荡的船只中，最小者的运力也比弗吉尼亚公司的三艘船舶所带到美国的货物和人员多许多倍。以詹姆斯镇为发端，美国

成长为世界上最富裕和强大的国家；这远远超过了 1607 年在这里登陆的所有冒险者的梦想，因为他们只是想通过发掘黄金和宝石让自己发财——尽管他们很快就不抱幻想。这些被封存的 20 世纪船舶中的其中一艘所需要的资本投入，就大于那些 17 世纪开始殖民北美的所有英国特许商业公司的总资产。英国人在北美大陆刚开始时是贫弱的，对母国来说，其重要性低于英国人在巴巴多斯这个茂密丰饶的小岛上的利益。不过，1607 年在詹姆斯镇岛以及十三年后在普利茅斯（Plymouth）科德角湾（Cape Cod Bay）的登陆者所创造的事业，其影响大于欧洲国家所有其他殖民者的事业。

詹姆斯镇遗留至今的仅有一个已成废墟的教会和一个满是创始家族人员骸骨的墓地。往内陆地区几英里，弗吉尼亚古老的乡村首府威廉斯伯格（Williamsburg）便坐落在詹姆斯河和约克河之间的那个长长的半岛上。威廉斯伯格被修复得典雅大方：英国文化被移植到这个曾经的波瓦坦（Powhatan）乡村*。在半岛的约克河那一侧的是约克郡（Yorktown）——1781 年，康华利（Cornwallis）就是在这里向华盛顿投降的，当时有乐队在演奏“天翻地覆的世界”（The World Turned Upside Down）。从开始殖民詹姆斯镇到美国爱国者的获胜，其间所跨越的年份，几乎相当于约克郡大捷距离我们当下时代的年份。

“有益的忽视”，埃德蒙·伯克的这个欢快的短语道出了直到乔治三世统治时期的英国诸殖民地的历史。即使在从多石的缅因到弗罗里达的沼泽边疆的所有沿海地区都被英国人占领之后，北美各殖民地除作为烟草、毛皮、松脂、某些染料和食物以及其他一些无关紧要的产品的供应地之外，对英国的价值不大。单是巴巴多斯或牙买加——或者就此而 303

* Powhatan 曾是当地印第安人部落首领的名字。——译注

言，西印度群岛上的其他一些岛屿——对伦敦的价值似乎就高于北美大陆所有十三个殖民地的总和。

确实，北美殖民地在某种程度上有利于英国制约在新世界的法国和西班牙对手，因此在危机时刻，它们是值得捍卫的。不过，总体而言，这些北美殖民地区让那些开展早期殖民的英国贸易公司感到失望，它们让许多年来控制着大片空旷土地的英国大财主（有些是贵族，另有些是平民）失望，它们甚至让最终对这十三个殖民地宣称拥有直接主权的英国国王们失望透顶。相较而言，英国在与西印度群岛、东印度群岛、印度、中国，甚至非洲的贸易中收获更大。

这样，由于这十三个殖民地对英国政治和商业在全世界的上升势头只有很小的作用，它们通常就处于放任自流的状态。因为殖民者从一开始便习惯于事实上的自主，他们在英格兰的保护下——不过并不受英格兰的明确指导——发展出自己的民族品性和社会机制。其中有些人甚至讨厌这种保护，因为这偶尔意味着他们要受国王、议会和英国总督们的制约，不能将印第安人的部落赶往更西部的地区。

普利茅斯殖民地创建于1620年，马萨诸塞湾殖民地创建于1628年；1634年，卡尔沃特（Calvert）在马里兰为英国的天主教徒开辟了一块避难地；1636年，清教徒抵达康涅狄格，罗杰·威廉斯（Roger Williams）创建罗德岛；（从弗吉尼亚）对北卡罗来纳的殖民开始于
304 1653年；1664年，英国人从荷兰人手中夺走新阿姆斯特丹，将它更名为纽约，对新泽西的殖民在同一年开始；1670年，南卡罗来纳的查尔斯顿（Charleston）奠基；1677年，缅因被纳入马萨诸塞；1679年，新罕布什尔成为王国的行省；1681年，威廉·彭恩获赠宾夕法尼亚和特拉华，并于次年创建费城；佐治亚是十三个殖民地中的最后一个，奥格勒索普（Oglethorpe）将军于1733年在萨瓦娜（Savannah）建起他的堡

垒之前，它一直都是荒野。几乎在不经意间，英国成就了一个将会比它自己更为强大的国家。

按照 17 世纪英格兰的标准，甚至按照西欧的一般标准，这十三个殖民地都是贫困地区——像北爱尔兰或者苏格兰高地一样贫困。除为宗教自由来美国的某些清教徒和贵格会信徒，以及一些更小的教派，几乎所有的长期定居者在开始时都是来自英国或欧洲的相对或绝对贫穷的移民，而且他们希望在新世界能够过上比旧世界更好的物质生活。经济收益——而非政治自由——是他们的首要目标。不过，自由从英国对这些被辛勤开垦的土地的“有益的忽视”中长出来了。

尽管殖民者通常都非常贫穷（在十三个殖民地中最贫穷的佐治亚，许多早期的殖民者是乞丐），他们却有雄心壮志。他们还非常富有活力。他们勇敢面对艰苦环境的挑战：美国人的健康情况和寿命很快就超过英国人。他们的生育率高得惊人，超过了之前所有欧洲民族曾达到的生育率，这样，他们的人数每二十五年就翻一倍（还不算后来的移民）。直到革命以后很久，绝大多数美国人的生活条件仍很艰苦，甚至上层阶级通常都要努力工作，还很难聚集起值得英国炫耀的财富。

欧洲人到来后，由于疾病肆虐，再加上被强制驱赶，大洋沿岸的印第安人部落减少了——尽管小块的印第安人聚集地直到今天还存在于科德角、长岛以及南部海岸各处。欧洲人和印第安人的生活方式不可能大 305
规模地肩并肩共存：贵格会信徒在宾夕法尼亚的慷慨的印第安人政策很快就自废武功。一个经过修正的英国社会模式逐渐在所有十三个殖民地获得支配地位，其中吸收或容纳了同样在 17 世纪到来的荷兰人、德国人、瑞典人和法国胡格诺派信徒。

很快，白人将黑人带进来。手工劳力从一开始就供不应求，特别是在南部的烟草、稻米和靛蓝种植园。来自英格兰、苏格兰、爱尔兰、威尔士和欧洲大陆的契约佣工（indentured servants）很快就以工作抵掉他们的债务，获得公民自由，并为自己购得土地或学会一门手艺；与拉丁美洲半开化的印第安人农业部族不同，北美的印第安人无法被说服或强迫为欧洲殖民者耕种土地。于是，美国越来越多地依靠奴隶贸易从非洲获得劳力。1619 年，首批黑奴被贩卖给弗吉尼亚人，大量输入黑人的事直到 18 世纪才开始。1709 年，纽约市建立了一个公开的奴隶市场，两年后，首次流产的黑人抗争在该市遭到镇压。这样就形成了麻烦不断的两难局面：政治上像英格兰一样自由的地方出现了私产奴隶制，而这个地方在多数方面都比那个时代的任何欧洲国家更接近于社会平等。

殖民者继承了英国人的法律之下的自由；他们很快就发现，自己拥有的选择自由是英格兰人或苏格兰人闻所未闻的。国王及其大臣还有议会离得太远，太专注于更为紧迫的事务，没有办法关心殖民地的治理。美国没有贵族（没有一位贵族永久定居在殖民地），没有主教，没有英格兰的那种属于农业权贵的古老家族，没有将军，没有海军将官（例外的情况是，为对抗法国或西班牙势力，伦敦派遣陆军和海军部队保护殖民地）。美国没有富有的制造业者，鲜有与伦敦、布里斯托（Bristol）
306 或格拉斯哥商人比肩的大贸易商，甚至没有一个富裕的教士阶层。因此，美国各个顶尖领域都有空间等待那些有进取心的人去占领，而且不断发展的自治体系很少遇到抵抗——它们不过是填补了真空而已。

在所有殖民地，土地的廉价都是个人自由扩展的有力因素。只要自己有能力清理和改进土地，几乎所有人都可以获得自己的农场。就此而言，如果他没有任何资本，他可以成为哈德逊河上的佃农、东部某地主在西部广阔的新开垦土地上的定居者，或者其他人的森林的非法盗取者（lawless harvester）。几乎从一开始，土地投机就是美国人热衷的事。这培养了吃苦耐劳的边疆居民，也制造了“穷苦的白人”，比如拉伯兰德（Lubberland）的那些傻大个——这些无所事事的家伙住在殖民地时期北卡罗来纳与弗吉尼亚的边界沿线。这些雄心勃勃或不满现状的人不仅可以从荒野整理出私人土地，而且能创建出完整的新社区——比如罗杰·威廉斯及其追随者在罗德岛，贵格会信徒在宾夕法尼亚，以及德国的阿米绪（Amish）、门诺派（Mennonites）和其他教派在宾夕法尼亚或其他地方。

在17和18世纪的美国，随处可得的土地不利于城市甚至大的乡镇的成长——大海港是例外。单个的农场和小村落是早期美国普遍的社会模式。在清教徒的马萨诸塞，人口分散的状况让人产生疑虑，因为这可能会破坏共同体的道德和社会联系。不过，即使在那里，廉价土地的吸引力也强大得让人难以抵御，这样，英格兰的那种关系紧密的（由地主家庭、地方法官和教士们主导的）乡村模式让位于不断增多的名不副实的新“乡镇”。没过多久，所有殖民地的几乎所有的土地“终身所有者”都获得参与政治秩序的投票权。美国的不动产终身所有者在人口中的比例远远高于英国，这就意味着，当极端激进分子之外的人试图在欧洲阐述民主理论之前，某种事实上的政治民主早就在英属美国成为主流。

因此，早期美国很少有能够持久存在的对其内部政治和经济自由的 307
限制。宗教自由也比英国或欧洲广泛——尽管比起美国其他形式的自由，宗教自由经历过更多的坎坷。新英格兰正统的清教徒虽然曾为自己争取良心自由，却无意于让别人信奉被清教主义认定为异端和谬误的东西。他们驱逐和迫害唯信仰论者（Antinomians）、再洗礼派信徒、贵格会信徒和其他教派，使其几至于死；他们无情地对付天主教徒；一旦掌握了权力，他们便将寻欢作乐的圣公会信徒赶出自己的领地。只有在被迫遵守英国于1688年后采取的宽容政策之后，而且只有在清教主义软化为18世纪的公理会信仰之后，新英格兰才放弃了对不同信仰者的不宽容。

宾夕法尼亚的所有贵格会信徒都有一个安全的避难地，因为威廉·彭恩凭借查理二世的特许状获得整个殖民地的所有权，以之作为他的贵格会同伴的避难地。直到1756年，那里的贵格会信徒都是殖民地政府的主导性力量，并完全容忍其他有不同信仰者。不过，马里兰的天主教徒的避难所很快就垮掉了，在17世纪的大多数殖民地，罗马天主教徒备受歧视，有时还有危险。

在那些通过立法将圣公会确定为国教的殖民地，其中最显著者是弗吉尼亚，对不同信仰的宽容是普遍的规则。美国的圣公会模式一般属于“宽教会”（broad church）和“低教会”（low church）；殖民地的所有圣公会牧区都属于伦敦主教的服侍范围，不过，他们既没有能力也没有意愿要求殖民地严格遵从圣公会体系的三十九条信纲。在弗吉尼亚，不管一个人参加何种教会，他都会被视为履行了其宗教义务，有些持不同信仰的群体甚至得到主流的圣公会信徒的财务资助。

在所有殖民地，苏格兰-爱尔兰和苏格兰长老会信徒、荷兰改革宗信徒、德国路德宗信徒、法国胡格诺派信徒以及其他源自路德宗或加尔
308 文宗的教派很少遇到困难。即便说殖民地的宗教宽容仍不完美，它依然比当时欧洲或1688年以前的英格兰的情况要好。

按照17和18世纪的一般标准，英属北美确实享有几乎是独一无二的自由。这是有秩序的自由还是无法无天的自由？近些年，很多时事评论员和政治人物——甚至还有一些历史学家——告诉我们，暴力从一开始就困扰着美国社会。既然所有社会的文明表象之下都潜伏着暴力，那么，这一点千真万确。同样属实的是，在狂野不羁的边疆或者远离殖民地首府的穷乡僻壤，强制实施法律令状常常是困难的：在一个新开发的人烟稀少的地区，在缺少快速通讯和执法手段的情况下，不太可能是另

一种景象。针对现有的殖民地权力机构发生了几起暴力反抗——最突出者有：弗吉尼亚的培根叛乱（Bacon's Rebellion，1676 年）以及殖民时代后期北卡罗来纳的“管制者战争”（Regulators' War，1771 年）。不过，如果与英国直至 1745 年的内部麻烦甚或 18 世纪晚期英国的戈登叛乱（Gordon Riots）和其他反天主教骚乱相比，这些事端规模小且持续时间短。

法律和秩序的问题应该从某一时代的视角去审视，不应抽象地加以论断。与欧洲甚至英国相比，美国殖民地相当和平安宁，守法程度也不错。美国所有乡镇针对人身和财产的犯罪远比伦敦或爱丁堡稀少。当 17 世纪英国的宗教和政治斗争达到可怕的火热程度时，殖民地的相应斗争并没有那么激烈。马里兰发生了一场短暂的微型内战，与此同时，由于英国政府的干预，清教徒的马萨诸塞和骑士党人的弗吉尼亚的掌权者被迫暂时辞职。然而，如果与同时期英国和欧洲的政治暴力相比，这些事都微不足道。在那些最黑暗的日子，为摆脱英格兰各种麻烦而逃亡的人（不管属于哪个派别）总能在美国某个地方找到避难地。

与印第安人的战争则是另一回事。如果说存在着红皮肤的野蛮人，309
那么也同样有白皮肤的野蛮人——他们与其对手一样残酷无情：欧洲人和印第安人都多次犯下背叛和屠杀的罪行。在那个时代，同样的情况出现在印度、非洲以及所有其他存在着相互冲突的两种截然不同的文化的地方；同样的情况出现在今天世界的很多地方，而且在人类历史进程中，人类相残的情况只有相对短暂的间歇期。1637 年，清教徒屠杀了皮科特族（Pequots）印第安人；1649 年，克伦威尔同样残酷地在德罗赫达（Drogheda）和其他地方屠杀了爱尔兰人。相对说来，在美国革命之前的一百年间，距大西洋海岸一百英里之内的多数美国殖民地是世界上较为和平与安全的地区之一。

全面的公民自由、公正的司法和普遍的宽容是人类社会的例外，而非常态，本书前面的章节可能已充分证明了这一点。就这些方面而言，在评价殖民地时代的美国时需要看到其成就，而非失败。如果一个人缺少历史眼光，萨勒姆（Salem）1692 年臭名昭著的巫术审判就会像新英格兰偏执和迷信的证据。不过，对巫师的严酷迫害在 17 世纪的整个北欧经常发生；在苏格兰，一直到 18 世纪，受指控的巫师还被私刑处死（尽管人们常常会不经意地谈起清教主义的马萨诸塞“对巫师的火刑”，实际上英属美国没有烧死过任何被定罪的巫师：死于马萨诸塞的那些人是被吊死的，还有一个是被压死的）。在与异端或巫术无关的案件上，考虑到当时世界的情况，新英格兰 17 世纪的司法是相当公正的；司法体系的运行是有诚信的。

因此，从 17 和 18 世纪的实践看，殖民地社会既不是特别严苛，也不是特别暴力。早期美国既缺少渊博的法律人才，也缺少合格的医生；不过，遵从法治的意愿是真诚的。殖民者经常以“自由出身的英国人”（free-born Englishmen）的名义主张他们的权利，并理所当然地享受英
310 国宪制和英国司法体系的好处——它们在其母国已经过几百年的演变。

殖民地时期的美国没有出现能独自提出新想法的政治理论家。清教徒的政治观念是当时英国政治纷争的反映，而且直到帕特里克·亨利之前，弗吉尼亚的自由先驱们都是诉诸于英格兰辉格党的自由观。有些殖民地总督可能极其不受欢迎，遭到人们的申诉或积极抵制；但是，直到革命前夕，对远方国王和议会的一般性权威很少有发自肺腑的不认同。如果我们考虑到殖民地人口有很大一部分并非英国人血统，还有下述事实——美国一直是在英国失败的多个不同派系成员的避难地，殖民地人民对英格兰政治规范和实践的默许就显得更加了不起。

只要英国的陆军和海军部队保护那十三个殖民地不受法国和西班牙

的侵袭，对母国的忠诚就显然是必要的。在后来美国人所谓的“旧法国战争”（Old French Wars，1689—1763 年）期间，诸殖民地都有被外国征服的危险。国王威廉的战争（King William’s War）、王后安妮（Queen Anne’s War）的战争，国王乔治的战争（King George’s War）和法国与印第安人的战争（French and Indian War）——美国的所有这些战争都对应于在欧洲和其他地方同时进行的军事冲突——击垮了法国人在加拿大的势力。英国承担了在美国的所有这些军事行动的主要成本。当乔治三世在和平时期要求美国人以税收形式部分地支付他们自己的防务费用时，许多美国人对这一新做法感到愤怒。

培根叛乱和管制者战争没有试图去颠覆王权，反倒强烈要求王室总督更有力地对付边疆上的印第安人。与欧洲人不同，多数美国人都配有武器，习惯于在打猎或保卫家室时使用它们：在法国人和印第安人被击溃后，他们认为没必要设常备军。美国人对民兵的信赖与他们反对欧洲 311
王室的战争有关，并非表明他们普遍好战，正如丹尼尔·布尔斯廷所说：“美国人在很长时间里都难以理解国王、大臣和将军们所玩的军事游戏或者外交游戏，在前者，他们驱使着远方战场上穿军装的人质，在后者，战争不过是其中的幕间节目。”[1]不过，殖民地民兵在与法国人和印第安人的战斗中表现良好，因为他们认为这些战斗能拯救他们自己的家庭。

因此，殖民地时期的美国本质上是移植过来的更加贫穷和更加个人主义的英国社会——从英国输入观念、文学和艺术以及宪制和法律先例，在需要时寻求帮助，不过大部分时候都认同英国的宗主权。由于议会很少干预美国事务，直到殖民地时代末期，议会的主权都没有受到挑战。

英国借着多个航海法案将美国的商业和制造业纳入其经济上的重商

主义规划，这些法案实际上对殖民地的好处大于坏处。唯一深受诟病的要求是，美国出口的所有烟草都必须卖给英格兰，而不能在欧洲一般的市场上出售。英国对美国贸易的其他类似管制措施看起来很不利，却很容易规避。到乔治三世统治时期，英国政府才试图对美国人征税，而且一直都让他们通过若干殖民地代表机构自己管理内部的政治事务。王室总督的权力有限，因为殖民地代表机构掌握着财政权。

在宗教方面，英格兰教会没有试图压制美国人的良心。教会在英格兰是大地主，甚至在宗教改革之后还有大量的财产；不过，美国的圣公会诸牧区缺少资金，且相互间没有很多联系。英格兰教会的母会与殖民地各牧区间的唯一重要联系是：殖民地几乎所有的教区牧师都来自英格兰——即使只是在圣公会名义下的那些殖民地，也是如此。（美国没
312 有按立过神职人员，而且怀着被按立的愿望在英格兰学习的年轻美国人很少。）1688 年之后，英格兰与美国的关系没有受到宗教争端的严重影响——属于例外的是 1774 年之后新英格兰对魁北克法案（Quebec Act）的敌视，因为议会以该法案对身为天主教徒的法裔加拿大人实施宗教宽容的政策。与国家事务一样，在教会事务上有益的忽视有其好处，即便这一政策源自英国的漠不关心。

虽然这十三个殖民地有真正的英格兰文化，它们却逐渐发育出一种相当不同于英国模式的公共秩序和特质。我们需要在这里考察美国出现的那种领导阶层、自治模式，以及美国宗教信仰的气质。

美国绅士

殖民地贵族阶层的成长让美国的民主成为可能。这真算不上什么悖

论，因为正如梭伦和亚里士多德所知晓的，如果没有一群能干的领导者，民主政体都无法取得大的成就，甚至无法长期存在下去。

1814 年，约翰·亚当斯在写给卡洛林（Caroline）的约翰·泰勒（John Taylor）的信中说："我理解的贵族是指所有那些能够指导、影响或争取多于平均数的投票的人，每个能够并真会影响另一个人与他投相同票的人都是贵族。很少人会否认，每个国家、政党、城市和乡村都有富有德性和才干的自然贵族。"[2] 亚当斯和泰勒都是殖民地时期富有才干的贵族阶层的成员，而且这样的贵族是实行共和制的贵族。

这种富有德性和才干的贵族在最早的美国殖民地就已开始崭露峥嵘，一旦有些美国人获得大片土地或者大量的商业财富——或者土地加
商业财富，美国的绅士阶层就成长起来了。这一阶层将主导美国的政 313
治，既通过殖民地的代表机构和地方政府，也通过它确立的准则。这一阶层将签署独立宣言并起草美国宪法。

美国早期殖民者中很少人出身于绅士家庭——尽管 20 世纪的美国家族想要寻找疑点重重的光辉的先祖家世。马萨诸塞的温思罗普家族（Winthrops）和萨尔顿斯道家族（Saltonstalls），以及弗吉尼亚的华盛顿家族和伦道夫家族（Randolphs）可以以英格兰的血统作为他们绅士身份的凭证；但是，除了这些罕见的例外，早期美国人最多只是小商贩或自耕农——通常是工匠和默默无闻的农村人——的子孙。约翰·亚当斯甚至不知道他的祖父来自英格兰的哪个地方；本杰明·富兰克林的父亲虽然是从英格兰移居过来的，却很快就忘记他与那里的一切联系。那些保存了某些有关英国渊源记录的早期美国家庭鲜有能宣称其先祖为乡绅者，更遑论先祖为贵族了：马萨诸塞的艾略特家族（Eliots）很快就在新英格兰独特的贵族阶层中大放光彩，而且现在仍然是一个地位显耀的家族（T.S. 艾略特就是这个家族的一员），他们的祖先是东科克尔

（East Coker）萨默塞特（Somerset）村的一位平凡的鞋匠，于 1667 年来到马萨诸塞湾。

不过，正如约翰·亚当斯对约翰·泰勒所言，如果拥有土地和其他财富以及良好的家庭关系，每个社会都会出现贵族阶层。如果华盛顿没有娶科提斯（Curtis）先生富有的遗孀为妻，他能够成为革命军指挥或者美国总统么？如果杰斐逊没有娶威乐斯（Wales）先生的女儿为妻，他会成为美国总统么？才干一般会和财产联姻，贵族便是这一结合的产物，而且一般会长期维持自我的存在。

有成就的美国人有英国绅士可供模仿——从某种意义上讲，后者在制度渊源上是文艺复兴时期廷臣的后裔或者更为古老的中世纪骑士的后裔。在殖民地时期及之后很长时间，英格兰拥有土地的绅士是英国社会
314 的领航者，通过他们的议会席位和他们对地方政府的控制主导政治。在殖民地辉煌腾达的那些人了解这些活生生的榜样，他们还熟悉有关绅士之义务和教育的若干手册——其中有托马斯·艾列特（Thomas Elyot）爵士写于都铎时期的《管理者之书》（*Boke Named the Governour*）。大约在 17 世纪中叶，围绕着绅士理想有很多讨论，因为当时英格兰正被内战蹂躏，弗吉尼亚、马里兰和马萨诸塞的殖民者们被迫只能依靠自己。1648 年，那位机智过人的英格兰神职人员托马斯·富勒（Thomas Fuller）出版了他的广受欢迎的著作《神圣国家与世俗国家》（*The Holy State and the Profane State*），其中谈到“真正的绅士”（还有关于他们待客、衣着、旅行、交游、娱乐和婚姻的补充性论述）和“堕落的绅士”。

富勒写道，绅士若非来自“古老敬虔的家庭”，“如果他没有这样的出身，他至少要有慷慨大方的品格……这样，勇气让他成为凯撒的后裔，学习让他成为图利（Tully）的族人，敬虔让他成为敬神的君士坦

丁的近亲。如果某位绅士承认他家族的卑微，这会给出身低微贫贱的他增光。许多人夸耀说他们的家族比月亮还要古老，而我们都知道，这些家族比七十年前开始在仙后座（Cassiopea）熠熠发光的那颗星星还要年轻，这种夸耀是何等荒唐！”

十三个殖民地的领袖人物们没有凭据去夸耀“比月亮还古老的”家世，不过他们可以养成慷慨大方的品格。英国绅士首先是个教养良好之人——也即有谦恭得体的风度。他重视荣誉，不会撒谎或偷窃；他勇敢顽强，不会在敌人面前逃跑；他尽忠职守，会以治安法官或代表机构成员的身份为国王和国家效力；他有善心，讲求实际，对于他所继承或获得的财富，他是心系公共利益的上帝管家。（至于堕落的绅士，富勒的评价是，“他以休闲度假为生”。）富勒说，绅士不会因他继承的遗产而趾高气扬；他是勤勉的大学生；他学习掌握法律知识；他善于骑马； 315
他接受托付给他的公职；他严厉却不失公正；他裁断事端时深思熟虑，一旦是非曲直显明，他便迅速采取行动。“他在和平时期装备自己，以待战时。”他以豪爽大方、衣着、友朋玩伴闻名。“他对邻居彬彬有礼，和蔼可亲。正如淬炼得最好的金属制成的宝剑最为柔软，真正慷慨大方之人对比他们地位低的人也最为谦恭有礼。”[3]

殖民地受过教育、拥有财产之人渴望在自己身上培养这样的品格，虽然许多人成功地成为与那些家世源远流长的英国人一样的真正的绅士，但很少人符合托马斯·富勒所刻画的那种完美模式。如果没有这些人的领导与模范作用，新生美国的道德和社会秩序可能会一直都很残酷野蛮，就像边疆地区时常呈现的那种生活状态。

这些早期的美国绅士——他们是种植园主、商人、神职人员或律师——一直都不享有英国王室赋予的贵族特权，尽管殖民地时期的少数美国人曾被封为爵士。他们构成一个才干型的贵族阶层，很快又变成基于出身的贵族阶层（尽管这一阶层通常都工作勤奋且富有公德），因为每个殖民地都有某些家庭取得突出成就并且互相通婚。

亚当斯对泰勒说："一般而言，自然贵族可以被理解为在社会中有着更大的影响力，这是源自他们人性的特点。人为贵族（artificial aristocracy）拥有的那些不平等的权利和更大的影响力是由民事法律创制和确立的。"美国绅士和殖民地的普通人一样，都不希望将人为贵族强加给他们。

卡罗来纳的情况就突出地验证了这一点。查尔斯二世（Charles Ⅱ）将整个卡罗来纳（后来分裂为北卡罗来纳和南卡罗来纳）赐予八个产权所有人，其中最活跃者是阿什利勋爵（Lord Ashley）。这位安东尼·阿什利·库珀（Anthony Ashley Cooper）先生——也即后来的首位沙特斯伯里伯爵（Earl of Shaftesbury）——是辉格党中最富有才智的政治家。早年的他深受理论家詹姆斯·哈林顿的影响；后来，约翰·洛克是他的
316 密友。在阿什利勋爵的要求和参与下，洛克为这个殖民地起草了一份政府纲要——"卡罗来纳基本宪法"。阿什利·库珀和约翰·洛克都从未踏足美国，不过他们对这个完美社会的"伟大模式"有十足的信心。

基本宪法确立了美国的贵族体系。卡罗来纳最伟大的贵族是那些大地主（lords proprietors），他们中的耆老也即在领地享有王权的地主（lord palatine）是领头人，然后是伯爵领主（landgraves）和酋长（caciques）（因为只有英格兰国王才能授予英格兰古老的贵族头衔，洛克及其"主顾"只好借用德国人和印第安人的头衔）。所有这些贵族都将从所有者那里获得大片的土地。另外还有拥有不超过一万两千公顷土地的平民绅士，也即庄园领主（lord of the manor）——他们是卡罗来纳的乡绅。在他们下面的是自耕农，拥有至少五十公顷土地的自耕农有投票权。产权所有者和贵族们将持有卡罗来纳五分之二的土地，平民则

持有剩下的五分之三。

这份宪法性文件部分地基于哈林顿的理论，不过却基本上出自洛克之手，它还有其他好玩的地方。它规定，所有立法的有效性都不得超过六十年；在此之后，所有法律都将失效。但是，这个宪法本身却一定不能更改："既然意见和法律的纷繁复杂导致很大的不便，只会带来混沌和困惑，那么，对基本宪法任一部分或卡罗来纳普通法或成文法的任一部分的所有形式的评论和解释都被绝对禁止。"讨论带来变化，既然基本宪法完美无缺，那么，任何变化都会将之弄糟。

可是，这个绝妙的宪法从未生效。阿什利勋爵可能聪明圆滑，哈林顿和洛克可能会搞出宏伟的规划；不过，卡罗来纳的殖民者们还是拒绝了基本宪法，即便它已经被修订过。殖民者们从一开始就对抽象的政治理论持怀疑态度。他们反其道而行之，根据他们所处的实际环境进行治理。实际上，卡罗来纳的产权所有者很难坚持他们的主张；1719 年， 317
一场不流血的民众叛乱推翻了他们的管理体系，这样，自此以后，南卡罗来纳就成为王室的殖民地。对于那些认为约翰·洛克的理论形塑了美国政治思想的历史学家来说，这一事实应该让他们有所醒悟，因为殖民者彻底拒绝了洛克为殖民地设计的实际方案。

因此，虽然英国的文化和法律被移植到美国，但英国的贵族体系却没有被移植。美国早期自我成就的贵族担当起领导角色：他们是没有世袭头衔或正式特权的贵族，其成员都是埃德蒙·伯克所谓的"具有实际美德之人"。卡罗来纳的首府查尔斯顿（Charleston）位于阿什利河与库珀河之间的狭窄地带，凭借着大规模的稻米和蓝靛（以及后来的棉花）种植园和海上贸易的发展，一群绅士崛起于卡罗来纳这个地方，他们逐渐通过卡罗来纳代表机构获得在那个殖民地的支配地位。在所有其他殖民地，某种类似的阶层最终都发展成各有不同的自然贵族。

弗吉尼亚的绅士-种植园主最值得人们怀念的地方就在于他们是某类这样的领袖人物——这部分是因为担任美国总统职务的“弗吉尼亚王朝”是这一阶层的成员。现在对公众开放的一些种植园屋宇仍在述说着弗吉尼亚绅士的那种精妙的生活方式：詹姆斯河上的卡特果园（Cater’s Grove），波托马克河上华盛顿的弗农山庄（Mount Vernon），远在内陆地区的杰斐逊的蒙特塞洛庄园（Monticello），还有其他几个种植园。它们就像英格兰乡绅或苏格兰地主的乡村住宅，尽管种植园里的农业劳作者是黑人奴隶，而非生来自由的英格兰人或苏格兰人。

1814 年，杰斐逊的禁运以及与英国的战争严重损害了种植园经济，这时，约翰·伦道夫这位弗吉尼亚的意志坚强的老式种植园主向他在马萨诸塞的老朋友、沿海低洼地区的旧贵族约西亚·昆西（Josiah Quincy）这么说道：“弗吉尼亚沿海一百多英里的乡村低地穿插着无数
318 汹涌但可通航的河流，在革命之前，居于此地的是身为英格兰人后裔的一群种植园主，他们主要的居住地都位于那些壮观的河流的边沿。这些地主通常都受过良好教育——其中有些人在母国的最好学校受过教育，其余人在威廉玛丽学院学习过——当时这是一所通识教育神学院，导师们都是古典学者。他们的住处和建筑大多宽敞且造价不菲，有些还体现出高雅的品味，这里是待客之处。主人们都是绅士——英国各个管辖地都没有比他们更有教养的人。党同伐异的风气还不存在。祸害多多的党派习气当时还没有对社会造成毒害。家家户户的大门都对那些外表看似绅士的人敞开着。几乎可以毫不夸张地说，每一位种植园主的门口都有一个避风港……”[4]

19 世纪的约翰·伦道夫如此描述自己，17 和 18 世纪的那些绅士-种植园主也可同样评论自己说：“我是贵族：我热爱自由，憎恶平等。”当他们的自由受到威胁时，这些人就发动了一场革命——基于保

守的原则。1775 年革命之后，他们的人数稳步减少，伦道夫向昆西说明了衰败的原因：过于奢侈的生活方式和过多的债务，常常不如意的农业生产实践，革命期间武力的破坏，以及杰斐逊的法律改革——其中最主要的是废除信托法［依据信托法（statute of entail），土地财产一般会由父亲传给长子］和通过新的允许所有孩子均分遗产的分配法。不过，在一个半世纪的时间里，这个种植园主贵族阶层统治着弗吉尼亚。

在十三个殖民地中，拥有大片土地在多数殖民地都是绅士财富的基石，即便在南部殖民地，成功的商人、专业人士和大学学位获得者都是这个非正式贵族阶层的一部分。在纽约殖民地，哈德逊河沿岸向租用他们土地的白人农民征收地租的大地主（他们主要是荷兰人的后裔）也是这种情况。甚至新英格兰以罗德岛的纽波特（Newport）为其商业和 319
社会中心的那拉甘赛特谷地（Narragansett Valley）的种植园主或大农场主——即所谓的“河神”（river gods）也是如此。查尔斯顿、费城、纽波特、纽约以及殖民时期欣欣向荣的其他城镇的绅士通常都是地主兼商人（尽管弗吉尼亚并非普遍如此）：由于他们勤奋精明，再加上良好的教养，他们的崛起通常不为殖民时期的普通人所嫉恨。

但是，新英格兰大部分地区的领袖人物却多少有点不同的特征。虽然他们多数都拥有土地，但那常常是一块并不肥沃的农场或者几块这样的小农场。神职人员、商人、店主和（随经济增长而产生的）银行家构成了北方的才干型和家世型贵族阶层，哈佛和耶鲁的教授们也有很大的影响力。波士顿、纽黑文（New Haven）、普罗维登斯（Providence）和较小的城镇成长起一批冷静持重的绅士，他们的财富来源主要是贸易，另外还有新英格兰早期的产品制造业。新英格兰和弗吉尼亚一样都依靠出口，不过出口产品的主要来源地并不是新英格兰；这些出口产品包括朗姆酒、松脂、木制品、木材、咸鱼、鲸油、毛皮——还有一些剩余的粮食。新英格兰一般都是这种情况：豪宅坐落在乡镇，不在乡村，而且社区的紧密程度高于其他地方。

新英格兰的清教徒遗产似乎比其他殖民地的文化遗产在教会结构和政治上更加具有民主作风，并且它不排斥绅士。约翰·亚当斯这位成功的法律人的刻板庄重形象是新英格兰模式的写照。17 世纪的人知道，“先生”（master 或 Mr.）和“主人”（goodman）的称呼之间有着显著的社会差异：前者指绅士，后者指普通的公民。［实际上，“先生”这一称呼在当时比今天的称呼“尊敬的”（honorable）含有更多的敬意。］没有人会称呼温思罗普、马瑟（Mather）、科顿（Cotton）或萨尔顿斯道家族的人为“主人”。

320 和南方的殖民地相比，学问和严格的道德要求更是新英格兰绅士突出的标志。不过，新英格兰的这些领袖人物来自许多不同的背景。成就一位了不起的绅士的可能是金钱和勇气，而非虔诚。比如出生于缅因的威廉·菲普斯（William Phips，1651—1695 年），他偶然发现一份藏宝图，便航行到西印度群岛，寻找西班牙人沉入水中的黄金，结果找到了价值三十万英镑的黄金，他将其中价值一万六千英镑的黄金归己所有。由此，他被封为爵士，成为从海上远征加拿大的指挥者，然后当上了马萨诸塞的总督。敬虔在新英格兰的社会中有重要的价值，不过，寻找重大时机的努力也同样如此。

或者以温思罗普这个伟大的家族为例：清教徒的才干型贵族与清教徒的家世型贵族在其中合而为一。第一代约翰·温思罗普（1588—1649 年）是创建波士顿的首屈一指的人物、马萨诸塞的首位总督（总计获选十二个任期），也是清教徒灵性生活的伟大楷模。他的儿子、第二代约翰·温思罗普（1606—1676 年）也出生于英格兰，创建了现在名为伊普威奇（Ipswich）、赛布鲁克（Saybrook）和新伦敦（New London）

的殖民地；并曾几次担任康涅狄格总督，对科学有颇为深入的研究且是首位当选英国皇家（哲学与科学）学会成员的美国人，也曾创建铁厂。

菲茨-约翰·温思罗普（1638—1707年）是第二代约翰·温思罗普的儿子，在马萨诸塞出生，受教于哈佛，曾在英格兰议会军服役并与苏格兰人作战，1690年带领纽约和康涅狄格的民兵远征加拿大，在长岛与荷兰人作战，有四年时间任康涅狄格驻伦敦代表，并曾几次出任康涅狄格总督。这个家族后来的两位约翰·温思罗普成为殖民时期的著名科学家；第一代约翰·温思罗普的其他后裔直到19世纪还在政治、军事和学术领域占有突出的地位。新英格兰的其他很多家族都证明了新英格兰绅士的代代相传（连同他们的清教徒宗教遗产）的活力。

不管不同殖民地的绅士阶层相互间有什么样的差异，所有殖民地的 321
绅士都遵从英国的准则。到了18世纪中叶，几百名出身于美国绅士阶层的年轻人在英格兰和苏格兰的大学学习，或者在伦敦的律师学院研习法律。几乎所有的图书都来自英国的书商，而且经过修饰的英国建筑风格也体现在殖民地的建筑之中，艺术和服装风尚也是如此。英国派遣到美国的管理者和军官——偶尔还有担任王室总督的贵族——不管有着怎样的缺陷，都是殖民地礼仪的权威人士。每个殖民地首府与伦敦的联系比它们相互间的联系更加紧密。因此，虽然美国绅士没有可以溯源到先祖到达美国之前的家世，他们还是会以托马斯·富勒描述的“真正的绅士”为楷模，或者模仿他们在大西洋两侧遇到的这一原型绅士活生生的衣钵传人。

詹姆斯·奥格勒索普（James Oglethorpe）将军是最后一位殖民者，美国人视他为这样的绅士——作为一名基督徒军人和穷苦人的朋友，他得到塞缪尔·约翰逊（Samuel Johnson）的尊重，伦敦的俱乐部有他惹人注目的身影，堡垒城镇萨瓦娜为他所建，一直到九十岁时去世，他都坚韧不拔，能力超群。也许美国绅士将他们的英格兰楷模理想化了；即便如此，这对他们也没有害处。

即使约翰·昆西·亚当斯这位马萨诸塞身材矮小却喜欢自我反省的绅士在美国总统竞选中败于边疆军人安德鲁·杰克逊（Andrew Jackson），美国绅士的影响也没有终结。杰克逊本人尽管一开始时处于美国社会的底层，在壮年时却成为种植园主绅士阶层的一员，在田纳西拥有名为“隐居处”（The Hermitage）的庄园。一位年轻人曾对约西亚·昆西——这位联邦党人是约翰·伦道夫的笔友——说：“当然，杰
322 克逊将军算不上你眼中的绅士！”不过，昆西不会同意这种轻蔑之论，因为在杰克逊去马萨诸塞接受哈佛大学的荣誉学位时（当时昆西是他的东道主），昆西发现，“第七任美国总统实质上是一位骑士式人物——他可能抱有成见、见识狭窄，在很多方面犯下错误，不过，他是一位精力旺盛的绅士，具有很强的荣誉感和自然直白的礼节，这些与他的政策风格有明显的不同……”[5]

不管他们出身如何，几乎所有的美国总统都是绅士。恰如罗马古老的高尚美德的理想能够让一位像戴克里先那样的粗鄙农民变得高贵起来，美国的绅士理想也在持续造福民主时代。美国 19 世纪 30 年代的引人注目的社会和政治变迁将降低殖民地绅士阶层后代的直接政治影响。然而，人们依旧能听到这样赞美人的话：“他是个真正的绅士。”只要人们还在这样说，荣誉和礼仪就会持续在美国秩序中发挥作用。

詹姆斯·菲尼莫·库珀（James Fenimore Cooper）在其通俗直白的《美国的民主党人》（*The American Democrat*，1838 年）一书中可能最为贴切地描述了美国人对“绅士”一词的理解。这个美国首位重要作家写道：“在多数国家，出身是社会差异的首要原因，社会被分成不同的等级，贵族有优于普通大众的世袭特权。这种差异武断且不明智，是旧

世界多数社会病灶的成因，而美国则幸免于此……，和所有其他国家一样，美国有其社会秩序，不过，各阶层更容易相互交往，人们相互间的分别没有那么明显，他们可以更亲密地融合在一起……，‘绅士’一词有正面的特定含义，这意味着一个人可以凭出身、风尚、成就、品格和社会条件超越于社会大众之上。既然所有文明社会的存在都必然伴随着这些社会差异，拒绝使用这个词并不会带来任何好处。”[6]

库珀认为，这种想法内含于——虽然没有写成文字——美国的政治设计之中：一个人不会和另一个人同样良善，没有合理社会差异的社会 323
是让人痛苦的社会，而且共和国需要具有荣誉感的领袖人物。殖民地绅士阶层得到认可的存在让第一个大型的全国性民主社会成为可能：如果没有这一阶层，或者他们的人数很少，美利坚合众国可能很快就堕入暴力和腐败之中——即便它确实首先能被创建起来。

代表大会和地方自主

“自由！”之所以成为美国革命前夕的战斗口号，原因就在于十三个殖民地的人民一直都理解高度的政治自由。他们不是在要求新的权利，而是为了维护已经长期认可的政治惯例。仅仅是为了从理论上确认他们在美国从一开始就享有的实际自由，爱国者们才参阅理论家们的论著。

由于英国人几乎仅仅把他们的殖民地视为商业投资，王室和议会从未为18世纪幅员广阔的帝国建立任何常规连贯的管理体系。仅就受伦敦控制的任何系统性政策而言，北美殖民地受威廉三世1696年建立的贸易和种植园委员会（Board of Trade and Plantations）的管辖。［在此之前，国王的枢密院有一个效果欠佳的常设委员会——名为贸易大臣（Lords of Trade）——负责此事；更早前，王室施展其权力的途径是那些贸易公司以及获颁王室特许状的所有者。］议会让十三个殖民地自行其是，这样，当革命爆发时，爱国者们就声称只有国王才拥有北美的主权，而英国议会从未主张过这样的主权。

爱国者们“无代表不纳税”的诉求基于在美国首批殖民地就已开始
324 的习惯做法。* 因为直到乔治三世统治时期，英国政府才开始试图对殖民地人民征税。各殖民地对英国的价值在于他们的商业和原材料，并非英国财政收入的来源。如果为保卫殖民地需要大量的开支，英国政府就会要求殖民地代表机构投票提供资金，支付军事行动的部分成本——有时，这些资金的供给要么不情不愿，要么数额不足。（只是在威廉三世的强大压力下——宾夕法尼亚的所有者威廉·彭恩对他并不非常忠诚——彭恩才同意招募八十名士兵帮助保卫他的殖民地；在与法国人和印第安人的战争期间，贵格会信徒主导的宾夕法尼亚代表机构只拨付了少量金钱，为与英国人结盟的困境中的印第安人提供部分食物和衣服，更不要说提供武装人员或弹药了。）殖民地内部管理所需要的税收由殖民地代表机构按自己的意愿征收。殖民地立法机构对公共财政的这种控制确保了十三个殖民地在内部政策上几乎完全自主。

以英国代议制政府为模板的美国代议制政府发育成熟得早。在有些殖民地，它们的特许状（不管是公司特许状、所有者特许状还是王室特

---

* 实际上，美国人在反对乔治三世时没有真的试图要获得向英国下议院派遣代表的权利：他们真正的意思是“议会不能征税”。即便殖民地获准可以选出下议院议员，如果他们的利益与母国的利益相冲突，殖民地议员团体也是没有希望的少数；另外，英国的上议院中没有美国贵族。可以想见的是，一个代替在英国议会拥有代表权的方案是成立单独的囊括所有十三个殖民地的全国性美国议会，与之类似的是 18 世纪的爱尔兰议会；与爱尔兰议会一样，美国议会将承认王室的主权，通过自己的财政法案。不过，英美两地都没有严肃认真地考虑过此类方案。

许状）中规定了代议制机构，在其他殖民地，此类代表机构由殖民者自己着手组建，没有英国的明确授权，不过，就连斯图亚特王朝的国王们也明智地认可这些代表机构——以此获得被统治者的同意［1619 年， 325
殖民地一位作家写道，“弗吉尼亚的下议院（House of Burgesses）破茧而出了”］。尽管王室或所有者们一开始时希望这些代表机构只是单纯的批准和征税工具——就像中世纪议会最初时那样，不过很快，殖民地代表机构就成功地施行自己的权力，通过殖民地自己的法律。随着 17 和 18 世纪英国议会权力的增长，殖民地的这些代表机构的权力也同样扩大了——尽管没有来自英国议会或王室的授权或指示。

为了制约殖民地代表机构的权力并执行行政任务，每个殖民地都设有一名总督——在有些殖民地，总督由国王任命；在另一些殖民地，总督由所有者任命（到了 18 世纪中叶以后，宾夕法尼亚和马里兰的由所有者任命的总督还继续存在）；在康涅狄格和罗德岛，总督由殖民地的终身土地所有者（freeholders）选举产生。由声誉卓著的富有殖民者组成的总督委员会（governors' council）为这些总督提供咨询和支持——这是在模仿英格兰国王的枢密院设置。这些委员会很难被视为可与英国上议院媲美的立法机构的上院：因为殖民地的委员们都是由国王任命，而且至少在理论上依赖王室的支持。

以总督及其委员会为一方、以代表机构为另一方的权力斗争经常发生。不过，情势一般都不利于独断的总督。由于总督们缺少代表机构拨款之外的资金来源，距离伦敦遥远，而且没有强大的军事力量的就近支持，如果代表机构敌视他们，总督们便会陷入困境［英国 1688 年革命的消息抵达波士顿后，当马萨诸塞总督安德洛斯（Andros）要对付一场成功发动的武装叛乱时，他能够指挥的只有十二名士兵］。有效的代议制政府在北美扎根的程度好于除英国之外的世界任何地方，在 1688 年之后尤其如此。

不过，殖民地的这些代表机构绝对谈不上激进。构成它们的绝大多326 数都是殖民地的绅士：弗吉尼亚议院是其中最著名者，也最有贵族气息。与此类似，费城富裕的贵格会信徒主导着宾夕法尼亚的代表机构，低地（Low Country）的商人和种植园主们控制着南卡罗来纳的代表机构，新英格兰的代表机构由本章前面描述的那些新英格兰绅士们组成，纽约、马里兰和所有其他地方的情况均如此。各殖民地的投票权情况多少有些不同，不过，总的来说，大多数终身土地所有者可以投票选举代表机构的人选。因为许多这类土地所有者没有大量的不动产，殖民地的政治建制就有了民主的要素。即便如此，美国绅士阶层的声誉和财富足以让他们在所有代表机构都获得支配地位。

绅士阶层的支配地位几乎没有导致阶层对立，因为代表机构里的纠纷通常并不是以阶层划线的，而是总督与代表机构之间的矛盾，或者有时是殖民地东部地区与西部边疆居民的冲突。较小的终身土地所有者似乎普遍认为构成代表机构多数的较为富裕的终身土地所有者足以作为他们的代表。

尽管斯图亚特王朝时期的代表机构可能会不时担心他们的特权受到侵犯，在威廉和玛丽继承王位后，殖民地立法机构变得非常稳固——这是符合英国《王位继承法》（Act of Settlement）之条款的自然演进的结果。尽管美国当时还没有可与根据美国宪法设立的国会相提并论的全国性代表机构，但到了18世纪60年代，所有殖民地的代议制政府习惯已经非常根深蒂固，以至于如果不从英国派遣陆军或海军部队，有违代表机构意志的英国王室或议会决定就无法得到贯彻执行。长远来看，即使那一极端手段也无法胜过代表机构的权力。

如果说殖民地代表机构的领导人都是富有且出身良好者，美国各种

各样的地方政府也同样如此。地方管理的方式千差万别：多数殖民地让 327
地方当局处理当地事务，虽然南卡罗来纳有着严格按中央集权设置的体系。就我们现在的宗旨而言，我们最好来考察弗吉尼亚和马萨诸塞（它们是人口最多、最有自主权的两个殖民地）的地方政府制度。

弗吉尼亚的郡政府在乡镇之上；实际上，通常的郡中心还不如一个小村庄，仅仅是乡间的一个郡法院楼，外加一个旅馆、一个百货店和附近的几所破败的房子。直到今天，弗吉尼亚还留存着一些好的“郡法院楼”样板——其中一个是夏洛特郡法院楼（Charlotte Court House），那里是老帕特里克·亨利与年轻的约翰·伦道夫辩论的地方。弗吉尼亚各郡由郡法院控制，郡法院由该郡 8—12 名治安法官组成，所有治安法官构成一个议事机构。这些郡法院相当于自我授权的仁慈的寡头制团体；有时，就连弗吉尼亚议院也得迁就他们，不敢贸然干预他们。

理论上，郡法院的治安法官由王室总督任命；实际上，随着弗吉尼亚地方政府模式的演变，这些治安法官几乎变成让自己永久任职的差事，因为总督们发现，任命除郡法院提交的候选人名单之外的新治安法官是不明智的，而且干预日渐形成的终身任职制也是不明智的。治安法官们（他们不领薪水，也不收费）也即郡法院的成员们都是大地产所有者，通常受过良好的教育，有时受过法律上的培训：他们是弗吉尼亚的绅士。

这些郡法院直接或间接地挑选所有其他郡里的官员；他们对多数刑事和民事案件拥有司法管辖权；他们实际上拥有各自郡的司法、立法、行政和选举权力。因此，弗吉尼亚政府大部分实际事务的承担者既不是选举产生的，事实上也不是被任命的，而是自己选择的那些接班人。查尔斯·西德诺（Charles Sydnor）写道：“威廉斯伯格或伦敦都不能控制弗吉尼亚的郡政府。”[7]这些治安法官不会乐意于迁就王室插手殖民 328

地事务的企图；同样，他们也不会被说服认同18世纪出现于法国的激进政治理论。他们普遍地并非理论人士，却具有实际的治理经验。在那些广袤的农业郡，他们与自己的邻里有紧密的联系，在某种意义上代表着公共舆论，有时也回应公共舆论，即使他们从来不会让公众投票选举他们。

西德诺说："各郡半独立的地位对美国历史有长久影响，对弗吉尼亚选择政治领导人有直接影响。那些帮助起草联邦宪法的弗吉尼亚人曾生活在殖民时期弗吉尼亚的准联邦体系之中。在与国王在威廉斯伯格的代表发生冲突期间，他们曾见识过坚如磐石的地方力量的好处。在思考美国联邦制政府体系的渊源时，这些弗吉尼亚人的政治和政府经验千万不能被忘记……，法院并不民主，却很好地造福于民主。"[8]

尽管所有其他殖民地的郡法院都不像弗吉尼亚那样拥有这么大的权力，在南方殖民地以及后来的那些受南部沿海各州影响很大的州，郡一般都是基本的政府单位。不过，在新英格兰以及后来新英格兰人定居或移植其制度的那些州，基本的政府单位变成了"镇"——或者更准确地说，镇区（township）。

新英格兰的乡镇会议经常被描述为后来美国民主体制的模板，尽管这一赞誉更适合过去的美国，而非20世纪的已经城市化的美国。乡镇会议确实是奥利斯特斯·布朗森（Orestes Brownson）后来所谓的美国"区域性民主"（territorial democracy）的重要组成部分。然而，新英格兰诸殖民地的镇政府结构在一开始时显然没有民主性。

329 （在新英格兰的人口开始向最初的殖民地以外扩散后，特别是独立农场模式在新英格兰逐渐像其他殖民地那样成为主流后），"城镇"通常指的是一个准农业的镇区，面积大约有六平方英里。在新英格兰，各郡几乎没有政治功能，实际的权力集中于这些"城镇"之中（这种模式很快扩展到新英格兰人居住的长岛东部，目前还在）。

马萨诸塞的“法律和自由”宣言（1648 年）让乡镇会议对不属于“自由人”（freemen）的人群敞开大门——这些人并非清教徒教会会员。他们虽然不能在乡镇会议上投票，却可以提出陈情和申诉，因此，这些会议很早就有助于培训所有人的参与性自治。镇区的官员每年由选举产生，这是将地方政府与公共舆论直接联系起来的又一个惯常做法。

不过，乡镇会议只有经过缓慢的阶段性发展，才成为阿历克斯·德·托克维尔（Alexis de Tocqueville）在 19 世纪 30 年代所欣赏的那种民主学校的。起初，尽管新英格兰政府在理论上并不等同于教会，却只有教会最严格意义上的成员才被允许在这些会议上投票——也即那些能够为他们个人直接的救恩经验做见证的上帝子民。这太具有排他性，所以很快，投票的权利就扩大到那些其祖先曾有此类属灵经验的人们。只有这些“自由人”才可以投票选举马萨诸塞大法院（General Court）——此为该殖民地的代议机构——的代表。

1692 年，马萨诸塞的新殖民特许状改变了上述规定，让财产所有者而非宗教选民成为该殖民地的政治权力来源。罗兰德·波特霍夫（Rowland Berthoff）评论道：“各城镇会考虑所有独立人士的‘审慎善意的立场和意见’，这些人的经济能力让他们在城镇事务中享有按自己意志行事的自由；这样做的目的不是为了实现多数人统治，而是为了维持清教徒的道德共同体。”[9]

在这些每月举行的乡镇会议上，参会的符合资格的自由人以多数表
决原则通过或否决地方法令提案，许多问题可以得到详尽的讨论；公共 330
舆论可以得到有效的倾听。由于清教徒信念的影响力在 18 世纪减弱——许多有影响力的新英格兰人转变为圣公会信徒或其他宗派的信徒，乡镇会议更多地成为一种纯粹的公民制度，不再是教会成员达成共识的地

方。作为公民制度的乡镇会议依然是活生生的政治现实，至少是在遥远的西部州的那些曾受过新英格兰思想很大影响的农村地区。

郡和镇政府（有些殖民地注重前者，有些殖民地注重后者，不过两者都深植于美国政治结构之中）都是英国地方政府制度的改良版，而英国的相关制度则可以溯源到中世纪，甚至盎格鲁-撒克逊时期的模式。由于英国在北美没有一个可对所有十三个殖民地系统施加影响的集中化的权力中心，而且由于就连较大殖民地的首府都无法直接管理殖民地的郡和镇，英属北美的地方政府有时所展现的活力和独立性要大于母国的地方政府。因此，弗吉尼亚任命（而非选举）治安法官的办法源自古老的英格兰习俗；不过，弗吉尼亚的这些治安法官组合成集体行动的政府机构，取得对各种地方事务的主导权——在英国，这些地方事务是留给其他政府部门处理的。这些地方政府模式在全美各地部分地一直持续到近些年，然而在城市和郊区扩张、人口转移、不同的生活方式以及积极的政府重组等因素的影响下，这些模式现已衰落。

在法国或西班牙殖民地，来自巴黎或马德里的繁琐监督是常态；那里王室总督的权力远远大于英国殖民地的总督；相应地，法国和西班牙殖民地的代议机构比英属北美殖民地软弱，殖民地地方政府的活力也较
331 差。因“有益的忽视”而造成的英国殖民地的自治机制增强了自我防卫的能力，也促使人们将殖民地扩展到早期疆界之外很远的地方。这种自治机制培养出一种对地方性自由感到骄傲的情感，当危机来临时，英国倾其全力都无法扑灭这种情感。

表面上看，美国殖民时期的自由似乎是某种独特的殖民地贵族的自由，并不是民主条件下的自由，不过其中包含着民主社会的种子。随着人口重心在革命后向西转移，这些种子开始发芽成长。阿巴拉契亚山脉以西的民众较少遵从遥远英国的先例，抛弃了很多制约公众舆论和欲望

的文化或制度要素。虽然弗吉尼亚和马萨诸塞有成千上万的人涌向西部边疆，并给西部带来他们政治制度的总框架，但它们后来的影响却逐渐低于它们在殖民时期的影响。早在 1805 年，弗吉尼亚的种植园主–政治家、罗诺克（Roanoke）的约翰·伦道夫就宣称："购买路易斯安那的交易是有史以来发生在我们身上的最大诅咒。"[10] 他意指以前的十三个殖民地的方式将会被西部的民主吞噬。不过，在沿海殖民地成形的代议制政府和地方政治制度的主要内容将传遍全国各地，其中所涉的人口数量是 18 世纪中叶十三个殖民地总人口数量的一百倍。

殖民时代的北美的政治历史尽管有趣和复杂，就对美国秩序的理解而言，其核心意义阐述起来却可以非常简单。这就是：美国的自由和秩序在殖民时代是从殖民地人民的实际社会经验中"有机地"长出来的，同时，殖民地人民将改造过后的英国政治制度应用到美国的环境之中。殖民地领导人没有根据抽象规划设计他们的社会；他们中很少有乌托邦主义者。他们以英国的范本和先例为基础，认为从英格兰和苏格兰继承的大部分政治遗产是有益的，在经过必要的改造后，他们将这一遗产投 332
入实际使用之中。然而，在改造这些移植过来的政治体系的过程中，美国的经济和社会环境造就了一种非常不同于英国模板的有效的政治秩序。

尽管殖民地的很多绅士熟读历史、哲学和人文作品，他们却没有按照任何古代或现代的政治手册来构建他们的秩序。在约翰·洛克出版其《政府论》之前很久，他们演讲中的公民政府形式就已有迹可循。比如，早在 1635 年，马里兰代表机构的成员就宣称，人民代表可以制定他们自己的法律，批准或否决大地主的法律。新世界秩序之新既非有意为之，亦非挑战反叛的结果：它源自经验（包括他们先祖在旧世界的经验）和实际的需要。

新世界的基督教

殖民地多数人的宗教信仰来自英国，恰如他们总体上接受了英国政治制度的体系。不过，对于访问那十三个殖民地的欧洲人来说，美国基督徒的某些侧重点和取向显得新鲜。

阿历克斯·德·托克维尔将在19世纪30年代发现，宗教对美国社会的直接和间接影响都不可估量，他当时察觉的那些特征早在18世纪中期既已成为主流。托克维尔写道：“美国的小教派不计其数。它们在对造物主的敬拜这个问题上各有主见，不过在人与人之间的义务方面，他们的看法又都一致。每个教派都以其自己独特的方式崇拜神（Deity），不过所有教派都以上帝的名义倡导同样的道德原则……，美国的宗教不直接参与社会的治理，不过，宗教必须被视为他们首要的
333 政治建制；因为即便宗教没有使人得尝自由的滋味，它也为自由的运用提供了便利……，在政治联系放松的同时，如果道德联系没有成比例地加强，一个社会怎样才能避免毁灭的命运呢？如果他们不顺服神，一个自己做主的民族能干出什么事呢？”[11]

托克维尔发现美国流行的并非某种神秘或特别具有想象力的基督教信仰，这种信仰也不突出强调礼仪和圣礼。“据我所见，基督教形式、象征和礼仪的数量之少，没有任何国家比得上美国，就基督教对思想观念的塑造而言，任何国家都不如美国那样鲜明、简洁和普遍。尽管美国的基督徒被分成许多小教派，它们对待自己宗教的方式都是一样的。”中世纪人对这个世界的咒诅在美国也很少见：“美国的福音使者们并不试图将人们的所有思虑都引向或让它们专注于来世；他们愿意让人分心关注当下的需要，似乎认为获得这个世界的好处也是重要的（尽管是第二位的）目标。”[12]

在 17 世纪的大部分时期，救恩和永生是热诚的清教徒与严肃的贵格会信徒的首要目标；然而，就连这些教派从一开始也非常渴望在这个世界取得显著的成就，而且他们基本上做到了。17 世纪末和 18 世纪初，那几个基督徒宗派满足于日常的道德教化，直到 1734 年前后出现一场规模浩大的福音复兴运动，基督教的道德教导才被普遍接受，以至于没有人会冒险挑战它，不过，这种气氛与 16 和 17 世纪的宗教热情相去甚远。

对英属北美的主要基督教团体——圣公会信徒和加尔文主义者——已经有所论述。后者包括清教徒或公理会信徒、长老会信徒以及浸礼会信徒（罗德岛的罗杰·威廉斯是美国的首位浸礼会领袖；浸礼会与其他加尔文主义教会的区别无需在这里分析）。在殖民时期的美国定居的还 334
有一定数量的路德宗信徒、零星散布的天主教徒、少量的犹太人以及各种不同的敬虔主义的小教派，不过他们当时对社会没有什么影响。但是，这样一群信徒值得关注，尽管他们对美国秩序的影响非常微妙，少为人知：他们就是贵格会信徒。

18 世纪前半期，贵格会信徒在宾夕法尼亚和西泽西（West Jersey）占据着主导地位；后来当他们不得不面对艰难的政治抉择时，他们失去了这种地位。贵格会信徒大约出现于 17 世纪中叶，当时他们是乔治·福克斯（George Fox，他曾在美国旅行）的追随者；在追求如使徒般简朴的基督徒生活上，他们走得比清教徒还远得多。他们拒绝教义、信条、礼仪、圣礼、教士；他们甚至拒绝新教一般意义上的传道人；他们拒绝圣礼的习惯做法，甚至包括洗礼和圣餐礼；他们拒绝教会建筑；他们在聚会时平等对待妇女。这些教条或毋宁说反教条（anti-doctrines），让他们不受圣公会信徒和加尔文主义者的待见；贵格会信徒似乎渴望殉道，故意冒犯已成建制的教会，因此，早期许多贵格会信徒的古怪做法让贵格会遭受了严重的迫害。贵格会信徒宣称，借着内在的亮光（Inward Light），任何人都可以在此时此地取得对罪的彻底胜利。他们“绝不起誓”，完全遵从基督的这一诫命；他们在任何环境下都弃绝暴力，即使受到攻击也不还手。他们似乎并不适合凶险的新世界。

可是，在仁慈的威廉·彭恩（其父亲曾是英格兰一位著名的海军上将）从查理二世那里获得用作他们以及其他被迫害教派的避难地的宾夕法尼亚后，他们大获成功。他们的“神圣试验”（Holy Experiment）成就了殖民地最大的城市——费城，也带来相当程度的安全、繁荣和自由，只要宾夕法尼亚西部勇于战斗的苏格兰-爱尔兰人和其他边疆居民能保护宾夕法尼亚东部的贵格会信徒免遭印第安人和法国人的侵袭。

内在的亮光获得了物质上的犒赏。路易斯·莱特（Louis B. Wright）
335 指出：“与清教徒的道德法则一样，贵格会信徒的伦理也有助于资本主义精神的发展以及宾夕法尼亚商业的日渐繁荣。在强调节约、勤俭和理智等美德方面，波士顿的清教徒传道者们从来都不像费城的贵格会信徒商人那样热诚。他们虽然显得神秘，不过却从不会让内在启示之光遮蔽他们对此世美好事物的认知。很少有商人比贵格会信徒更具敏锐的赚钱眼光，或者比他们更执着于储蓄钱财。他们虽然拒绝奢侈和显摆，却不喜欢避世苦修，而且还会好好利用他们的钱财。”[13]

即使是在他们的鼎盛时期，贵格会信徒在宾夕法尼亚殖民地总人口中所占比例也不过半；然而，他们的财富和智慧让他们有效控制宾夕法尼亚代表机构直到1756年。随后，他们的灵魂秩序原则无法与宾夕法尼亚这个共同体的秩序相协调，甚至无法保证它的持续存在。在七年战争（Seven Years' War）的美国阶段，法国人和印第安人猛烈进攻宾夕法尼亚西部。作为和平主义者，贵格会信徒无法拿起武器反抗入侵者，或者帮助别人保卫边疆。他们确立的对印第安人慷慨大方的政策对他们毫无用处。宾夕法尼亚总督及其委员会向特拉华和肖尼印第安人（Delaware and Shawnee Indians）宣战；贵格会信徒占多数的宾夕法尼亚代表机构要么提供进行战争所需的资金，否则就一定显得背信弃义，对共同体的命运无动于衷。

在这场严峻的考验中，领头的贵格会信徒宁可辞去在代表机构的任职，也不愿负起责任，于是，圣公会信徒代表接替了他们的位置。自此以后，贵格会信徒再也没有获得政治上的主导地位。在二十年后的革命中，他们将保持中立。

不管是否所有人都可以从此世的罪中获得拯救，贵格会的原则都无法抵挡印第安人的战斧和剥皮刀。这样，由于他们的个人秩序无法构筑起一个合理的公共秩序，保卫领土的古老难题使得贵格会信徒无法成为 336
美国社会的领导力量。此后，他们的人数没有按照与美国人口同等的速度增长，今天非洲国家肯尼亚的贵格会信徒数量比整个美国还多。

尽管如此，贵格会的精神在某些方面却对美国秩序做出贡献。他们对公民自由的坚持、他们的宽容、他们仁爱的特性都深深地嵌入到美国的制度之中。20 世纪将有两位贵格会信徒被选为美国总统。虽然神圣试验无法在一个充斥着暴力的世界独善其身，贵格会信徒的兄弟之爱也确实有助于约束和修正不断扩张中的美国的积极进取的个人主义。

就让十三个殖民地的基督教信仰重新充满生机而言，一位年轻的圣公会神职人员的贡献远远超过了威廉·彭恩及其友人——这主要是通过他争取到的追随者来实现的，并非是他自己在美国短暂服侍期间的功劳。今天，萨瓦娜的雷诺兹广场（Reynolds Square）中央矗立着卫理公会创始人约翰·卫斯理（John Wesley）的雕像（一直到死，卫斯理都认为自己是英格兰教会的神职人员）。1735 年，卫斯理受福音广传协会（Society for the Propagation of the Gospel）的差派来到佐治亚这个年轻的殖民地；他严格的高教会（High Church）方式让他在萨瓦娜结下仇敌；到1738年时，他已回到英格兰。不过，他在萨瓦娜教会时组建的一个小圈子曾一起讨论基督徒的生活、祷告和唱诗。后来他在1781年时写道：“这些就是卫理公会最初的萌芽。”而且它们也是后来美国人所谓的大觉醒的开始——将十三个殖民地的基督徒从他们已经滑入的灵性萎靡的状态中提升出来。

据说，卫斯理一家的福音派基督信仰是让英格兰免于步18世纪法国之后尘爆发毁灭性革命的主要原因之一。很可能，卫斯理的间接影响也同样有助于让美国革命局限在一定的范围之内。在美国革命的前夕，
337 卫理公会信徒的数量只有几千人，不过，卫斯理推动的福音复兴传遍所有的殖民地，深刻地影响了其他宗派的数以十万计的会众。一开始，大觉醒在激起基督教众教会的同时也让它们发生了分裂；然而，从长期来看，福音运动将渗透进美国基督教的角角落落，让美国的基督教具有了一种显然持续到今天的特质。

卫斯理的讲道诉诸情感，融合了18世纪所谓的“火热情绪”（enthusiasm）——也即对基督救恩的明确且热诚的信仰，而且只有信心而非圣礼才是救恩的途径。卫斯理说，靠着上帝的恩典，所有生命都可以被翻转：我们可以在圣洁中成长，并战胜罪。所有阶层的人都聆听这位拥有牛津学位的18世纪绅士的讲道，不过，让他赢得英格兰和威尔士的劳工大众的是他的真诚和表达能力。

在整个欧洲乃至美国，宗教战争结束之后的那种幻灭感产生了某种宗教宽容——不过也带来了灵性的冷漠。17世纪晚期和18世纪的科学和形而上学思考削弱了很多受过良好教育者的基督教信仰。基督教的教会常常显得沉闷和自以为是，许多神职人员满足于收取自己的薪俸，对自己的职责却并不热心。在欧洲很多地方，民众对建制性教会的混乱不

明的憎恶开始发酵；同样严重的是，上层阶级中有很多人对基督教日益鄙视。在 1789 年的巴黎，反基督教情绪是爆炸性力量之一，而且此后便席卷其他欧洲国家。人必须相信某种比自己更宏大的东西；如果基督教教会显得伪善，人们就会寻找另一种形式的信仰。于是，在 18 世纪前半期的英格兰和美国，被称为自然神论的思想模式侵入了使徒信经所定义的那种基督教。

自然神论既不是从基督教分裂出来的教派，也不是某种系统的哲学，而是一种看待人类状况的方式，被称为自然神论者的那些人在很多方面都有不同观点（托马斯·潘恩常常被归为无神论者，但更准确地说，他是一位相当激进的自然神论者）。自然神论是 17 和 18 世纪科学思考的结晶。自然神论者宣称相信一位独一的最高存在（Supreme Being），不过却拒绝相信很多基督教教义。自然神论者们说（就像之前的斯多葛主义者那样），要遵从自然，而非启示：所有东西都必须经受理性的个人判断的检验。自然神论者们在解决现实问题时尤其依赖数学方法，在此方面受到伊萨克·牛顿的影响。对基督徒来说，生活的目的是认识上帝并永远享受他；对自然神论者们来说，生活的目的是个人幸福；对自然神论者们来说，最高存在确实是宇宙的创造者，不过他没有干预创造界的运作。自然神论者们否认旧约和新约是上帝启示的；他们怀疑奇迹的现实存在；他们坚持认为拿撒勒人耶稣并非救赎主，只是一位伟大的道德导师。自然神论者是彻底的理性主义者，否定宗教中的所有神秘因素，试图将基督教的教导化约为几项简单的真理。他们以及差不多同时期崛起的上帝一位论者（Unitarians）宣称，人的本性是好的，没有堕落，他们希望将人类从迷信和恐惧中解放出来。 338

约翰·卫斯理不得不同时反对自然神论和圣公会及其他基督教宗派已经陷入的那种自满状态。他如火的热诚为他招来坚定的福音派追随者，其中就包括乔治·怀特菲尔德（George Whitefield）。借着重新证明基督教教导的可信性，借着再次以基督教的方式对大众讲话，借着满怀激情地鼓励人们相信基督并模仿他，卫斯理及其同伴做出大量的努力，以再次让大众认识到基督徒的生活是灵魂得救的途径。尽管他们的目的是为灵魂提供秩序，而非为国家提供秩序，他们在英国和美国传道
339 的一个效果是，让这些国家避免出现以狂热政治面目示人的某种假宗教——这种情况出现在 18 世纪末的法国。

在北美殖民地，卫斯理刚刚开头的事业被乔治·怀特菲尔德接了下来；怀特菲尔德是一位加尔文主义的传道人（尽管他的圣职是被圣公会按立的），拥有惊人的雄辩才能，能够激励听众进入到如醉如痴的境界。1737 和 1738 年，在卫斯理的邀请下，他从英格兰到佐治亚待了三个月——这是他若干次美国之行的第一次。和在英格兰一样，怀特菲尔德在殖民地受到很多神职人员的排斥，不过，他在露天场地布道，引来大量的听众。许多听过他讲道的人变得很夸张，堪比一百年前的宗教狂热。

即便怀特菲尔德有时会吸引来神经过敏者甚至精神错乱者，然而，1741 年与卫斯理一家人分道扬镳后，他仍然激励了美国最重要的神学家，他就是乔纳森·爱德华兹（Jonathan Edwards），新英格兰以前的清教徒严格神学信条的传人。新英格兰的大觉醒主要是爱德华兹的功劳，后来扩散到其他殖民地，而且在自然神论运动已无重大能量之后还有持续的影响力。

在耶鲁大学学习的最后一年，年轻的爱德华兹的一次个人经验让他确信，上帝的确是人类无法测度的绝对主权者，他认可这样的教导：上帝拯救某些人（出于他自己的原因，而非我们的原因），并让另一些人承受永久受苦的处罚。1740 年，怀特菲尔德来到爱德华兹开始做牧师

的地方——马萨诸塞的北安普顿（Northampton）；他的讲道促使爱德华兹献身于福音事业。自此以后，爱德华兹便决心让人们意识到他们所陷入的罪的可怕境况，决心鼓励他们因惧怕上帝而忏悔。

在他的北安普顿教会的大部分会众看来，爱德华兹变得让人无法忍受——这部分是由于因大觉醒而认信的许多“获救的”热心信徒的 340
极端狂热行为。随后，他被赶出他在北安普顿的教会，到马萨诸塞西部危险的边疆殖民区斯托克布里奇（Stockbridge），成为面向摩霍克族（Mohawk）印第安人的传教士。在他生命即将结束时，他被任命为新泽西学院（现在的普林斯顿大学）的校长，因为他的影响力已经超越公理会的范围，扩展到作为普林斯顿大学之根基的长老会。

有人说，“你无法让时钟逆转”。不过，爱德华兹确实做到了这一点。尽管他在马萨诸塞的事功似乎失败了，他的逻辑和想象力却对公理会和其他宗派中正崛起的那些人产生了影响。当时正滑入自然神论的新英格兰思想在爱德华兹的指引下回到了以前清教徒的模式。在 18 世纪余下的那些年份以及此后很久，基督教植根于加尔文主义教义的福音复兴传遍整个新英格兰，并接着传遍美国其他地区。

大多数美国人都直接或间接受到爱德华兹从智识上对启示宗教的有力辩护的影响。虽然爱德华兹的很多努力都是为了抵制阿米念主义（Arminianism，也即圣公会主义）的扩张，其实际效果却是更有力地驳斥了自然神论以及崛起中的信奉上帝一位论（Unitarianism）和普救论（Universalism）的教派。大多数美国人不认可这样的概念：上帝是非人格化的，仅仅是第一动因（Prime Mover），也拒绝人本性良善的观点。他们会重复圣保罗的说法：“‘基督耶稣降世，为要拯救罪人。’在罪人中我是个罪魁！”（《提摩太前书》1 章 15 节）

将乔纳森·爱德华兹仅仅视为从死里复活的约翰·加尔文是不够

的。尽管他曾谈及人的败坏、上帝的震怒以及无法抵御的个人认信经验对其得救的必要性，爱德华兹依然是他那个时代的思想家，而且具有让人叹服的原创思想。他很早就熟悉伊萨克·牛顿和约翰·洛克的作品，他以洛克的经验主义——也即以人类的经验为论题的证据——为其
341 被重新注入活力和重新解释的加尔文主义的支柱之一。作为一名具有创意想象力的神学家和哲学家，爱德华兹被视为可与加尔文、芬乃伦（Fenelon）、阿奎那、斯宾诺莎和诺瓦利斯（Novalis）等量齐观。

詹姆斯·麦金托什（James Mackintosh）爵士在19世纪初写道：“他精微的论辩能力可能举世无双，肯定没有超过他的人，同时，就像古代某些神秘主义者那样，他的论辩力具有某种将他的敬虔升华为狂热的品质。”[14]爱德华兹坚持认为，所有存在都具有灵性——这一观念影响了几代人之后的拉尔夫·沃尔多·爱默生（Ralph Waldo Emerson）和另外的美国超验主义者。的确，爱德华兹自己作为必然性（Necessity）和启示的辩护士几乎就是个纯粹的知识分子。

爱德华兹教导说，上帝是“存在之存在”（being of beings），是所有良善的源头。美德是道德品质之美的展现，与上帝的存在若合符节。良善意味着让自己的意志屈从于上帝的美意。虽然人有罪性，上帝的计划却是用心良好的：我们身上的苦难和罪性是为了彰显与之相对的快乐和美德的存在，是必要的。

这个世界是战场，我们投入其中，为的是可以为良善而斗争。爱德华兹影响最持久的作品是论述意志的，他在其中指出，上帝的意志也在约束他自己，让他追求良善；没有人能逃脱遵循上帝旨意的约束。罪是一种否定，一片空白——简言之，罪是上帝缺席的状态，而上帝是一切良善的源泉。爱德华兹在其《论宗教情感》中写道：“真正的宗教很大程度上以神圣情感为其构成要素，对神圣事物的爱——出于美德所具有

的美感与甜蜜——是所有神圣情感的源头。”

尽管清教徒的严肃道德在爱德华兹身上没有褪色，尽管他和加尔文一样坚信我们所有的行为都是由某种无可逃避的必然性决定的，他的神学体系却凭借其连贯性赢得美国人的认可，因为它诉诸美国人的信仰传承，而且还为那些教义增添了新的说服力。莱斯利·斯蒂芬（Leslie Stephen）评论道：“去掉古代迷信的外壳，我们依旧可以在爱德华兹的作品中发现一种使人高尚的伦理体系以及一种高深的宇宙理论，而且这种伦理和理论可与任何一种神学媲美。确实，无可否认的是，那层外 342
壳厚重坚硬的东西，其内部构造常常会出现紊乱；不过，真正的好东西就在其中，这一点确定无疑，就像垃圾也在其中一样。”[15]这话出自像斯蒂芬这样的 19 世纪理性主义者口中，是非常高的评价。

一位较少认可爱德华兹的其传记作者宣称：“毫无疑问，他是美国基督教历史上最伟大的知识分子。”在其去世后的那代人中，爱德华兹以逻辑论题的形式呈现的诗性洞见吸引了美国的很多博学之士以及普罗大众。亨利·班福德·帕克斯（Henry Bamford Parkes）接着说道：“他的追随者翻过大山，进入纽约西部和俄亥俄的西部保留地（Western Reserve），涌入密歇根和印第安纳，沿着通向太平洋的孤独小路分散到大平原各处。他的著作和追随者将他的教导带入新泽西和宾夕法尼亚的长老教会，并从那里不断向外扩散，进入浸礼会和卫理公会的教会。”[16]吉尔伯特·泰尼特（Gilbert Tennent）在身为长老会信徒的苏格兰–爱尔兰人中的事功以及埃斯波利（Asbury）主教在卫理公会信徒中的事功与爱德华兹的教导携起手来，阻止了自然神论和其他自由派神学与哲学思潮的扩散。

尽管美国的自然神论在美国革命时似乎正处于高潮期，实际上，复苏中的基督教正统信仰那时已经颇有活力，而且到制宪会议时还会更加生气勃勃。美国人开始期待他们的公众人物是基督徒，或者至少口头上认可基督教。乔纳森·爱德华兹的外孙阿隆·布尔（Aaron Burr）——虽然他与其外祖父是完全不同类型的人——后来赢得美国的副总统职位，并差一点赢得总统职位，因为公众尊崇他的神学家外祖父——尤其是在新英格兰和大西洋中部诸州。击败布尔成为总统的托马斯·杰斐逊发现，尽可能掩盖他的自然神论信仰是明智的。在白宫任职时期的杰斐逊后来写信告诉本杰明·拉什，他不会刊布自己编纂的《耶稣的生平与道德》（*The Life and Morals of Jesus*，“杰斐逊《圣经》”），而且他
343 “讨厌让公众知晓我的宗教信念，因为这会鼓励有些人的想法——他们试图让我的宗教信仰接受检验，并引诱公共舆论干预良心的权利，而法律是非常公正地禁止这样做的”。

杰斐逊这里的意思是，如果他的自然神论信仰（包括他拒绝相信基督为超自然的救赎主）全面为人所知，他及其政党就会很难面对公众舆论。作为《独立宣言》的起草者，杰斐逊曾提及“自然和自然神”（Nature’s God）——这得到约翰·亚当斯的认同，后者当时也是自然神论者。本杰明·富兰克林、理查德·亨利·李（Richard Henry Lee）与其他一些革命领袖也是自然神论者。然而，在殖民时期终结时，美国人民普遍相信的并非“自然神”：他们相信乔纳森·爱德华兹的拥有绝对主权的上帝，也即所有良善的源头以及存在之存在。后来有了这样的说法：乔纳森·爱德华兹的哲学是民主党的基石——在杰克逊总统任职期间，杰斐逊的自然神论在他自己创建的政治组织内也被打败了。据说，杰斐逊总统告诉突尼斯的统治者（Dey of Tunis），美国不是一个基督教国家；可是美国人却不这么认为。

1691 年，弗吉尼亚人试图从伦敦的财政官员那里获得拨款，用来在威廉斯伯格创建一所大学，以拯救殖民地人民的灵魂，爱德华·西摩

尔（Edward Seymour）爵士对他们说：“让你们的灵魂见鬼去吧！该去种烟草！”美国人确实种了烟草，不过，还有很多其他东西。他们并没有完全忽略他们的灵魂。

的确，美国人的宗教礼仪没有母国圣公会体系或欧洲天主教地区的那种美感、神秘和堂皇的外表，但是，美国人信仰的是合符《圣经》的基督教，而且这种信仰在民众中有牢固的根基。托克维尔后来评论说，民主社会不喜欢在上帝和人之间存在灵性中介的想法：美国的基督教很少提及天使，无视圣徒的事迹，更倾向于个人与上帝的直接关系。即便 344
在殖民时代终结时，一般的美国人也与神秘主义毫不相干，而且通常更急切地关注此生中的现实成就，而非可能的永生，不过，他们仍认同基督教的道德观，他们仍确信全能天父和圣子的现实存在，确信圣子与圣父拥有同一个实体（substance）。托克维尔认为，如果没有这些普遍的信念，美国新兴的民主政体将无法得治，而且几乎是不可想象的。

注释：

[1] Daniel Boorstin, *The Americans: the Colonial Experience* (New York: Random House, 1958), p.352.

[2] John Adams to John Taylor of Caroline, April 15, 1814, in Charles Francis Adams (ed.), *The Life and Works of John Adams* (Boston: Little, Brown, 1851), Vol. VI, pp. 451, 461-462.

[3] Thomas Fuller, *The Hol y State and the Profane State* (Cambridge: Williams, 1648), pp.138-141.

[4] John Randolph to Josiah Quincy, July 1, 1814, in Edmund Quincy, *Life of Josiah Quinch* (Boston: Little, Brown, 1867), pp.353- 355.

[5] Josiah Quincy, *Figures of the Past,* edited by M. A. DeWolfe Howe (Boston: Little, Brown, 1926), p. 296.

[6] James Fenimore Cooper, *The American Democrat ,* with an introduction by H.

L. Mencken (New York: Knopf, 1931), pp.73,76, 112.

[7] Charles S. Sydnor, *Gentlemen Freeholders: Political Practices in Washington's Virginia* (Chapel Hill: University of Nort h Carolina Press, 1952), p. 82.

[8] 同上，pp. 125, 126.

[9] Rowland Bert hoff, *An Unsettled People: Social Order and Disorder in American History* (New York: Harper and Row, 1971), p.118.

[10] Speech of John Randolph in the House of Representatives, *The Annals of Congress,* Ninth Congress, first session, p.928.

[11] Alexis de Tocqueville, *Democracy in America* (edited by Phillips Bradley;
345 New York: Knopf, 1948), Vol. I, pp.303,305,307.

[12] 同上，Vol. II, p. 27.

[13] Louis B. Wright, *The Atlantic Frontier: Colonial American Civilization* (New York: Knopf, 1947), p.242.

[14] Sir James Mackintosh, "Dissertation on the Progress of Ethical Philosophy", in *The M iscellaneous Works of the Right Honourable Sir James M ackintosh* (London: Longman, Brown and Green, 1846), Vol. I, p.108.

[15] Leslie Stephen, *Hours in a Library* (London: Smith, Elder, 1899), Vol. I, p.344.

[16] Henry Bamford Parkes, *Jonathan Edwards: the Fiery Puritan* (New York: Minton, Balch, 1930), p.252.

第十章

18 世纪的知识分子

347 宪政秩序：孟德斯鸠

萨缪尔·泰勒·柯勒律治说，尽管18世纪的“启蒙运动”到处都充斥着自称启蒙者，但却非常欠缺亮光。他的苛评更适用于欧洲，而非美国。

社会制度的遗产和思想遗产共同作用于美国秩序的演进：这一点在本书前面的章节中已经阐明。前一章主要讨论殖民时代的制度；现在我们要转向在殖民时代末期影响美国人思想的某些18世纪观念。

人们不应该夸大美国的抽象思辨能力。殖民时期的美国人非常讲究实际，而且常常怀疑抽象的东西。虽然大多数美国人是有信仰的，却少有人关注形而上的问题。如果那个年代教养良好的美国人认可某位作家，那一般也是因为他的著作非常赞同他们的美国经验，证明了他们制度的合理性，并诉诸于他们已经持有的信念：除少数例外，美国人不喜欢智识上的新花样。不过，18世纪的几位观念倡导者非常适宜地迎合了殖民地人民的思想状况，本章将介绍其中的四位人物。

348 任何时代的公众舆论一般都会追随那个时代的某些重要作家。或者更准确地说，任何时代的公共领袖人物都深受在其成长期出版的重要书籍的影响。在这些书籍出版后不久，当时仍年轻的他们会阅读它们；一代人之后，这种书籍所表达的观点常常会反映在仔细研读过它们的那些领军人物的行动之中——他们读这些书时的年龄在十五到二十五岁之间，当时的他们正在寻找自己的首要原则。尤其是在英国和美国，特别常见的情况是，某位非常有影响力的作家的观念大约需要三十年才能产生改变公共政策或改变人心的效果，尽管在有些国家——特别是法国，清楚表述的观念可以更快地对社会产生影响（这种影响不一定对社会完全有利）。乔纳森·爱德华兹的思想是这样；孟德斯鸠、休谟、布莱克斯通和伯克的思想也是如此。

17 世纪的最后一段时间以及整个 18 世纪通常被称为启蒙时代。启蒙运动是一种以进步、理性、世俗化和政治改革为鹄的的强有力的知识潮流。启蒙运动的中心在法国，不过，整个西欧——甚至俄国——和英国都在不同程度上充斥着巴黎知识分子的理念。启蒙运动以笛卡尔和其他学者的数学哲学为其肇端，科学发现——尤其是伊萨克·牛顿爵士的科学发现——则强化了这一运动。这些观念常常被以夸张的大众化形式应用到道德和社会问题上。由狄德罗（Diderot）编纂、出版于 1751 和 1752 年的法国人的《百科全书》是启蒙思想的顶峰。启蒙运动的思想家肆意地反基督教，鄙视中世纪，致力于快速的知识和社会变革，发展出他们自己的关于人与社会可完善性的教条，期望以纯粹理性的原则迅速改造文明，并且志在有力地推动这一转化过程。

“启蒙”思想的核心是对每个人的理性都有很大的信心。百科全书 349
派认为，每个人的智识潜能一旦被发掘出来，便足以消解所有的迷信，解决所有的问题。宗教必须被当作单纯的迷信抛弃掉，原有的政治形式必须被当作非理性和压迫性的存在消灭掉，人的良善本性必须成为主导性力量——其途径就是诉诸理性。每个人的理性如果得到适当的培育，都能将他从罪的幻想、暴力和欺诈行为以及混乱和恐惧中解放出来。这一梦想在法国革命中破灭了。

启蒙思想几乎没有传播到美国。少数有国际经验的美国人——特别是本杰明·富兰克林——受到这些思想的影响，不过，鉴于他们在务实的美国的直接现实经历，故而也对一般启蒙哲学家的无限乐观精神持保留态度。温和的自然神论是启蒙理论在这十三个殖民地中的最高成就。

那些对美国人产生过最强烈的直接影响的18世纪知识分子拥有与一般的启蒙哲学家（特别是百科全书派）部分或全部相反的立场。孟德斯鸠念念不忘历史知识中的惨痛教训；和蔼可亲的休谟鄙视对理性的膜拜；布莱克斯通遵循法律先例和规范；伯克诉诸于中世纪、基督教和古典时代的伟大信仰传统——他们是18世纪后半期美国的导师。如果说他们照亮了世界，他们用的也不是法国启蒙运动的火炬。

前面章节讨论的16和17世纪的思想家，他们生活和写作的时代动荡不安。本章要讨论的这些思想家——其中包括一个法国人、一个苏格兰人、一个英格兰人以及一个爱尔兰人——的处境则不同。孟德斯鸠、休谟、布莱克斯通和伯克生活的时代相对安稳平静；四人中只有伯克见
350 识过一些暴力，而且预见到更为恐怖的麻烦的来临。然而，在美国经历了十多年的与强权国家的战争、内乱和政治崩溃之后，他们的观点被应用于实践之中，以在这片不知所措的土地上重建秩序。

在1787年的制宪会议上，被引用和引述最频繁的人便是孟德斯鸠男爵（1689—1755年）。他的《波斯人信札》出版于1721年，他的《论罗马人的伟大与衰落》出版于1734年，他的代表作《论法的精神》出版于1748年；在这些作品的法文版出版后不久，它们就都有了英文版。签署《独立宣言》和起草美国宪法的许多人在年轻时热切地读过孟德斯鸠的所有作品；另有人通过布莱克斯通的《英格兰法律评论》间接吸收了孟德斯鸠的观点。即使被翻译成英语，孟德斯鸠的作品依然表现出简洁有力的风格：大多数能够影响公众看法的书籍在实现其目标时，对修辞的依赖不亚于对逻辑的依赖。

孟德斯鸠的作品很快就能在英国人的所有乡村别墅中找到，在教养良好的美国人的书架上，它们被光顾的频率也差不多同样高。我自己有一本《论法的精神》的英文初版（1750年），这本书是我在苏格

兰的一次拍卖会上买到的，它的藏书标签上写着“里昂纹章官”（Lord Lyon，这是苏格兰的首席纹章职位，不是世袭的贵族爵位）。孟德斯鸠是一位极其彬彬有礼的绅士，他的作品成为大西洋两岸所有优雅绅士——或者希望成为18世纪优雅绅士的人们——的必读物。

孟德斯鸠出生于“太阳王”路易十四统治的晚期，后来逐渐开始鄙视这位太阳王；他继承了大量的遗产，受过法学方面的教育，曾有十二年负责主持古老的波尔多议会（Parlement of Bordeaux），带着敏锐的眼光在欧洲广泛游历。他心胸开阔，待人和蔼，性情温和；他的一生见证了一系列的成功。法国的文人雅士常常拥有比其他国家的民众更多的高超的归纳才能，托克维尔曾将这种才能用于19世纪的美国，而孟德斯鸠在这方面的能力是最齐全的。孟德斯鸠几乎可以称得上首位社会学家。保罗·哈扎德说：“孟德斯鸠的伟大之处在于，他决心攀登高峰， 351
以从那里俯瞰下来，从混乱中找出秩序，他整个一生就是朝这些制高点进发的长长的向上攀登过程。”[1]

孟德斯鸠的思想有很多侧面，不过，就我们在本书中的目的而言，孟德斯鸠在下述方面的思想应该受到特别关注：法律的性质，风俗和习惯的影响（这和“社会契约”论正相反），以及政府的分权。他的这些观点在美国（以及英国）受到广泛的热捧，以至于孟德斯鸠常常被认为对美国宪法的影响远远大于任何其他政治哲学家。

孟德斯鸠在英国和美国思想界的崛起并不是因为他是激进的创新者：他与这种标签毫不相干。相反，孟德斯鸠比他那个时代的任何英国人或美国人都更好地阐述了大多数英国和美国思想者已经认同的那些原则。他曾在英格兰住过两年，非常推崇英格兰的宪制。他对法律性质的理解证实了英国人和美国人对他们自己的法学理论和法律制度的热爱；他有关风俗习惯对社会影响力的讨论符合英语民族的政治规范；他提倡的权力分立维系了英国和诸殖民地的政治实践。他对英国人和美国人的影响是保守性的。

如果孟德斯鸠对英格兰宪制的赞许曾推动人们要求按照英格兰的模式重构法国政治体系，那么，法国的情况就会有所不同。如此解读孟德斯鸠的那些人最终会陷入失望。因为孟德斯鸠本人清楚表明，一国的历史经验无法移植到另一国家，而且风俗习惯不可能被实证法改变——它们只能被扭曲。法国的许多革命者——其中包括米拉波（Mirabeau）——的早期理想与英格兰的政治模式有关。不过，革命在其发展过程中将
352 孟德斯鸠曾含蓄抨击的旧制度下的法国的那些缺陷——特别是中央集权——成倍放大了；法国革命最后的成果既不像英格兰宪制，也迥异于孟德斯鸠的提倡分权和地方自由的一般宪制模式。孟德斯鸠多少带点伤感地盼望法国的改革——不过他不希望革命。他的伟大作品将有助于美国革命后秩序的恢复。

孟德斯鸠认为，在生活中遵循法律符合人的本性和理性。虽然浩繁的法律会让多数人感到迷惑，实际上，法律构成一种格局，彼此相互联系，牵涉到所有社会问题。法律本质上是关系：不同阶层的人与人之间必要的联系，形成以公共利益为基础的共同体。法律规范了人与现存的社会环境的关系。诚然，所有法律的源头都是普遍真理："就法律辖制地球上所有居民而言，它代表了人的理性；每个国家的政治和民事法律都应仅仅是人的理性的具体应用。"不过，这些具体的应用在很多方面都不相同。

孟德斯鸠继而说道，尽管法律是合符理性的，我们不能期望它具有普世性。因为人类的处境千差万别——影响这种处境的有气候、土壤、国土范围、历史经验、风俗习惯、战略位置、工商活动、宗教以及其他许多因素。因此，每个民族都合宜地发展出有自己特色的法律。孟德斯

鸠认为不存在某种“最好的”法律体系或政治模式，就此而言，他是一位“相对主义者”。

然而，孟德斯鸠并不否认自然法的存在；实际上，他确认了从柏拉图、西塞罗、阿奎那和胡克那里传承下来的自然法概念。“在法律被制定出来之前，可能的正义关系便已存在。说什么没有正义或非正义之分，只有实证法的指令或禁令之分，就等于说在描绘圆圈之前，所有的半径都不相等。”实证法应该符合自然正义的原则。

孟德斯鸠是首位依据这些原则彻底反对奴隶制的政治哲学家。他坚 353
决反对一种不同的“自然法”观念——也即荷兰17世纪法学家雨果·格老秀斯（Hugo Grotius）的法律理论；格老秀斯认为，其中一个自然法是：征服者有权利屠杀或者永远奴役其军队被击败的整个民族。孟德斯鸠说，这否决了保全生命的自然法；它违背了共同体生存的政治法则；它实际上也有违征服者自己的利益。毁灭社会的东西不可能是自然法。虽然孟德斯鸠是他那个时代机智的教会批评者，他对自然法的理解归根结底是宗教性的。

在孟德斯鸠看来，一国法律的最高成就是个人自由的扩大。法律和自由并不对立；因为没有法律，便不可能有自由，只有暴力充斥的无政府状态；而且如果没有自由，法律就是专断的代名词，人们只是出于恐惧才遵守它。法律确实会阻止有人伤害他人和自己，不过法律存在的目的并不只是要确立某种独裁权力。

孟德斯鸠在此敲打了托马斯·霍布斯。“霍布斯认为人类天生便有相互挟制的冲动或欲望，这没有什么根据。帝国和辖制的观念非常复杂，很大程度上依赖于其他一些观念，因此，它绝不可能是人类首先明白的观念。”更准确地说，法律是我们设想出来的有益的规则，以便我们能在一起生活；它们是人类满足自己的一般需要的智慧的产物。

于是，孟德斯鸠否定了霍布斯的基于恐惧的、要求全面服从于利维坦的社会协定论；同时他也更加隐晦地否定了约翰·洛克的旨在保护生命、自由和财产的社会协定论［尽管有关洛克对孟德斯鸠之影响的著述有很多，后者实际上与洛克这位辉格党人意见相悖的时候多于意见相同的时候；他可能从与他个人相熟的托里·柏林布洛克（Tory Bolinbroke）那里学到同样多的东西］。孟德斯鸠压根就不相信一定存在着某种社会契约。

354 因为政治和民事法律不是在历史上某个时刻抽象确立或认可的：相反，法律是从人们相互间的经验——也即社会风俗习惯——中缓慢长出来的；人们还可以说，英格兰的普通法就是这样发展出来的。“如果一个民族有单纯规律的风俗习惯，他们的法律就变得简单自然。”孟德斯鸠在提出这一观点时大量以罗马人的法律和他自己对所处时代的观察为依据。

人们之所以在生活中遵从法律，不是因为早期有意识地达成了某种人为的协定。如果没有最起码的基本法律，即使规模非常小的人类共同体也无法存在；除非他依从法律生活，否则人就不是真正的人，不是完全的人。作为探讨人类历史进程之哲学意义的首位现代历史学家，孟德斯鸠让社会协定论黯然失色。

我们来更切实地看看法律，特别是被称为宪法的基本法。政府的形式源自环境与经验的复杂结合；政府是一国法律的反映，而非法律的源头。我们不能指望有普遍的政府模式，正如我们不能期待各国有同样的实证法一样。不过，孟德斯鸠区分出三种普遍的政府模式：共和制、君主制和独裁制。维系共和制的是公民的美德，维系君主制的是国王的荣誉，维系独裁制［比如奥斯曼人（Ottomans）的独裁政体］的是臣民的恐惧。一般而言，一个民族不会选择某一种宪制：他们必然是由适合他们社会环境的那种政府统治着的。从某种意义上说，任何民族都会得到他们配得的那种政府——或者至少他们的历史和生存条件所带给他们的那种政府。

当然，这不意味着所有政府都有同样的优点。什么样的政府可以最
有效地协调秩序和自由之间的张力？在这方面，孟德斯鸠欣赏罗马共和
国的宪制——也即波利比乌斯所描述的、被海外征服和奢侈腐化之前的
罗马共和国；而且他认为他那个时代最好的政府形式是英格兰的君主立 355
宪制——其中的臣民享有个人和公民自由。法国也曾经有点像英格兰，
有着受一定程度的代议制政府制约的真正的君主制；可是，路易十三
及其大臣黎塞留（Richelieu）主教毁掉了法国人的自由，因此，孟德斯
鸠那个时代的法国政体正沦落为独裁制，其中央集权的国家机器排斥贵
族、僧侣和民众的真正参与。

古老的罗马和现代的英格兰是如何维持有秩序的自由或法律下的自由的？就制度安排而言，靠的是分权和制衡的机制。孟德斯鸠指出，能够制约权力的只有与之对冲的权力。所有人和政治机构或职位都不应该拥有不受制约的权力。为了个人自由和自由的共同体，权力应该被分割和对冲。这会拖延政府的行动吗？孟德斯鸠认为这无所谓：自由优于速度。

虽然分权的观念与制衡的观念有关，它们却不是一回事。分权指的是将权力分配给不同的政府部门：行政部门、立法部门和司法部门。旨在防止滥用权力的制衡安排可以在已经分权的政府内部发挥作用，或者可以施用于古典时代的“混合政府”或其他形式的政府。对权力的制衡可以来自非政治性机构，比如教会和大学。孟德斯鸠既希望分权，也希望形成制衡体系。他的方案与霍布斯的完全相反。代议制议会、遵循既有惯例的胜任的地方政府以及各社会阶层有意识的诉求，都是对利维坦

的制约。

孟德斯鸠在英格兰见过成功的分权：国王有行政权，议会是代议制机构（通过上下两院纳入制衡机制），法院是独立的司法系统（尽管现
356 代的英国在理论上没有区分行政权和立法权，权力的分立实际上还是存在的：以前属于国王的权力现在属于内阁，而后者不仅仅是议会的下属委员会）。

在法国，独立的司法体系一直存在到孟德斯鸠的时代；不过，自路易十四以降，甚至更早以前，法国政治机器中的行政机构和立法机构便合而为一。因此，巴黎议会和更不起眼的法国议会已经不再能发挥代议机构的功能。甚至法官的独立性在英国也比在法国更有保障，因为它受到 1689 年权利法案的保护。到孟德斯鸠著书立说时，法国对国王和法院权力的制约几乎全部消失。如此极端集中的权力将成为法国革命的首要原因。

孟德斯鸠担心，即使分权和有效的制衡可能也不足以确保法律的连续性和公平的司法。法律应该在某个地方有个“存储器”（depository）或保护者，以保护基本法也即一国的宪法。他认为贵族没有足够的智慧胜任这一职能；他也不清楚有什么机构可以公正地承担这一职能。直到他死后几十年，孟德斯鸠的愿望才有了着落，这样的机构就是所谓的美国最高法院。

上面仅是对孟德斯鸠的讲究节制的智慧的简要描述。由于他的政治原则最好的载体是 18 世纪的英格兰，所以，他在英国的名声很大。不难理解的是，孟德斯鸠在美国人中间的受欢迎程度远远大于他在旧制度下的法国统治阶层或者引发革命的冒失的法国改革者中的受欢迎程度。

其中的缘由是，孟德斯鸠对法律之性质的理解得到美国人的认同。他们认可实证法背后的宗教和道德依据；他们成长的环境是从民族共同

体经验中发育而来的英国普通法和衡平法的司法原则与实践；他们视法律为自由的保护者。美国人明白，他们自己的社会并非某个正式的社会 357
协定的产物；它部分地继承自英国社会发展的成果，部分是他们自己独特的地缘、经济和政治环境的产物；它之成长既有偶然因素，也是上帝护理的结果，而非产生自某种抽象的一般协定。他们确实非常理解分权与制衡的好处：在所有殖民地，总督握有行政权，代表大会是永久不动产所有者控制立法的手段，法院则是独立的（在弗吉尼亚，县法院甚至近似于孟德斯鸠的"法律的存储器"）。

虽然孟德斯鸠从未到过美国，他却为18世纪后半期那十三个殖民地的有秩序的自由框架提供了哲学和历史的合法性证明。实际上，孟德斯鸠是美国的辩护士。他的著作之所以在美国人中间具有权威，是因为他的原则和推理被美国人的现实政治经验所证实。孟德斯鸠的抵制中央集权的联邦制获得人们的认可；他警告，君主立宪政体有退化为独裁政体的危险，这为美国的爱国者们反对乔治三世的政策提供了论据。

孟德斯鸠的温和节制有助于缓和美国革命的热度。他的法治观有助于为独立战争之后的美国领袖们指出一种确立政府框架的办法：这种框架既不是具有压迫性的中央集权制，也不是虚弱的同盟（confederate），而是某种新的（或至少是折中的）政治设想。更重要的是，他的真知灼见直接有助于在全国性和州级政府内部成功实现分权，而且有助于增强美国每一层级政治结构的制衡机制。孟德斯鸠对改革或更新路易十五统治下的法国的政治体系几乎不抱希望；也许会让他感到吃惊的是，在大西洋对岸，他的著作助长了共和美德。孟德斯鸠曾写道，政治美德就是 358
热心于为共同体服务。对孟德斯鸠的广泛阅读强化了美国的这种精神。

法国在1789年之后经历了很多暴力的政权更迭，在此过程中，其政府稳步地变得越来越专断和集中化。在孟德斯鸠著书立说之际，英格兰的分权体制和政治均衡已在发生变化。然而，在实践层面上，美国宪法体现了孟德斯鸠所勾勒的那种自由和秩序相互平衡的政体。

不可知论现实主义：休谟

在《联邦党人文集》第八十五篇中，亚历山大·汉密尔顿是这么描述大卫·休谟的——“一位既纯粹又睿智的著述家”。美国的其他领袖人物对休谟的评价要低一些，尽管休谟作品——尤其是他的《英格兰史》（*History of England*）——的受欢迎程度让他们感到困惑。约翰·亚当斯在 1813 年向杰斐逊评论道，休谟的历史“湮没了 1688 年革命的最可人的成果”；杰斐逊将休谟称为“科学的堕落之子”，试图在美国出版约翰·巴克斯特（John Baxter）编辑的休谟历史作品的简洁版，以让弗吉尼亚大学的学生免受休谟的托利党信条的影响。

尽管有这些抱怨，休谟被美国人阅读的广泛程度远远超过他那个时代的任何其他历史学家，而且还以其他途径施加影响。作为休谟的朋友、接待者和信友，本杰明·富兰克林让这位苏格兰哲学家相信美国具有远大的前途。正如美国人喜欢孟德斯鸠将法律视为“关系”的观念，他们一般也欣赏休谟的不可知论现实主义——虽然休谟是托利党人，并且宣称信奉无神论（不过，自然神论者富兰克林称休谟是“一位好基督徒”）。

休谟在他的《道德原则研究》（*Enquiry Concerning the Principles of
359 Morals*）中评论说：“阴郁轻率的狂热分子可能会被历史记上一笔，不过很难在活着的时候被接纳进某种亲密的关系和社交圈，除非是与那些和他同样狂热阴沉的人。”这些话可以适用于 18 世纪的很多哲学家，却永远也不会适用于休谟本人。

休谟现在在哲学史上占有一席之地，尽管他没有丝毫圣人行迹；他是一位快活、肥胖、机智、四海为家的绅士，在性格和成就上均颇似他的友人富兰克林，而且他在建立亲密关系和社交关系方面做得不错。淑女们宠爱他，尽管他是公认的单身汉，并且认为婚姻对他这位节俭的苏格兰人来说过于奢侈。有一次，一家法国小报曾将他描绘成夹在两个巴黎美女中间的苏丹：可以说，他的日子就是在交际和读书中度过的。他最好的朋友亚当·斯密认为他“离十足明智和道德高尚之人的距离是人类脆弱本性的表现”。

休谟出生于1711年，是波德尔（Border）一位地主的次子，从自己的著作中赚取了很多钱（现在的哲学家都做不到这一点），曾两次参与外交使团活动，一度担任副国务大臣，多年担任大律师图书馆（Advocates' Library）的监护人。在爱丁堡草坪市场（Lawnmarket）边上的詹姆斯宫（James' Court）巨大建筑群中，他每天在房间里靠六便士度日，而且他几乎认识英国和法国时装与文学界的所有人。如果说有谁能代表18世纪的思想与品质，那个人就是大卫·休谟。

他以消解哲学上的幻觉来打发日子，而且他仍在影响着我们。托马斯·亨利·赫胥黎（Thomas Henry Huxley）评论说：“如果你想对人在智力上所面临的最艰深的问题有个清楚的认知，就我的理解来说，你不需要到英语之外的世界寻找。实际上，如果你时间紧迫，这三位英国著述家就足够了：贝克莱（Berkeley）、休谟和霍布斯。”无论如何，休谟确实是最有影响力的现代思想家之一，比伯克利或霍布斯的影响力都大。

鄙视他的塞缪尔·约翰逊博士认为休谟只是偶然才变成托利党人的。他核心的意思是，休谟在宗教上的不可知论让他成为国王和教会 360

一党中一个古怪的成员。尽管如此，作为一名热诚的老托利派（High Tory）人士，大卫·休谟却在他的《英格兰史》中对查理一世和斯特拉福德（Strafford）表示敬重。休谟在他的书中指出，我们的印象、道德和品味是本性（Nature）而非理性的产物；休谟没有对此做很多解释；也许，他自己的政治观点也是如此。休谟讨厌狂热的作为，几乎没有任何强烈的情感，不过，他支持古旧的事业（Old Cause），反对辉格党立场，支持信仰，反对理性，支持本性，反对人的权利。要恰当理解他的思想，读者们需要阅读《人性论》（*A Treatise of Human Nature*，写于他二十四岁）、《人类理解研究》（*An Enquiry Concerning Human Understanding*，1748 年）以及《道德原则研究》（1751 年）。在这些作品中，休谟自认为最有价值的是《人类理解研究》。

主要的哲学体系都有永恒的价值。休谟属于希腊不可知论或中世纪唯名论一系：他的乐趣在于刺破气球。他碰到的最大气球是约翰·洛克，并且在他的《人类理解研究》中全面批驳了他。在 18 世纪前半期，首字母大写的理性也即作为道德和政治指南的纯粹理性据有主导地位，而洛克是这一体系的主要提倡者和阐释者——尽管有人将该体系极端化。纯粹理性再也没能从休谟的批评中恢复元气，而且康德将继续休谟的批评。不过，哲学体系在受到致命打击后仍会在公众意识中存留很长时间，所以，像托马斯·潘恩（Thomas Paine）这样的记者在进入 19 世纪很长时间后还在为理性时代大声疾呼，而且纯粹理性现在还有崇拜者。

巴希尔·威利是这么总结休谟的神学立场的：“纯粹理性是非理性的，只有被彻底稀释过的有神论才是可以容忍的：对，就是为了获得启发而已！不过不是我们已有的那种。”[2]这就是休谟讨论问题的线索。洛克不理解内在理念的性质。这些内在理念确实存在；它们实际上构成了我们的本性，而我们通过研习历史可以认识这种本性；指导我们人生的正是这些内在理念或印象。

由于我们五官的欠缺，我们在自己生活经验中获得的知识是零散 361 的，而且必然是不完美的。尚有广大的存在领域是我们根本无法了解的；我们形成判断时不会依据按逻辑排列的经验总和，而是以我们的这些经验诠释普遍的观念。这些观念源自“印象”；不过印象的源头则不得而知。我们说不清楚它们到底是直接源自对象，还是来自大脑的创造力，或者上帝。想象力——而非单纯的经验性知识——才是我们拥有的一切智慧的源泉。没有人能解释清楚个人为何会有想象力：它是真正的天赋（genius），虽然休谟没有这么说过。

我们在这个世界所学到的东西是通过习俗和不断重复的经验——而非纯粹理性——学习到的。“我们的理性从来没有，也不可能凭借某种想象确保我们的身体可以持续地独立存在。”教育实际上是人类日积月累形成的习俗。社会之道并非理性之道，而是人类习俗经验之道，它开始于小型的家庭团体，继而逐渐扩展为国家。依据纯粹理性的原则干预自发演化而非按逻辑推演而来的重要的社会机制是危险的（休谟在这方面与孟德斯鸠的观点一致）。

所有宗教都是非理性的；它们源自启示和信仰；它们不可能靠逻辑论证来维系，因为这样做只会把基督教出卖给仇敌（这曾是中世纪唯名论者以及他们之前的另一些人的立场）。大自然中有非常大的谜团，我们根本无法测透。道德没有形而上学或超自然的依据——至少没有这方面的清楚依据；理性仅仅揭示了这样一个宇宙：其中的神秘力量对人类的善恶毫不在意。休谟鼎力支持的人类道德就是顺服于已经长期认可的是非规则。研习历史可以让我们获知道德标准，而那些感知力强大敏感的人则是道德标准的仲裁者，因为他们获得的印象会影响到其同胞的 362
意志。

休谟说，这种温和的不可知论是基督教、道德和已有社会机制唯一有效的保护。遵循本性而非虚无缥缈的理性而行；理解人性，并以此为指南；我们无法知道得更多，因为我们的智力很有限。“所有时间和地方的人类都非常相似，就此而言，历史给我们的启示没有什么新意或意外。历史的主要功能仅仅在于发掘恒定且普遍的人性原则。”休谟的论证逻辑富有技巧和力量，而且带有优雅善意的幽默。在 18 世纪中叶之后，休谟作品以及其他知识分子类似思考所产生的普遍影响力开始改变舆论环境，于是，哲学家们或其中的很多人摆脱对理性的崇拜，反倒热衷于历史、政治改革和不太追求知识上的完美的学术研究。

这样，休谟以理性论辩击毁了理性主义。与此类似，他以自己的常情常理击毁了孟德斯鸠曾强烈怀疑过的社会契约论。的确，在休谟去世后，洛克的社会协定论还持续影响了很长时间，尤其是在杰斐逊派人士和他们的后裔之中。1762 年，让·雅克·卢梭出版了他的革命性的《社会契约论》，完全无视他曾经的朋友和东道主大卫·休谟的主张（休谟曾一直以仁慈待卢梭，不过，那位法国人的怪癖最终让这位机敏的苏格兰人认定他不过就是个疯子——一位阴郁轻率的狂热分子）。不过，休谟在他的《人性论》和《道德原则研究》中从理论上击败了协定论。实际上，美国宪法的理论框架不是洛克的协定论，更不是卢梭的契约论；尽管美国南方的有些分离论者在 19 世纪中叶会转向社会协定论，以为他们脱离联邦提供理由。

363 休谟提出，社会并非开始于先前处于无政府状态中的人们有意识地达成的协定。相反，人类首次形成的社群形式是小小的家庭团体。为抵御敌人保卫自己，这种团体结合在一起，随着军事上的需要，政治国家逐渐成长出来：“军营是城市真正的源头。”［对休谟的有些读者来说，这一点可由约克和切斯特（Chester）这两座活生生的英格兰城市证

实，因为它们的街道和城墙就是沿着罗马军营的队列建造的，而且这些军营就是这两个城市开始时的样子。］

起初，人们因个人利益而加入一个更大的社群，获得原始政府保护的便利，尽管这通常并非霍布斯所想象的绝望中的屈服之举。后来，共同体成员产生某种义务感，而且养成忠实顺服法律的习惯。

休谟继而说道，从历史上看，社会协定论无法得到验证。政府——包括英国政府——是建立在暴力之上的：我们如果考察现代国家的历史，也会有这样的发现。征服英国的诺曼人既没有征得盎格鲁-撒克逊人的自愿同意，也没有从他们那里获得完全臣服的许诺（洛克和霍布斯的理论也不过如此）。即使在 18 世纪的欧洲国家中，经过了几百年文明进化之后，有多少政府能说是基于被统治者同意的呢？休谟说，只有英国、荷兰共和国和瑞士的某些州（cantons）。我们为何沉迷于洛克的政治幻想之中？实际上，这就是休谟的问题。国家从来都不是凭借多数人完全自由的协定——更不用说一致认同——建立的。[3]

1787 年，新生的美国的各州要经过制宪会议的努力（其成果是“一系列的妥协”）建立基于被统治者同意的“一个更完美的联邦”。然而，那一全国性政治协议的基础要比洛克或霍布斯的协定论更加现实可行。休谟与孟德斯鸠、布莱克斯通、伯克一道，帮助人们更清楚地理解了被统治者同意的含义。

美国宪法的制定者们非常明白，他们的国家开始于暴力，因为有独 364
立战争，而且保皇党人（根据约翰·亚当斯的估计，占殖民地人口的三分之一）要么被驱赶到国外，要么被迫屈从。美国联邦制的倡导者们非常明白，有些州只是在经过很多争议之后才批准新宪法的，而且有时是以微弱多数通过的。不过，美国的联邦协定既不属于霍布斯描述的那种独裁体制，也没有洛克描述的那种普遍的自愿认同。美国宪法和独立宣言中确实能找到协定的想法，不过，这一想法与希伯来人的圣约观的联系，比与霍布斯或洛克的理论的联系更紧密。

休谟本人肯定没有对美国革命感到欢欣鼓舞。虽然他给予 18 世纪的流行理论毁灭性的抨击，却不喜欢搞新花样。他希望保留住他那个时代安静平和的英国社会——至少与前一个世纪相比是安静平和的。他不希望改变当时已确立的道德观念，或伤害大众的宗教信仰，或大幅变动社会体制。休谟说，地方治安官员恰当地将各种各样的革命者与一般的抢劫犯归为一类。休谟知道并说过，新颖的抽象观念如果局限于教室或咖啡馆，可能没有妨碍，不过，它们一旦被通俗化，就可能像燃烧弹一样突然爆炸，造成灾难性后果。“为何要触动到处散播麻烦的那些人性角落？”哲学家们对抽象理性或先验体系以及无益教诲的痴迷通常会对社会造成伤害。“如果存在着对社会有害的真理，那它们也会滑向谬误，因为谬误是有益的。”以理性说服自己抛弃美德和社会利益是完全可能的。与宗教热情一样，对哲学的热爱会造成这种问题：尽管它意在移风易俗和消除罪恶，可是，由于欠缺慎重，其效果可能仅限于造成一
365 种不可阻挡的倾向，并使得人们以更坚定的决心在观念上认同某一立场，而由于人性的偏见和惯性，这种立场已经招来过多的支持。也就是说，哲学可能会造就狂热分子，就像宗教偶尔会达到的效果一样。一个人不应该让他的哲思扰乱他平衡的进路：休谟本人将《宗教的自然史》（*Natural History of Religion*）的出版延至他去世时，以使自己无需面对受到冒犯的正统派的怒火。

休谟和孟德斯鸠一样不喜欢革命思想和口号。不过，长远来看，休谟的观念带来了革命性后果。对他那个时代而言，让绅士和像休谟那样的学者确定品味和道德准则就足够了；他们的认可会让大众大规模地效仿。但是，如果绅士和学者不再为社会确定基调，道德前景就有了问

题。对休谟那个时代而言，让温和的不可知论羞辱教会的自以为是就足够了：由于民众站在他们一边，当时的那些教会的确安全无虞，甚至当休谟在 1776 年去世时，他们慎重其事地在休谟于卡尔顿山（Calton Hill）上的墓地旁安置了警卫，历时八天之久，因为他们担心爱丁堡的长老会狂热信徒会采取报复行动，毁坏这位不可知论者的尸体。然而，欧洲很多地方将迎来这样的时刻：大众不再有信仰，启示被遗忘。然后，宗教可能就需要经院学者们的理性来捍卫。

尽管休谟的著述让洛克和纯粹理性派的法国哲学家受到冲击，哲学体系以及对它们的批判只能缓慢地影响大众的认知。到 18 世纪最后十年时，理性在巴黎圣母院大教堂被加冕为一位象征性的女神（以一位妓女为其代表）；先验的假设被应用于庞大国家的治理；人的权利胜过习俗和审慎。在法国和其他地方，休谟的那个和气、从容、有序的世界被淹没了。

鉴于大卫·休谟鄙视所有粗俗的东西，他很可能会对 20 世纪感到不适应。然而，我们的时代是部分地由休谟造成的。法国的达朗贝尔 366
（d'Alembert）和杜尔哥（Turgot）是休谟的密友：他们极力推崇理性化和中央集权以及激进的社会改革和民主，最终收获了革命的风暴。休谟维护习俗和斯图亚特王朝的事业，却莫名其妙和他们成为朋友。

休谟的同乡亚当·斯密成为他的追随者；斯密是新兴的工商秩序的理论家，给了让休谟为其祖国感到自豪的古老的乡土苏格兰以最后一击。英格兰“伟大的颠覆者”杰罗米·边沁直接继承了休谟的伦理学；边沁的法学理论和政治功利主义有助于为一个社会的出现开辟道路，而他对这个社会的憎恶之情可能超过他曾经非常勇敢地抨击的崛起中的辉格党人。

1776 年，也即《国富论》和美国独立宣言发表的那一年，休谟长眠在卡尔顿山上的坟墓中。他在遗嘱中留下一笔钱，用于修缮纳恩维尔斯（Ninewells）附近的一座桥；遗嘱明确规定，修缮工程一定不能损害他曾多年喜爱的一所迷人的旧矿场的外观。不管他如何刻薄，最终，休谟会维护古老的习俗、规范、旧景观和方式，以及高尚的品味。作为虚幻时尚的冷嘲热讽的批评者以及率真学术的典范，休谟具有长久的影响力，尤其是在美国。他曾写信给巴卡里斯伯爵（Earl of Balcarres）说，辉格党人将职位大量赏赐给文人雅士，却不满足于小小的谎言。休谟从未堕落到撒大谎的地步。1776 年及后来的美国人承认休谟是个诚实人。

带有托利党人偏见的休谟是怎么在认同辉格党主张的美国获得大量追随者的？其中一个缘由是，他真把美国当回事。他建议爱德华·吉本以英文写作《罗马帝国衰亡史》（吉本最初想要以法文写作，因为法文为当时的古典教育用语），理由是“我们在美国的坚实有力并日益扩大的殖民地——虽然我们毫无必要地担心那里会被野蛮人所淹没——会让英语这一语言有一种不同寻常的稳定性和持久性”。当时是 1767 年。二十年后，休谟的政府理论会在起草美国宪法时发挥作用——其中介是
367 宪法的主要起草者詹姆斯·麦迪逊。正如厄文·布兰特（Irving Brant）所说：“大卫·休谟明白，社会冲突比亚里士多德所认为的要复杂无数倍，于是，这样的想法就产生了：稳定可能要靠以阶层对抗阶层、以利益对抗利益来实现，因此，一个大型共和国应该比一个小型共和国更加稳定，尽管前者更难被组织起来。”[4]

麦迪逊和其他美国人认为休谟吸引人的地方在于他的常识感——他不受神秘化、鄙陋的谬误和狂热信条的困扰；以及他将政治当作可能的艺术的杰出实践能力。大卫·休谟虽然非常富有成效地批评过抽象理性，自己显然也是理性的。他躲开政治中狭隘的狂热分子，而且革命之后的大多数美国人也是这样，正如今日的他们一样。

休谟还以历史学家的成就对美国思想发挥影响。尽管他的《英格兰史》存在着事实错误和派性论断——也即杰斐逊和休谟那个时代的英格兰激进分子热烈追捧的那些内容，休谟出版于1754到1761年之间的几本著作赋予英格兰历史以其之前缺少的那种意义和戏剧性。不管休谟有什么样的小失误，它大体上是信史。比如，休谟指出，英格兰宪制和英格兰法律之下的自由发端于诺曼时期，而杰斐逊和英格兰辉格党人则坚持认为，一定存在着某种盎格鲁-撒克逊宪制，而且它是现代自由的远古渊源，尽管他们无法找到任何文献证据。20世纪的严肃历史学家几乎毫无例外地认同休谟在这一问题上的立场，而“辉格党历史学家们”则名誉扫地。休谟有源于想象力的智慧，而反对他的那些同时代历史学家们则没有。

像休谟这样的不可知论者的著作怎么可能在尊崇乔纳森·爱德华兹的美国获得人们的注意呢？其中的部分原因是，不存在某个同质的美国公众：阅读休谟的一般是有圣公会和自然神论背景的人，而阅读爱德华兹的一般是加尔文主义信徒，而且同时阅读这两者也不一定就相互冲 368
突。爱德华兹捍卫启示和信仰；休谟也以自己的方式这么干。两人都攻击启蒙运动不可一世的理性主义。直到我们当下的时代，美国人继续坚持自己的宗教信仰，同时在政治上继续认同不可知论——这并不是悖论；相反，这是对简单化的方式和狭隘的热情的拒绝。就现今休谟的政治洞见对美国人政治态度的影响而言，它们是有益的潜移默化的力量。

英格兰的法律：布莱克斯通

殖民地时期的美国没有正规的法学院，而且在英格兰受过教育的律师很少。1765年，《印花税法》（Stamp Act）刺激很多美国人起而反对宗主国政府，这时，威廉·布莱克斯通爵士的《英格兰法律评论》一书在伦敦出版；这本书后来在美国的影响力甚至比英国还大。正如伯克十年后对英国下院所说，布莱克斯通的书在十三个殖民地的销量几乎和英国一样多，尽管双方的人口差距很大。

英格兰有律师会馆（Inns of Court）、牛津和剑桥的法学教授、博学的法官；美国只有没受过多少正式培训的律师，还有布莱克斯通的书做他们的指导手册。多数对法律感兴趣的美国人对自然法、普通法、衡平法以及“英国人的特许权利”的了解，主要是从布莱克斯通的书中获得的。

威廉·布莱克斯通（1723—1780年）是牛津的首位英格兰法（区别于罗马法）教授，后来成为高等民事法院（Common Pleas）的法官。他的写作风格通俗易懂，他在法院的许多裁决被写入案例汇编。他是托利党人，反对美国革命，主张议会拥有至高无上的权力。这都不重要，
369 他的书在美国革命之后与独立战争爆发之前同样受欢迎。虽然杰斐逊在有些方面不认同布莱克斯通，曾感叹这位法官让整个英格兰都变成托利党人的天下，可是就连他也通读过布莱克斯通；布莱克斯通对他的影响可比肩于柯克、凯姆斯和其他法学权威，而杰斐逊曾将后一类法学家的著述片段摘录到他的《札记》中。

布莱克斯通对英格兰法律的述评既有洛克的影子，也有孟德斯鸠的影子，不过他主要继承的是本书第八章所讨论的普通法和衡平法遗产。当时和现在一样，英格兰的法律没有法典化，和欧洲大陆国家的情况不一样；布莱克斯通的《英格兰法律评论》实现了一个非常有用的目的：让“绅士和学者”（布莱克斯通自己的用词）以及律师能够从七百年时间里积累的大量先例中找出某种秩序。《英格兰法律评论》的教育功能

在美国更为明显，而且在布莱克斯通在英格兰的名声因边沁和分析法学派（Analytical Jurists）的攻击而减弱之后很长时间，他依然在美国享有很高的声誉［19 世纪中叶之后，布莱克斯通的书又重新在英国获得重视，因为他得到后起的历史法学派（Historical Jurists）的认同］。

美国没有颁布过全国性的法典，除路易斯安那州民法典（这是改版的法国民法典）外，也没有全面的州法典；在纽约州的詹姆斯·肯特（James Kent）大法官出版《美国法律评论》（1826—1830 年）之前，布莱克斯通的书一直是标准的法律参考书。即使在这之后，布莱克斯通有一段时间在某些州和地区还更受欢迎。美利坚合众国初期的两位主要的法理学著述家——约瑟夫·斯托里和詹姆斯·肯特——从布莱克斯通那里受益颇多，并多次公开承认这一点。

布莱克斯通在他的《英格兰法律评论》中一开始便肯定了自然法，而自然法为美国人诉诸议会立法之外的正义提供了背书，虽然布莱克斯通对此并不感到高兴。两股“自然法”思潮在布莱克斯通身上汇流在一起：一股属于西塞罗、经院学家和理查德·胡克；另一股属于 17 世纪的学者格老秀斯和普芬多夫（Pufendorf），以及 18 世纪的瑞士法理学 370
家布拉马基（Burlamaqui）。这两个学派的立场并不总是一致；不过，布莱克斯通本人以及法律观念受他影响的美国人很少对自然法做细致的区分。

布莱克斯通写道：“这个自然法和人类一样古老，为上帝自己所立，因此，与其他任何法律相比，人们当然要优先服从它。它对整个地球、所有国家和所有时代都有约束力；与它相违的所有人类法都没有任何效力；那些有效的法律都是从这一源头直接或间接获得其效力和权威的。”接着，他以类似孟德斯鸠的口吻说，对自然法的应用可依据“理性”和“每个人的具体需要”做变通；他没有提倡清教徒以前的有关上帝法直接作用于现代社会的观点。不过，“自然法”很快就成为美国爱国者们呼吁武力反抗君主加议会（Crown in Parliament）的依据。

除了这个半偶然性的结果外，布莱克斯通的书有助于将英格兰的法律传统保留在美国；正如丹尼尔·布尔斯廷所说，《英格兰法律评论》“让殖民地的律师免于面对制定自己法典的危险诱惑”[5]。布莱克斯通主张维护古老的先例和长期被认可的习俗；如果不是那些很少有专业培训的美国律师们受到他的影响，已经被验证过的英格兰法治就可能因无知或匆忙的临时应付而失去很多长久的价值。

即使没有布莱克斯通的阐述，普通法本身也是很保守的（因为它建基于古老的习俗之上），而且能够扩展和调适（因为没有成文法典限制它），这种有益的结合是美国所需要的，而且在革命以前，普通法一直是所有殖民地的主流，尽管有时它采用了简化或修正了的形式。在最初的十三个州以及最终在除路易斯安那（即使那里也部分地存在）外的所有州，普通法都将长期存在：某些州会试图将美国的法律法典化，但这
371 些企图都失败了，或者只能采取最粗糙的形式。美国宪法意在涵括还是依赖英格兰的普通法？这个问题直到 19 世纪 30 年代还在热烈争论中，而且即使今天的法律学者们也没有解决它。不过，这一点依然是对的：尽管今天多数的美国人认为法律是立法机构立法的产物，实际上，美国法律的基石是九百年前在英格兰开始发育的普通法，而且无数案例还在应用它。

布莱克斯通所描述的那种自然法植根于基督教伦理，它宣扬“人的绝对权利”——也即人的自然自由，其中包括三个部分：“个人安全的权利，个人自由的权利以及私有财产权利。”不过，这些权利之所以绝对，倒不是因为它们不受限制：恰如布莱克斯通所说，“不过，所有人在进入社会时都放弃了他的部分自然自由，以之作为获得这么贵重的机

会的代价；而且作为他们获得互通商贸之便利的对价，同意让自己遵从共同体认为应当订立的法律”。这就是比洛克表述得还要清晰的美国政治的基本准则。

现代人的法律都在宣示着自然法：这一观点被布莱克斯通及其美国追随者斯托里和肯特多次重申。所有人都认为普通法最近似于自然法（不管它如何不完美），因为它源自许多代智者的经验、观察和共识，而且在其与自然正义相吻合方面已多次经受住考验。可是，对托马斯·杰斐逊及其追随者来说，普通法之所以不受信任，恰恰是因为它是古老的；他们更喜欢现代的东西，徒劳无功地试图发展出另一套唯独属于美国的法律体系。

同时，美国的普通法也受到其非常难对付的英国对手杰罗米·边沁的攻击——边沁曾写信给麦迪逊总统、几个州的州长，甚至普通美国公民，提议按照功利主义原则为他们起草一部完美的新法典［边沁从未到过美国；他最亲密的美国朋友是阿隆·布尔，后者在流亡时曾有一段时 372
间与边沁在伦敦同住，而且他的女儿西奥多西阿（Theodosia）曾将边沁的部分手稿从法文翻译成英文］。

不过，麦迪逊比杰斐逊更欣赏普通法的优点，并且对古怪的边沁的前后不一的信件感到吃惊；他拒绝了那个提议（边沁最亲近的门徒詹姆斯·密尔后来宣称他可以为印度起草一套全面的法典，尽管他从未踏上那块土地）。直到 19 世纪 30 年代末，普通法才非常确定地在除法国人创建的路易斯安那之外的所有州成为主流。

肯特和斯托里的带有说教性的法律著述里面满是布莱克斯通的理念，为普通法赢取了观念上的胜利。罗斯科·庞德（Roscoe Pound）说，要是没有他们的教科书，“我们美国的法律就可能失去其统一性。如果失去统一性，推动不成熟的边沁式法典的运动就可能会席卷全国，就像拿破仑法典席卷欧洲一样。如果一开始便从我们的立法机构源源不断流出成文法，对纯粹地方性的规则体系造成冲击，随着美国在经济上变得一体化，我们就很可能会求助于法典，如果我们很久以前还没有这样做过的话”[6]。不过，美国的法律一直没有法典化，因此更加灵活，与英格兰在个人自由和豁免权方面的先例的联系也更加紧密。否则，不明就里的美国州立法机构可能已经削减了美国人的实际权利，还糊里糊涂地认为自己在让美国人摆脱不合时宜的中世纪习俗。

英格兰的衡平法也逐渐和它的普通法一起被美国的法院接受。在有些美国人——尤其是新英格兰和边疆地区的美国人——看来，衡平法更不值得信任，因为它似乎让法官拥有某种反民主的独断权力，而且对笨蛋仁慈。可是，斯托里法官主要凭借着他对衡平法理论的论述，在这个方面也取得了胜利；到 19 世纪最后二十五年时，就连马萨诸塞的法院也有了全面的衡平法管辖权。

373 尽管布莱克斯通并非美国的梭伦，其他新生国家很可能没有受一个外国法律权威如此大的影响的。直到 19 世纪中叶乃至更晚，美国多数法官主要的法律知识来源仍是布莱克斯通的书籍，可能还有肯特的书做补充（有些法官确实认为他们可以不需要布莱克斯通——只凭经验法则断案）。如果没有像《英格兰法律评论》这样的手册，司法裁定要粗陋得多。如果没有布莱克斯通著作中的自然法根基，美国 19 世纪的法理学历史可能会大大不同。

当约翰·马歇尔（John Marshall）还是弗吉尼亚边疆蓝岭山区（Blue Ridge Mountains）的一个小男孩时，他的父亲为他购买了在美国出版的首版布莱克斯通的著作［其编纂者圣乔治·塔克（St. George Tucker）认为，普通法不是借着美国宪法才成为全国性的法律］，父子二人一起阅读这些作品，因为儿子想进入法律界。约翰·马歇尔将成为美国最伟大的首席大法官，尽管他从来都不是一位优秀的法律学者；在威廉玛丽学院听乔治·威斯（George Wythe）的系列讲座是他为从事法律工作而做的另外唯一的正式准备，当时正值美国革命期间，他在休假。就像他更为博学的同行约瑟夫·斯托里一样，马歇尔认为布莱克斯通是法律迷宫中的最佳向导。因此，从某种意义上说，在美国最高法院确立其独立性的当口，威廉·布莱克斯通爵士成了它的主事者。

在20世纪的美国，布莱克斯通依然是人们学习的对象。英格兰法律的百科全书式历史学家威廉·霍尔兹沃斯（William Holdsworth）爵士说，我们已回归“一种更宏大的法律哲学，它不会瞧不起过去的教训或者能够从古老的法律中汲取的智慧。因此，对我们而言，布莱克斯通并非如边沁所说，是所有变革的敌人，或者是以他的文学才能为已被证实的谬误辩护的不严谨的思想家。相反，他是文学艺术家、历史学者以及有成就的律师，他将构成旧制度下英格兰法律肌体的所有纷繁复杂的 374
头绪编织成一幅和谐一致的画面，而这就是现今在英格兰和美国规制着我们的法律的基石”。[7]

大约普通法在美国击败其对手的那个时候，阿历克斯·德·托克维尔写道，控制着美国政治体系的是某种由律师组成的专业型贵族阶层，他们尊重先例和长期确立的权利和习俗，反对鲁莽轻率之举，抑制任性的民主冲动。“如果你问我哪里能找到美国的贵族，我会毫不犹豫地回答，他们不属于富人，因为富人们没有共同的联结纽带。司法界或法院才是贵族所处之地……一位美国的法官由于享有宣布法律违宪的权利，一直在干预政治事务。他不能强迫民众制定法律，不过，他至少能促使民众忠实于他们自己的法律，并与自己保持一致。”[8]

美国的这些律师和法官便是威廉·布莱克斯通爵士的继承人。

审慎的政治：伯克

埃德蒙·伯克（1729—1797年）是爱尔兰人，后来成为英格兰宪制最雄辩的捍卫者，他多才多艺，而且每一方面都非常优秀。塞缪尔·约翰逊博士——他几乎原谅了伯克的辉格党人立场，尽管约翰逊是最为顽固的托利党人——说："先生，伯克是这样的人：如果你在大街上首次遇见他，此时一群牛挡住了你们的去路，你和他为让道而到路边站几分钟。他只有这么短的时间和你攀谈，不过，其风度言语会让你在与他分手时说，'这个人不同凡响。'"

本章着重于伯克的一个侧面，也即他作为在政治上审慎和妥协的倡导者的角色，而这是他在十三个殖民地中最广为人知的。从美国革命时
375 期直到近些年，伯克就与美国殖民地和解之问题对英国下院的著名演讲是几乎所有高中的学习对象，以之作为政治智慧、逻辑和修辞的范例。这一演讲（1775年）的各种版本持续涌现。伯克的成就远远超出他的与殖民地和解的政策的范围，而政治上的审慎只是让伯克获得他不曾预期的政治理论史上的显著地位的多项教诲之一。不过在美国，那个长篇和解演讲所产生的影响超过他之后说过或写过的任何东西。另外，对伯克和解立场的考察顺着时间线索会让我们继而了解独立宣言。

伯克是都柏林一位律师的儿子，由于他志在成为文人雅士，便在伦敦定居下来。可是在1759年，他被卷入到实际的政治生活中，很快，他成为辉格党的首席理论家。自光荣革命以来，辉格党在大部分时间里都在英格兰占主导地位，却日益对托利党对国王乔治三世的看法感到惊恐，因为不管下院是否喜欢，乔治三世都想要成为一位"爱国国王"（patriot king）。可是，辉格党已分裂成几个派别。于是，罗金汉姆侯爵（Marquess of Rockingham）——辉格党中一个最有势力的大家族族

长——站了出来，决心改革辉格党，以对王室的野心形成某种制约。

罗金汉姆认为伯克可能是有助于治愈辉格党病灶的人。1765 年，罗金汉姆侯爵成为首相，因为国王不得不接受对他的任命，此后，他任命伯克为他的私人秘书，并很快就安排伯克在温多弗镇（Wendover）当选为下院议员，三十五岁的伯克就此进入了将持续三十年之久的议会生涯，其中的前十年尤其受美国殖民地政治危机的影响。

伯克与美国有一些私人联系。1771 年，纽约省大会（General Assembly of the Province of New York）任命伯克为纽约殖民地驻伦敦代表（议员被不同的殖民地聘用为它们在英格兰政治利益的代表，在当时是非常普遍的现象，因为这些人了解政府事务；不过，有些代表是从美国派 376
遣过去的，比如本杰明·富兰克林）。尽管伯克从未到访过美国，但他自孩提时代便对殖民地非常感兴趣，在担任《年度花名册》（*Annual Register*）编辑时就曾仔细研究过美国，曾与一位朋友合作写下《欧洲人殖民美洲记》（*An Account of the European Settlements in America*, 1757 年）。他一直担任纽约的代表，直到 1775 年选聘他的温和的纽约辉格党人失去了权力。

罗金汉姆内阁于 1765 年就职时，美国的殖民者对刚刚下台的格伦维尔（Grenville）内阁通过的《印花税法》已满腹怒气。因此，就在他于 1766 年到议会开始其议员生涯的那一天，伯克碰到的首个重大问题便是在美国殖民地酝酿的政治风暴。在 18 世纪的最后三分之一时间里，英国于美洲的帝国正在流失，却在印度扩展另一个帝国。伯克满怀热情地卷入美国事务，直到美国革命结束。

美国人一直有一个错误的印象：伯克“支持”美国的革命事业。实情是，伯克从来没有赞成过任何革命，唯一的例外是 1688 年的光荣革命，而且他将 1688 年革命说成是尚未发动已被阻止的革命，因此它压根就不是革命。确实，他认同对乔治三世殖民地政策持较为温和反对立场的美国人的某些不满，但是，他认为革命也即脱离大英帝国是邪恶的。伯克和罗金汉姆派辉格党人在 1766 年时希望，及时的让步和妥协能够避免失去美国。

然而，可能任何办法都无法阻止美国脱离大英帝国。在终结了七年战争的 1763 年和约签订之后，美国殖民地不再需要英国人保卫他们免
377 受法国人的侵袭。由于人口数量的迅速上升、快速扩大的繁荣景象，以及远离威斯敏斯特和温莎的地理位置，两百万欧洲裔美国人倾向于自治。另外，议会的《航海法》（Navigation Acts）所体现的古老的重商主义商业体系也在衰落之中。很快，其理论根据就遭到亚当·斯密的打击，而且它也没有了继续符合十三个殖民地的经济利益。

如果乔治三世及其大臣没有坚持对美国主张绝对的主权，或即使坚持却无法落实这种主张，英国和殖民地的决裂就有可能会推迟，或者殖民地会与大英帝国保持某种近乎永久的松散联系。直接引起争议的问题是，北美殖民地是否应当以及如何分担保卫帝国的成本。在七年战争期间，各个殖民地的代表机构曾投票决定自愿资助反对法国人的行动；不过，这些拨款有时不及时，有时很吝啬。国王乔治三世与他的多数大臣最致命的失误是，他们企图对殖民地征收“国内”或“国外”税，来为此一目的定期筹措资金。

尽管这种对资金的渴求算不上无理取闹，它却是不合时宜的，因为法国人对殖民地的威胁已经被终止了（不过，印第安人依然在威胁着边疆地区），而且这种要求伤害了殖民者们的自尊心，因为他们想拥有所有“英国人的权利”，或者实际上比英国和爱尔兰的臣民更多的权利。

1763 到 1765 年间担任首相职务的乔治·格伦维尔（George Grenville）已决定，殖民地应该负担在美国维持驻军费用的三分之一。他希望对必

须张贴印花的报纸和官方与法律文件征收“国内”税，来筹措其中的大部分经费。于是，议会在1765年初通过《印花税法》，这是英国政府首次对殖民者征收国内税，这立即引发殖民地人民的激烈反对。

不管许多美国爱国者（以及伯克偶尔）怎么说，乔治三世既不是暴 378
君，也不是笨蛋，他是一位有着良好意图但才能有限的固执倔强的统治者。他志在成为一位爱国者，视自己为反对辉格党寡头的公共利益代言者，而且他认为辉格党寡头篡夺了本应属于国王的权力。尽管晚年的乔治疯了一般，但当他去世时，英格兰人民非常悲痛。因为冒失，他失去了帝国。不过，乔治三世仍是一位私德很好的国王，并且是汉诺威王室的首位真正的英格兰人。他在与他那个时代的政治潮流抗争时显得僵化，而且手段有时显得冒失。

伯克在长达三十年的时间里坚持反对国王和他的大部分大臣。在就美国政策展开辩论时，伯克与乔治的斗争尤其激烈，因为伯克认为，一旦国王成功削减美国人的自由，他很快就会像詹姆斯二世那样在英格兰施行武断的政策。

然而，当乔治三世于1765年解散发明了《印花税法》的格伦维尔内阁时，他不情愿却又不得不接受罗金汉姆侯爵的温和派辉格党内阁，因为只有这样政府才能维持下去。伯克是罗金汉姆的顾问，新首相和伯克知道，他们必须小心行事，因为他们不为国王所喜，而且国王有时在采取行动时好像罗金汉姆不存在一样。何况殖民者中那些更容易发怒的人至少和国王一样倔强。能想出什么样的妥协措施以明智地协调自由和秩序呢？

“无代表，不纳税”的口号已经席卷从波士顿到萨瓦娜的广大地区。其真实含义是：“议会不能征税。”殖民地的领袖人物憎恶《印花税法》，或任何其他形式的国内税，如果他们能自主抉择，他们压根就不想让英国收税。

不过，爱国者们对获得议会代表权也不抱什么希望。殖民地在下院拥有一些象征性席位，无法让它们获得与其人口规模或期待相称的影响
379 力：在未经改革的 18 世纪议会，人口稀少的科恩沃尔（Cornwall）的腐败且有名无实的口袋选区（rotten and pocket boroughs）当时选出的下院议员的数量超过整个苏格兰。即使各殖民地获得与其人口总数相称的席位数量，在遇到利益冲突的考验时，它们的席位数仍远远低于英国的席位数，就像不久之后，爱尔兰在 19 世纪议会中的议席数量远远不足一样。另外，考虑到 18 世纪缓慢的通讯条件，波士顿、纽约、费城和查尔斯顿离伦敦太远，无法有效参与英国议会。实际上，殖民地从事政治活动的爱国者们既不想纳税，也不想要代表权，他们试图让所有殖民地的政治自主地位得到保障，因为自从北美开始被殖民以来，情况就一直如此（中间只有少数局部的例外）。

格伦维尔的《印花税法》不管是作为新国内税税种的创立法，还是作为旨在为王室在北美长期的民事和军事存在提供支持的手段，都极不受欢迎，而且王室在北美的存在可能会削弱殖民地代表机构的权力，这一税法已经激起有些殖民者叛乱的想法。因此，罗金汉姆新政府的首项当务之急是消除不满的根由，同时仍主张王室和议会对北美享有至高无上的权力，而且不能对殖民地的傲慢无礼软弱退让，以让乔治三世感到满意。

在决心废除《印花税法》的过程中，罗金汉姆等人获得威廉·皮特（William Pitt）及他那一派辉格党人的强有力支持，皮特及其同伙比罗金汉姆、伯克和内阁走得更远，宣布以任何形式对殖民地征税都是违宪的。很快，皮特和伯克的演说占了上风，下院废除了《印花税法》。

可是，为部分地安抚国王，议会与枢密院同时通过了《宣示法案》

（Declaratory Act），这一法案主张君主加议会（Crown in Parliament）有权利为殖民地立法，尽管它没有直接提及税的问题。出于不同的原 380
因，这让国王和皮特都相当满意；不过，在更为激进的殖民地领袖那里，它仍然像是如鲠在喉，因为他们坚持认为，尽管他们应对国王效忠，他们在宪法上并不受议会的辖制——这既是因为他们的特许状只来自于国王，也是因为美国人在英国议会中没有代表。

伯克并不希望美国人获得下院的议席，当然，这是不现实的。另外，正如他在 1765 年的《年度花名册》中所写，让黑人奴隶制在其中获得法律背书的殖民地得享议会席位与一个自由的议会是不协调的："……常识和自我保护的需要，好像不会允许那些对他人的自由和生命拥有无限权利的人，有任何机会去为长期反对这种不公正的残忍差别的人制定法律。"

《印花税法》的废除以及《宣示法案》的通过差不多是只维持了一年时间的首届罗金汉姆内阁唯一重要的成就，深受民众喜欢的皮特似乎对国王的用处大于罗金汉姆。另外，虽然皮特认为宪法禁止向殖民者征税，但他还是比罗金汉姆更坚决地要求殖民地的代表机构必须承认英国政府的无上地位。

罗金汉姆、伯克及其同僚在下台前确实成功修订了格伦维尔的《收入法》（Revenue Act），使其大大有利于殖民地，免除进口到北美的糖浆的优惠关税在新英格兰尤其受欢迎。这些改革措施和废除《印花税法》一起让伯克成为在北美最受欢迎的英国政治家之一。

但是，罗金汉姆已经不为国王所信任，接着他们就下台了。在接下来的年份里，乔治三世任命了一长串首相，最终将这一职务赐予诺斯勋爵（Lord North）和"国王的朋友们"。在罗金汉姆侯爵离职后，他的整个改革团队成为政治上的弃儿，只有在多年之后，才再次短暂担任公 381

职。因此，伯克就成了反对派的领袖人物，而且几乎到他议会生涯的终结，都一直保持着这种身份。他把自己的才智用于将美国挽留在帝国之内。

美国革命的发生是一个不幸事件。国王、被称为“国王的朋友们”的派系以及贝德福德的辉格党人必须承担很大的责任，波士顿、纽约以及其他美国城镇的煽动家和极端分子也是如此。汤森德（Townshend）的《收入法》开征新的税种，再次激怒了殖民者。罗金汉姆等人在将近三年的时间里一直都垂头丧气。但是，伯克在 1769 年初多次发言反对政府采取的日益严厉但合法性让人生疑的措施，尤其反对贝德福德大公（Duke of Bedford）的这一动议：将所有被指控有叛国行为的美国人运到英国受审。他反对汤森德税法的观点虽然发表得有点晚，却也开始产生影响。

伯克在美国的受欢迎程度很快就达到了顶峰。他虽然是殖民者的朋友，却非革命的友军。因此，他于 1776 年就英国的议会改革评论道：“实际上，明智者的所有目的无非是避免最糟糕的结局。那些期望完美改革的人要么是在骗人，要么被骗得很惨。”殖民地的很多人仍旧认可这一审慎的立场。

1770 年初，完全听命于国王的诺斯勋爵就任政府首脑。罗金汉姆诸人与格伦维尔及其追随者一起，将他们反对的对象聚焦于“国王的朋友们”的毁灭性美洲政策。伯克对诺斯勋爵的攻击虽然有时显得过火，却验证了美国人对伯克的很高评价，而诺斯自此以后在美国通俗历史学家的心目中一直是个魔鬼一样的人物。虽然诺斯提议废除茶叶税之外所有被人憎恨的税种，但为了制约马萨诸塞的激进分子，他不得不将英国的两支部队驻扎在波士顿。

382 1770 年 3 月 5 日发生了波士顿大屠杀（Boston Massacre），五名

美国人被杀，之前曾鼓动人骚扰英国在波士顿驻军的塞缪尔·亚当斯（Samuel Adams）称之为“屠杀”。不过，他的亲戚约翰·亚当斯——当时是一名前途看好的律师——却为对民众开枪的那个分队的指挥官辩护，最后，马萨诸塞的一家法院判那名指挥官无罪。*

马萨诸塞无法安静下来。诺斯勋爵在就职后不久便废除了汤森德开征的大部分税种，但他保留了茶叶税。像塞缪尔·亚当斯那样的人不会缴纳这样的税，也不允许别人缴纳。1773 年 12 月 16 日，化装成印第安人的一群人将一整船茶叶倾倒在波士顿港。

诺斯以《波士顿港口法》作为报复，而且该项法案在议会两院以大比例的多数通过，波士顿在经济上被扼住了咽喉。只有伯克和威廉·达德斯维尔（William Dowdeswille）激烈反对这项举措，伯克对众大臣说：“一个城市被围困，其他的在反叛，这绝不是应对普遍骚动的办法。你们是否考虑过，你们有足够的兵力和船只对整个欧洲大陆的贸易实施全面的围堵么？如果你们没有这种力量，那这种企图就是儿戏，结果也会徒劳无功。”

1774 年 4 月 19 日，伯克对诺斯的政策展开全面攻击——这就是他广受赞誉的有关美国税收问题的演讲。他以前在美洲政策方面的有些行动并不连贯，还要迎合像格伦维尔这样的偶尔的盟友，或者对内阁欠缺公正。不过，他现在的确成了一名行动中的哲学家，呼吁人们慎重，反对抽象地主张绝对的权利。

伯克说，为了与美国建立合理的关系，为了东印度公司（它在波士顿港陷入进退两难的绝望境地），最重要的是，为了大英帝国体制及其

* “其中一位受害者在临死前指控说，有理由怀疑塞缪尔·亚当斯挑起了整个事端，以激怒民众。”[Mark M. Boatner, III（ed.）, *Encyclopeida of the American Revolution* (New York, 1966) p. 94.]

383 带来的所有好处，茶叶税必须被废除。美国不应因英国筹措收入而成为征税对象，因为《航海法》促进了英国的贸易，为英国提供了足够多的经济上的益处。只有在某种紧急状态下才能对殖民地征税，而且那也是在某个殖民地拒绝为共同防卫付钱之后。大英帝国内部的“低级立法机构”通常应处理他们所代表的民众的关切，即便按照《宣示法案》所申明的权利，国王加议会（King in Parliament）拥有统治整个帝国的无上权力。伯克立场的精华体现在这些发言之中：

> 要不停地回到你先前的原则——争取并保障和平——如果美国有征税的需要，那就让美国自己去做。我在这里不会讨论权利的差异，也不会试图指出它们各自的边界，我讨厌听到这些事。

伯克多次指出，就抽象的权利和权力争论不休一定会对一个国家的真正幸福造成伤害，以妥协与和解达成实际可行的方案吧。他继而说道：

> 让美国人继续他们古老的方式吧，这些诞生于我们不幸争斗之中的差异会随着争斗一起消亡。他们和我们，他们的祖先和我们的祖先，在那种体制下一直很快乐。让双方对与那个美好旧模式相抵触的所有行动的记忆都永远消失吧……，不要让他们背上纳税的负担；你过去从一开始就没有这样做。这应当成为你不征税的理由。这是国家和王国的立场。把其他的都交给学校，因为只有在那里，人们才能安全地讨论这些问题。如果你不知节制，不明智，犯下致命错误，从不受限制且无法限制的最高主权出发，通过精妙的推演，让政府的源头复杂化并玷污它，由此产生让你统治下的民众感

> 到厌恶的后果，你这就是教导他们对那个主权本身产生怀疑。如果那个主权与他们的自由无法协调，他们会选择哪个？他们会将你的主权扔到你的脸上。没有人会接受劝说成为奴隶。

伯克的意思是，习俗和惯例是正义的坚固根基，也是自愿接受必要的权 384
威的坚固根基。而主张建立在形而上学基础上的抽象权利以及试图以完美的观念治理共同体的结果，一定使各个大利益集团相互对立。由于美国人习惯于一种高度的自由，他们一定非常享受他们以前的方式，审慎地规避极端的教导会让整个帝国受益。

不过，伯克的智慧和雄辩在下院只赢得少数人的支持。5 月初，议会批准两项严厉的法案，让马萨诸塞的宪法更加受制于国王的权力，并变更了那里的法院系统。坚强的马萨诸塞湾殖民地不会屈服于此。纽约也终于准备抵制茶叶税了。几乎在伯克就美国税收问题发表演讲的同时，行动开始了。纽约的代理总督是一位八十七岁的绅士，他无法阻止“摩霍克人”登上“伦敦号”船，举行纽约的茶党聚会。为阻止激进派人士主导反对《波士顿港口法》的抗议，保守的辉格党大地主和商人及伯克在纽约的委托人和信友——德兰西家族（Delanceys）、克鲁格家族（Crugers）和其他一些人——随后加入了一个保护所有殖民地权利的委员会。

可是，内阁不愿回到有益的忽视的老政策。1774 年 6 月 13 日，下院通过《魁北克法》，其部分用意是让加拿大成为与讲英语的殖民地抗衡的力量。以前不像新英格兰和弗吉尼亚那样骚动的纽约和宾夕法尼亚现在也被彻底惊动了，首届大陆会议开始有模有样起来：爱国者派的代表们 9 月份在费城开会，协调各殖民地的抵抗活动，并尽可能争取不发动叛乱。这是英国在十三个殖民地的权力终结的开始。

到了1775年2月初，诺斯勋爵想要发布声明说，马萨诸塞正处于叛乱之中；议会也是这么决议的。当月晚些时候，压制美国反抗的额外措施获得批准。3月份，诺斯将这些压制措施扩展到另外四个殖民地。

385 诺斯在2月底时曾诱使议会向美国人发出一些和解倡议——主要是在殖民地代表机构承诺按王室要求付款的情况下放弃征税（但不放弃征税的权利），不过每一笔款项的金额和用途由英国政府决定。伯克认为，这个方案没有可行性，而且殖民者们不会信任诺斯的话。因此，伯克于3月22日发表了他最为著名的演讲："论推动与美国和解的决议"（On Moving Resolutions for Conciliation with America）。这是反对派的反建议。

这个伟大的呼吁从两个方面看都是徒劳的。议会这个时候根本不可能接受伯克和罗金汉姆派人士的立场；而且到4月19日时，保罗·瑞维拉（Paul Revere）已经骑上马去通风报信，莱克星顿（Lexington）的枪声已响遍世界，班克山（Bunker Hill）战役已近在眼前。在"和解"的小册子发布之前一个月，而且在伯克的演讲内容为美国人了解之前很久，革命已经开始。

然而，作为政治智慧的载体，那个论和解的演讲一直流传到我们当下的时代，而且对今天仍有现实意义。查瑟姆勋爵（Lord Chatham）和赫雷斯·沃尔普尔（Horace Walpole）虽然都不是伯克的友军，却发自内心地称赞这个演讲。下院以270对78票否决了他的第一个决议案，可是后人却认同伯克。

"伟大的帝国和狭隘的头脑格格不入。"伯克的六项和解决议案等于正式承认：殖民地在议会缺少代表；对没有代表的美国人征税已经造成严重的不满；殖民地距英格兰路途遥远和其他因素让它们实际上无法在议会获得代表权；殖民地代表机构有权征税；代表机构已为共同防卫向王室自愿出资；殖民地代表机构的这种自愿出资比议会征税更容易为殖民地人民接受，也更符合帝国的利益。他以英国人的大度和帝国的繁荣为诉请的理由。这篇演讲没有为伯克之前在这个问题上的立场增添什么内容，不过，它将理性思辨、道德想象力和火热的激情糅合在一起，自此以后成为证明英国人雄辩的重要学校范本。386

也许，即使议会支持伯克的提议，而且殖民地也有机会讨论这些提议，它们也不会让美国的爱国者感到满意。它们没有涉及《航海法》，而伯克从总体上说是这个法案的辩护者，这个商业管制体系内含的重商主义一定会引起美国人的不满，尽管殖民地人民所宣示的不满没有强调这一点。但是，如果伯克和罗金汉姆派辉格党人没那么早下台，也许伯克的方案能成为妥协、渐进调整和改革的基础——如果它能被早点采纳的话。

伯克宣称，他不了解如何对一整个民族提出指控。内阁的措施除了针对极端的爱国者，还意在摧毁所有的北美人。

> 肆意审判和武力镇压的做法正在旧世界消失，我对它们在新世界的效力也不抱什么希望。美国人的教育立足于无法摇动的宗教根基之上。你无法说服他们烧掉他们的科学探索书籍，将他们的律师赶出法庭，或者通过拒绝选举那些最明白他们特权的人来让他们的代表机构陷入不知所措之中。同样不可行的是，试图将这些律师所服务的民众代表机构整建制地取消。军队的事务应该更多地由我们负责，我们必须取代他们成为统治力量，而且军队也不那么有效，也许最终同样很难让他们保持效忠。

伯克继而说道，由于否决了美国人的习惯性的自由，国王肯定危害了英国人的特许权利。“正如我们必须舍弃一些自然自由以享有公民自由，为了从一个伟大帝国的紧密联系中获得好处，我们也必须牺牲一些公民自由。”伯克的意思是，任何政治秩序都要求遵从法律。如果那些法律
387 是合理的，那么安全的好处就可以补偿随意而行的完全自由被削减的代价。不过，所有的英国人和所有的美国人都宁愿失去生命也不愿服从一个霍布斯式的独裁政府。

伯克认为，如果民众享有足够的自由，他们就不会仅仅为了试图完全摆脱所有的权威而冒失去他们宝贵的现有权利的危险。那么，让美国人继续保有他们一直都在享受的自由吧：为了维护这些古老的自由，他们不会要求完全的独立。伯克三个小时的演讲的核心观点是，英国政府应该不再继续坚持行使完全的主权，而应达成可能的妥协。审慎这个古老的德性，也即计算政策和行动的最终后果的艺术、避免极端的艺术以及避免操之过急的艺术——在这里获得最好的表达。可是，殖民地民兵已经与英国部队交火了。

虽然战争已经开始，现在它进一步发展的势头还能被遏制么？伯克仍希望通过非常努力地诉诸英国民众来做点什么，因为他们可以向议会陈情，要求和平，但是，他发现罗金汉姆勋爵及其追随者已经气馁且怯懦畏惧。绝望中的他敦促罗金汉姆利用他在爱尔兰的巨大影响力说服爱尔兰议会拒绝为美国行动提供士兵和补给，或许爱尔兰能居中调节纷争。然而这也没有产生任何效果。

在接下来的几年，随着美国斗争行动的潮起潮落，伯克与之争锋的对象有国王、议会中的绝大多数议员以及主流的公众舆论。经过两年的争锋之后，他仍旧呼吁通过谈判达成和平。1777 年 4 月 3 日，他公开发表了《至布里斯托市警长的一封信》（*Letter to the Sheriffs of the City of Bristol*），其中指责内阁部分地中止人身保护令的施行，还对无视审

慎原则发动和指挥战争表示遗憾——因为在明智的政治家那里，审慎优于权利和权力。他在结束时谈到公民自由问题，其中包括他的核心论点：自由和权力之间应保持一种平衡状态。汉斯·巴特（Hans Barth） 388
说，伯克所阐述的这个独特真理让他成为最重要的现代政治哲学家。[9]

伯克说，公民自由并非抽象的理论。一个民族拥有多少自由以及如何享受这些自由必然取决于“每个共同体的气质和环境”。那些要求完全自由的人可能最终得到的是完美的暴政，那些要求绝对权威的人可能因民众的不满而被推翻。“极端自由——也即完美的抽象自由，同时也是有大缺陷的自由——不会有任何好结果，也不应有任何好结果；因为我们都知道，对我们的每一项职责或对生活的满足感而言，极端倾向会摧毁美德和愉悦感。自由的享用必须受到限制。然而，节制的限度是无法准确确定的。不过，所有明智的公共思考都应当一直怀抱这样的目的：通过谨慎的试验以及理性冷静的努力，搞清楚共同体能够延续下来所需要的最低限度的节制，而不是最高限度的节制，因为自由是可以改进的良善事业，而非应当削弱的邪恶事业。”

尽管伯克在那些年月里热情倡导和解与和平，他却不太认同殖民者所诉诸的所谓的自然权利——就像1776年的独立宣言所内含的那种。正如前面段落所揭示的，公民自由是社会经验、习俗和妥协的产物，并非源自某种不可更改的原始自然。美国人享有“英国人的特许权利”，不过他们不拥有随时按照自己当时的需要反抗建制性权威的“自然权利”。唯一值得拥有的自由是有秩序的自由。

正如伯克所预言的，顽强的美国精神不会被摧毁。在妥协依旧可能的时候，罗金汉姆派辉格党人被剥夺了实现和解的机会；在革命狂飙突进的过程中，他们争取和平的努力被忽略了。不过，在康华利的军队于约克镇放下武器之后几个月，诺斯内阁也终于在1782年垮台了。虽然

389 国王很不喜欢罗金汉姆派人士，但也不得不接受对罗金汉姆的任命，并允许第二任罗金汉姆内阁与取得胜利的大陆会议交涉。罗金汉姆、伯克和他们的盟友重新接管他们十六年前让出的政府，这对他们是一个伤感的胜利。在此过程中，一个帝国崩溃了，另一个新国家诞生了。

七年后，伯克将与他的政党和许多最亲密的朋友分道扬镳，竭尽全力反对法国革命。他的《法国革命反思录》以及此后针对这一斗争的作品让美国的许多领袖人物开始反对他，直到法国革命的惨烈过程以及随后的拿破仑独裁验证了伯克的预言。

从长远看，伯克对美国人的影响很大。像亚历山大·汉密尔顿、约翰·伦道夫、斯托里法官以及肯特大法官这些多姿多彩的公众人物从他那里受益良多，后来，南方的约翰·卡尔胡恩（John Calhoun）和北方的詹姆斯·拉塞尔·洛威尔（James Russell Lowell）也是如此。有些声誉卓著的美国人给予他文人们所能得到的最高赞誉：被剽窃。在美国革命年复一年向前推进时，伯克就这一过程所写的长文章发表于他富有影响力的《年度花名册》上，后来，这些文章成为合众国初期美国历史学家们的抄袭对象。他们大胆挪用并以自己的名字发表的不仅有伯克的观点，还有他的长篇论说。卓越的名声建基于对知识财产的盗窃之上，其中抄袭者之一就有约翰·马歇尔。伯克有关美国革命的观点被这些借用者广为传播，以至于伯克成为美国人对革命及其原因的传统解释的主要源头。[10]

在伍德罗·威尔逊成为美国总统之前，他这么写道：“伯克是对的，而且在他试图避免让法国感染英格兰时，他显出了自己的本色。”[11]伯克认为美国的那些冷静踏实的殖民者是在主张英国人古老的特许权
390 利——他们确实没有去推动社会革命，而仅仅是争取在政治上从英国分离出来。伯克认为法国的革命者完全不同，因为他们将一个本来可以和

平改革的秩序摧毁，这些革命者受到让·雅克·卢梭的“田园牧歌式的想象力”的鼓动，将社会撕裂。与美国人不同的是，那些标新立异的法国人追逐的是想象中的“社会契约”之梦——而那种契约从来就不存在，而且也不可能存在。

伯克在年仅十七岁时，曾写信给一位友人说，18 世纪的沾沾自喜的社会不会在这个世界上存在很久：尽管那个时代有让人迷惑的勃勃生机，但它却已堕落。“我们刚好处于黑暗的边缘，只要被推一下，便会陷入其中——我们如果是长寿之人，便都会活着看到愚人预言（prophecy of the Dunciad）的实现，而且无知的时代会再度降临，……就没人能让世界摆脱暗昧的诅咒么？没有，没有任何人——因此，我要建议你更多地阅读前人的作品，少读今人的作品……”然后，他以拉丁文引用了维吉尔的第四首牧歌（*Fourth Eclogue*）：“黄金时代回来了，千百年来的伟大秩序获得了新生。”[12]

半个世纪之后，由于发生了美国革命和法国革命，这个大学生的预言好像已经实现了：千百年来的伟大秩序因这些事件而改变。不过，与革命中的法国人不同的是，革命中的美国人没有排斥祖传的秩序。在批驳卢梭社会契约论时，伯克描述了真正的“永恒社会之约”（contract of eternal society），高级公民社会秩序就是从此中孕育而出的。伯克说：“它是所有科学的伙伴关系（partnership），所有艺术的伙伴关系，所有美德以及所有完美之物的伙伴关系。由于这种伙伴关系的目的在很多代人中都无法实现，它就变成了这样一种伙伴关系：不仅仅是活人之间的，而且是活人、死人和尚未出生之人之间的。”

美利坚合众国初期的一些人会理解伯克的这一立场，而且会祈求他们的共同体能够成为将不同代人联结在一起的道德和社会伙伴关系。

391 **注释：**

［1］ Paul Hazard, *European Thought in the Eighteenth Century, from M ontesquieu to Lessing* (translated by J. Lewis May; London: Hollis and Carter, 1954), p.153.

［2］ Basil Willey, *The Eighteenth Century Background* (London: Chatto and Windus, 1949), p.135.

［3］ C. E. Vaughan, *Studies in the History of Political Philosophy* (Manchester: University of Manchester Press, 1925), Vol. I, p.331.

［4］ Irving Brant, *James Madison* (Indianapolis: Bobbs Merrill, 1948), Vol. II, p.415.

［5］ Daniel Boorstin, *The Americans: the Colonial Experience* (New York: Random House, 1958), p.203.

［6］ Roscoe Pound, *The Formative Era of American Law* (Boston: Little, Brown, 1938), p.153.

［7］ Sir William Holdsworth, *A History of English Law* (London: Methuen, 1938), Vol. XII, p.736.

［8］ Alexis de Tocqueville, *Democracy in America* (edited by J. P. Mayer; Anchor Books edition, New York: Doubleday, 1969), pp. 268-269.

［8］ See Hans Barth, *The Idea of Order: Contributions to a Philosophy of Politics* (Dordrecht: D. Reidel, 1960), Chapter II.

［10］ 参见 Harvey Wish, *The American Historian* (New York: Oxford University Press, 1960), p. 40; also *The Burke Newsletter,* Vol. IV, No. 2 (winter, 1962-1963), pp.179-81.

［11］ Woodrow Wilson, “Edmund Burke and the French Revolution” , *The Century M agazine,* Vol. LXII (N.S., XL), September, 1901, p.784.

［12］ 参见 *The Correspondence of Edmund Burke* (edited by Thomas W. Copeland; Chicago: University of Chicago Press,1958), Vol. I, p.74.

第十一章

独立宣言和宪法

393 尚未启动既已被阻止的革命?

在美国人确认了自己独立的政治秩序之后两百多年，美利坚合众国声称她以前的道德准则仍旧有效，而且已确立的建制体系仍在有效运作。在所有其他大国中，几乎只有英国才有类似的状况。

本书之前几章所描述的制度体系和思想传承很多都被写进《独立宣言》和《美国宪法》，这两份文献以不同的方式表达了美国人对秩序的理解。它们在获得通过后便成为美国秩序的一部分，被视为有关公共生活之智慧的权威来源，后世的美国人应当受这些智慧的引领。

我们需要重新思考 1775 年开始的独立战争的原因，才能领会《独立宣言》和《美国宪法》的含义。那场战争的目的只是为了避免给每磅茶交三分钱的税么？如果真的如此，那美国革命从经济上看真是一桩不划算的买卖：因为在战火延烧的那些年里，美国人的财产遭到重大损
394 失，而且领头反抗英国的许多人（尤其是切萨皮克地区的种植园主）的财富被战争消灭，如果他们还侥幸活着的话。

如果我们以美国现在的税率来衡量，殖民地人民的经济负担显然非常微不足道。另外，英国政府多次屈从于殖民地人民对税费的抗议。印花税法被废除；纸张、玻璃、染料和铅的进口税被废止。当 1775 年战斗在莱克星顿首次打响时，只有 1773 年的茶叶法还有效。

而且茶叶法实际上降低了殖民地的茶叶价格。原因是，尽管每磅茶要征收三便士的进口税，茶叶法却同时取消了以前对进口到英格兰的茶叶所征收的十二便士的关税。这些茶叶可以再出口到美国，并且免缴十二便士的关税。结果，殖民地的茶叶消费者因税收的降低获得了九便

士的好处。英国政府要求对进口到美国港口的茶叶征收三便士的关税，唯一的目的是在议会中确认国王有按照自己的意愿征税的权利。

不过，出于某种莫明其妙的原因，进口茶叶价格的降低让某些美国人（尤其是波士顿人）非常不高兴，理由是这些商人凭借着不用缴纳任何关税向殖民地走私茶叶而发财。既然茶叶的合法价格现在已经下降，走私就变得无利可图。塞缪尔·亚当斯出生在波士顿的名门望族，那些声名卓著的茶叶走私商支持他反对这一专横的政策——不是因为他们反对高额的茶叶进口税，而是因为关税的降低让他们的利益受损！因此，波士顿茶党的意图是提高茶叶的价格，而非降低价格。实际上，东印度公司那些已经支付过进口税的茶叶被阻止进入纽约、费城、查尔斯顿、安纳波利斯和其他港口，其意图也同样如此。许多支持美国的英国人认为这些人都疯了，就连身为爱国者的本杰明·富兰克林也这么想。

确实，发动革命的那些人怀着复杂的动机。不管怎样，独立战争的确不仅仅是为了那若干杯茶的事。根本的问题是，君主加议会是否可以 395
不经过殖民地代表机构的同意就通过英国国会向美国人征税。

美国的爱国者们认为，一旦他们在茶叶法上让步，那么要不了多久，他们就可能受议会的直接统治了，而这是他们从未经历过的，或者将实际统治他们的是依靠议会进行治理的国王，而国王能够通过在上院分封新贵族或者利用他的荫庇权力影响下院选举来在一定程度上控制议会。美国的辉格党人维护的是殖民地已长期享有的自我治理的特许权利，他们认为乔治三世是一位想要发动革命以颠覆他们古老的自治体系的君王；他们抗辩说，他们抵抗王室和议会，是为了阻止这场来自王室的革命。也就是说，他们的说法非常接近于反对詹姆斯二世政策的英格兰辉格党的说法——在 1688 年的光荣革命中，这种抗辩取得了胜利。

绝大多数爱国者对他们出生于其中的殖民社会非常满意，因为这个社会不断提升人们的预期，而且人们能够实现他们的预期。他们试图保护它，免得它因武断的政治变化而变糟。他们诉诸已有的宪法成例。确定无疑的是，爱国者中的领军人物几乎没有人认为自己是在搞社会革命。的确，在爱国者运动的表面之下有时会流涌着由少数更加激进的人煽动的叛乱潮流，这些极端分子在革命期间偶尔会惊动大陆会议或者新出现的州的州长们；不过，独立战争的领导者们轻易就成功地控制住了这些异见分子。如果说独立战争的长期后果大大改变了美国的社会结构，那也不是爱国者们在革命开始时的意图或期望。

就此而言，美国革命大大不同于法国革命。美国人实际上旨在维护
396 他们以前的秩序，反对对它的外来干涉；可是，法国革命是埃德蒙·伯克所谓的“理论教条的革命”，旨在推翻旧制度，并以某种非常新颖的东西取代它（至于那个新东西究竟是什么，法国各革命派别间曾爆发过激烈的争执）。

这一点值得离题讨论一下。一位与两场革命均无涉的评论家很早便就它们相互间的区别做出最精辟的简要分析，他就是那位受德国文化熏陶的年轻人：弗雷德里希·根茨（Friedrich Gentz）。通常，一位中立观察者的视角比某位亲历者的结论更有价值。

在 18 世纪的最后一年，年仅三十三岁的约翰·昆西·亚当斯时为美国驻普鲁士的特命全权大使。亚当斯整个一生都在自学，在柏林居住期间，为完善德语，他翻译了柏林的《历史期刊》（*Historical Journal*，1800 年 4 月和 5 月）中的一篇论美国革命和法国革命的长文，其作者是比早熟的亚当斯年长三岁的根茨，也是一位在普鲁士冉冉升起的学术新星。

根茨是那本思想性杂志的创始人和编辑，以及唯一的投稿人。他们都是杰出的人才：亚当斯后来成为美国的第六任总统，而根茨作为梅特

涅（Metternich）王子的副手，是拿破仑失败之后欧洲重建的主要设计师。1800年6月，亚当斯在信中对根茨说：“让每一位爱国的美国人不得不感到欣慰的是，那些认为美国革命和法国革命源自或依据相同原则的说法被如此有力地证伪了。”

根茨曾在喜欢标新立异的哲学家康德门下学习，不过，伯克的《法国革命反思录》说服这位年轻的普鲁士人认同保守主义的原则。由于厌恶法国革命的理论和后果，根茨将《法国革命反思录》翻译成德文，借此开始影响欧洲政治，并成就了自己的名声。和根茨一样，年纪较轻的亚当斯也深受伯克的影响，尽管他试图在埃德蒙·伯克和托马斯·潘恩之间充当仲裁者，但他实际上更信服伯克的主要观点。他出版于1791年的《普布利科拉信件集》（*Letters of Publicola*）有力地批驳了潘恩的 397
《人的权利》（*Rights of Man*），严厉指责法国革命，颇让托马斯·杰斐逊恼火。* 年轻的亚当斯写道，美国人尚没有掉进激进的抽象教条的陷阱：

> 幸福，加倍幸福的美国人！他们的温和举止和美德习惯仍足以让他们将对自然权利的享用与国家的和平安宁协调起来；他们的宗教自由原则并非源自一视同仁地歧视所有宗教，而且他们在议会机构中的平等代表权以在他们中间真实存在的平等为基础，并非建筑在想入非非的政客们的形而上学空想之上——那些人徒劳无功地与不可变更的事态演进过程和已经确立的自然秩序抗争。[1]

所以，亚当斯和根茨意见相同，认为后者的论文对美国殖民地的温

---

* 普布利科拉是公元前6世纪领导推翻罗马君主制的四位贵族之一，后成为罗马执政官；《联邦党人文集》作者使用笔名Publius，就是为了表示对他的敬重。——译注

和政体（建基于对惯例性权利和习俗的尊重之上）和法国激进主义的平等理论做了最为精准和有力的区分。亚当斯说，这两种政体的唯一共同点只有“共和国”这个词，而法国共和国已经不再包含任何真正的代议制政府的要素。

1800 年，亚当斯翻译的根茨的作品匿名出版。这本翻译的小书带有亚当斯的风格。不过，从思想和结构上看，根茨的作品带有伯克《法国革命反思录》和席勒（Schiller）的《三十年战争》（*Thirty Years' War*）的印记。从 1791 年直到他生命的终结，根茨思想和行动的主题就是揭露真正的彻底革命的荒谬。凭借着手中的那支笔，默默无闻的根茨——和后来的另一位普鲁士人卡尔·马克思一样，他也有一半犹太人血统——成长为国王们的左右手以及欧洲协定的设计者。

与伯克、约翰·亚当斯以及约翰·昆西·亚当斯一样，根茨认为灾难的根源在于杜尔哥、孔德、卢梭、潘恩以及其他法国革命的推动者的谬误。他的论文《美国和法国革命之比较》（*The American and French Revolutions Compared*）将这两场运动的理论和进程进行了比较。根茨
398 认为，美国革命是伯克所谓的光荣革命：“一场尚未启动便已被阻止的革命。”美国的爱国者们坚持维护他们继承而来的权利，他们的主张和预期是温和的，而且基于对人性以及自然权利的恰当理解，他们的新成文宪法具有保守性。可是，法国革命者们渴望彻底改变人类社会甚至人性，与过去分道扬镳，摈弃历史经验，拥抱理论教条，并因此成为宏大意识形态（Giant Ideology）残酷碾压的对象。

审慎和惯例指引着美国人前进的道路，因为他们只是在维护和延续英国人的代议制政府和个人权利体制，狂热和虚妄的幻想导致了法国人的毁灭。在美国问题暴露之初，伯克就坚持认为，殖民者们在试图挽救而不是摧毁，他们试图保持千百年来争取到的自由，并没有要求象牙塔

中的哲学家想象出来的虚幻的自由。借用伯克的说法，他们“不仅热诚追求自由，而且追求的是英格兰准则下的自由。抽象自由像其他的纯粹抽象之物一样，是不存在的。自由本质上属于某种可感知的对象”。

根茨在他的比较中多次提及美国和法国原则的重大区别——1776年以来的历史进程更清晰地呈现了这种区别。比如，他将美国人对自然权利的恰当理解与法国人对抽象的“人的权利”的幻想加以对比，称后者“好像某种魔咒，民族和人类的所有联系都因此被毫无道理地拆散了”。根茨坚持认为，某个抽象“民族”假想中的随心所欲的权利吞噬了群体和个人经过艰苦努力才获得的所有古老权利。美国人寻求安全，法国人凭借他们的暴力教条（armed doctrine）寻求不负责任的权力。“由于美国革命是防守性的革命，在战胜引发它的攻击力量之后，它自然就结束了。法国革命确实是一场充斥着大量暴力的革命，只要还存在它可以攻击的目标，它就无法停止向前推进，而且它还保持着攻击力量。”

19 世纪后起的富有才华的法国作家阿历克斯·德·托克维尔和希 399
泊莱特·泰恩（Hippolyte Taine）对法国革命有类似的论断。20 世纪的美国历史学家一般都认可根茨的见解。克林顿·罗西特写道：“1776年的美国人是在捍卫而不是争取一个开放社会和宪法下的自由，这在现代历史上还是第一次，因此，他们的政治信念及其所支持的武装反抗的诉求一样，都极其慎重……，也许，这一政治理论最显著的特点就是它根深蒂固的保守倾向。不管革命原则在世界其他地方的人看来是如何激进，但在殖民者的心目中，它们只是要全面维护和尊重过去的传统……，美国革命的政治理论与法国革命的理论不同，其宗旨并非改造世界。”[2]

在法国革命者那里，对历史、连续性以及“永恒社会契约”的整个态度都是不同的，这导致了毁灭性后果。泰恩评论道：“法国在君主制下因禁食而筋疲力尽，因《社会契约论》的坏药方以及其他无数不纯或烈性饮料而酩酊大醉，突然间脑子就中风瘫痪；因各器官不协调，无法协同行动，相互拉扯抵触，导致它身体的每一部位都在抽搐。现在的法国已经过了欢愉的疯狂阶段，马上就要进入阴郁的发狂阶段，一旦那些像法国一样乖谬的引路人指出有敌人或者阻挡他们狂飙突进的障碍，看吧，法国可以做出任何胆大妄为、害人害己的举动，能够进行不可思议的掠夺并犯下面目可憎的暴行。”[3]

根茨指出，美国革命的过程中也有迫害、残暴、没收财产和将诚实人流放的事。“不过，与法国革命给法国及其所有邻国带来的普遍的大灾难和大毁灭相比，所有这些零星的不公义和压迫算什么呢？在美国，即使个人仇恨或地方性情势威胁到财产和人身安全，即使公众权力机构
400 有时成为不公义、报复和压迫的工具，其中的毒害也从来没有流进社会肌体的所有血管。美国也从未像法国那样：对所有权利以及最基本的人类规则的玷污会成为立法的普遍准绳以及对系统性暴政的无条件的背书。”[4]

这两场革命的巨大不同是什么原因造成的？情势和理论。除少数英国公务官员（civil officers）和一支英国占领军外，美国人在北美没有什么要推翻的，而法国革命者需要摧毁一个强大复杂的既成建制，也即旧体制。美国人不仅诉诸于古老的“特许权利”，而且坚信这些既有的权利和体制；法国人因我们现在称之为意识形态的“理论教条”而迷狂，并以未来地上天国的愿景来为他们的狂热背书。正如托克维尔所评论的，为更快地到达地面，法国革命者在走到楼梯半道时就跳出窗外。

最近的一位评论家丹尼尔·布尔斯廷得出与根茨同样的结论：“美国革命以一种很独特的方式孕育而成，既是对英国传统的确证，也是对美国未来的认可。英国传统内含于古老而鲜活的制度——而非教条——

之中；美国的未来从来就不是某个理论可以涵括的。因此，美国革命是坚持原则之人审慎决定的结果，不是对某种理论的确认。”[5]

根茨比较了原则和意识形态、审慎与狂热、惯例性权利与过分铺张的野心、历史经验与乌托邦、代议制政府和民众独裁［或者 J.L. 泰尔蒙（Talmon）所谓的“极权民主”］。在考察《独立宣言》和《美国宪法》时，这两场革命的上述区别应牢记于心。《独立宣言》旨在呼吁爱国者们同心协力，正如富兰克林所说，他们要么团结在一起，要么每个人都被单独吊死。它同时也是就爱国者们的武装反抗向整个世界（尤其是法国）辩解，以期获得国外的帮助。由杰斐逊和一个四人委员会仓促起草的《独立宣言》不是具有原创性的政治理论作品，相反，它所体现的理论在之前十年甚至更早之前就曾在美国讨论过。除可以从中引申出来的含义外，宪法压根就不是一份理论性文献。 401

1775 年，帕特里克·亨利告诉弗吉尼亚身为种植园主的爱国者们：“我只有一盏引导我脚步的明灯，那就是经验的明灯。我知晓的论断未来的唯一办法就是参照过去。”亨利一开始是那些更激进的爱国者中的一位，不过，就连他也不想要基于理论教条的革命。美国人从他们自己的过去和他们共同拥有的欧洲基督教文明的历史中寻找前进的指引。对于那些有关人性和社会的新颖的抽象理论，认同《独立宣言》和《美国宪法》的大多数人不感兴趣。

证明独立的合理性

今天的美国人比任何其他民族都更多地从某些基础性文献中寻找他们社会秩序的成文规则——其中最突出的文献有：《独立宣言》《美国

宪法》、华盛顿的告别演说以及林肯的葛底斯堡演说。《独立宣言》主要是由于开头的六句话而具有持久的重要性。

之后，宣言详述了他们对英格兰国王的各种不满——其中有些不满是有历史根据的，而另一些则更多是为了引起外国人的同情，表述并不是非常准确。就后一种情形而言，宣言中有些句式取自英国人的《权利陈情书》和《权利法案》。有些指控——比如针对士兵驻扎问题的指控——直接仿效自威廉和玛丽所认可的《权利法案》。实际上，这些指402控不能解释革命的根本原因：它们大多是对英国政府1773年以来的举动提出的严肃抗议，有些则针对英军自1772年以来部署的军事措施。

爱国者们最根本的政治动机只在一段话中有提及："因为未经我们同意而向我们征税……"之前则是这么说的，"现今的英国国王的历史就是不断伤害与侵夺的历史，这一切的直接目标就是针对这些州建立一套绝对的独裁体制"。现实是，乔治三世从未想要做得这么绝，而且宣言的很多签署者在不那么绝望的时候不会以这样的理由指控他。国王也没有有意地实行一种系统侵夺的政策：诺斯内阁的措施缺乏想象力和审慎，但并没有恶意的阴谋诡计。

不过，这些更多属于政治史关心的内容，而与美国秩序的关涉较少。就本书的目的而言，开头这几句话具有象征意义。

凭借什么缘由可以从理论上证明脱离大英帝国的合理性？宣言提到这一决定的严肃性："确实，审慎决定了已长期建立起来的政府不应因不起眼的暂时理由而被改换；而且相关的所有经验都表明，如果邪恶依然能够忍受，人类更可能会忍受下去，而不太可能借着废弃他们已经习惯了的政府形式恢复自己的正当权利。"这句话带有胡克、布莱克斯通和伯克的论调。这个独立举措为何并不显得冒失？

宣言声称，这是因为美国人要求纠正无法承受之不公的陈情没有得到回应。还有什么救济手段？如果国王不听他们的陈情，一个民族能够向谁或什么呼求呢？

大陆会议诉诸于“自然之法和自然神之法”，也即自然法。他们本来可以求助于明智的胡克的权威，然而，上述短句的作者托马斯·杰斐逊对洛克和布莱克斯通的了解超过对胡克的了解。另外，杰斐逊还受阿尔格农·西德尼（Algernon Sidney）在其《论政府》（*Discourses Concerning Government*）中的协定论（compact-doctrine）的影响——西 403
德尼的这本书写于英格兰内战开始之际（顺便说一下，西德尼并非民主派人士，不过他鼓动提高贵族的地位，反对纯粹的君主制）。至于宣言的签署者们是否清楚地理解自然法的含义或者是否能就这个词汇的明确定义达成共识，相关的讨论还没有结果。不过，他们普遍诉诸的自然法原则可以追溯到西塞罗（杰斐逊有时会提到他）和中世纪经院学者，通过另一条传承谱系，它们与英国议会几百年来的主张——尤其是 17 世纪辉格党议会的主张——也有关系。

在英国宪制的设想中，国王也要服从法律。国王违法了怎么办？“国王不可以犯错”是在英格兰长期流行的法律格言，而且得到布莱克斯通的背书。它的意思不是据有王位者不可能犯罪，相反，它表明，既然国王是整个王国不可或缺的枢轴，那么，因其政府的行为对他进行惩罚就是不可能的——如果要维护正义的基础和保护王国的话。因侵犯自由而受处罚的是国王的大臣们——如果必要，可以弹劾甚至处死，这些人可以犯错误。因此，“国王不可以犯错”是一个有用的假想，这也不意味着它是错的（《天路历程》也是有益的假想）。让国王查理一世自己为其政府的作为负责任导致他的被处决，这种做法对英国是灾难性的（很少有美国革命领袖曾试图引述克伦威尔、弑君者以及共和时代的“圣徒们”的行动和话语作为他们自己武装反抗的借口，这些都是兆头不好的先例）。

不过，美国人不可能对乔治三世的大臣问责，因为殖民地（或者现在的州）在议会中没有席位，无法争取多数英国人的善待。这样，殖民者能做的就只有诉诸自然法以及造物主敕令的法律，这是一个缺少其他救济办法的民族的极端应对之道。

虽然自然法的古老理论与基督教教导有紧密联系，但杰斐逊的用词
404 则带有自然神论的色彩，并不是严格的基督教用语。在杰斐逊为之起草宣言的大陆会议，这一用语好像没有遇到参加会议者的有力反对。1776年，自然神论的观念虽然在普遍的公众舆论中已经失势，但在某些爱国者领导人中间相当普遍，在杰斐逊以及大陆会议的其他几位重要与会者的理解中，杰斐逊的“自然之神”是这样一位神祇：他创造了宇宙，赋予万物以“本性”，不过并不直接干涉人类的生活，也没有神迹（在杰斐逊提交给富兰克林的一份宣言的初稿中有这样的表述：“我们认为这些真理是神圣不可剥夺的”，同为自然神论者的富兰克林可能将它修改为最后定稿的表述：“不言自明的”）。不过，即使宣言没有诉诸亚伯拉罕、以撒和雅各的永生上帝，它仍旧求助于一位确立了自然法并受这些法律约束的神祇——他好像天国的受宪法约束的温和君王，服从于自己的法律，从来都不是暴君。

大陆会议的多数代表很可能没有太多地想过遣词用句的问题，他们不得不匆忙行事，因为爱国者武装力量的处境很危险。不过，签署者们在宣言的最后一句话中表示依赖“上帝临在的护佑”（protection of Divine Providence）——这个观念带有更多正统基督教的色彩，而少有自然神论的色彩。杰斐逊起草的宣言的最初各版本中没有出现对上帝临在的坚定信心的说辞，这种说法是大陆会议加上去的，因为会议的很多代表对自然神论感到不适。

宣言到底诉诸的是什么样的自然法？那就是："我们认为这些真理是不言自明的，所有人在被造时都是平等的，造物主赋予他们若干不可剥夺的权利，其中包括生命、自由和追求幸福的权利。"人们建立政府是为了保障这些权利。

为何"幸福"取代了洛克和布莱克斯通的"财产"？大概是因为没有财产也可能拥有幸福，以及仅仅保护财产对那些支持革命事业的穷苦人没有多大的吸引力，而且还默默地将良善的公民社会秩序在生命和自由之外的其他好处排除出去。对"幸福"一词的使用被很多评论者归因于布拉马基作品的影响，因为当时布拉马基的作品在殖民地广为流传，但是，我们没必要将这事扯得太远。* 比如，大陆会议较为明达和活跃的代表之一、宣言的其中一个主要签署人詹姆斯·威尔逊在十年前就写道（尽管他的小册子直到 1774 年才发表），"社会的幸福是所有政府的首要准则"。 405

"不言自明的"（或者更早版本中的"神圣不可剥夺的"）指的是，这些真理源自万物的本来属性，它们是合理的，因为它们符合恰当的理性；它们与人性密不可分；它们来自造物主。它们是理所当然的前提假设，所有政治秩序都必须以这样的无可置疑的某些前提为基础。所有人都热切地渴望生命、自由和幸福，因此，这些祝福是符合天性的，谁要剥夺人的这些祝福，谁就是在蔑视人性。这种信念带有斯多葛主义的色彩。这些权利是不可剥夺的，因为它们是人天生就有的权利，谁违反它们，谁就是在剥夺人的本性，人也可以公正地夺回从他们那里抢走的东西。

大陆会议的代表可能无人会认为这些权利是完全不受限制的。毕

---

* 布拉马基是 18 世纪瑞士的法学家和政治理论家。——译注

竟，生命权一定会受到社会现实条件的限制，如果一个人试图剥夺他人的生命，他就不应当希望自己能够免于被处死；1776 年，没人提议废除死刑。自由权在某种程度上也必然取决于环境条件，无人享有随意对待他们的邻人及其财产的自由，“法律下的自由”是美国领袖们的共识。就幸福而言，没有政府能确保人们获得幸福，政府能做的仅仅是避免恶意或笨拙的干预，或者消除不利于追求幸福的普遍的大障碍。

406 有人指出，这种对自由权的大胆申明忽略了很大一部分在大陆会议中没有代表的美国人，即黑人奴隶。自由仅仅属于那些已经享有自由的人吗？杰斐逊在最初的草稿中写入了指责奴隶制和奴隶贸易的内容——虽然他本人就是一个大奴隶主，不过，出于对南卡罗来纳和佐治亚州代表的感受的尊重，这些内容被删掉了，因为奴隶制对这两个州的经济至关重要，而且那里的奴隶贸易还很活跃。这种惹人眼目的相互矛盾在接下来的九十年间会困扰美国，而且其后果持续的时间更长。在美国革命期间，英格兰的托利党人就嘲笑美国人对自由权的申明的伪善。

这就将我们引回到“人人被造而平等”的教导上。这句话的含义是什么？杰斐逊既然明知自己拥有超群的才智，就不太可能认为所有人都可以成为与他比肩的智识者——即便这些人在杰斐逊为弗吉尼亚人规划的学校受过培训。至于力量、敏捷性和美貌方面的平等，这些显然并非自然法涵括的内容。约翰·亚当斯对宣言内容的贡献仅次于杰斐逊，他一生都乐于指出人类在很多方面的不平等。如果按照字面意思来理解，宣言的平等说辞就违背了常识。

不过，杰斐逊确实写下了“被造而平等”，而且大陆会议没有删掉这段话。尽管大陆会议的多数代表并不一定都受到这种影响，但杰斐逊在这方面可能受到约翰·洛克有关白纸状婴孩大脑的观念的影响。洛克对现代基因科学一无所知，杰斐逊也是如此。即便婴孩真的天生就没有任何思想，这种普遍的无知状态会使他们在智力上都是平等的么？半个世纪之后，罗诺克的约翰·伦道夫指出，不管婴孩是否一生下来就有思想，他们在出生时肯定有着不同的能力：在父母和祖先的基因遗传方面，他们并不平等。

伦道夫非常热衷于养马，而且是重量级的谱系学家。大陆会议的有 407
些参会者也养马，对家族历史也有兴趣，他们肯定像伦道夫一样，明白同一物种的某个个体与其他个体之间天生就存在着不平等。不过，“被造而平等”带有某种招人喜爱的特质，其他会议代表并不必然完全认同杰斐逊的想法，他们可能会按照自己的意愿解释这一短语以及宣言中的其他句子。自1776年以来，政治人物和学者们一直就宣言中的这些模棱两可之处争论不休。

煽动家们也许会发现，“被造而平等”是一个有用的口号。马克·吐温有这样的名言：“一个人和另一个人一样好，或许还要更好一点。”大陆会议里有一些煽动家，不过，杰斐逊并不是这样的人，宣言的绝大多数签署者都是有广泛的实际经验的现实主义者，对煽情或虚假的口号没兴趣。后来在美国——一直到现在，按照字面意思呼吁落实生而平等的观念将闹出笑话。罗诺克的伦道夫在其职业生涯之初曾是杰斐逊的重要盟友，后来却成为他最为严厉的对手；1826年，伦道夫告诉美国参议院，“被造而自由平等”的观念“错误且有害”，他当时想到的就是这种观念可能闹出笑话。

伦道夫大声疾呼道：“就人人生而自由平等这一原则而言，如果说地球上有任何不适用这一原则的动物，也即不是生而自由的动物，那它就是人，因为人出生在一种最为匮乏、完全无助和无知的状态，而且这种状态是婚姻关系的基石……，如果因为每英亩土地所含的土壤量都一样，就说世界上的所有土壤都一样肥沃，肯塔基最好的土地与苏格兰高地一样肥沃，那这些人就和那些坚称所有人生而绝对平等的人犯了同样的错误。那些降生在感化院（work–house）或妓院、虚弱且犯病的可怜孩子，或者那些在呼吸到空气之前就已经受酒精影响的可怜孩子，和那
408 些出生在诚实的自耕农家庭的面色红润的孩子相比，没有任何平等可言，而且我还会说，假设一个王子只具有一般的王室血统，他与某位农民的健康儿子之间也没有平等可言。”[6]

不过，大陆会议的代表们没有将杰斐逊的平等说辞看成是认可身体和心思上的完全平等（在最初的一个版本中，宣言中这句话的表述是“平等独立”，在另一份粗略的草稿中，“独立”被删掉了，可能是因为富兰克林博士或其他某位现实主义者认为这一论断很难成立，正如伦道夫参议员所说，婴孩绝对是有依赖性的）。理所当然地，他们没有将一般的美国人——更不用说所有地方的一般人——视为与他们完全平等的人。他们的确认可有关人类平等的两个高贵的信念：法律面前的平等和上帝审判的平等。

在英国法律中，没有人在法庭面前享有特权（尽管对犯下严重罪行的贵族的审判必须由上议院——也即“由贵族同侪构成的陪审团”——进行）：既然法律不徇私情，司法的进行必须无视诉讼当事人的地位和财富。就此而言，所有美国人也是生而平等的。当时的所有国家的实证法并非如此；不过，爱国者们认为，根据自然法，法律面前平等是真理。

与犹太教一样，基督教教导所有人在道德上平等，也就是说，上帝审判人的依据不是他们在现实生活中的身份地位，而是他们各人应得的奖惩。富人和穷人之所以受奖赏或惩罚，是因为上帝知晓他们遵守上帝诫命的情况如何，与他们世俗的成就无关。有些人会受到审判，被定罪，不过不是因为他们在此生此世的地位。大陆会议的代表们也认同这样的教导：它是自然之神的法律的支柱。

很可能，杰斐逊的用词向有些爱国者暗示了美国有比英格兰的贵族社会相对更为平等的环境。然而，大陆会议的代表们原则上并非社会和经济平等主义者。他们中的多数人凭借自己的努力在社会上生活得很好，他们也许希望为他人打开通向成功的大门，不过不是通过向下拉平的方式。因此，对宣言的签署者来说，“被造而平等”大体就是指他们在美国一出生就进入的那种社会环境：他们发现那些相对平等的环境确实非常自然。 409

所以，1776 年的自然权利和自然法信念糅合了希伯来文化、基督教、古典文化和 17 与 18 世纪的理论。在那个时代，生命、自由和追求幸福属于自然权利（或者至少是由自然之神的法律所确立）的信念在英国与在美国同样普及，要不了几年，这一信念在法国就因一种世俗化的自然权利理论而被极端化。当时很少有人会否认，建立政府的目的就是保障这些权利。

可是，政府“正当的权力源自被统治者的同意么”？就这段话而言，杰斐逊及其合作者不同程度地受到某些——主要是洛克的——社会协定理论的影响，尽管他们未受到卢梭的社会契约论的影响，因为 1776 年时杰斐逊尚没有读过卢梭的作品。很可能，大陆会议的很多代表了解孟德斯鸠和休谟对社会协定论的批评。爱国者们都是尊重洛克的辉格党人，不过，仅仅洛克的权威可能尚不足以让“被统治者的同意”写入宣言。

在大陆会议代表们那里，“被统治者的同意”要认可的是已经过现实检验的制度安排，而不是某个政治哲学家的理论。毕竟，英格兰已经有了这种同意，不管乔治三世如何——爱国者们只是认为国王想要成为独裁者，并不认为他已经实现了独裁。议会是落实被统治者同意的载体，到 1776 年时，即使在老托利派人士（High Tories）中间，君权神授理论也几乎遭到唾弃。就美国来说，无论是在公司制殖民地（corporate colonies）、私人所有殖民地（proprietary colonies）还是皇家殖民地（royal colonies），殖民地代表机构从一开始就已经落实了被统治者在
410 政府中的代表权利。因此，“被统治者的同意”并不必然意味着确信某种原始的社会协定——不管是洛克式还是霍布斯式的协定。这个短语让多数美国人想到的是英国和美国当时存在的代议制政府模式。

与孟德斯鸠一样，美国人认为这种形式的“被统治者的同意”符合人类天性的要求（孟德斯鸠认为，君主制和共和国都可以与被统治者的同意兼容，独裁政体则违背了这一原则）。这样，“被统治者的同意”被当作自然法的一部分，虽然当时存在着很多并不符合自然原则的政府。

宣言没有更深入地探究“被统治者的同意”的确切含义，这也不是坏事。在 1776 那一年，美国到底有多少被统治者自愿认可大陆会议的政治权威？诚实坦率的约翰·亚当斯对这种事心知肚明，根据他后来的估计，十三个殖民地中的自由民有三分之一支持爱国者的事业，另有三分之一支持王室，剩下的保持中立或漠不关心。确实，在约克镇（Yorktown）大捷之后，大陆会议可以声称代表多数公民，不过，这只是因为许多与王室共命运的保皇派已翻山越岭逃到肯塔基和田纳西、加拿大的沿海各省、百慕大、西印度群岛或英国，而那些留下来的保皇派则明智地保持沉默。“被统治者”或“人民”的定义通常随着统治者的利益而变化。多少奴隶会有意识地自愿认同掌权的王室或大陆会议？

先不要管这些。如果政府“成为毁灭这些目标的手段”，该怎么办？宣言主张“人民有权利改变或废弃政府，建立新政府，而且新政府立基其上的原则以及组织权力的方式都能最大限度地保障他们的安全和
411 幸福”。这就是大陆会议 1776 年开始着手要实现的目标——或者毋宁说要改变或废弃政府。

宣言没有直接明确地主张革命的权利，不过很快，宣言在欧洲和拉丁美洲就被当成是对革命权利的背书。几年之后，伦敦一个激进的一位论派传道人理查德·普莱斯（Richard Price）博士将主张“废除国王”。不过，尽管爱国者们非常憎恶国王，但他们也没有说要废除国王。在英国，伯克最后出来为国王辩护，反对普莱斯。乔治作为英格兰、苏格兰和爱尔兰国王的统治权利不是他们直接关心的问题（毕竟，乔治三世一般都会获得其臣民的拥戴，确实享有英国被统治者的同意）。爱国者们的问题是，除英格兰国王从一开始就宣称对诸殖民地拥有的相当含糊的主权外，乔治三世是否有权利统治他们——他是否有权利终止善意的忽视的政策，并采用有害的干涉的新政策。爱国者们争辩说，试图发动革命的是乔治三世及其大臣们。

另外，需要注意的是，宣言的用词是“政府”（government），而非“国家”（state）。18 世纪的评论家们对这两者有清楚的划分：“政府”暗指暂时的掌权者以及他们当下的政治政策，一旦国王解除大臣们的职务，并任命新的大臣，一个新“政府”就成立了。“国家”则意味着我们现在通常所谓的“社会”（society）——也即已经确立的公民社会秩序，而且它具有恒久的特性和某种长期的宪制体系。宣言提及建立“新政府”，没有说要颠覆国家或社会秩序。这是美国“革命者”温和特性的另一种表现，他们认为政府可以被改变或废弃，不过并不想推翻基本制度和生活方式。如果说他们实际是主张革命权利的，那也只是让民众的政府变得更好的权利，而不是将一个国家的永恒之物斩草除根的权利。

爱国者们为彻底变更政府所提供的合法性证明不一定就要依靠激 412
进的理论家。他们以 13 世纪中叶的普通法之父亨利·布拉克顿（Henry Bracton）为奥援：“让国王将法律赋予他的东西——也即主权和权力——还给法律，在意志而非法律占据支配地位的地方，国王是不存在的。”在如何抵抗不公义的国王的问题上，他们可以求助于 16 世纪的理查德·胡克。他们依靠得最多的是 1688 年的先例，政府被推翻，国王被废黜，不过社会结构没有受到损害。

因此，对 1776 年的人来说，颠覆“摧毁这些目标的”政府形式就是自然而然的事。公民社会秩序从本质上讲就是旨在维护生命安全、扩展自由和协助追求幸福的：不这样做的政府就是违逆其自然本性的。他们认为，即使这样的政府也不能被贸然推翻，因为他们从古老的伊索寓言中了解到，国王斯道科（Stork）可能比国王罗格（Log）更加穷凶极恶。只有在邪恶不堪忍受时，自然本性才当再露峥嵘，承担起推翻无可救药的压迫性政府的艰难任务，以便（在上帝的护佑下）建立可以忍受的政府。

总而言之，宣言对“自然法”的理解符合古老的“正当理性”，没有迷恋于被法国革命者加冕的理性女神。卡尔·贝克尔（Carl Becker）评论说：“人一旦对现存的实证法和习俗体系彻底失望，他们就会越过这一体系，探求他们所认为理所当然之事的理性根基。美国人在与英国的争议中就是这么做的，在形塑了他们那个时代的思想的基础性观念中，他们找到了这一理性根基——自然法和自然权利的观念。”[7]

虽然宣言只是泛泛而谈地述及殖民地的历史，但爱国者们为脱离大英帝国提供合法性证明所凭借的并不仅仅只有自然法理论。之前十年，他们中的演说家和小册子作者援引殖民地历史上的先例，为美国人的诉
413 求辩护，伯克和其他一些英国人也是如此。对殖民地历史的这种论述没有出现在宣言中，其中的一个原因是，宣言在很大程度上旨在呼吁法国和其他可能的盟友反对英国政府。主张自然权利可能会唤起这些潜在的受过启蒙的盟友们的同情，而主张“英国人的特许权利”对欧洲人则几

乎没有什么意义。毕竟，如果法国人与美国人结盟，他们要反对的正是英国人。因此，宣言在遣词用句上大费周章，甚至避免提及议会，只将其称为“立法机构”。

爱国者们的历史和宪法论述与他们的自然法原则并不冲突，即便如此，这种论述也是要求独立的论述，现在的人们可以更容易地理会这一点。这一论述就是：如果王室和议会给予殖民地的最大好处便是善意的忽略，那么，美国为何要听命于议会？国王为何要宣称对美国拥有之前很少或从未行使过的权力？国王的政府只曾以金钱资助过佐治亚的殖民活动，因为所有其他殖民地都是由个人所有者或公司团体或者单个殖民者的努力建成的——王室所做的不过是赐予土地，而当时英国对那些土地并没有有效的控制权。

确实，英国的陆军和海军曾帮助殖民地抵御外敌。不过，军事行动的很多成本都是由殖民地人民自己负担的，而且他们还承受了法国人和印第安人的大部分攻击。英国政府完全是出于仁慈才保卫殖民地的吗？根本不是。按照《航海法》，英国从与殖民地的贸易中受益甚丰，而且在殖民地武装的帮助下，英国成功击败了它在世界上最为强大的对手——法兰西帝国。如果非要说欠债问题，那英国对北美殖民地欠债更多。

殖民者从一开始就实行自治，他们仅仅要求继续享有受英国宪法保障的所有英国人的权利。只有得到他们的议会代表的同意才能征税是英 414
国人所有其他政治权利的关键。既然殖民地在英国议会中没有代表，那么只有他们自己的殖民地代表机构才能向他们征税，岂不是很合理？

简言之，从最早的时候开始，美国殖民地的人民就是一个独立于英国人的民族，虽然他们通过自愿的文化和友谊的纽带，借着共同效忠于英国国王，与英国人保持着联系。爱国者们不是在推翻一个政府，而是在捍卫他们自己的约定俗成的政府，反对外来政府。美国人之脱离英国不过是重新申张他们的政治自主权或独立地位，而自殖民者在詹姆斯镇和普利茅斯登陆以来，这一自主权或地位就已在北美大陆扎下根。

宣言本来也许可以将这些历史和宪制问题纳入其中。事实上，它们并没有被写入宣言，因为它们无法激起法国人的很大兴趣；也因为详述这些问题会使宣言的文本过长，不利于其达到鼓动和辩护的目的；还因为它们已为美国大众所熟悉。因此，如果宣言的第一部分对 20 世纪的读者看似有点抽象，其原因也不是起草委员会的成员或大陆会议的代表是抽象哲学家。1776 年的这些人根本不是象牙塔中的哲学家，反倒是非常具有实际经验的律师、种植园主和商人，统统都亲历过殖民地美国的严酷现实。他们拥有的是共和美德，不是修道院式的美德。他们中的多数人曾担任过公职或至少指导和带领过许多民众。质言之，《独立宣言》与后来法国的《人权宣言》（1789 年）天差地别，恰如大陆会议的代表与法国革命中的国民大会（National Assembly）或取代它的国民会议（National Convention）的代表不是一类人。

415 起草宣言的那一代人凭借武力和信念的力量将英国政府逐出美国的十三个州，也即以前的殖民地。美国人现在能够“建立可以保障其安全与幸福的新政府了吗”？他们能够恢复和改善已被独立战争严重损害的道德和社会秩序吗？十一年后，美国人要在制宪会议上应对这一挑战。

法律精神的实体化：美国宪法

1787 年的费城是美国宪法的诞生地，现代历史上没有任何其他文献比它更具有长久的生命力。除英国外，18 世纪的大国都处于专制主义的时代。现在，一个幅员广阔的强有力的共和国崛起了，其他国家将模仿其宪法，并取得不同程度的成功。

“共和国”一词是指众人之事——以政治形式表现的大众利益。虽然共和国可能会选出一位有权势的行政首脑，但却不是世袭的国王。共和国可能是贵族制或民主制的。美国的政府形式是民主共和国，不过不是由民众直接绝对控制的“极权民主制”或政府。

美利坚合众国是全国性政府，不过中央政府的权力受到限制，组成共和国的各州的权力也受到限制。这个共和国最显著的特点是，它的独立的全国性司法机构有权就全国性或地方性立法机构的法案的合宪性做出裁决，它的成就斐然的“联邦”特征——也即合众为一（out of many，one）——调和了全国性需要与各组成州的自治需要，它将成为提升人的民主体制，而非让人平庸的体制，会有力地保障生命安全、自由、财产和其他个人权利。后来，约翰·卡尔胡恩这么评论道，美国“当然是一个共和国，有着与绝对民主制截然不同的宪制民主体制；而 416
且……将它视为仅凭简单多数的政府体制的理论是建基于一个没有道理的粗糙错误观念之上的”[8]。

任何政治国家的真正宪法并不仅仅是一纸文书，而是一套将一个国家不同地区、阶层和利益以某种公正的政治模式整合在一起的基本法和习俗。英国的宪法被认为是“不成文的”，也即没有任何一个正式的文献可以被称为英国宪法。某些重要且长久的特许令、成文法、习俗以及长期以来被认可的政治惯例构成一套实践和原则体系，其中的界定很模糊，但是在英国根深蒂固，这就是英国的宪政体制。

与此类似，美利坚合众国也有一个基本的不成文宪法，成文的美国宪法是它的体现。这一成文宪法之所以能够存续下来并一直保有权威，是因为它与制宪会议在费城召开前就已存在（而且现在仍影响着美国人）的法律、惯例、习惯和普遍信念相一致。来自几个不同州的代表起草的成文宪法依赖于诸殖民地的政治经验：它们从英国继承的法律和制度遗产，美国从《邦联条例》（Articles of Confederation）中学到的教训，以及民众在某些道德和社会问题上的共识。因此，这部宪法不是抽象或空想出来的文献，而是反映和体现了美国的政治现实。一旦获批后，宪法就能得到多数美国人的自愿遵从，因为它贴合实际，正式记录了美国社会的“不成文”宪法。

在确定正式宪法时，聚集在费城的代表们也不是没有先例和经验可循，他们得益于1776到1783年之间起草的几部州宪法，其中最值得注
417 意的是弗吉尼亚宪法（1776年）和马萨诸塞宪法（直到1780年才获得批准）。其中有些宪法是由美国革命时期的代表机构通过的，另一些则是州制宪会议通过的。

所有这些州宪法都经过详细的讨论，没有一部过于背离殖民地时期的政治经验——尽管辩论中大量提到18世纪的政治理论，尤其是在耐心酝酿而成的马萨诸塞宪法中。康涅狄格和罗德岛觉得仅需稍加改善，就可以保留殖民地时期的特许状。约翰·亚当斯——马萨诸塞宪法的主要制定者——在其皇皇巨著《为美国宪法辩护》（*Defense of the Constitutions of Government of the United States*）中指出，美国宪法源自这几部州宪法。

所以，联邦宪法得益于之前十年各州的制宪经验，具有现实性，与殖民地时期和革命时期的政治环境密切相关。宪法制定者首要关切的是宪法的有效施行。

在19和20世纪，其他一些国家制定的正式成文宪法却有着不同的命运。法国、德国、意大利、拉丁美洲各共和国以及几乎所有其他现代民族国家不停地取消某一正式宪法，又通过另一部宪法，然后再制定第

三部宪法，如此循环不已，宪法的稳定和持久遥遥无期（在美利坚合众国内部，各个州的宪法也从未延续很久）。其他国家的宪法不能持久的原因有很多。有时，它们没有真的反映一个民族基本的“不成文宪法”；有时，它们过于僵硬和注重细节，一旦环境变化，便寿终正寝；有时，它们无法获得民众的支持和信任，虽然它们理所当然地是这些人在政治上的根本大法。

与之相反的是，美国宪法的权威一直稳步增长，既拥有了象征性价值，又具有实践上的有效性。随着时间的推移，对很多美国人来说，他们的宪法几乎获得了“保护国王”的那种神性，宪法成了君王。 418

《邦联条例》（由大陆会议在 1777 年起草）是新生的美国组建全国性政府的首次尝试，这一尝试到 1787 年时失败了。这个新生各州的松散联盟无法有力地抵御外部敌人，不能令人满意地解决各州间的争执，也无法确立合理的货币体系，在那些可能受煽动家和激进派系影响的各州，更没有办法保护财产或其他个人权利。

为完善《邦联条例》，各州向费城派遣了一个非常能干的代表团。其中许多人特别年轻，而且在实际参加了制宪会议的代表中，只有八位是《独立宣言》的签署者。革命时期以及随后的混乱时期的试炼虽然有损于繁荣，而且有时会伤害到美国人的道德，却造就了一代勇敢智慧的年轻领袖，其中有些人更是天才之士。如果美国在此后某个时期再召集一次制宪会议，还能不能聚集起这么一群才智突出的代表，可能是有疑问的。强势、冷静、公正无私的乔治·华盛顿主持了制宪会议。

这次制宪会议制定的并不是《邦联条例》的修订版，而是一部新宪法，而且这部宪法部分地依赖于截然不同的原则，这是了不起的成就。不过，有时对这部宪法的赞美有些过分。实际上，美国宪法并非出自天使或先知之手，而是由非常理性和审慎之人制定的，而这些人愿意在很多问题上相互妥协，以便他们就强有力的政府机制达成共识。

不管其构思如何精妙，如果合众国早期的政治家不是非同寻常地能干和富有活力之人，那么，被批准之后的宪法也不可能发挥作用。如果419 在政治品性上不如乔治·华盛顿的人成为第一任总统，如果合众国最初十年的议会大多是由一些平庸之士组成，如果后来约翰·马歇尔没有支持最高法院，那么，美国宪法就可能像松散的《邦联条例》一样失败，承受与其他那些落实不力的正式宪法一样的命运。

不管美国宪法从抽象理论的层面上看如何精巧，如果它在最初的时候没有得到大多数公民的自觉支持，那么它就会蹈法国几部不切实际的共和国宪法的覆辙。美国宪法之能有效运作，不是因为它的设计前后连贯且富有远见，而是有着更为重要的原因：宪法符合新生共和国的社会现实与要求。

新生的美国怎样才能在维持一种有力的秩序的同时保障个人自由和某种程度的民主？代表们认为有必要详细讨论那个最为难缠和让人困惑的政治问题：秩序诉求和自由诉求之间的张力。他们已通过独立战争赢得国家的自由，不过，国家内部的个人自由仍没有保障，而且甚至国家独立都受到欧洲大国的威胁。民众的草率冲动、胡作非为的州立法机构以及脆弱的邦联政府都无法让人忍受。制宪会议诸人既热爱自由，也主张秩序，他们认为，在美国当时的情况下，让钟摆偏向秩序那一边是有益的。

这里有一个他们想要更加安稳的秩序的例子，来自马萨诸塞的代表艾尔布里奇·杰里（Elbridge Gerry）在 1787 年 5 月 31 日发言说：

> 我们遇到的那些邪恶源自泛滥的民主。民众不需要美德，不过他们轻易就能被假爱国者蒙蔽。在马萨诸塞，经验已充分证明，他

们每天都被心怀诡诈之人所散布的虚假报道误导，相信那些最邪恶的策略和观点，而且当地没有人能够驳斥这些虚假报道……，他说到目前为止自己一直是共和派人士，那么，他仍旧是共和派人士，不过经验让他明白了平等诉求的危险。[9] 420

代表中有人能够理解秩序与自由之间的那种有益的张力，这样他们就能够通过正式的宪法机制保持这种张力。弗吉尼亚的詹姆斯·麦迪逊贡献最大；不过，其他有些人的能力也可与他媲美：马萨诸塞的拉弗斯·金（Rufus King），纽约的亚历山大·汉密尔顿，宾夕法尼亚的詹姆斯·威尔逊和古沃诺·莫里斯（Gouverneur Morris），特拉华的约翰·迪金森（John Dickinson），马里兰的路德·马丁（Luther Martin），弗吉尼亚的乔治·梅森（George Mason）和乔治·威斯，南卡罗来纳的约翰·路特里奇（John Rutledge）和查理·平克尼（Charles Pinckney）（托马斯·杰斐逊和约翰·亚当斯不是会议代表，这两人当时分别出任驻巴黎和伦敦的大使）。

这次制宪会议要确立的新的中央政府（general government）必须拥有足够的权力，不过，它也一定不能拥有过大的权力，以至于将各个州降格为普通的省（多数代表不希望像这样彻底矮化各州；即使他们有这样的想法，此类宪法提案也不会获得各州的批准）；它必须维持秩序，却一定不能削弱真正的自由；它必须像孟德斯鸠推崇并由英国宪法和其他某些历史范例所显明的那样，做出某种合理的分权安排，并确定权力制衡体系；它必须做出有关行政首脑的安排，让他比单纯的国会主持人拥有更大的权力，不过又不能权力太大，以至成了国王或独裁者；它必须为一个全国性的立法机构做出规定，各个州以及一般的美国民众将在这样的机构中拥有代表权，这个代表机构像英国议会一样，将由两院组成，而且这两院会根据不同的原则选出，并互相制衡；它必须建立一个全国性的独立司法机构；它必须是一个既能推行稳健的财政政策又能促进工商业发展的政府体系。由它规划成立的政府必须要得到强大的外部势力的尊重，又能发动战争，缔造和平。

制宪会议实现了上述所有目标，宪法的有些规定将永远也不可能按
421 照其本来的意图发挥作用，比如选举总统的选举团制度。不过，总体来说，它有着令人惊奇的稳定性，不几年，这部有效发挥作用的宪法便得到普遍尊重，直到美国内战时期才又受到严峻的考验。我们在这里必须集中关注新宪法的特别重要的两个内容：“联邦”的观念和现实，中央政府内部的分权。

美国的新政治模式必须协调权威的需要和自由的诉求。结构上，宪法必须设计出一种中央政府，让它拥有足够的权力，以为共同防御提供保障，有效开展外交活动，阻止各州之间的争斗或者各州内部的叛乱，维护稳健的全国性货币体系和财政政策，改善共同的福利。同时，它也必须要在结构上保障各个州政府的存续和活力，包括先是在殖民地后来在各州发育而成的自由和相对民主的地方政府形式。简言之，全国性的宪法必须在分配权力时确保既能维持强有力的中央政府，又能保障各州在很多事务上的自治。

中央政府（后来很快就迁移到哥伦比亚特区）和各个州政府（以及它们下属的地方政府）之间的分权安排现在被我们称为美国的联邦体系，不过，“联邦主义”这个词并不足以完全涵盖美国宪法的设想。

在更早的时候，“联邦主义”和“联邦政府”这些词暗含的意思是“联盟”（league），而不是合众国。很可能，投票批准宪法的多数美国人认为他们所批准的不过是一种效率更高的《邦联条例》而已。即使按照这种理解，说服他们接受新宪法事实上也非常困难。然而，费城制

宪会议所创设的那种结构是一种新的政府模式，并不真的是过去所说的“联邦制”，正如亚当斯在《为美国宪法辩护》的最后总结中所说：

美国之前的邦联制以古代和现代的所有邦联制为模板和范例，而在这些邦联体系中，联邦委员会（federal council）只是一个外交机构……，领土面积、人口、财富和商业，特别是美国的快速发展都证明这样的政府不足以满足他们的需要。新的体制似乎有非常精妙的设计，试图让他们的利益和喜好结为一体，并让他们认同同样的原则和情感，因此它也有同样巧妙的组合，能联合他们的意愿和力量，成为单一的民族国家。[10] 422

于是，宪法放弃了邦联制的计划，代之以单一的民族国家。这样，美利坚合众国的成功就改变了“联邦制”一词的用法，因为它一般不再被认为只是指主权国家的联盟。《世纪字典》（*The Century Dictionary*，1904 年版）是美国最为全备的字典，其中的第三条定义完全讲清楚了这个词在当下的含义：“指不同州的联合体，从根本上讲，是由所有民众建立的，而且权力也源自所有民众，被视为一个整体，其中的各个州并不是单打独斗的；指联邦政府，比如美国、瑞士以及有些西班牙人美洲共和国（Spanish–American republics）的政府。联邦政府应当是这样的：在联邦行动的范围内，其权威独立于它的任何组成部分，这与邦联政府不同，因为在后者，只有各州才拥有主权，它本身没有权力。”

在 18 世纪最后十年和 19 世纪最初几十年，许多美国人坚持认为宪法的主权是分散的，有些主权属于华盛顿的全国性政府，其他主权归于各州政府。这种解释受到联邦党人（多数时候）以及后来的辉格党人和反对奴隶制的共和党人的反对，出于不同的原因，它也受到那些更积极地为“州权利”（更好的说法是州权力）辩护者的反对。有关宪法的这一争执在 1832 年的拒行联邦法争议（Nullification controversy）中差点
423 引起武装冲突，它将成为内战的一个重要缘由。不过事实是，不管美国人是否有此意愿，在宪法获批后不久，主权就转给了美国的中央政府。约翰·伦道夫这位州主权的尖刻捍卫者评论道，州不可能将它的部分主权让渡出去，就像一位女性不可能部分地让渡她的贞洁一样。宪法创设的“联邦”体系确立了一个真正的中央政府，不过，这个中央政府不是中央集权的、一元化的专制政府。

今天，“联邦制”一词内含的意思是为某些特定目的的自愿有限的联合，而不是指某种中央集权的体制。20 世纪苏黎世的一位学者维纳·卡吉（Werner Kägi）澄清了这一点，列出了联邦制的五个特点：（1）联邦制是“多元统一”（multiplicity in unity）的秩序；（2）联邦制是基于范围较小的自治社区的秩序；（3）在联邦制中，较小的圈子和社区被赋予尽可能多的权力指导他们自己的事务；（4）联邦制使得少数群体可以自由地生活在一起；（5）联邦制以较小的社区为基础向上发展，而在那些小社区中，生活环境可以一览无余，而且相互间的关系在某种程度上一直带有个人性。[11]

同时，那些不带有正式的“联邦”标签的政治体系有时也一直保有联邦制的精神，比如在英国，尽管议会在理论上拥有最高主权，但现在的情况和 18 世纪时一样，县和镇政府实际上仍保有许多永久性的权力，而有些仍被称为“联邦”的体系已经基本上不再按照联邦的规则运作。一般而论，人们可以认为，（以美国宪法为模板的）现代联邦体系将实际权力分别赋予中央政府和区域性政府，目的是在维护地方性自由和选择的同时保障国家利益。

根据美国宪法设立的美国中央政府不是民主制的，而是代议制和共和制的。用詹姆斯·麦迪逊的话说，“民主国家（a democracy）……应局限于一个狭小的地区，共和国（a republic）则可以扩展到一片广阔的区域”。最为热情的民主人士让·雅克·卢梭不相信真正的民主能够在全国性政府中得到落实，他写道，“只有上帝才能统治世界，治理大国需要超人的品质”。制宪会议时期的美国领导人非常明白，权力集中的“民主体制”不过是文字游戏。法国改革者杜尔哥曾在旧制度中担任高官，对于美国人没能建成中央集权的统一的民主政府体制感到失望，他写信告诉伦敦的民主人士理查德·普莱斯博士：美国人应该将“所有权力都集中到中央也即国家”（nation）。约翰·亚当斯对此尖刻地回应说： 424

> 在专制或君主制下，如果将所有权力都集中到“某个中央”是比较容易理解的，不过，如果中央是整个国家（nation），要怎么做到这一点是非常难以理解的……，如果在费力地“将所有权力集中到某个中央”之后，这个中央就是国家，我们就刚好回到了原点，权力的集中就压根谈不上了。国家就是权力，权力就是国家。中央就是边缘，边缘就是中央。如果一些男女和孩子只是简单地聚在一起，他们中间就不存在政治权力；除父母对他们孩子的权力外，也不存在任何自然权力。[12]

杜尔哥规划的中央集权要求崇拜抽象的人民——某个错漏百出的人类神话一定提到这样的人民。即使亚历山大·汉密尔顿希望全国性政府（national government）拥有的权力超过批准后的宪法赋予它的那些权力，制宪会议的代表中也没有人想要杜尔哥所提倡的那种民主集中制，

实际上，即使使用武力，这种集中制也无法在美国实现。1787 年制宪
425 会议所成就的那种“联邦制”设计，旨在作为州政府和美国全国性紧迫事务之间的协调。半个世纪之后，托克维尔指出了美国“联邦制”设计的别出心裁之处以及实际的好处：

> 就人类理解力而言，造出新东西比造出新词更容易，因此，我们被迫要采用许多不恰当、不达意的表述方式。如果几个国家组成一个永久的联盟，并确立最高的权力机关，虽然这个权力机关无法像全国性政府那样对个人施行统治，但它仍能对组成联盟的各个成员国施加影响，这个政府与所有其他政府在本质上有非常大的区别，也是所谓的“联邦制”政府。后来又出现了另一种社会形式，其中的各个国家为了某些共同的利益结合成共同体，尽管它们在所有其他问题上都保持独立或者相互结盟的关系。在这种情况下，中央权力机构直接对被统治者施加影响，像一个全国性政府那样对被统治者施行统治和裁判，只不过是在更加有限的范围内。显然，这已不是联邦制政府，而是不完全的全国性政府，既不真的是全国性政府，也不真的是联邦制政府；然后，可以表述这一新观念的新词汇尚不存在。
>
> 对这种新型联盟体制的无知是让所有联合体（unions）走向内战、奴役和停滞的原因，组成这些联盟的各国要么过于暗昧而察觉不到这一伟大的解决之道，要么过于怯懦而无法将它付诸实施。美国的第一个邦联体制就是因为同样的缺陷而消亡的。[13]

托克维尔所描述的、1787 年制宪会议所创设的“不完全的全国性政府”现在被称为美国的联邦体系。《邦联条例》失败的原因是，那些

起草了昙花一现的《邦联条例》的人没有预见到那种政府将会是何等的软弱无能。1787 年制宪会议所创设的中央政府被许多人误解，美国内战就是因此而爆发的。除了这段长期的斗争外，美国的联邦制从 1789 年到现在一直都运转良好，并且具有卡吉列明的真正的联邦制的五个特 426
点。不管怎样，它比所有其他现代政府模式都更加有效和长寿，可能的例外是英国的政府模式。它将在各个不同的总统和政党下充分发挥作用，尽管中央政府的权力在 20 世纪稳定增长，削弱了州的权力，而且尽管现在仍有美国人希望有更高程度的政治上的中央集权，然而，1787 年“联邦制”的正式架构依然存在。托克维尔指出，集中化是现代所有地方的强有力的趋势，而地方性自由就像花园里的植物，需要很多的浇灌。被称为美国联邦体系的“不完全的全国性政府”是否真的会变成中央集权的单一制体系，仍有待观察；这个问题的答案可能取决于 20 世纪最后二十五年的演变情况。

毫无疑问，孟德斯鸠会对美国的联邦制感到欣慰（他所憎恶的中央集权一直困扰着法国，直到今日）。中央政府被赋予抵抗外敌、镇压国内严重叛乱、保障合众国内通商自由的权力，不过，它仍将对大部分内部事务的控制权留给了州政府和其下属机构。

孟德斯鸠讨论中央集权和政治自由的章节在制宪会议上被引用，而且他的观念增强了麦迪逊和新联邦结构的其他设计者的信心。《联邦党人文集》——这些论文的作者是詹姆斯·麦迪逊、亚历山大·汉密尔顿和约翰·杰伊，目的是向那些需要批准新宪法草案的人解释这部宪法——到处都引用了孟德斯鸠的话。尽管如此，说美国联邦政府之父是孟德斯鸠也是倒因为果了，因为处境而非书本才是新共和国有了联邦蓝图的原因。已经存在的各个州很在意它们的权力。这些州怎么才能接受新成立一个比所有州政府权力都大的中央政府？办法就是，赋予中央或 427

全国性政府必不可少的权力，但是把所有其他权力都留给州政府或者人民；让大小所有各州在国会中的某个院拥有同等的代表权。这样，联邦制就是一个皆大欢喜的现实妥协，孟德斯鸠反对中央集权的雄辩说辞只是为不得不调和国家安全与各州自主权背书而已。

美国宪法另一个让孟德斯鸠感到满意的特征是，中央政府内部有细致的分权。一百年之后，亨利·梅因爵士这样评论美国宪法说：“借着一部明智的宪法，民主体制好像就能够变得平静起来，好像一个人工大水库中的水一样；可是，如果这个结构的某个地方有弱点，它所控制的强大力量就会从那里冲出来，给远近各地造成损害。”[14]（梅因指出，因为宪法的制定者在奴隶制问题上含糊其词，在制宪会议七十四年后，内战爆发了。）宪法所设计的分权机制几乎没有弱点：这一体制一直持续有效运作到今天。

美国中央政府的行政分支包括总统以及全国性政府的分散在全国和海外各地的大量文职和军职雇员，总统有以他为中心的内阁，以及由白宫顾问和助理组成的内部小圈子［由总统下属员工组成的内部小圈子现在通常被称为行政力量（Executive Force），这个团队现今有几百名成员，和 18 世纪欧洲较大的宫廷中围绕着国王的廷臣和办事人员相比，其规模较小］。

正如亨利·梅因所说，总统一职实际上就是国王——两者的主要差别在于：美国总统由选举产生，有着固定的任期，而且总统一职不是世袭性的。梅因甚至指出，宪法制定者在确定美国总统的权力时，可能心
428 里想的是乔治三世所拥有的权力。就这一方面来说，今天美国总统可能比国王乔治三世拥有更大的权力：其内阁不向任何立法机构负责，只向总统自己负责（1787 年，英国现在的“内阁制”政府体系尚未完全成形）。强有力的行政机构的缺失曾是《邦联条例》的一个显著缺陷，宪

法制定者有意让总统拥有比一般首相更大的权力。另外，由于没有国王的头衔，这样一个首相会是谁的大臣？美国总统作为武装力量的总指挥官以及全国文职管理部门的总监，可与罗马皇帝媲美——唯一不同的地方是，宪法没有赋予他司法权。从华盛顿到约翰·昆西·亚当斯的前六位美国总统都受过良好的教育，有很强的责任感，在运用其权力时有意克制自己，如果他们是独裁者或煽动家，美国政府的行政分支就可能已经将立法和司法分支降到无足轻重的地位。

美国国会是立法分支，在多数方面以英国议会为其模板。与英国议会一样，它也有两院；其中众议院与公众舆论有更直接的联系，被赋予直接控制税收和拨款的权力，而参议院在外交事务以及确认总统重大人事任命方面有优先权。

在宪法第十七修正案于 1913 年获得通过之前，美国的参议员都是由各州的立法机构选出的，而且这些立法机构一般都会选出杰出的人才。这连同参议员的六年任期（与之对应地，众议员的任期只有两年）让参议院的议员们有了更多的连续性和独立性——宪法制定者要的就是这种效果。从某种程度上说，参议院和众议院会相互制衡，冲动型立法
是困难的。尽管贵族色彩少于英国的上院（其中的每一位贵族理论上只 429
代表他自己），参议院也旨在遏制一时的民主冲动。不管各州的人口和面积如何，每州都分配有两个参议员席位，这满足了较小州希望被平等对待的要求。

与行政和立法分支不同，美国新宪法所规定的司法分支几乎是史无前例的。英格兰、法国和其他一些国家已经让它们的法官多少具有独立性，因为这些法官可终生任职，不过，以前从未有过独立的司法机构被允许决定整个国家的基本宪法问题。孟德斯鸠曾写道：“如果司法权力不与立法和行政权力分离，就没有自由。”显然受到孟德斯鸠影响的美

国宪法制定者们让最高法院成为“法律的储存所”，让全国性和州级立法机关摆脱宪法解释问题的困扰——或者毋宁说大大减少了立法者们就此类问题展开的辩论，美国新司法机构的权力也减少了因宪法问题上的争执导致武装冲突的危险；历史上，尤其是在古典时期，这种冲突经常发生。

宪法授予美国最高法院对有关国家大使和其他外国代表的案件以及州可能成为诉讼一方的案件的初审管辖权（original jurisdiction）。最高法院享有对范围广泛的其他案件的上诉管辖权（appellate jurisdiction）——实际上，这些案件通常涉及国际纠纷、跨州诉讼、中央政府可能成为其中一方的争议、美国宪法和法律的解释，以及州法院管辖权有所不逮的其他案件。1798 年获批的第十一修正案多少缩减了这一上诉管辖权，将大多数民事和刑事案件的管辖权留给了州法院或者联邦下级法院。宪
430 法规定，国会可以为上诉管辖权立定规则，这一规定多少制约了联邦司法机构的权力；在联邦法院历史上，这种约束机制被应用了几次。

同时，宪法让国会批准、总统任命联邦最高法院的新法官；宪法还授权可以弹劾联邦法官，虽然由于党派争执，后一种手段从未成功实践过。尽管对司法机构可能侵犯行政和立法机构的权力有这些制约措施，但宪法赋予联邦法院的自治权是前所未闻的。联邦法官“只要表现良好”，其职务就有保障，而且在任职期间，其薪水不得被调降。

联邦法院逐渐开始行使真正的权力，可以宣布国会的立法、州立法机构的法案以及行政部门的措施违反宪法，这种权力是之前所有地方的司法机构都不曾拥有的。虽然宪法中暗藏有这种权力，如果不是意志坚定的首席大法官约翰·马歇尔在其三十四年任职期间多次使用它——有时甚至激怒总统和国会，它就不可能得到充分的运用。

孟德斯鸠的有序自由的观念之所以能变成现实，靠的不仅仅是形式

上的分权体系，实际上各种不同的制衡机制都被纳入宪法之中。有些是对立法分支的制约——其中突出者有总统的否决权和最高法院宣布立法违宪的权力。行政分支也可能受到很多不同形式的制约，其中包括国会有权推翻否决，国会保留有宣战权，以及参议院有权接受或否决条约和重大人事任命。除上面提到的对司法分支的制约外，国会或各州可以提出宪法修正案。

这部宪法的制定者宣称他们设计出来的是法治政府，而非人治政 431
府，而且适用法律的程序必须有规律且公正。共和国的稳定与安全以及保护公民免受专断权力的侵犯受到宪法的同等关注。

美国宪法在不多的几个方面现在以有异于其制定者设想的方式发挥作用。选举团制度没能有效发挥作用，因为制定者们没有预见到强势政党的崛起，而未来的选举人们事实上让自己顺从了这些政党选出的总统候选人（1787 年，有着清晰原则和凝聚力的政党刚刚开始在英格兰崛起，华盛顿总统徒劳地希望美国不会出现“帮派”或政党）。久而久之，由于第十七修正案，美国的参议院变成比设想的具有更多直接民主色彩的机构。由于大国本身的需要——特别是在战时或经济危机时，总统的实际权力逐步扩大——特别是在 20 世纪。最高法院的活跃程度也超过 1787 年多数美国人（尤其是杰斐逊主义者）对它的期望。在华盛顿联邦政府的攻势面前，州政府的权力缩小了。

虽然从制宪会议到如今已经通过十几项修正案，宪法最初原貌的主要特点还是保留了下来。联邦制结构、分权、法治以及“正当程序”的要求还在非常有效地发挥作用。美国宪法的至高无上的地位仅仅因为内战而受到唯一的一次诉诸于武力的严重挑战。

作为一种秩序手段，美国宪法所取得的成就超过人类历史上的任何其他正式的书面规划，19 和 20 世纪的一些英国法律评论家会发现美国

宪法所有、英国宪法所无的优点——其中最引人注目的便是对立法机构
432 中暂时多数的权力的制约。美国宪法立基于坚定的普遍原则之上，不过通过司法解释和正式的修正案，它又能适应变化了的情势，于是，在将近两百年的巨大社会经济变革的过程中，它保持了政治秩序的连续性。美国的宪法源自美国的秩序经验，也源自美国人对之前秩序原则的认知，它本身将成为秩序的活水源头，以及法律之下的自由的有效工具。

联邦宪法与宗教信念

1791 年，宪法的十项修正案也即美国的“权利法案”获得批准。这些修正案在某些具体细节上与英国的权利法案相似，通过它们的目的是依照宪法保护特定的权利或者禁止政府侵犯个人权利。一开始，权利法案只对国会有效，其效力在 20 世纪扩展到州立法机构和州法院。对熟悉英国宪法的人来说，其中的大部分权利都是耳熟能详的自由：宗教、言论、出版和集会自由；携带武器的自由；禁止士兵征用民宅的规定；防止搜查和逮捕的保护措施；不同环境下的法律正当程序；陪审团审判制度；禁止超额保释金、超额罚金和残酷或不寻常惩罚的规定。这里没有必要详细考察那些作为美国从英格兰继承而来的法律传统之一部分的自由。

不过，这十项修正案中的第一项的第一条值得略微仔细关注一下。它与宗教自由有关，对这一条款的考察将揭示在美国“宗教多元主义”的社会中的教会与国家——也即道德秩序和政治秩序——间的关系。同时，这种考察还将揭示，某个宪法规定是怎么随着时间的推移而有了不同的解释的。

第一修正案的第一条简单明了："国会不得制定建立国教或禁止宗 433
教自由的法律。"初看之下，没有什么比这更简明易懂的了。不过，今天人们仍在争论这一条款的含义。

美利坚合众国的创建者们认为社会需要宗教基础，这可以从他们的演讲和作品中得到充分证明。亚历山大·汉密尔顿认为，明智的政治家"明白，一旦道德沦丧（道德一定会和宗教一起沦丧），只有专制的恐怖手段才能抑制人们冲动的激情，并以社会义务的要求约束他们"。[15]约翰·亚当斯说，和无神论者的政府比起来，转而敬拜希腊诸神也要好得多。

新生合众国的政治家们所相信的，也得到普通美国民众热诚的认同。詹姆斯·麦迪逊担心，人们对基督教的热情认同可能会导致不宽容。托克维尔在其 19 世纪 30 年代的作品中认识到宗教原则在美国政治中的突出地位："我不知道是否所有美国人都真心信奉他们的宗教——有谁能查验人心呢？不过，我确信，他们认为宗教信仰对维系共和国制度是必不可少的。这一观点不限于某一阶层或某一党派的公民，而是属于全体美国人和社会的所有阶层。"[16]

第一修正案在四十年前获得批准时，这种说法也同样适用。殖民末期和合众国初年不存在对基督教的普遍敌意，而且很少人反对设立国教。在革命前夕，十三个殖民地中的九个有经法律设立的国教会：弗吉尼亚、马里兰、卡罗来纳、佐治亚以及纽约州的南部各郡有圣公会，马萨诸塞及其附属地区康涅狄格和新罕布什尔有公理会。

由于英格兰教会与英国王室的联系，到革命结束时，所有殖民地的圣公会都被取消国教地位，尽管革命领袖们在这样做时很不情愿（在
1776 年的弗吉尼亚大会上，詹姆斯·麦迪逊提议解除英格兰教会在弗 434
吉尼亚的国教地位，却无法获得任何人的支持）。罗诺克的约翰·伦道

夫这位热情的老派共和党人（Old Republican）晚至19世纪30年代时还在说："先生，我不是你的美国圣公会的会员。先生，我是英格兰教会——那个古老美妙的英格兰教会——的会员。"

不过，公理会在革命之后的五十多年里，在马萨诸塞、康涅狄格和新罕布什尔仍享有国教的地位，尽管后来它变得宽容起来，允许圣公会信徒向他们自己的教会纳税，完全赦免了贵格会信徒和浸礼派信徒的教会税。这些国教会只为难一个少数群体：天主教徒。殖民地总督们曾接受命令，要赋予"除教皇派人士外的所有人"良心自由。在革命爆发时，只有宾夕法尼亚可以公开举行天主教的弥撒仪式。

1788和1789年，杰斐逊派人士要求通过权利法案，以为制宪会议代表们1787年9月17日签署的宪法的补充，这就是当时美国在宗教问题上的舆论气氛。为确保各州批准这部宪法，詹姆斯·麦迪逊及其他温和派联邦党人出于权宜之计迁就了这一要求，于是便着手准备一系列的宪法修正案，将杰斐逊的支持者——他们很快就称自己是共和党人——所罗列的主要权利纳入其中。各个州都起草了拟附在宪法之后的权力宣言，弗吉尼亚、北卡罗来纳和罗德岛的宣言包含内容相同的段落——这些段落是第一修正案第一条的源头。它们的内容是这样的：

> 宗教或者我们对我们的造物主应尽的义务以及履行这一义务的方式只能接受理性和信念的指引，而不能听命于武力或暴力，因此，所有人都有按照良心的指令自由践行宗教的平等、自然和不可剥夺的权利，而且法律不得优待任何特定的宗教教派或社团或立它们为国教。

这些决议的内容大多抄袭自《弗吉尼亚权利宣言》（1776年）中

有关宗教的条款（其作者为詹姆斯·麦迪逊）。确实，不管是直接还是间接，麦迪逊都是第一修正案第一条的主要作者。他在反对设立国教会方面仅次于杰斐逊，也即反对国家给予某一特定教会特殊地位以及由国家强制落实教会所主张的收取公民什一税或教会税的权利。麦迪逊在圣公会受洗，在长老会的普林斯顿大学受教育，他神学知识丰富，不过却逐渐偏向自然神论，尽管他在这方面从未像杰斐逊和富兰克林走得那么远。宗教宽容是他的主要关切所在，他不仅反对全国性的国教会，而且还反对各州单独设立的国教会。 435

尽管各州的国教会有许多拥趸，尤其是在新英格兰，然而，美国没有任何一位重要人物希望建立一个全国性的国教会。因此，麦迪逊就能够将他在之前十五年间所提倡的宽容公正的一般原则纳入第一修正案。

最初，麦迪逊向国会提交了这样一份宗教自由修正案的草案："任何人的公民权利都不应因宗教信仰或崇拜受到限制，任何国教会都不应设立，充分平等的良心权利不应以任何方式或借口受到限制。"有人担心，这一条款可能会为国家干预各州分别设立的国教会提供借口；于是，众议院最终通过了由马萨诸塞的费雪·阿莫斯提议的替代文本。阿摩司的文本更接近于现在的第一修正案第一条，即"国会不应立法设立国教，阻止宗教信仰自由或者侵犯良心权利"。参议院通过的版本对设立国教更加友善。最后，参议院与众议院的联合委员会确定了目前的第一修正案第一条的文本："国会不得制定与设立国教有关的法律或禁止宗教自由的法律。"同样，麦迪逊似乎是这一已成定案的版本的作者。

于是，这一条款成为美国宪法的一部分，而且各州在批准它时也没 436
有遇到大的难题。它满足了两种人的要求：首先，新英格兰已设立的国教会的维护者以及其他地方所设国教会的认同者，因为它禁止国会废除或以其他方式干涉各州内的国教会；其次，赞成完全宽容者和反对建立全国性国教会者，因为它完全禁止国会插足这一领域。这两种人都认为第一修正案的这一条款是保障宗教信仰的，不是否定宗教原则的。

麦迪逊一直认为，国家与教会的联合只会伤害教会。这也不是什么新教义：教会与国家的分离是基督教自古以来的教导，在公元5世纪末由教皇格拉西在他的“两把剑”教义中加以阐述：“这是由两股力量统治的世界。”将这一条款加入第一修正案尤其让美国境况不佳的天主教徒少数群体感到满意，因为它确保了他们不会在一个全国性的新教国教会下面遭罪。

因此，第一修正案的宗教自由条款中既没有哲学家们的自然神论宣言，也没有百科全书派对基督教的出于理性主义的否定。这一条款的寥寥数语想要传递的信息就是乔治·梅森1776年为《弗吉尼亚权利宣言》所起草、后来又被麦迪逊修改的宗教条款的实质内容：“宗教或者我们对我们的造物主应尽的义务以及履行这一义务的方式只能接受理性和信念的指引，而不能听命于武力或暴力，因此，所有人都有按照良心的指令自由践行宗教、不受惩罚和地方官员约束的平等权利，除非人人平等享有的自由和国家的存在已明显处于危险之中。而且所有人都有义务相互践行基督教的忍耐、爱与仁慈的义务。”

实际上，在革命之前，弗吉尼亚的宽容大度的圣公会国教会就持有
437 这种立场。顺便说一句，在1789年，有些南方州似乎有可能重新将圣公会立为国教会，弗吉尼亚的立法机构曾慎重考虑过这一问题。各州的国教会与英格兰1689年《宽容法案》（Toleration Act）所保护的那种宗教自由之间并不必然存在冲突。

美国的宽容原则得到他们在新世界的经验的背书，它包含了在新生的合众国诸州已成惯例（只有少数例外）的那些内容，这一原则与当时在法国流行的启蒙运动理论几乎没有什么关系。如果说它源自任何现代

哲学家，那它的源头也是洛克，而非伏尔泰或狄德罗。

起初，1791 年获得批准的第一修正案和其他九项修正案只对全国性政府有约束力，对各州没有约束力；直到 1925 年，美国最高法院在吉特罗诉纽约（Gitlow v. New York）一案中裁定，第十四修正案已让第一修正案对言论和出版自由的保障适用于各州。在 1940 年的坎特维尔诉康涅狄格（Cantwell v. Connecticut）一案中，这一裁定原则又被明确地应用到第一修正案的宗教自由条款。因此，直到几十年前，各州如果愿意的话，都可以建立自己的国教会，并以其他方式为宗教实践立规。

第一修正案没有在国家和教会间建立“隔离墙”，宪法或任何其他全国性的官方文献都没有这样的短语或想法。1802 年，托马斯·杰斐逊给一个浸礼会信徒大会写了一封信，说明第一修正案旨在建立“教会和国家间的一道隔离墙”。不过，即便这毫无疑问是杰斐逊所希望的第一修正案的宗旨，它也绝不可能是 1789 年通过这一修正案的国会——尤其是参议院——的意思，“隔离墙”这一短语也不为麦迪逊或推动该项修正案的任何其他著名人士所采用。

约瑟夫·斯托里法官在其 1833 年出版的《宪法评论》（*Commentaries on the Constitution*）中就这一宗教自由条款的宗旨给出更为全面充分的解释。斯托里写道，这个条款被接纳的原因是，不同的州有各自占主导地位的不同教派，“如果全国性政府可自由创设国教，在教会地位问 438
题上将不可避免地出现长期的纷争和嫉妒。唯一的保障是根除这种权力……，在宪法获得通过时，以及正在审议中的宪法修正案被提出时，美国人的一般倾向（虽然并非所有人都这样）是，在不违背个人良心权利和宗教敬拜自由的前提下，基督教应该获得国家的鼓励。试图让所有宗教都处于平等地位，和以国家政策的形式让所有宗教都完全中立，会造成民众普遍的反对，甚至普遍的愤怒。”[17]

如果仔细考察1789年国会成员的意见以及当时出版界的公开舆论，斯托里的观点就会得到印证：美国人认可宗教宽容，将建立国教的问题完全留给各州；不过，美国人普遍赞同他们的政治秩序需要宗教根基的想法。这一立场也得到了显然持自由派立场的威廉·道格拉斯（William O. Douglas）法官的认可，因为他在佐拉克（Zorach）一案（1951年）中写下了最高法院的如下多数意见：

> 我们是一个有宗教信仰的民族，因为我们的制度预设有一位最高的存在。我们保障每个人按照自己的意愿敬拜的自由。无论人类精神需要多少不同的信念和信条，我们都给它们留有空间。我们支持政府采取这样的态度：对所有团体一视同仁，让它们都按照其追随者的热情及其教义的吸引力蓬勃发展……，如果要说政府不能鼓励宗教训导，那就得在宪法中找出有关政府应对各宗教团体漠不关心的要求。这将等于优待那些没有宗教信仰的人，歧视那些有信仰者……，让政府一定要敌视宗教并反对扩大宗教影响力的有效范围，我们找不到这样的宪法要求。[18]

439 因此，第一修正案第一条和宪法中的很多内容一样，可能都是一系列妥协的结果，不过，它确实成功体现了美国人在政教关系上的普遍认知，而且这种认知并不是了无生气的世俗主义立场，也不敌视宗教对公民社会秩序的神圣加持。托克维尔后来写道：“法律允许美国人做他们想做之事，与此同时，宗教却禁止他们想象和做出那些鲁莽不义之事。”第一修正案的宗教自由再次确认了格拉西的“两个世界”的原则。不过，它没有让国家和教会这两个世界分处相互敌对的碉堡式阵营之中。

与《独立宣言》不同，美国宪法没有提及造物主或者“自然之神”。实际上，除第一修正案外，宪法唯一提及宗教之处在第六条，其中这么写道：“在美国，宗教测试不得被要求为获得公职或公众信任的资格证明。”尽管有这样的中立规定，美国宪法的制定者们还是理所当然地认为，基于宗教信念的道德秩序支撑了政治秩序，并与后者并立。宪法过去是而且现在仍是单纯的用于实际统治的工具——并非哲理论文。然而，实际的统治在美国以及任何其他国家之所以可能，乃是因为那个国家的多数人认可某种道德秩序的存在，而且他们靠这种秩序——也即灵魂的秩序——约束自己的行为。

注释：

[1] John Quincy Adams to Friedrich Gentz, June 16, 1800, and his “Letters of Publicola “, June-July, 1791, in *Writings of John Quincy Adams* (edited by Worthington Chauncy Ford; New York: Macmillan, 1913), Vol. II, p.463, and Vol.I, p.98.

[2] Clinton Rossiter, *Seedtime of the Republic: the Origin of the American Tradition of Political Liberty* (New York: Harcourt, Brace 1953), p.448.

[3] Hippolyte Taine, *The French Revolution* (translated by John Durand; New York: Henry Holt, 1897), Vol. I, pp.355-356.

[4] Friedrich Gentz, *The French and American Revolutions Compared* (edited by 440
Russell Kirk; Chicago: Henry Regnery, 1955), pp. 44, 60,81.

[5] Daniel Boorstin, *The Genius of American Politics* (Chicago: University of Chicago Press, 1953), pp.94-95.

[6] John Randolph, speech on Negro slavery in South America, *Register of Debates* (Nineteenth Congress, second session), II, 125-26.

[7] Carl L. Becker, *The Declaration of Independence: a Study in the History of Ideas* (revised edition, New York: Peter Smith, 1942), p. 135.

[8] John C. Calhoun, *A Discourse on the Constitution and Government of the*

United States, in Richard K. Cralle (ed.), *The Works of John* C. *Calhoun* (Columbia: A. S. Johnston, 1851), Vol. I, p.185.

[9] Elbridge Gerry, recorded in "Debates in the Federal Convention of 1787 as Reported by James Madison" , in *Documents Illustrative of the Formation of the Union of the American States,* selected by Charles C. Tansill (Washington: Government Printing Office, 1927), p. 125.

[10] John Adams, *A Defence of the Constitutions of Government of the United States of America,* in Charles Francis Adams (ed.), *The Lzfe and Works of John Adams* (Boston: Little, Brown, 1851), Vol. VI, p. 219.

[11] Werner Kagi, "Federalism and Freedom" , in Albert Hunold (ed.), *Freedom and Serfdom, an Anthology of Western Thought* (Dordrecht: D. Reidel, 1961), pp. 220-225.

[12] John Adams, *Defence of the Constitutions, op. cit .,* Vol. VI, p. 301.

[13] Alexis de Tocqueville, *Democracy in America* (edited by Phillips Bradley; New York: Knopf, 1945), Vol. I, pp.158-59.

[14] Sir Henry Maine, *Popular Government* (London: John Murray, 1886), p. 111.

[15] Alexander Hamilton, "The Stand" , in Henry Cabot Lodge (ed.), *The Works of Alexander Hamilton* (New York: Macmillan, 1904), Vol. V, p.410.

[16] Alexis de Tocqueville, *Democracy in America,* Bradley edition, *op. cit.,* Vol. I, pp. 305-306.

[17] Joseph Story, *Commentaries on the Constitution,* as quoted in *The Constitution of the United States of America: Analysis and Interpretation* (edited by Edward S. Corwin; Washington: Government Printing Office, 1952), pp. 758-759.

[18] *Zorach V. Clauson,* 343 U.S. 313-314 (1952), as quoted in Corwin (ed.), *The Constitution of the United States, op. cit.,* pp. 762-63.

第十二章

应对美国的失序问题

441 法律和习俗的力量

鉴于这是一本有关美国秩序之根基的书，我们最好不要陷入美国历史上的秩序与失序之争。然而，本章有必要谈谈19世纪美国的秩序观以及困境重重的现实秩序。每个时代的每个民族都会有某种形式的失序问题，在制定宪法的那代美国人离世后，不断膨胀的民主体制下的美国也出现了这样的问题。杰斐逊说，只有时刻保持警惕才能让自由得以维系。同样千真万确的是，只有永无止境的耐心才能让秩序得以维系。

在19世纪初，美国的制度和信念已经根深蒂固，而且它们现在仍是这个国家秩序的基石。在北美大西洋沿岸的最初的一百五十年文明历程中，从旧世界引入的道德秩序已经在新世界扎下根。在这一百五十年中，以阶级、家庭、教会和社区为载体的欧洲社会秩序在美国经历了翻天覆地的变化，不过却没有失去与欧洲和亚洲三千年社会经验的连续
442 性。一旦美国人从政治上脱离旧世界，道德和社会秩序就遇到严峻的挑战。不奇怪的是，1800年（这一年，“杰斐逊革命”让更多的民主派领袖上台）之后，美国人的生活中有了很多失序的情况；不奇怪的是，1825年（这一年，“杰克逊革命”开始了，尽管杰克逊直到四年后才入主白宫）之后，失序的问题越发严重。更令人惊奇的是，尽管受到严峻的考验，本书前面章节所描述的道德秩序和社会秩序在相当程度上延续到了今天。

罗兰德·波特霍夫在其最近的对美国社会史上的秩序与失序问题的具有突破性的研究论著中这样写道：“美国社会史有力地说明，如果人们颠覆或抛弃内含于设计得很好的制度结构中的价值观，并因此拆毁文

化成就与精神平和的社会根基，他们就将自己置于极大的危险之中。”波特霍夫继而说道，这样的颠覆或抛弃就发生在19世纪的美国。然而，人们可以补充说，美国最初秩序的精华熬过了19世纪最崇尚物欲和暴力的那些时期，而且，（正如波特霍夫所说）在20世纪最后几十年，人们可以发现，美国基本的道德和社会秩序重新获得活力。尽管波特霍夫直接关心的是美国的社会架构，他也指出，社会稳定远远不是秩序的全部：

> 等级体系的底部是必要但处于从属地位的足额生产和公平分配物质产品的经济价值。在上述体系之上的是特定的社会价值，其中包括相当稳定安全的制度结构中的人们相互间的顺畅关系，社会史主要关心的就是这一体系。不过，比稳定的社会结构本身更重要的是作为其他更崇高的理性和心灵价值之根基的东西——卓越的美学和智识成就，也许可以称为自我实现的东西，从罪中得拯救，以及灵魂的得救。[1]

热衷于物质成就的19世纪的美国常常无视阶级、家庭、教会和社 443
区中的秩序根基，尽管有热心的福音派传道人，然而，19世纪美国的普通人在追求灵魂的得救时不像班扬式基督徒那么热诚。我们在这里只能揭示，在美国人迈向太平洋的时代，在美国人变得比所有其他民族都更加繁荣强大的时代，美国的那些“永久之物”——也即构成某种长久秩序的观念和制度——所遭遇的困难。

这一时期美国秩序所遭遇的不断增大的危险主要不是政治性的，相反，政治上的实用措施是道德和社会秩序不断扩大的混乱的反映。从大约1800年开始，美国的民主冲动呈不断获胜之势，其中杰斐逊派和杰克逊派的竞选活动是其舞台。从全国范围看，权力已不掌握在制定宪法的联邦党人的手中，每个州的“终身持有土地的绅士”（gentlemen freeholders）被迫让所有白人男性自由民都拥有投票权，对财产的要求则被抛弃。这种政治斗争——每个州的东部和西部之间、有财产者与无财产者之间，以及老一代与新一代之间——的结果是民主派人士的全面胜利。

在杰斐逊于美国的总统竞选之争中击败约翰·亚当斯时，在二十八年后杰克逊击败约翰·昆西·亚当斯时，曾引领美国超过一个半世纪的“美国绅士”的领导地位部分地沦落了（20世纪的亨利·亚当斯和T.S. 艾略特将会评论说，他们的先祖所代表的那个美国因安德鲁·杰克逊的当选而终结了）。一直到内战即将爆发时，当选总统者都是能力不强的人，公共政策也不够明智，帮派主义让国家分裂，个人私利膨胀，用爱默生后来的话说，这就好像“物质处于主导地位，驾驭着人类”。

444 不过，有些历史学家很可能夸大了民主的胜利对美国道德和社会秩序的影响。美国的政治体系经受住杰克逊政府“分赃体系”的考验以及因奴隶制争议导致的激烈敌对行为而延续了下来。民主选举没有导致经济上的均平化——恰恰相反。美国的文学事业不仅远远未被这些政治变革所摧毁，反而在这场所谓的“社会革命”之后不久爆发出活力。美国的绅士不会被根绝，即便他们不再获得显赫的公职。在欧洲和英国，同样这些年间的民主势力的抱负和追求导致了更为明显的变化。

因此，在19世纪期间招致严重损害的实际上并非美国的外在政治秩序，当时真正的社会革命源自美国财富和领土的快速迅猛的增长。工业产出最初受到拿破仑战争期间美国孤立政策以及1812年战争的刺激，很快便超过大西洋沿岸原有的农业和商业经济，（杰斐逊曾如此惧怕的）城市无规则地膨胀，爱尔兰移民蜂拥其中。边疆开拓者们先是成群结队地越过阿利根尼山脉（Alleghenies），继而跨过密西西比河，横扫他们遇到的各印第安人部落和所有其他反对力量。到1846年时，他们抵达太平洋，完成了纽约一位编辑所谓的美国的“昭昭天命”（Manifest Destiny）。在那些新开发的原生态的州和地区，阶级、家庭、教会和社区似乎没有什么价值，就连中央政府的权力也很难维持。除了“强者得，能者占”的原则外，那里还能有多少秩序呢？

物质成就常常与道德原则的丧失成正比。“把钱装进你的口袋，再次把钱装进你的口袋”，如果都被这一原则所支配，任何社会和道德秩序都不能保持和谐。霍布斯式冷酷无情的个人主义在边疆展露无遗，有时在新兴产业中也是如此，而且没有约束它的利维坦。正如波特霍夫所说：“将经济进步作为其首要价值的民族，他们只能模模糊糊地辨识出正损害其社会秩序的主要制度体系的那种很少有什么益处的根本性剧 445
变……，让企业家放手发展一国的经济……是一回事；在缺少内置于旧有的社会秩序中的非经济性的生活价值的情况下，让人们和睦相处则完全是另一回事。”[2]

波特霍夫认为，大约从1825年起，美国社会就陷入失序之中，道德想象力衰竭，真正的共同体被忽视。商业上的敏锐常常被胡乱等同于智慧和正派，社区成了待价而沽的“房地产”，偷工减料建成的新都市和城镇常常了无生气，就连神圣的婚姻也堕落成“伙伴关系”。半个世纪的混乱在内战的大灾难中达到高潮，导致内战的则是废奴派和蓄奴派（Fire-eater）的僵化教条。旧秩序还剩下什么呢？

阿历克斯·德·托克维尔在美国的旅行就发生在这个欲望与激情时代的最初那些年，托克维尔作为美国秩序评论者所享有的声誉可与孟德斯鸠在英国的声誉比肩——实际上，他的洞见超过了后者。要理解对19世纪美国现实秩序的威胁，以及“永恒之物”得以存续的途径，托克维尔的《论美国的民主》是必读之书。

1831 和 1832 年，法国两位年轻的法律人——托克维尔和查理·德·比芒特（Charles de Beaumont）——在研究刑法体系的同时，对美国进行了大量考察，结识了很多美国人。凭着仅仅一年的游历，天才的托克维尔便为他颇具穿透力的著作收集了素材。《论美国的民主》出版后，托克维尔在法国政坛崛起，享有一定的名声。尽管他发现美国也有缺陷，但他仍希望，欧洲未来的民主浪潮能够追随美国的民主历程。不管美国民主社会缺少什么，它都没有失去对秩序的理解，这种社会既有很好的愿景，也有现实的困难。

446 托克维尔坦率地描述了美国人对礼仪和纯科学的冷漠，他们的贪婪和物质主义，偏远地区生活的粗糙和孤僻，他们对超常才能的怀疑以及平庸化趋向。他谈到了阶级、家庭、宗教想象力以及社区的退化。他发现现代民主体制（甚至是美国的民主体制）有屈服于新的奴役的危险：他们的物质主义以及对平等的向往可能会将他们引入“民主独裁”的歧途——那将是一个全能国家下的枯燥无聊的社会：

> 平等让人们准备好面对这一切，让他们倾向于忍受它，并常常视它为有益的。
>
> 政府把每个公民依次纳入其强大的控制之下，并让他们听命于政府的意志，然后将其控制力扩展到整个社会。它将整个社会生活笼罩在无聊复杂的规则网络之中，而这些规则既琐碎又整齐划一，就连最具创造力和最有活力之人都无法穿越它们，让他们的思想超越庸众。它不会打垮人的意志，而是加以软化、扭曲和引导；它很少禁止人干什么事，却常常阻抑人的行动；它不会摧毁任何东西，却会阻止很多东西的发育；它绝非独裁体制，却极力阻遏、约束、

削弱、压制和愚弄，最终每个国家变成不过是一群懦弱勤劳的牲畜，政府则是其牧羊人。[3]

托克维尔路过纽约迈向大湖区（Great Lakes），探寻新英格兰，走访费城和巴尔的摩，沿着俄亥俄河与密西西比河顺流而下到新奥尔良，然后由莫比尔（Mobile）航海到华盛顿。在他游历的当时，美国的情况还并非如此。他和比芒特当时所遇到的通常是极端的个人主义和孤立，其中以密歇根边疆地区旷野农庄的情况最为典型：那里有一头熊被栓在院子里，用来护卫。不过，托克维尔着眼的是未来可能的秩序：非常容易想象，那是一种无聊的庸众的秩序。

然而，托克维尔碰到的普通美国人虽然急于获取利益，不受以前许多社区纽带的制约，明目张胆地、自由地按照他们的欲望和冲动行事，却没有陷入个人和公共无政府状态。美国还是相当地有序和繁荣。尽管 447
与欧洲形成强烈对比的是，士兵和警察很少，然而，生命和财产却非常安全，实际上比长期开化的很多地区都更安全。我们怎么解释民主制下的美国相对有序的现实？“美国人总是认为秩序与共同繁荣是相互联系和步伐一致的，美国人从来就没有想过它们可以分开，因此，他们不像欧洲人那样，可以一直牢记他们年少时所获得的规训。”维系美国人秩序的可能是环境（也即孟德斯鸠所描绘的那种民族“环境”）吗？可能是美国的法律吗？或者可能是他们的民情，也即他们的习俗和根深蒂固的行为方式、他们思想和行动上的道德习惯？

托克维尔认为，催生出美国这种秩序的显然并不是有利的环境。就美国人的法律而言，有利的环境确实大有助益。如，联邦制政府赋予美国“大共和国的力量和小共和国的安全”；社区型或地方性建制（布朗森所谓的“区域性民主”）可以“缓和多数人的暴政并赋予人民以自由以及维系自由的技能”；制约和引导多数人行动的司法权力有助于纠正“民主的偏差”。

不过，托克维尔发现，美国秩序最有力的支柱在于他们的道德习惯。“我这里所用的民情（mores）一词有拉丁原文（*moeurs*）的含义，我的意思是，它不仅可以指被称为心灵习惯的严格意义上的民情，而且还指人们所拥有的不同观念、在他们中间流行的各种不同观点，以及塑造他们思维习惯的观念集合。”[4]美国人的信仰及其普遍的受教育水平和从实践经验而来的认知赋予他们自己一套道德信念（或许如埃德
448 蒙·伯克所说，我们几乎可以称之为道德偏见），而这可以补偿他们缺少富有想象力的领导人和制度性约束机制的问题。

托克维尔总结道：“因此，让美国人而且仅仅是美国人能够维持民主治理的是他们的民情，使盎格鲁裔美国人的多种多样的民主形式保持有序昌盛的还是民情。”

> 欧洲人夸大了地理对民主体制的持续力量的影响。对法律重要性的强调太多了，对民情的强调太少了。毫无疑问，这三者是规范和引导美国民主体制的重要影响因素，不过，如果要给它们排序，我认为物理因素的贡献要小于法律，法律的贡献小于民情……，民情具有重要意义是普遍的真理，学习与经验会持续让我们重新认识到这一点。我发现它在我的思想中居于核心地位，我所有的想法最终都要归因于它。[5]

因此，美国的道德秩序维系了美国的社会秩序。尽管阶级、家庭和社区在阿利根尼山以西地区受到削弱，尽管建制性教会可能在那里被降格为巡游传道人，尽管西部的普通人主要的关切是增大自己的物质收

益——他们还是会读《圣经》，认为他们从大西洋沿岸地区和英国继承而来的政治框架是好的，相信已成为他们习俗和习惯的道德秩序是理所当然的。这就是美国边疆地区和边远地区的人以及新开辟的广大地区的创业者们并非处于“自然状态”的原因。而且这也是为何美国的民主并非退化型民主的原因。托克维尔评论道：“对美国人而言，基督教与自由的观念是如此彻底地混为一体，以至于他们几乎不可能会奢想两者中会缺少任一方；他们没有信仰传统贫瘠和生活单调的问题，相反，他们有深邃的灵性生活。”如果没有基督教教导的凝聚作用，到了 19 世纪中叶，美国社会可能已经陷入不负责任且分崩离析的个人主义之中。 449

托克维尔认为，美国社会以其法律和民情为依托，非常健全。不过，美国社会去哪里才能找到足以捍卫民情和法律的领导人？托克维尔说，伟大的人物不愿意冒生命和名誉的危险成为总统，因为总统一职的好处并不是非常吸引人。公众舆论具有无形的力量，迫使人们认同普通人的观念或利益，这就阻挠了政治家坚持强有力的立场。美国有多种不同的雄心，但这些雄心很少和高尚有关。

可是，美利坚合众国有时不得不就宏大问题做出不可逆的艰难抉择。其中一个此类问题——也是托克维尔所认为的最为紧迫的问题——是黑人奴隶问题。他预言道：“不管美国南方人如何竭尽全力维持奴隶制，他们不可能一直这样下去。奴隶制只限于地球上的某一地区，基督教攻击它是非正义的，而且从政治经济上看，它是注定要失败的：在我们时代的民主自由和启蒙氛围中，奴隶制不可能持久。奴隶或奴隶主将终结它。不管怎样，大灾难是可以预期的。”[6]

在托克维尔游历美国之后三十年，这一难题到了不得不面对的时候。在这样的时刻，一位从旧民情中成长出来的人物站出来保障法律的施行。他从最贫寒的出身逐渐崛起，尽管其志向并不高远，在美国民主体制面临最严重的失序危机之时，亚伯拉罕·林肯成为最能干和最富有牺牲精神的秩序维护者。

林肯与捍卫美国秩序

美国的宪法制定者们一直在参照罗马共和国的经验：他们曾希望美
450 国总统就像典型的罗马执政官那样，受罗马人古老的高尚品德的支配。乔治·华盛顿有着伯克所谓的“货真价实的高贵人生”（the unbought grace of life），为美国总统树立了高标准。大约七十年后，另一位出身完全不同的人当选为总统，不过，他在共和美德方面逐渐成为可与华盛顿比肩者。

亚伯拉罕·林肯与罗马军营中的皇帝只有一个共同点：与戴克里先和其他人一样，他也是从赤贫的农村中崛起的。他引用托马斯·格雷（Thomas Gray）在“乡村教堂墓地的挽歌”（Elegy in a Country Churchyard）中的话说，他的家族故事仅仅是“穷人的简短纪录”而已。他出生于肯塔基的一个粗陋的小木屋之中；七岁时，他们一家搬到印第安纳，他们的住处是“半边的帐篷”，有一面敞开着迎接冬天的寒风。这个男孩对货真价实的高贵人生一无所知。只有快到了生命快终结时，在他被动地与伟大相遇时，他才有了某种冷静的威严。

美国各州内战最让人伤心的一点是，它使双方中最理解秩序诉求和自由诉求的那些人相互争斗。如果篇幅许可的话，本章可以有一部分内容专门谈罗伯特·李将军，因为他代表了南方秩序中最好的那些方面：反对奴隶制，不喜欢分裂，觉得自己的效忠对象是弗吉尼亚，而非他曾很好地服务过的设在华盛顿的政府。不过，李的种植园主-绅士背景之前已经讨论过。我们第一次在林肯身上见识到出身平凡的秩序维护者。

这位经历过艰苦奋斗而成为政治家的人物在奴隶制和分裂问题白热化之际当选为总统，出身于剑桥托利街（Tory Row）有教养的上层阶级的詹姆斯·拉塞尔·洛威尔为他写下最为感人的颂词。确实，恰如洛威尔所说，亚伯拉罕·林肯之当选为总统是美国历史的伟大分水岭：“我们与过去一刀两断，被迫将我们残缺的生命拼接到命运可能会带给我们的新环境之中。”不过，林肯避免了失序的局面。

从年少时起，林肯就是一位读书不多的人。然而，他确实读过蕴涵 451
着托克维尔所说的那种民情的书籍：《圣经》《天路历程》《伊索寓言》《鲁宾逊漂流记》、维姆斯（Weems）的《华盛顿生平》（*Life of Washington*）——这是美国的一本畅销历史读物。除这些书本之外，他所学到的其他东西多数都来自他在美国那个秩序混乱时代的艰难经历。

林肯出生于贫穷的白人家庭，直到他生命的晚期，似乎完全不可能成为意见的引领者或党派领袖，更不用说政治家了。他之所以从政，仅仅是出于这样一个卑微的希望：出任公职可以让他过上差强人意的生活——这就是托克维尔所说的美国人对“地位的渴望”。他总是笨手笨脚，常常无所作为。他在与斯蒂芬·道格拉斯（Stephen Douglas）的辩论中宣称，“宁为一条活着的狗，不为死了的狮子”。多年来，他每一次试图影响全国性政治的努力都失败了。他是一位自学成才的乡村律师（其律师生涯的准备工作以他在一场拍卖会上获得的一本布莱克斯通的《英格兰法律评论》为开端），具有忧郁的气质，与一位神经质的女人结为夫妻。在自己的党派里，他在那些才智似乎远远在他之上的人的面前显得黯然失色。

借着其合伙人威廉·亨顿（William Herndon）的观察，我们了解到林肯一直在忍受他不守规矩的孩子们的过分之举，因为他们“会把办公室搞得一团糟，乱放书籍，折断写字的笔，乱撒墨水”，甚至尿在地板上。[7]我们了解到他显然不适合从事任何有规律的工作，因为他的办公室总是极其凌乱；就在这样凌乱的状态中，林肯亲手在一个信封上写下这样的话：“如果你在哪里都找不到它，就看看这里面吧。”我们了解到，仅仅在他赢得1860年总统大选的前三年，他还是边远地区一位籍籍无名的腼腆律师，穿着皱巴巴的衣服参加辛辛那提（Cincinnati）的庭审，手里拿着蓝色的棉布雨伞，被埃德温·斯坦顿（Edwin Stanton）（后来成为林肯内阁里的战争部长）和其他知名律师嘲笑。往好了说，这个家伙也显得惨兮兮的，如果不是荒唐可笑的话：他的悲剧性胜利带来的所有辉煌和孤独还是以后的事。

林肯在一般观察者的眼中就是这个样子。尽管如此，自打其孩提时
452 代起，有些朋友就在这个谜一般人物的身上模模糊糊地察觉到某种伟大的品质。就像在沉重打击下仍屹立不倒的那些人一样，林肯具有那种不对称的尊严。这一点总不会错：忧郁之人也是最机智的；林肯在木头库房后面或斯普瑞菲尔德（Springfield）的某个肮脏的办公室所听到的低俗故事是他思想意识的重要组成部分：这是一个浮华的世界。在林肯从白宫发号施令之时，他的这种别别扭扭的幽默就成了罗马古老的高尚美德的一部分，这就是友善或者缓和庄重感——也即沉重的责任感——的调剂。

亨顿和其他传记作者试图在其早期失败的爱情里找到这种沉思幽怨的源头，不过这种做法是幼稚的。古罗马哲学家爱比克泰德曾反问：“什么？你会为一个小女孩哭泣？”林肯也是这样的人。他不招女人喜欢，他的婚姻之所以尚能忍受，仅仅是因为他自己的无限的仁慈和温情；不过，他绝不是为自己的缺陷或失误哭泣的那种人。他说：“在我可怜、瘦削、细长的脸上，无人曾看到鲜活的生机。”

伤感的林肯却坚强有力，顽强地以谦卑和宽宏大量承担起总统一职的重任。当“衰老萎缩、毫无生气的”首席大法官塔尼（Taney）为共和党选出的首位总统主持就职宣誓时，身材高大的林肯穿着崭新的黑色套装，显得有点古怪，呆滞的眼睛盯着下面的人群、士兵和礼炮，脸上却流露出人类浮华的渴望。他已重任在肩。

直到林肯已几乎走完他人生的旅程，他的那些较为聪明的支持者才逐渐了解他们的总统的真实品格：与他们最初的印象确实不同。在林肯政府就任之初，他将查理斯·弗朗西斯·亚当斯（Charles Francis Adams）召到华盛顿，任命他为驻英国大使，而约翰·昆西·亚当斯的这位注重礼节且几乎毫无幽默感的儿子对美利坚合众国首席行政官员的粗鲁、几近无聊的举止感到震惊。对这位即将出任世界上最重要外交职位的候选人暨美国最显赫家族的代言人，脚穿拖鞋、懒洋洋地躺着的总统说了几句疾言厉色、无关紧要的话；接着，他好像忘了亚当斯的存在，转身与一位阁员讨论邮政局长职位的问题。 453

林肯是个谜。他自己所在党派的多数领导人讨厌或鄙视他，或认为他会毁掉共和党人。“我们想要一位伐木工人，而且得到一位这样的人。”他之被提名为总统候选人，几乎出乎所有人的意料，而他之以简单多数当选，更是让人大吃一惊。让林肯伟大的是战争：战争激发出他内在的坚毅和高贵。

晚至 1865 年 2 月 7 日，年轻的查理斯·弗朗西斯·亚当斯还写信给他父亲说：“就高贵尊严来说，我不指望从林肯总统那里找到这些品质。我确实在他身上看到诚实和精明，而且就这件事［指和平特派员（Peace Commissioners）一事］而言，我没有发现他在这些方面有所欠缺的证据。”然而，林肯内在的高贵尊严将很快呈现给亚当斯家族。

刚好一个月之后，在林肯第二次就任总统时，小查理斯·弗朗西斯·亚当斯开始认可他的境界。当时，年轻的亚当斯上校写信问他在英国宫廷任美国大使的父亲："你觉得就职演说如何？""会伐木的这位律师是眼下的奇迹之一。以前在葛底斯堡（Gettysburg），现在在更大的舞台上，他表现出一种能够应付紧急局面的能力，而这种能力是我们在雄辩家或学者身上看不到的。就其宏大简朴和直截了当而言，这次的就职演讲在我看来为这场战争定下了永恒的历史基调；借着这个演讲，一个民族似乎在以高尚纯朴的言辞讲述一个粗鲁的时代。轻看林肯的欧洲将会如何看待这个粗鲁的统治者的这次演说？整个欧洲没有一位君王或大臣能够像他那样应对艰难局面。"[8]

这样，林肯总统在任职时就获得了罗马的那种古老的崇高感。而且他也获得了古老罗马的那种敬虔的美德：自愿服从上帝、邻舍和国人的
454 要求。林肯开始时是一位天真的不可知论者，几乎没有受过任何宗教教导。独自阅读《圣经》赋予他庄严的风度，但从未让他有任何可与严肃庄重的有神论相比的信仰。不过，他的仁慈之举鲜明地体现出新约的影响，而他对战争的指挥则体现出旧约的影响。他的葛底斯堡演讲处处体现出深度的敬虔，而且这种敬虔还表现在他的某些书信中——比如在他任命胡克（Hooker）将军为波多马克军队（Army of the Potomac）的统帅时写给这位雄心勃勃的军人的信中，他说："现在，要警惕冒进。要警惕冒进，不过，要以力量和无时无刻的警醒向前推进，并让我们获胜。"

林肯并没有经常表现出这种先知般的崇高感，而且直到内战时，这种崇高感才在他身上显明出来。不过，责任和服务这些罗马品质一旦开始显山露水，就一直延续到他生命的终结。这是一个男儿；正如最卓越的生命都是悲剧性的一样，正如德性生活的最高奖赏在于美满的终结一样，这个人在其死亡的那一刻也是幸运的。

在目标坚定——罗马人称此为坚忍不拔（*constantia*）——地应付过创深痛巨的内战后，林肯在他权力如日中天之际被击倒。他以持重的品格、辛勤的工作，忘我的献身，严厉的节制以及充满活力的男子气概履行自己的职务。在他死去的那一刻，他的愿望实现了，他的所作所为被证明是合理的。他的离世让他得以避免重建时期吵闹和腐败的玷污，因此，布斯（Booth）* 的子弹对林肯而言实际上是解脱和祝福。他留给美利坚合众国的东西好过军事或政治胜利，那就是有力且正直诚实品性的楷模。

林肯在热情澎拜时保持审慎，从来都不是教条主义者。洛威尔的下述有关林肯的评论从未丧失其意义："在法国革命给人的教训中，这一点是最可悲或最引人注目的：你可以从人类的激情中得到任何东西，唯一的例外是能有效运转的政治体系，而且在不知不觉中所干下的最残酷无情的事莫过于真诚变成教条。"[9] 林肯是秩序的守护者，而非政治 455
理论教条的持守者。出身低微的他明白，人类的残忍只是浅浅地隐藏在他们的外表之下，而且多数人之所以遵守法律，仅仅是由于他们顺服惯例、习俗和常规。自以为义的废奴主义者和冒失的蓄奴派都让他感到厌恶；然而，他之选择这两者之间的中间道路，不是因为对亚里士多德黄金中道原理的误用，而是因为他坚持认为美国的统一和安全高于任何狂热的完美计划。凭借着古老的审慎美德，他成功地实现了其直接目标：维护联邦。

作为政治家的林肯在活着时被误解，死后也常常被人错误地解读。激进共和党人像南方的狂热分子那样由衷地鄙视他。他从来都不是废奴主义者，至于他最受赞赏的行动——发布《解放奴隶宣言》，他将之当

* 布斯是杀害林肯的枪手。——译注

作军事上的便宜之计，而非某种道德宣判。他说，如果他能在不发动战争的情况下以容忍奴隶制为代价维护联邦，他会这么做。他不是急切鲁莽的社会改造者。维护秩序——《独立宣言》和《美国宪法》所体现的那种秩序——是他稳定不变的目标。

作为一名政治家，林肯高举民族国家，反对北方和南方美国人的民主激情。这让他在躁动不安的各派系面前都不受欢迎。有很长一段时间，林肯抵制激进派人士急切地要立即解放黑奴的强烈诉求；最终，由于联邦统一事业不得已的要求，他屈服了；一旦这事尘埃落定，他就尝试着将获得自由的黑人安置到西印度群岛或拉丁美洲，却徒劳无功。林肯试图说服其内阁成员同意至少给不愿分离的各州的前奴隶主以金钱补偿，不过，让他伤心的是，他们一致拒绝在这一问题上支持他。他的南方重建方案可能会让南方各州免受激进分子想要加诸他们的很多屈辱和
456 某些物质损失：如果他的有关逐渐改善自由黑奴处境的温和提议被付诸实施，后来美国的种族对立问题可能就会没有这么严重。

林肯不是跋扈专横之人；他知道，很多事情专属于上帝。一位热心的神职人员曾向他保证，上帝站在“我们这一边”，他的回答坚定有力且很有风度：对此我一无所知，唯希望我们可能会站在上帝那一边。林肯在 1862 年时写道：“在眼下的内战中，很可能，上帝的旨意不同于参战的任一方……，上帝的意志最终会获胜。在大冲突中，各方都宣称自己按照上帝的旨意行事。双方可能都是错的，其中一方则肯定是错的。上帝不可能在同一时间既反对又支持同一件事。”

林肯的意思是，人的秩序要屈从于上帝命定的秩序。这一信念——虽然很少有其他美国人能够像林肯那样如此有力地将它表达出来——曾帮助美国民主体制避免了很多愚蠢的做法。托克维尔会完全认同林肯的这些话。

詹姆斯·布莱斯（James Bryce）认为，在林肯之后的时代，当选为美国总统者已不再具有伟大的品格。布莱斯写道：“一般的美国选民不反对平庸。美国选民对成为政治家所需品质的要求低于欧洲公共舆论引导者的要求。他们喜欢这样的候选人：通情达理，充满活力，最重要的是所谓的‘有魅力’，而且他们对精妙的文化和广博的知识不以为然，因为他们认为无需创造性或深度。”[10]

1860 年的林肯看起来非常平庸；在他生命的最后几个月之前，他的确没有什么魅力。然而，他确实具有美德，而且从那片鲜血染红的美德土壤中长出高贵。那种美德典范以及那种最后的高贵现今仍受美国民主体制的尊重。在一个民主社会中，就像在所有社会中一样，秩序的重要性必须居于首位：这就是林肯为维护联邦而奋斗并取得成功的意义所在。林肯为这一事业鞠躬尽瘁。除美国之前的政治家的演讲和公开论文以及威廉·布莱克斯通爵士外，他很可能没有读过任何政治思想家的著作。他崛起于美国的民主实践之中，而且他的一生证明了使人升华的民主体制可以坚定地维护公共秩序和道德秩序。 457

布朗森与公正社会

在林肯被谋杀后几个月，奥利斯特斯·布朗森发表了一篇系统阐述美国秩序的论文——《美利坚合众国》（*The American Republic*）。布朗森不喜欢林肯，更不喜欢分离主义者；他是最有意思的美国知识分子之一，他对美国秩序的考察别具一格——尽管它只是对他过去二十五年在杂志上发表的文章的综述。虽然他长期以来被研究美国政治和思想的多数历史学家所忽略，但近年来，布朗森及其著述受到广泛的关注，而且《美利坚合众国》已经重印。其中有着十足的缘由：在20世纪晚期，美国人要应付个人和社会秩序方面的基本问题，而布朗森对这一问题非常感兴趣。

作为19世纪英格兰最杰出的知识分子之一，阿克顿勋爵认为奥利斯特斯·布朗森是他那个时代最富有穿透力的美国思想家；这是非常高的赞誉，因为当时有霍桑、梅尔维尔（Melville）、爱默生以及其他五六位思想领域里的一流人物。他的多才多艺使得人们难以把他归入某个方便的门类。他是有相当成就的政治哲学家、富有生气的宗教评论家、深具鉴赏力的文学批评家、具有战斗精神的严肃记者，以及关注美国人品格与制度的敏锐的观察家。布朗森漫长的职业生涯——因为出生于1803年的他从1827年开始直到他于1876年去世一直都在与人争论——使人无法将他归入任何惯常的文化时期。他也不是一个区域性作
458 家：出生于新英格兰的他在纽约和底特律生活过很长时间，在密歇根州去世；他被葬在印第安纳州圣母大学（University of Notre Dame）的附属教堂里。人到中年的布朗森转信天主教，与一般文化历史学家所谓的美国“主流”知识传统分道扬镳；这一转向是大多数有关美国思想史的著作忽视布朗森的部分原因。不过，他称自己是“嫡出的扬基佬”，而且确实如此——他具有扬基人的那种正直、活力和咄咄逼人的思想。

布朗森参与党派政治的过程错综复杂，从杰克逊时代一直延续到海耶斯（Hayes）时代；一直到1844年，他的政治和宗教思想历程同样让人纠缠不清。布朗森出身于贫苦之家，主要靠自学成才，不得不通过新英格兰的各个教派和思想流派摸索自己的前路，直到他理解了自己一直寻求的神圣与世俗之物。从孩提时代起，他就开始读《圣经》；他对宗教确信的寻求引领他从少年时代的公理会信仰先后转向长老会信仰、普救主义、人道主义、上帝一位论信仰以及超验主义。他一度是普救派的

神职人员，后来又成为信奉上帝一位论的牧师；他积极参与罗伯特·欧文（Robert Owen）和范尼·赖特（Fanny Wright）的社会主义活动；有一年，他是好斗的无神论者和主张革命的阴谋论者。不过，他在所有这些运动中都没有得到知识或情感的满足。布朗森相信，某个地方一定有宗教权威的源头，如果没有它，人类就处于茫然无知的状态；他在天主教信仰中找到了那个源头，并于 1844 年受洗，完成坚信礼。

他的社会观念也和他的宗教信念一样先后经历了一系列的转变。在马克思为人所知之前很久，布朗森就已是社会主义者，而且在几个方面提前预示了马克思的思想——这使得成熟时期的他成为更加难以对付的社会主义的反对者。另外，早年的他是一位彻底的民主主义者，视条件的平等（equality of condition）为一项自然权利——也即公民社会秩序应当依据的原则。

布朗森一直坚信，如果某个原则是合理的，那么从它推导出的逻辑 459
结论就没有什么危险。在他发表于 1840 年的“论劳工阶级”（Essay on the Laboring Classes）一文中，他就是这么对待民主平等这一原则的。他指出，公民权利的平等必然导致条件的平等——以及经济上的平等。因此，私有财产继承制、银行信贷体系以及马克思后来所谓的“资本主义”的所有其他重要特征都必须被废除，如此才能使条件的平等成为现实。布朗森坚定地维护这一立场；这对他当时支持的民主党的诉求造成很大的困扰。非常具有讽刺意味的是，1840 年的选举泯灭了这位毫不含糊的平等主义者的幻想。这场充斥着赤裸裸的煽情口号的选举促使布朗森反思，如果一个共和国缺少清晰的道德原则，它是否能够持续下去。如果美国人选出威廉·亨利·哈里逊（William Henry Harrison）出任总统的理由是，这位将军出生于小木屋（这并不完全准确），而且喝含酒精的苹果汁，那么，社会秩序里一定缺失了什么。布朗森后来写道："我们承认，我们在 1840 年总统选举期间的所见所闻动摇了，不，彻底摧毁了我们对直接民主理论的所有残存的信心。"

于是，1840 年之后，布朗森开始为永恒之物辩护。通过他对美国人的切近观察，他的结论是，纯粹的民主和经济平等是卑鄙的骗人伎俩，在任何国家都只会导致自由与正义的毁灭。不过，如果条件平等的想法是错误的，那么一位通情达理者该以何种原则作为他政治活动的基石？布朗森逐渐认识到，某个地方一定存在着某个权威——拉丁原文意义上的权威，也即道德知识的源头，正义和秩序的裁决者。

布朗森对 19 世纪中叶前后美国社会的方方面面没有都加以辩护：他仍激烈地批评社会的很多方面，不过却维护让美利坚合众国成为可能
460 的秩序原则（不管它有多隐蔽）。他的政治观是宗教敬虔之人的政治观，不是那种将教会视为道德警察的边沁主义者的政治观。布朗森明白，我们无法将精神领域和社会领域分割成界限分明的领地；不过，他不想利用教会来推广他的政治信念，或利用他的政治信念来增进教会的利益。宗教和政治在这一点上永远都是相互联系着的：尘世的正义和秩序需要道德背书；而这种道德上的背书只能来自宗教原则。他不讨好任何人，对功利主义知识分子和专注于财富的创业者的批评与对持守教条主义的社会革命家的批评一样严厉。

布朗森不只是一位激起强烈争议的人物：他还是美国罕有的政治哲学家。在布朗森之前，美国人只有两本重要著作可以被视为政治哲学论著——《联邦党人文集》和亚当斯的《为美国宪法辩护》，而且即便它们也是对某一政治局势和某种特定环境的辩护，而不是对政治秩序核心要素的分析。在布朗森所处的那个时代，他的友人约翰·卡尔胡恩将写下两篇带有哲学意味的政治论文，为美国南方的立场辩护。不过，总体来说，布朗森的论文以及他的《美利坚合众国》对我们这个时代所具有

的意义超过卡尔胡恩的著作。

布朗森告诉美国人，如果他们不了解正义的意义，沉湎于得意洋洋的物质主义和不可一世的个人主义之中，他们将无法长久维持下去。在提请美国人注意这一点时，布朗森不会讨人喜欢。一般而言，他总是属于在全国性选举中落败的那一方。他有其追随者，不过他努力与当时的潮流抗争。虽然我们难以在今天察觉到布朗森作品的微妙影响，但那种影响确实有助于制约美国人的冲动和物质主义。今天的人们尚可以饶有兴致地阅读他的作品，这要好于过去大多数评论家的遭遇，尽管后者可能在其名声如日中天之际非常受欢迎。

布朗森在几条不同的思想战线上进行斗争。首先，他不得不与有关 461
人的权利的激进观念作斗争——这里的人的权利不是教会长期以来主张的那些自然权利，而是潘恩和普雷斯特利（Priestley）与法国革命者所主张的傲慢抽象的权利，不负有义务，而且缺少宗教上的背书。其次，他不得不对付“人民的声音就是上帝的声音”的幻觉，因为这种幻觉在美国被当作一种借口，以使多数人可以随意变更所有法律，不管对少数人和个人是否正义。第三，他要应对过分进取的个人主义——这种个人主义部分是美国的产物，部分是时代氛围所致，常常为立即获取财富和个人好处而牺牲公共事务中的共同利益。第四，他与让·雅克·卢梭式的多愁善感作斗争，因为后者将泪眼朦胧式的同情误认为正义。第五，他捍卫正义，反对自以为义的世俗主义，因为后者只是把罪当作野蛮时代残存的遗迹，肯定会在进步的洪流中消亡。第六，他不得不顽强抵制导致分裂的教派纷争，因为乱作一团的教派分歧减弱了基督教教会在教导上的权威。

布朗森一人孤军奋战。在一代又一代人的时间里，新英格兰的良心曾对公正的社会秩序起到某种支撑作用；可是在布朗森那个时代，新英格兰以前的清教徒式的正派品质在花样不断翻新的教义海洋里随波逐流——这些新教义体系包括后期的公理会信仰，上帝一位论信仰，普救主义、超验主义，等等。布朗森非常了解所有这些教义体系，认为它们都无法作为正义之基础。与此同时，心怀怨恨恐惧的南方传统的种植园主们正在与北方的工业化作斗争；背负着独特制度——奴隶制——的南方开始采取暴力行动。北方狂热的废奴主义者宁愿冒恶化其他社会问题的风险也决心要摧毁这一邪恶的制度，却错把对社会的切除手术当作正义。在美国的这些难题之外，布朗森还察觉到“劳工问题”的兴起以及社会主义的到来——这一意识形态将绝对的条件平等与正义搅合在了一起。

462 不过布朗森没有灰心丧气。不知疲倦的他努力说服其美国同胞们认识到，他们都需要某种权威原则。他说，正义需要权威——不是士兵或警察的那种权威，而是宗教真理的权威。如果没有超越于一时一地之情绪的某种判断标准，没有任何民族能够拥有公正的社会；民主国家尤其如此，因为它们没有可维系法律的世袭官员阶层。这种具有约束力的公义标准或权威原则从性质上讲必然是伦理性的；为获得民众的习惯性认同，这种伦理体系必须有宗教上的背书。对这种标准的权威性解释必须由某种合宜的机构来进行：教会是必要的。单纯的民意根本不可能维系正义：

> 我们再一次被告知，不管我们说上帝的意志具有最高主权，还是说民众的意志具有最高主权，实际上这两者没有什么区别；因为民众的意志就是上帝的意志……，我们不认同这一点。上帝的意志是永恒和不变的正义，而民众的意志则并非如此。民众可能而且实际上经常犯错。我们对这两种类似的说法都没有信心：“民众不可

> 能犯错”和“国王不可能犯错”……，你们要有羞耻心，在你们中的多数人否定依靠上帝无限智慧的教会不会犯错之后，不要再来愚弄自己，宣称民众不会犯错。

1848年，布朗森在他的论“合法性与革命”一文中写下上面这些文字；就在当年，《共产党宣言》诞生了。

布朗森继而说道：“多数情况下，一个民族所遭受的苦难源自政府影响力之外的道德因素，有些人以最多姿多彩的笔调描述这些苦难，唤起民众对政府的愤怒，这样做的人鲜有真正的爱国者。更为有效的应对之道是采取更为安静和平的方式：每个人都努力在自己身边的范围内排除掉那些恶行的道德根源。”[11]

如果没有归属于某处的权威，如果没有可以放心地参照的固定的道德原则，任何地方的正义都不可能长存。然而，现代自由主义和民主鄙 463
视所有关于道德权威的想法；如果他们无限度地攻击对习俗的尊重和规范性伦理，自由派和民主派人士就会毁掉对手以及自己眼中的正义。在上帝的主权之下（Under God），民众的意志应有压倒性优势；可是很多自由派和民主派人士忽略了那个前缀性短语。在美国，尤其自1825年以来，有一个让人担心的明显趋势是，按照卢梭的模式将政府改造成简单纯粹的中央集权且无视地方权利和权力的民主体制。那种“纯粹的”民主如果取得胜利，就会将美国好处多多的“区域性民主”［这个词是布朗森从迪斯雷利（Disraeli）那里借来的］连根拔掉。文明的宪政体制将因此变成野蛮的宪政体制。布朗森说，内战加速了这一进程。

“人道民主（humanitarian democracy）鄙视所有的地理界限，抹去一切有个性的东西，宣称只有人道才是自己唯一的诉求；它经由战争获得新的能量，对你们的前途不无威胁……”人道主义者很快就会攻击性别之间的区别；他将抨击私人财产分配不均的问题。“我们的人道主义者也不可能就此止步。个体之间是不平等的，而且只要有个体存在，他们就会是不平等的：人有英俊丑陋者，有聪明愚钝者，有才智多寡者，有强壮瘦弱者，有高矮胖瘦者，因此有些人总有某些他人所无的天然优势。对有些不平等以及非正义的唯一可能的补救办法是取消一切个性，将所有个体都化约为抽象的人类。他在这种模糊不清的抽象理论中只能无休止地进行鼓动，而这种抽象理论不仅不符合现实，也是彻底的虚妄，因为他既不尊重地域上的界限，也不尊重个体间的界限，且视创造本身为一大谬误。”[12]

从定义上看，人道主义者或社会民主派（布朗森在这里几乎将这两个词当作可以交互使用的同义词）就是否认存在着任何神圣秩序之
464 人。人道主义者在否定超自然秩序以及高于人类的正义之可能性后，一般会将嫉妒纳入某个虚假的道德原则之中。这一嫉妒原则将直接促使他高调乏味地要求千篇一律的社会平等——也即托克维尔所谓的民主暴政（democratic despotism）；在此，不仅上帝好像消失了，而且那些老派人也不见了。

然而，社会民主派并非正义和权威在我们这个时代的唯一对手。边沁的信徒是硬币的另一面——出于他们的道德计算，他们对个人利益的推崇，以及他们的社会原子化主张。凭借他们的普遍竞争原则以及他们的政治制度可以一夜间建立起来的错误认识，对社会中正义的伤害堪比平等派人士的虚幻诉求：因为有些人比他人更能干，更有活力，我们不能任由社会中的无差别竞争来决定正义。因为“那些最自私之人将获得优势地位，而且有了权力后，只受自私动机支配的他们必然会在执政时为自己谋求个人利益。这恰恰就是已经发生的事，而且任何人略加思考就能预见到这一点。因此，通过普遍竞争的方法来实现明智公平的治理

的企图必定总是失败。然而，这还不是最糟糕的。由于它直接诉诸于自私自利，它助长自私自利的风气，由此加剧了恶行，而我们需要政府的主要目的本来就是保护我们免受那些恶行的伤害”[13]。

所以，社会民主派和积极支持完全竞争的人都会毁掉正义。不过，布朗森指出，现代社会可免于因此陷入非正义的境地：在面临险境时，人们可能会重新拥抱真正的正义。如果现代人重新认可上帝所命定的正义，在人类真正的需要被更好地理解之后，公正社会将会是什么样子？

公正社会将尽量让每个人各得其所：不是通过放纵自私的冲动，不是通过充满柔情却使人虚弱的社会民主派，而是通过认可基督教仁爱的美德以及人与人之间的那种深刻的自然差异。公正社会不会拒斥被正确理解的民主，尽管它将抛弃“杰克逊式的”原子化民主以及压迫性的人 465
道民主。

“如果不被理解为一种政府形式，而是被当作政府追求的目标，也即共同的善和民众普遍的文明开化——这既包括穷人和大众，也包括富人和少数人，不限于特权阶层或阶级，那么民主就是个好东西，而且民主趋势确实是社会进步的证据。”[14]如果要维持其公正性，这样的民主就必须受到神圣审慎的宪制以及开明信仰的约束。不过，民主政府会毫不犹豫地在行动中展示其勇气或者实施大规模的项目。说政府是必要的恶是肤浅的诡辩：政府并不邪恶，而是上帝智慧设计的产物，目的是满足人类的需要。政府的功能不仅仅是压迫性的：

> 政府的职责既是积极的，也是消极的。政府在这些方面是必要的：让一个国家的个体国民有效地团结起来，让一个国家成为一个有机体，而非单纯的一个组织——将人们结合在一个有生命力的肌体中，以每一个体的力量增强所有人的力量，以所有人的力量增强

> 每一个体的力量——培育、增强和维系个人自由，利用和引导个人自由促进共同福利——成为社会的护理者，在轻重缓急上模仿上帝的护理，而且在为所有人提供共同的善的同时，以全社会的所有力量和权能保护每一个最低贱卑微之人……，它是仅次于宗教的对人类最有益的东西；如果没有它，甚至宗教也只能完成其一小部分事工。那些将政府称为必要之恶的人冤枉了它；它有极大的好处，不仅不应受到怀疑、痛恨或抵制（对它的滥权行为除外），反倒应受到爱戴、尊重、顺服，而且在必要时，应以地上的所有财物甚至生命本身为代价捍卫它。[15]

公正的政府会履行所有这些超出个人能力之外的职责，而且会尽其所能地保障每个人的天然自由并促进社会的文明。可是，公正政府的成
466 就将取决于那些具有超凡能力的人士，因为只有他们才能推动人类的进步并保护先人们的智慧。布朗森指出，出于对正义的慎重关切，社会应当竭尽全力避免超凡才能被贬损或受到积极的压制，避免超凡能量无法获得奖赏，避免学问被缺乏想象力的人践踏。人人各得其所：天然的创业家收获实业的果实；天然的学者享有思考的乐趣——这既是他的需要，也是他的奖赏。

布朗森坚持认为，在任何特定的国家，政府的形式一定要符合传统和民众的有机经验：在有些国家，是君主制，在另一些国家，是贵族制，在美国，是共和制或上帝主权下的民主制。它不会屈从于退化变质的民主教条，也不会就上帝的主权提出异议，因为上帝对我们所有人拥有绝对的主权。它会保障所有人的自由。而且这种自由实现了柏拉图在其《理想国》以及西塞罗在其《论责任》（*On Duty*）中所谈到的那种正义：每个人都有权利做他的工作；不受他人的干扰；每个人都有权利

获得他应得的那一份。

布朗森宣称，真正的社会正义具有这样的特性：不是边沁哲学的自私的孤立，也不是社会民主派的庸俗的平等，而是上帝主权下的每个人都获得解放，能够最大限度地发挥自己的潜能。贫穷本身不是恶；微贱不是恶；劳动不是恶；甚至身体上的疼痛可能也不是恶，正如它对殉道者们来说不是恶。这个世界是试炼和争斗的舞台，这样我们才能在适当应对挑战时发现自己更大的潜能。

布朗森说，在社会民主派眼中，贫穷、微贱和身体上的苦楚是十足的恶，因为他们认识不到，这个世界之所以有这些磨难，是为了让我们免于冷漠、懒惰和无动于衷。这将使人类沦落到一种永远非正义的状态，其中的所有人都不可能指望获得他应得的东西，也即发挥上帝赋予他们的才干的权利；社会民主派将让我们所有人都永远处于孩童状态。 467

仅仅在《共产党宣言》发表后几个月，布朗森就看到了马克思主义的能量以及它要全面摧毁人类存在的旧秩序的信念。[16]

布朗森在《美利坚合众国》一书中写道，每个有生命力的国家“都有上天希望它实现的某种理想，而且这种理想的实现是其特殊的事业、使命或天命”。犹太人被选中来保持传统，这样弥赛亚就会临到；希腊人被选中来发展艺术、科学和哲学；罗马人被选中来构建国家、法律和法理学。美国人也有自己的天命，在继续希腊和罗马事业的同时，还做出了更多的成就。美利坚合众国的天命是，协调自由与法律：

> 不过，美国的使命不只是实现自由，而更多地是实现真正的国家理想：在确保公众的权威的同时，保障个人的自由——也即在保障民众主权的同时不会陷入社会专制的状态，在保障个人自由的同时不会陷入无政府状态。换句话说，其使命是实现权威与自由、人 468

的自然权利与社会的自然权利的辩证融合。希腊和罗马的诸共和国在维护国家的同时却对个人自由造成伤害；现代的共和国要么同样如此，要么在主张个人自由时对国家造成伤害。美利坚合众国在创建时就领有这样的天命：实现两者的自由，并同时造福两者。[17]

协调权威和自由，正义才可能在良善的国家中成为现实：一百年后，美国并没有达成这一使命，不过它也没有被遗忘。在“重建”南方的那些灾难性岁月里（鄙视激进共和党人的布朗森预见到这不会成功），有序自由之使命的完成似乎遥遥无期。

不过，居住在底特律的老迈的布朗森仍努力不懈，敦促美国人恢复健康的活力。布朗森强调指出，在上帝之下，美利坚合众国的美德和正义会持续扩展。一百年后，“上帝之下”这几个字被纳入美国的忠诚誓言。毕竟，布朗森的正义原则表达的是托克维尔已察觉到的那种鲜明的思想与行动习惯。布朗森那个时代的暴力与混乱将有所减弱；马克思主义在美国几乎没有取得什么进展。布朗森本人就是一个彻头彻尾的美国人，知道美国给人的希望不仅限于万能的美元。

在上帝自己的良辰吉日

对当代美国非常熟悉的西班牙学者朱利安·马里亚斯（Julián Marías）写道：“美国是伟大的历史性创造之一，堪比罗马或西班牙帝国，是我们今天积极研究和了解的现实存在。就在我们的眼前，美国正被加速创造出来，使我们能够在自己的一生甚或在不到一辈子的时间内亲眼目睹
469 这一过程……，这难道不是一个让人兴奋的思想性事件么？许多世纪以

来，还有什么比这更宏大的社会和历史试验供人类思索么？”[18]

美国秩序不仅远没有停滞，而且仍在发展之中。“秩序”一词意味着成为其中的一员：秩序是人们的归属所在。所有美国公民都生于这种美国秩序之中或者被正式归化融入其中。积极参与到这种秩序之中既是权利，也是义务，而且这一秩序的改进或退化必然取决于参与的质量。

自发布《独立宣言》和通过美国宪法以来，美国秩序就对源自欧洲的新来者敞开大门。在布朗森整个一生的时间中，蜂拥而入纽约、波士顿和其他许多城市的爱尔兰劳工只是美国革命后的第一波移民大潮。几十万爱尔兰和德国移民来了，很快，成百万的移民从南欧、中欧以及更远的地方来了。除爱尔兰、英格兰、苏格兰和威尔士的新来者外，这些人中鲜有一来便会说英文者，也很少人懂得盎格鲁-美利坚文明；多数人是天主教徒，犹太人也不少。

不过，这些海量移民以惊人的速度让自己成为美国道德和社会秩序的一分子。城市或乡村还仅仅散布着一些不认同的小孤岛，抵制主流美国秩序的吸纳。这些新公民们立即就认可了《独立宣言》和美国宪法以及所有的社会和政治体制；有时，他们在对有关美国秩序的基本文献的认知上，甚至在对美国原则的忠诚上都超过了土生土长的美国人。在美国内战中获得解放的黑人们在工作时要遇到比那些移民更严重的社会经济障碍，不过，直到20世纪50年代，美国的黑人公民才发起针对他们处境的全国性强烈抗议。从总体上说，美国社会非常多元和宽容，而且因人们自愿遵从成文和不成文宪法而更加稳固。

本书无意于成为一部美国思想史和制度史，它对美国秩序的仔细考 470
察不会越过布朗森以及他所处的那个时代，即一百年前。秩序的根基已经得到说明，活生生的秩序之树便是我们今天生活于其中的社会。

尽管在过去一百年间，美国秩序之树的高度和宽度均有增长，如果那些根基不健全，它就不可能如此枝繁叶茂。这些根基长得很深，不过它们需要不时的灌溉。不管 20 世纪 80 年代的美国有什么缺陷，从人类历史的角度看，美国秩序都显然取得了成功。在上帝之下，正义已经在相当大的程度上实现；国家强大且富有活力；个人自由受到法律和习俗的保护；共同体认同感一直在延续着。正如本书各章所述，多数社会的历史充满了痛苦的挣扎和短暂的成就（如果有任何成就的话），然后就陷入衰败与毁灭。没人能预知未来，不过，多数美国人相信，他们的秩序将持续“实现权威与自由的辩证融合”。只要秩序的根基能够自我繁衍，这么想就没有问题。

布朗森在 1865 年写道，由于内战的冲击，“美国突然被迫要审视自己，而且自此以后必须要以反思、理解、科学、政治家风范作为行动的基础，不能凭本能、冲动、激情或异想天开行事，因为她知道了要干什么以及凭什么能够成功”。在内外交困的局面促使很多美国人探究他们身在其中的秩序的特性之际，这句话也同样适用于当下美国的环境。布朗森继而说道，这样的觉醒“肯定会给美国带来它到目前为止缺乏的那种严肃、庄重和男子汉气概”[19]。即便布朗森的期望在 19 世纪最后二十五年没能完全实现，它依旧可能在 20 世纪最后二十五年变成现实。

与现代的任何其他大国相比，自布朗森发表述评以来，美国都一直在保存并培育其核心的秩序。在上一个世纪，世界上的多数地方都经历
471 了一场又一场革命，几乎让过去变得面目全非，并形成让人难以忍受的新秩序——通常是由卑劣的寡头主导的秩序。在脱离其传统政治模式和社会建制以及普遍信仰方面，英国甚至都显然比美国走得远。在过去一百年，美国是唯一没有被《启示录》中的四骑士（Four Horsemen of

the Apocalypse）* 蹂躏过的强大的民族国家：美国的战争都是在远离美国本土几千英里远的地方进行的，而且美国从来没有发生过有真正危险的武装革命。

确实，美国秩序不时会受到诸如此类因素的冲击：大规模的技术创新、不同地区和从乡村到城市间的人口的大量转移、经济上的位移、党派争执、新的大众媒体以及这些媒体鼓吹的“大众文化”的形成、管理层与劳工间的激烈纠纷、对道德前提和习惯的挑战、近年来围绕着肤色和战争问题的抗议与骚乱。不过，美国秩序的一般特征很少有什么变化。环境不时会有明显的变化，可是法律和民情延续了下来；正如托克维尔了解到的那样，美国的民主是其法律以及（更大程度上是）其道德习惯的产物。有时，少数异议者会要求大幅改变美国的这种秩序，不过，他们都受到公众舆论的驳斥；大量的改革方案被采纳，不过它们却没有对秩序本身造成伤害。不管美国现在有什么不完美之处，要找到这样的美国公民是不容易的：能够设想出具有说服力的完美的新秩序，以替代美国的根深蒂固且延续很久的秩序。

自布朗森那个时代以来，美国秩序在很多方面都有改善。即使阶层、家庭、教会和社区在过去一百年都受到削弱，许多美国人却开始意识到，需要让他们秩序的那些不可缺少的重要特征恢复生气。在其对美国的秩序和失序问题的历史研究中，罗兰德·波特霍夫得出了乐观的结论。

波特霍夫这样写道：“幸运的是，美国社会在其最初 360 年所经历 472
的那个奇妙的循环给人留下这样一种与日俱增的感觉：仅仅让个人脱离所有的建制和结构，不可能建成美好的社会。为了某种更高的自由——

---

* 出自《〈圣经〉启示录》第 6 章，四骑士通常被解释为瘟疫、战争、饥荒和死亡。——译注

文化和灵性上的自我实现所需要的活力和才能的解放，具备一个稳定、根基良好的社会结构的支持显然是必要的，正如新经济体系的制衡是必要的一样。*”他大胆地说出了自己的希望：基于美国法律和民情传统的“积极和多侧面的自由”[20]。

本书对其追根溯源的那种传统并没有死去。秩序的根基可蜿蜒曲折地追溯到希伯来人对上帝之下的有目的的道德生活的认知。它们涵括了古希腊人在哲学和政治上的自我意识；罗马人的法治与社会组织经验涵育了这些根基；它们与基督教对人之责任、希望和救赎的理解盘根错节地交织在一起；它们从中世纪的习俗、学问和英勇精神中吸取生命的养料；它们紧紧地抓住16世纪酝酿的宗教情绪；它们源自英格兰千辛万苦争来的法律之下的自由；殖民时期美国一百五十年的共同体经验强化了这些根基；它们得益于18世纪的辩论；它们借着《独立宣言》和美国宪法崭露峥嵘；它们经过美国内战的严酷考验后又全面恢复生机。1915年，乔治·桑塔雅纳提醒说：“那些非常接近于毁灭美国秩序之根基的改革者永远都不明白，他们可能会失败得多么惨。”正如布朗森所洞见的那样，那些愿对美国的天命施以援手的人需要明白，到哪里才能找到道德和社会秩序的那些坚实根基。

我们这个时代更为紧迫的危险之一是，人们可能会被动地与他们的文化和社区根基一刀两断。汉娜·阿伦特（Hannah Arendt）说：“无根者总是有暴力倾向。”在20世纪60年代，对美国秩序的敌视在两
473 类非常不同的人群中十分突出：穷人和“文化上贫乏的”（culturally deprived）居民，也即腐化堕落的城市中心的黑人和白人；以及某些躁动不安的大学生——他们是美国物质丰裕的产物，常常觉得生活沉闷无

* 罗兰德·波特霍夫使用的“新经济体系”一词的含义是协调自由企业制度和对经济的诸多公共控制手段。

聊。第一类人已丢掉他们在地域和社区里的根，因为其中的多数人是懵懵懂懂地突然迁移到城市中生存的农村人（或农村人的后代）；第二类人丢失了他们的文化和道德习惯的根（吊诡的是，这是他们父辈物质成就的结果），于是，他们没有了责任和动力。一旦人们不再感觉到自己是某个秩序的其中一员（这一秩序将死人、活人和未出生之人联结在一起，而且让个人与家庭、家庭与社区、社区与国家相连），这些人就会形成“孤独的大众”，与他们在其中游荡的世界格格不入。这种疏离的后果对个人与共和国都是有害的。

希蒙娜·薇依在其感人的小书《需要根基》（*The Need for Roots*）中写道：“灵魂的第一需要——也是最接近于触及其永恒归宿的需要——是秩序。秩序指的是某种社会关系结构，其中无人会因履行其他义务而被迫违反必须承担的义务……，主要的暴力鼓吹者会以这样的想法激励自己：主导整个宇宙的是非常盲目、机械的力量。

“我们如果以比他们敏锐的感觉观察这个世界就会发现，这样的想法会给我们更有力的激励：那些不计其数的盲目力量是受到限制、相互制衡的，而且某种我们不理解却称之为美的东西将它们结成统一的整体……”确实，人类秩序是“在需要时将一切都送上祭台的那种东西……”[21]

有时，为秩序将一切都送上祭台是必须的。历时几年的暴力或者几十年的恶意疏忽可能会摧毁道德和社会秩序或其中的大部分东西。然后，许多代人的希望就破灭了：因为秩序是有机地长出来的，经过许多世纪的缓慢发展；公开声明无法创造出秩序。诸如克伦威尔或拿破 474
仑——或者更糟的希特勒——之类的“马背上的人”模仿建立的秩序是严酷的虚假秩序，而且不会持久：用塔列朗（Talleyrand）的话来说，“你可以用刺刀做成任何事——除了坐在它上面”。无根者没有希望，因为他们没有秩序，于是他们变得愤怒和具有破坏性。

生活在公正的秩序之中就是生活在美的范式之中。个人在秩序中找到意义和安全——不管它是灵魂的秩序抑或共同体的秩序。没有秩序，人的生活肯定是贫穷、肮脏、野蛮和浅陋的。没有秩序是完美的，不过，任何合理的秩序都可以改善。尽管近些年美国秩序可能缺乏想象力——比如在对城市生活、技术、人口迁移以及教育问题的处理上，但它也在相当程度上提供了自由、机会和繁荣。有意识的公民会努力改进这一秩序：因为与较合理的秩序相对的不是乌托邦，而是无法忍受的失序。

恰如朱利安·马里亚斯所说，愚蠢且徒劳无功地支持某种秩序是完全有可能的；他这里谈论的是那些“过分主张‘法律与秩序’之人”。这些人不理解秩序的精妙复杂性，“相信更多、更严厉的警察就能解决问题。如果有青少年犯罪问题，他们不会探究其原因并试图改变引诱年轻人犯错的社会环境。他们认为必须‘马上’阻止它……，如果国家出现了某个不受欢迎的趋势，他们就立即向其他人说这是坏事；而且它必须被马上从根子上无情地斩断”。

不过，真正理解秩序之人不会匆忙地弄坏根基；他不会效法极端分子。马里亚斯告诉我们，真正的成就“属于这样的人：他们知道如何等待，知道一棵树需要多长时间才能长成，不会高喊‘马上’，却为当时
475 可能实现的目标努力奋斗。他们知道，正如过去人们常说的那样，‘在上帝自己的良辰吉日’，事就成了”。

马里亚斯在一个类似托克维尔口吻的段落中总结道，美国的那些要求立即落实“法律与秩序”的狂热分子以及要求马上就完美化的天真的激进分子特别不明就里。因为《独立宣言》所认可的那种幸福“总是很有可能在美国实现而且人们对之司空见惯，也许比起大多数其他国家，

美国更是如此”。美国秩序现今所面临的问题比起过去的那些问题以及其他国家今天的问题要轻微得多；而且美国人会针对目前的不满调整改进。“今天的年轻人没有学会‘了解不幸的幽默的一面’，因为他们几乎不了解不幸是什么。有人在敦促他们反其道而行之：虽然相比于世界各地的现实处境，他们身处不可比拟的幸福、正义、自由和繁荣之中，有人却要求他们说自己身处不幸之中，装出凄惨的样子，把抗议当作家常便饭。”马里亚斯引用研究尊严与自由的哲学家米格尔·乌纳穆诺（Miguel Unamuno）的话说：“我们不要抗议，因为抗议会毁掉幸福。”[22]

抗议现存的秩序就是抗议幸福、正义、自由和繁荣。幸福之道在于富有想象力的正面确认，而非阴沉沉的负面否定。感恩是幸福的一种形式；任何理解自己所继承的美国道德和社会秩序传统的人都会有感恩之心。追求幸福并不是完全徒劳的。人们的幸福之源在于恢复和改善灵魂的秩序与共和国的秩序——不在让灵性和社会沙漠化的毁灭性举动。

美国秩序源自肯定性行动，也即源自托马斯·卡莱尔所说的“永恒的肯定”（The Everlasting Yea）。凭借古典和宗教性美德以及新旧世界的社会经验，自我牺牲与高尚的想象力搭建起个人与公共秩序的精妙结构。虽然没有哪一个人规划过我们的这种秩序，它却也凝聚了无数男男女女的智慧与辛劳。

在成功酝酿出《独立宣言》与美国宪法之后两百年，美国秩序还在 476
持续发酵之中——不过，这是复兴的躁动，因为变革是自我存续的手段。本书已勾勒出美国继承和发展的那种秩序的主要特征。在上帝自己的良辰吉日，另有人可能会以审慎与爱心更新和改善这一秩序的结构。

注释：

［1］ Rowland Berthoff, *An Unsettled People: Social Order and Disorder in American History* (New York: Harper and Row, 1971), p.xiii.

［2］ 同上，p.174.

［3］ Alexis de Tocqueville, *Democracy in America* (edited by J. P. Mayer and translated by George Lawrence; Anchor Books edition, New York: Doubleday, 1969), p.692.

［4］ 同上，p.287.

［5］ 同上，p.308.

［6］ 同上，p.363.

［7］ Emanuel Hertz (ed.), *The Hidden Lincoln, from the Letters and Papers of William H. Herndon* (New York: Viking Press, 1938), p. 105.

［8］ Charles Francis Adams, Jr. to Charles Francis Adams, February 7, 1865, and March 7, 1865, in Worthington C. Ford (ed.), *A Cycle of Adams Letters, 1861- 1865* (Cambridge, Mass.: Houghton, Mifflin, 1920), Vol.II, pp.253,257-258.

［9］ James Russell Lowell, "Abraham Lincoln" , *Political Essays* (Boston: Houghton, Mifflin, 1888), p.186.

［10］ James Bryce, *The American Commonwealth* (New York: Macmillan, 1919), Vol. I, p.79.

［11］ Orestes A. Brownson, "Legitimacy and Revolutionism" (1848), in Henry F. Brownson (ed.), *The Works of Orestes A. Brownson* (Detroit: Brownson, 1882-87), Vol.XVI, pp.68,81.

［12］ Brownson, *The American Republic* (facsimile edition, Clifton, N. J.: A. M. Kelley, 1972), pp.363-64.

［13］ Brownson, "Demagoguism" , *Works,* XV, p.438.

477 ［14］ Brownson, "Liberalism and Progress" (1864), *Works,* XX, p.354.

［15］ Brownson, *The American Republic, op. cit.,* pp.18-19.

［16］ Brownson, "Socialism and the Church ", *Essays and Reviews, chiefly on Theology, Politics, and Socialism* (New York: Smith, 1852), p. 499.

[17] Brownson, *The American Republic, op. cit.,* pp.4-5.

[18] Julian Marfas, *America in the Fifties and Sixties* (edited by Aaron Rockland; University Park, Penna.: Pennsylvania State University Press, 1972), p.412.

[19] Brownson, *The American Republic, op. cit.,* pp.2-3.

[20] Berthoff, *An Unsettled Society, op. cit.,* pp. 478-479.

[21] Simone Weil, *The Need for Roots: Prelude to a Declaration of Duties toward Mankind* (translated by Arthur Wills; Boston: Beacon PresS', 1952), pp.10-11.

[22] Julian Marlas, *America in the Fifties and Sixties, op. cit.,* pp. 420- 421, 442, 444.

建议阅读书目

这个按照各章次序罗列的书单不是参考书目，相反，它仅仅旨在向读者介绍一些与美国秩序有关的具有可读性的重要研究成果，其中多数书籍是最近出版的，且很容易获得。各章注释也提到许多其他书目。

第一章

在对社会秩序及其与个人秩序关系的理论和历史研究方面，下列的一般性研究书目值得推荐，其中罗列的还有其他方面的书。

Barth, Hans. *The Idea of Order: Contributions to a Philosophy of Politics.* Dordrecht, Holland: D. Reidel, 1960.

Burckhardt, Jacob. *Force and Freedom: Reflections on History.* Edited by James Hastings Nichols. New York: Pant heon Books, 1943.

Curtis, Lionel. *Civitas Dei.* London: Allen and Unwin, 1950.

D'Arcy, M.C. *The Sense of History, Secular and Sacred.* London: Faber and Faber, 1959.

Dawson, Christopher. *The Dynamics of World History.* Edited by John J. Mulloy. New York: Sheed and Ward, 1956.

Herr, Friedrich. *The Intellectual History of Europe.* Translated by Jonathan Steinberg. 2 vols. New York: Anchor Books edition, Doubleday, 1968.

Lowith, Karl. *M eaning in History: the Theological Implications of the Philosophy of History.* Chicago: University of Chicago Press, 1949.

Lukacs, John. *Historical Consciousness, or the Remembered Past.* New York: Harper and Row, 1968.

McNeill, William H. *The Rise of the West: a History of Human Community.* Chicago: University of Chicago Press, 1963.

Nisbet, Robert A. *Social Change and History: Aspects of the Western Theory of*

Development. New York: Oxford University Press, 1969.

Voegelin, Eric. *Order and History.* 3 vols. Baton Rouge: Louisiana State University Press, 1956-1957.

第二章

就本章与第五章而言，参阅好的《圣经》字典会很有帮助。最近的两部《圣经》字典分别是四卷本的 *The Interpreter's Dictionary of the Bible*，edited by George Arthur Buttrick（New York: Abingdon Press, 1962），以及 *Dictionary of the Bible*，edited by John L. McKenzie（Milwaukee：Bruce, 1965），下列书籍是从研究希伯来人和犹太人、《圣经》以及犹太教的浩瀚学术成果中挑选出来的。

Brandon, S.G.F. *The Judgment of the Dead: the Idea of Life after Death in the Major Religions.* New York: Scribners, 1967.

Cheyne, T.K. *Traditions and Beliefs of Ancient Israel.* London: Black, 1907.

Dawson, Christopher. *The Age of the Gods.* London: Sheed and Ward, 1934.

Glover, T.R. *Progress and Religion.* London: Student Christian Movements, 1922.

Heaton, E.W. *The Old Testament Prophets.* London: Penguin Books, 1958.

Heschel, Abraham. *The Prophets.* 2 vols. Harper Torchbooks edition, Harper and Row, 1971.

Meilsheim, David. *The World of Ancient Israel.* Translated by Grace Jackman. New York: Tudor, 1973.

Roth, Cecil. *A Short History of the Jewish People.* New York: revised edition, Hartmore, 1968.

Scott, R.B.Y. *The Relevance of the Prophets.* New York: revised edition, Macmillan, 1968.

Smith, W. Robertson. *The Religion of the Semites: the Fundamental Institutions.* New York: Meridian Library edition, Meridian, 1957.

Thomas, D. Winton (ed.). *Documents from Old Testament Times.* New York: Torchbooks edition, Harper and Row, 1961.

Toynbee, Arnold. *An Historian's Approach to Religion.* New York: Oxford University Press, 1956.

Vaux, Roland de. *Ancient Israel.* 2 vols. New York: paperback edition, McGraw-Hill, 1961.

Ward, James M. *Amos and Isaiah: Prophets of the Word of God.* Nashville: Abingdon Press, 1969.

第三章

由于希腊哲学家、诗人和历史学家著述的翻译和版本非常多，这里没有像常规做法那样列出原始的资料来源——尽管本章和后面的章节偶尔会推荐某个特定的版本或翻译，下面的解释和注释性著作是这个广阔领域的代表性作品。

Adams, Charles D. *Demosthenes and his Influence.* New York: Longmans, Green, 1927.

Barker, Ernest. *The Political Thought of Plato and Aristotle.* New York: Dover, 1959.

Bevan, Edwyn R. (ed.). *Later Greek Religion.* Boston: Beacon Press, 1950.

Bowra, C.M. *The Greek Experience.* Cleveland: World, 1957.

Burnet, John. *Early Greek Philosophy.* New York: Meridian Library edition, Meridian, 1957.

Cairns, Huntington. *Legal Philosophy from Plato to Hegel.* Baltimore: Johns Hopkins University Press, 1949.

Cornford, F.M. (ed.). *Greek Religious Thought.* Boston: Beacon Press, 1950.

Dodds, E.R. *The Greeks and the Irrational.* Boston: Beacon Press, 1957.

Dudley, Donald R. *A History of Cynicism, from Diogenes to the Sixth Century, A.D.* London: Methuen, 1937.

Field, G.C. *The Philosophy of Plato.* London: Cumberledge, 1949. Freeman, Edward H. *The Story of Sicily: Phoenician, Greek, and Roman.* New York: Putnam, 1892.

Glover, T.R. *Springs of Hellas, and other Essays.* Cambridge: Cambridge University Press, 1945.

Greene, William Chase. *The Achievement of Greece: a Chapter in Human Experience.* New York: Barnes and Noble, 1966.

Grene, David. *Man in his Pride: a Study in the Political Philosophy of Thucy-*

dides and Plato. Chicago: University of Chicago Press, 1950.

Griffo, Pietro. *Gela: the Ancient Greeks in Sicily.* Greenwich, Conn.: New York Graphic Society, 1968.

Gutherie, W.K.C. *The Greeks and their Gods.* Boston: Beacon Press, 1955.

Hamilton, Edith. *The Greek Way to Western Civilization.* New York: Norton, 1942.

Hamilton, Edith, and Cairns, Huntington (eds.). *The Collected Dialogues of Plato.* New York: Pantheon, 1961.

Hammond, N.G.L. *A History of Greece to 332 B.C.* Oxford: Clarendon Press, 1959.

Harrison, Jane. *Prolegomena to the Study of Greek Religion.* New York: Meridian edition, Meridian, 1955.

Harrison, Jane. *Themis: a Study of the Social Origins of Greek Religion.* Cleveland: revised edition, World, 1969.

Kerenyi, C. *The Gods of the Greeks.* London: Thames and Hudson, 1951.

Kitto, H.D.F. *Greek Tragedy: a Literary Study.* Garden City, N.Y.: Anchor edition, Doubleday, 1954.

Livingstone, R.W. *The Greek Genius and its Meaning to Us.* Oxford: Clarendon Press, 1952.

Livingstone, R.W. (ed.). *The Legacy of Greece.* Oxford: Clarendon Press, 1921.

Mahaffy, J.P. *Social Life in Greece, from Homer to Menander.* London: Macmillan, 1883.

Miller, Helen H. *Sicily and the Western Colonies of Greece.* New York: Scribners, 1965.

More, Paul Elmer. *Platonism.* Princeton: Princeton University Press, 1931.

Murray, Gilbert. *Hellenism and the Modern World.* London: Allen and Unwin, 1953.

Murray, Gilbert. *The Literature of Ancient Greece.* Chicago: Phoenix edition, University of Chicago Press, 1956.

Otto, Walter F. *The Homeric Gods: the Spiritual Significance of Greek Religion.* Translated by Moses Hadas. New York: Pantheon, 1954.

Robinson, C.E. *Hellas: a Shary History of Ancient Greece.* Boston: Beacon paperback edition, Beacon Press, 1955.

Rose, H.J. *Ancient Greek Religion.* London: Hutchinson's University Library, 1946.

Rose, H.J. *A Handbook of Greek Mythology, including its Extension to Rome.* London: fifth edition, Methuen, 1953.

Sinclair, T.S. *A History of Greek Thought.* New York: Meridian edition, Meridian, 1967.

Snell, Bruno. *The Discovery of the Mind: the Greek Origins of European Thought.* Translated by T.G. Rosenmeyer. New York: Harper Torchbooks edition, Harper, 1960.

Tarn, W.W. *Alexander the Great.* Boston: Beacon paperback, Beacon Press, 1956.

Taylor, A.E. *The Mind of Plato.* Ann Arbor: University of Michigan Press, 1960.

Thucydides. *The Peloponnesian War.* Thomas Hobbes' translation, edited by David Grene. 2 vols. Ann Arbor: University of Michigan Press, 1959.

Walsh, James J. *Aristotle's Concept of Moral Weakness.* New York: Columbia University Press, 1963.

Zeller, Eduard. *Outlines of the History of Greek Philosophy.* Translated by L.R. Palmer. New York: Meridian edition, Meridian, 1955.

Zimmern, Alfred E. *The Greek Commonwealth: Politics and Economics in Fifth-Century Athens.* Oxford: Clarendon Press, 1911.

第四章

本章讨论的拉丁作家的作品都有几种不同的翻译。下面提到的书籍包括对罗马民情和文化的一般性研究和某些专题性研究。

Barrow, R.H. *The Romans.* London: Penguin Books, 1951.

Berenson, Bernard. *The Arch of Constantine, or the Decline of Form.* London: Chapman and Hall, 1954.

Bloch, Raymond. *The Origins of Rome.* London: Thames and Hudson, 1960.

Burckhardt, Jacob. *The Age of Constantine the Great.* Translated by Moses

Hadas. New York: Pantheon, 1949.

Cairns, Huntington. *Theory of Legal Science.* New York: reprint, Kelley, 1941.

Carcopino, Jerdme. *Daily Life in Ancient Rome: the People and the City at the Height of the Empire.* Edited by Henry T. Rowell. London: Penguin Books, 1956.

De Burgh, William George. *The Legacy of the Ancient World.* 2 vols. London: Pelican Books edition, Penguin Books, 1953.

D'Entreves, A.P. *Natural Law: an Introduction to Legal Philosophy.* London: Hutchinson's University Library, 1951.

Duruy, Victor. *The World of the Romans.* Translated by Gwenn Lansdell. Geneva: Minerva, 1972.

Dill, Samuel. *Roman Society from Nero to Marcus Aurelius.* New York: Meridian edition, Meridian, 1956.

Dill, Samuel. *Roman Society in the Last Century of the Western Empire.* Meridian edition, Meridian, 1958.

Frothingham, A.L. *Roman Cities in Italy and Dalmatia.* New York: Sturgis and Walton, 1919.

Glover, T.R. *The Conflict of Religions in the Early Roman Empire.* London: Methuen, 1909.

Gummere, Richard M. *Seneca the Philosopher, and his Modern Message.* New York: Cooper Square Publishers, 1963.

Howe, Laurence Lee. *The Pretorian Prefect from Commodus to Diocletian.* Chicago: University of Chicago Press, 1942.

Maine, Henry. *Ancient Law: its Connection with the Early History of Society and its Relation to Modern Ideas.* London: John Murray, 1897.

Meigs, Russell. *Roman Ostia.* Oxford: Clarendon Press, 1960. Renan, Ernest. *Marcus Aurelius.* Translated by William G. Hutchinson. London: Walter Scott, 1903.

Rose, H.J. *A Handbook of Latin Literature.* London: Methuen, 1947.

Rostovtzeff, M. *Rome.* New York: Galaxy edition, Oxford University Press, 1960.

Rostovtzeff, M. *Social and Economic History of the Roman Empire.* Oxford: Clarendon Press, 1926.

Smith, R.E. *Cicero the Statesman.* Cambridge: Cambridge University Press, 1966.

Stark, Freya. *Rome on the Euphrates: the Story of a Frontier.* London: John Murray, 1966.

Trollope, Ant hony. *The Life of Cicero.* 2 vols. New York: Harper, 1881.

Wilkes, J.J. *Dalmatia.* Cambridge, Mass.: Harvard University Press, 1969.

Zane, John M. *The Story of Law.* Garden City, N.Y.: Garden City Publishing Company, 1927.

第五章

这一时期的主要资料来源包括：新约、约瑟夫（Josephus）的《犹太人史》（*History of the Jews*）、罗马后期的历史学家，以及基督教教会诸教父。下面罗列了一些20世纪的研究成果。

Buck, Charles, and Taylor, Greer. *Saint Paul.* New York: Scribners, 1969.

Butterfield, Herbert. *Christianity and History.* London: Bell, 1950. Clark, Mary T. *Augustine, Philosopher of Freedom.* New York: Desclee, 1958.

Cochrane, Charles N. *Christianity and Classical Culture.* New York: Galaxy edition, Oxford University Press, 1957.

Daniel-Rops, Henri. *The Church in the Dark Ages.* Translated by Audrey Butler. New York: Dutton, 1950.

D'Arcy, M.C. *The Meaning and Matter of History: a Christian View.* New York: Noonday, 1967.

Dawson, Christopher. *The Formation of Christendom.* New York: Sheed and Ward, 1967.

Dawson, Christopher. *The Making of Europe.* London: Sheed and Ward, 1948.

Dawson, Christopher. *Religion and the Rise of Western Culture.* London: Sheed and Ward, 1950.

Deane, Herbert A. *The Political and Social Ideas of St. Augustine.* New York: Columbia University Press, 1963.

Enslin, Morton Scott. *Christian Beginnings.* 2 vols. New York: Torchbooks edition, Harper, 1956.

Glover, T.R. *The Christian Tradition and its Verification.* London: Methuen, 1913.

Guardini, Romano. *The Lord.* Translated by Elinor Castendyk Briefs. Chicago: Regnery, 1954.

Harnack, Adolf. *Outlines of the History of Dogma.* Translated by Edwin Knox Mitchell. Boston: Beacon paperback edition, Beacon, 1959.

Hoare, F.R. (ed.). *The Western Fathers, being the Lives of SS. Martin of Tours, Ambrose, Augustine of Hippo, Honoratus of Arles, and Germanus of Auxerre.* New York: Sheed and Ward, 1954.

Howe, Quincy, Jr. (ed.). *Selected Sermons of St. Augustine.* New York: Holt, 1966.

Krook, Dorothea. *Three Traditions of Moral Thought.* Cambridge: Cambridge University Press, 1959.

Ladner, Gerhart B. *The Idea of Reform: its Impact on Christian Thought and Action in the Age of the Fathers.* Cambridge, Mass.: Harvard University Press, 1959.

Lecky, W.E.H. *History of European Morals, from Augustus to Charlemagne.* 2 vols. New York: third edition, Appleton, 1906.

McGiffert, Arthur C. *A History of Christian Thought.* 2 vols. New York: Scribners, 1953.

More, Paul Elmer. *The Catholic Faith.* Princeton: Princeton University Press, 1931.

More, Paul Elmer. *The Christ of the New Testament.* Princeton: Princeton University Press, 1924.

Palanque, JR.; Bardy, G.; and de Labriolle, P. *The Church in the Christian Roman Empire.* Vol. I, *The Church and the Arian Crisis.* Translated by Ernest C. Messenger. New York: Macmillan, 1953.

Paolucci, Henry (ed.). *The Political Writings of St. Augustine.* Chicago: Gateway edition, Regnery, 1965.

Pelikan, Jaroslav. *The Emergence of the Catholic Tradition (100-600).* Chicago: University of Chicago Press, 1974.

Pelikan, Jaroslav. *The Shapte of Death: Life, Death, and Immortality in the Early*

Fathers. Nashville: Abingdon Press, 1961.

Pope, Hugh. *St. Augustine of Hippo*. Garden City, N.Y.: Image Books edition, Doubleday, 1961.

Prat, Ferdinand. *Jesus Christ: His Life, His Teaching, and His Work*. Translated by John J. Heenan. 2 vols. Milwaukee: Bruce, 1950.

Przywara, Erich (ed.). *An Augustine Synthesis*. New York: Torchbooks edition, Harper, 1958.

Ricciotti, Giuseppe. *Paul the Apostle*. Translated by Alba I. Zizzamia. Milwaukee: Bruce, 1953.

Richardson, Alan. *An Introduction to the Theology of the Testament*. London: SCM Press, 1961.

Santayana, George. *The Idea of Christ in the Gospels, or God in Man*. New York: Scribners, 1946.

Sittler, Joseph. *The Structure of Christian Ethics*. Baton Rouge: Louisiana State University Press, 1958.

Toal, M.F. (ed.). *The Sunday Sermons of the Great Fathers*. 4 vols. Chicago: Regnery, 1963.

Van der Meer, F. *Augustine the Bishop: Religion and Society at the Dawn of the Middle Ages*. Translated by Brian Battershaw and C.R. Lamb. New York: Torchbooks edition, Harper, 1965.

第六章

下面所列书籍主要讨论的是中世纪法律与政治制度的发展、中世纪的思想与大学，以及封建社会生活的特点。

Adams, George Burton. *Civilization during the Middle Ages*. New York: revised edition, Barnes and Noble, 1966.

Adams, George Burton. *Constitutional History of England*. New York: Henry Holt, 1936.

Adams, Henry. *Mont-Saint-Michel and Chartres*. Boston: Houghton Mifflin, 1913.

Anselm, Saint. *Basic Writings*. Translated by S.N. Deane, with an introduction by Charles Hartshorne. La Salle, Ill.: Open Court, 1966.

Aquinas, Thomas, Saint. *Basic Writings.* Edited by Anton C. Pegis. 2 vols. New York: Random House, 1945.

Butterfield, Herbert. *Christianity in European History.* London: Collins, 1952.

Cairns, Huntington. *Legal Philosophy from Plato to Hegel.* Baltimore: Johns Hopkins Press, 1949.

Cairns, Huntington. *Theory of Legal Science.* New York: reprint, Kelley, 1941.

Cant, Ronald G. *The College of St . Salvator.* Edinburgh: Oliver and Boyd, 1950.

Cant, Ronald G. *The University of St. Andrews: a Short History.* Edinburgh: Oliver and Boyd, 1946.

Church, R.W. *Dante and Other Essays.* London: Macmillan, 1888.

Church, R.W. *Saint Anselm.* London: Macmillan, 1899.

Claggett, Marshall; Post, Gaines; and Reynolds, Robert (eds.). *Twelfth-Century Europe and the Foundations of Modern Society.* Madison: University of Wisconsin Press, 1966.

Copleston, Frederick G. *Medieval Philosophy.* London: Methuen, 1952.

Coulton, G.G. *Studies in Medieval Thought.* London: Nelson, 1940. Daniel-Rops, Henri. *Cathedral and Crusade: Studies of the Medieval Church.* New York: Dutton, 1957.

D'Arcy, M.C. *St. Thomas Aquinas.* Westminster, Maryland: Newman, 1953.

Dawson, Christopher. *Medieval Essays.* London: Sheed and Ward, 1953.

Dawson, Christopher. *Religion and the Rise of Western Culture.* London: Sheed and Ward, 1950.

DeWulf, Maurice. *Philosophy and Civilization in the Middle Ages.* New York: Dover, 1953.

Dicey, A.V. *Introduction to the Study of the Law of the Constitution.* London: Macmillan, 1889.

Duckett, Eleanor S. *The Gateway to the Middle Ages.* 3 vols. Ann Arbor: University of Michigan Press, 1961.

Dunlop, Annie I. *The Life and Times of James Kennedy, Bishop of St. Andrews.* Edinburgh: Oliver and Boyd, 1950.

Every, George. *Christian Mythology.* London: Hamlyn, 1970.

Froissart, John. *Chronicles.* Translated by Geoffrey Brereton. Baltimore: Penguin Books, 1968.

Gabriel, A.L. *Skara House at the Medieval University of Paris.* Notre Dame, Ind.: University of Notre Dame Press, 1960.

Gabriel, A.L. *Student Life in Ave Maria College, Medieval Paris.* Notre Dame, Ind.: University of Notre Dame Press, 1955.

Gilson, Etienne. *Reason and Revelation in the Middle Ages.* New York: Scribners, 1938.

Gilson, Etienne. *The Spirit of Medieval Philosophy.* New York: Scribners, 1940.

Giraldus Cambrensis. *Autobiography.* Edited and translated by H.E. Butler. London: Cape, 1937.

Harrison, Frederick. *Life in a Medieval College.* London: John Murray, 1952.

Holdsworth, William. *A History of English Law.* Vols. II and III. London: Methuen, 1966 and 1942.

Jacobus de Veragine. *The Golden Legend.* Translated by Granger Ryan and Helmut Ripperger. New York: Longmans, Green, 1948.

Jerrold, Douglas. *England: Past, Present, and Future.* London: Dent, 1950.

Joinville, Jean de, and Villehardouin, Geoffrey de. *Chronicles of the Crusades.* Translated by Margaret M. Shaw. Baltimore: Penguin Books, 1963.

Kirk, Russell. *St. Andrews.* London: Batsford, 1954.

Maine, Henry. *The Early History of Institutions.* London: John Murray, 1890.

Pirenne, Henry. *Economic and Social History of Medieval Europe.* New York: Harcourt, Brace, 1937.

Pirenne, Henri. *Mohammed and Charlemagne.* London: Allen and Unwin, 1954.

Power, Eileen. *Medieval People.* London: Penguin Books, 1939.

Previte-Orton, C.W. *The Shorter Cambridge Medieval History.* 2 vols. Cambridge: Cambridge University Press, 1952.

Rashdall, Hastings. *The Universities of Europe in the Middle Ages.* Edited by F.M. Powicke and A.B. Emden. 3 vols. New York: Oxford University Press, 1936.

Runciman, Steven. *A History of the Crusades.* 3 vols. Cambridge: Cambridge

University Press, 1954.

Salusbury, G.T. *Street Life in Medieval England.* Oxford: Pen-inHand, 1948.

Stenton, Frank Merry. *William the Conqueror and the Rule of the Normans.* New York: revised edition, Barnes and Noble, 1966.

Stephenson, Carl, and Marcham, F.G. (eds.). *Sources of English Constitutional Law.* New York: Harper, 1937.

Talbot, C.H. (translator and editor). *The Anglo-Saxon Missionaries in Germany.* New York: Sheed and Ward, 1954.

Taylor, Henry Osborn. *The Medieval Mind.* 2 vols. Cambridge, Mass.: fourth edition, Harvard University Press, 1951.

Thomas, Charles. *Britain and Ireland in Early Christian Times, A.D. 400-800.* New York: McGraw-Hill, 1971.

Thorndike, Lynn. *University Records and Life in the Middle Ages.* New York: Octagon Press, 1944.

Trevelyan, George Macaulay. *England in the Age of Wycliffe.* London: Longmans, Green, 1946.

Wallace-Hadrill, J.M. *The Barbarian West, 400-1000.* London: Hutchinson's University Library, 1952.

第七章

就这一时期与后面多数章节来说，较好的一般性参考书是十四卷本的 *The New Cambridge Modern History*，edited by G. R. Potter（Cambridge University Press，1957-1970）。另两本有价值的历史著作是 Oscar Halecki 的 *The Millennium of Europe*（University of Notre Dame Press，1963），以及 H. A. L. Fisher 的三卷本 *History of Europe*（Eyre and Spottiswoode，London，1935）的后两卷。有关对道德观念的考察，参见 Crane Brinton 的 *A History of Western Morals*（New York: Harcourt, Brace, 1959）的后半部分。

Bainton, Roland H. *The Reformation of the Sixteenth Century.* Boston: Beacon Press, 1952.

(Burnet, Gilbert). *Bishop Burnet's History of the Reformation of the Church of England.* 6 vols. London: Priestley, 1820.

Calvin, John. *On God and Political Duty.* Edited by John T. McNeill. New York: Liberal Arts Press, 1956.

Cassirer, Ernst; Kristeller, Paul O.; Randall, J.H. (eds.). *The Renaissance Philosophy of Man.* Chicago: Phoenix edition, University of Chicago Press, 1956.

Chambers, R.W. *Thomas More.* Ann Arbor: University of Michigan Press, 1958.

Dante Aligheri. *Manarchy, and Three Political Letters.* Translated by Donald Nicholl and Colin Hardie. New York: Noonday, 1954.

Dante Aligheri. *The Portable Dante.* Edited by Paolo Milano. New York: Viking, 1957.

Dawson, Christopher. *The Dividing of Christendom.* New York: Sheed and Ward, 1954.

Dillenberger, John, and Welch, Claude. *Protestant Christianity, Interpreted through its Development.* New York: Scribners, 1954.

Eliot, T.S. *Dante.* London: Faber and Faber, 1965.

Friedell, Egon. *A Cultural History of the Modern Age.* Vol. I. New York: Knopf, 1953.

Gilson, Etienne. *Dante the Philosopher.* New York: Sheed and Ward, 1949.

Habsburg, Ottovon. *Charles V.* New York: Prager, 1970.

Hearnshaw, F.J.C. (ed.). *Social and Political Ideas of the Renaissance and Reformation.* New York: Barnes and Noble. 1949.

Hooker, Richard. *Works.* 2 vols. Oxford: Clarendon Press, 1890.

Knox, John. *The History of the Reformation of Religion within the Realm of Scotland.* Glasgow: Galbrait h, 1761.

Lang, Andrew. *John Knox and the Reformation.* London: Longmans, Green, 1905.

More, Paul Elmer; and Cross, Frank L. (eds.). *Anglicanism.* London: SPCK Press, 1951.

Munz, Peter. *The Place of Hooker in the History of Thought* . London: Routledge and Kegan Paul, 1952.

Olin, John C. *The Catholic Reformation: Savonarola to Ignatius Loyola.* New York: Harper and Row, 1969.

Pelikan, Jaroslav. *Spirit versus Structure: Luther and the Institutions of the Church.* New York: Random House, 1968.

Picadella Mirandola, Giovanni. *Oration on the Dignity of Man.* Translated by A. Robert Caponigri. Chicago: Gateway edition, Regnery, 1956.

Reid, J.M. *Kirk and Nation: the Story of the Reformed Church of Scotland.* London: Skeffington, 1960.

Sayers, Dorot hy L. *Introductory Papers on Dante.* London: Methuen, 1954.

Schwarzenfeld, Gertrude von. *Charles V, Father of Europe.* Chicago: Regnery, 1957.

Scott-Moncrieff, George. *The Mirror and the Cross.* London: Burns and Oates, 1960.

Shirley, F.J. *Richard Hooker and Contemporary Political Ideas.* London: SPCK Press, 1949.

Symonds, John Addington. *Renaissance in Italy.* 6 vols. London: Smith, Elder, 1882-1907.

Weber, Max. *The Protestant Ethic and the Spirit of Capitallsm.* New York: Scribners, 1958.

Whale, J.S. *The Protestant Tradition: an Essay in Interpretation.* Cambridge: Cambridge University Press, 1955.

Willey, Basil. *The English Moralists.* London: Chatto and Windus, 1964.

第八章

如果人们参阅某部标准的英格兰史——比如 Keith Feiling 的 *A History of England, from the Coming of the English to 1918*（London：Macmillan，1950），本章错综复杂的事件可能会得到更清晰的理解。关于 17 世纪的知识分子运动，特别要参见 Friedrich Herr 的两卷本 *Intellectual History of Europe*（Anchor edition，New York，1968）。

Acton, John Emerich Edward Dalberg (first Baron Acton). *Lectures on Modern History.* Edited by Figgis and Lawrence. London: Macmillan, 1950.

Ashley, Maurice. *Cromwell's Generals.* London: Cape, 1954. Ashley, Maurice. *England in the Seventeenth Century.* London: Penguin Books, 1952.

Ashley, Maurice. *The Glorious Revolution of 1688.* New York: Scribners, 1966.

Bosher, Robert S. *The Making of the Restoration Settlement: the Influence of the Laudians.* London: Dacre Press, 1951.

Browne, Sir Thomas. *Works.* Edited by Charles Sayle. 3 vols. Edinburgh: John Grant, 1912.

Bunyan, John. *The Pilgrim's Progress.* Edited by Louis Martz. New York: Rinehart, 1949.

Butterfield, Herbert. *The Englishman and his History.* Cambridge: Cambridge University Press, 1945.

Butterfield, Herbert. *The Whig Interpretation of History.* London: G. Bell, 1950.

Carswell, John. *The Descent on England: a Study of the English Revolution of 1688 and its European Background.* New York: John Day, 1969.

Clark, George. *War and Society in the Seventheenth Century.* Cambridge: Cambridge University Press, 1958.

Daniel-Rops, Henri. *The Church in the Seventeenth Century.* New York: Dutton, 1963.

Dicey, A V. *Lectures on the Relation between Law and Opinion in England .* London: Macmillan, 1905.

Filmer, Robert. *Patriarcha, and other Political Works.* Edited by Peter Laslett. Oxford: Alden Press, 1949.

Finch, Jeremish S. *Sir Thomas Browne: a Doctor's Life of Science and Faith.* New York: Collier Books, 1961.

Fuller, Thomas. *The Holy State and the Profane State.* Cambridge: Williams, 1648.

Harrington, James. *Oceana, and his Other Works.* London: the booksellers of London and Westminster, 1700.

Hazard, Paul. *The European Mind (1680-1715).* London: Hollis and Carter, 1953.

Hearnshaw, J.F.C. (ed.). *Social and Political Ideas of the Sixteenth and Seventeenth Centuries.* New York: Barnes and Noble, 1949.

Hobbes, Thomas. *Leviathan: or Matter, Form and Power of a Commonwealth.*

Edited by Michael Oakeshott. New York: Collier Books, 1966.

Keir, David Lindsay. *The Constitutional History of Modern Britain, 1485-1937.* London: A. and C. Black, 1950.

Krook, Dorothea. *Three Traditions of Moral Thought.* Cambridge: Cambridge University Press, 1959.

Linklater, Eric. *The Royal House.* Garden City, N.Y.: Doubleday, 1970.

Locke, John. *Two Treatises of Government.* Edited by Peter Laslett. Cambridge: Cambridge University Press, 1960.

Mackenzie, Agnes Mure. *The Passing of the Stuarts.* Edinburgh: Oliver and Boyd, 1958.

Mathew, David. *The Age of Charles I.* London: Eyre and Spottiswoode, 1951.

Nef, John U. *War and Human Progress: an Essay on the Rise of Industrial Civilization.* London: Routledge and Kegan Paul, 1950.

O'Connor, D.J. *John Locke.* London: Penguin Books, 1952.

Roots, Ivan. *Commonwealth and Protectorate: the English Civil War and its Aftermath.* New York: Schocken, 1966.

Spragens, Thomas, A., Jr. *The Politics of Motion: the World of Thomas Hobbes.* Lexington: University Press of Kentucky, 1973.

Strauss, Leo. *Hobbes' Political Philosophy: its Basis and its Genesis.* Oxford: Clarendon Press, 1936.

Strauss, Leo. *Natural Right and History.* Chicago: University of Chicago Press, 1953.

Vaughan, C.E. *Studies in the History of Political Philosophy before and after Rousseau.* 2 vols. Manchester: University of Manchester Press, 1925.

Venables, Edmund. *Life of John Bunyan.* London: Scott, 1888.

Wedgwood, C.V. *Thomas Wentworth, First Earl of Strafford, 1593- 1641.* New York: Macmillan, 1962.

Willey, Basil. *The Seventeenth Century Background.* London: Chatto and Windus, 1962.

Williams, Basil. *The Whig Supremacy, 1714- 1760.* Oxford: Clarendon Press, 1949.

Williams, Charles. *James I*. London: Arthur Barker, 1951.

Wingfield-Stratford, Esme. *Charles King of England, 1600-1637.*

Wingfield-Stratford, Esme. *King Charles and King Pym, 1643-1649.*

Wingfield-Stratford, Esme. *King Charles the Martyr, 1649-1660.* (A three-volume biography; London: Hollis and Carter, 1949.)

Wormald, B.H.G. *Clarendon: Politics, History and Religion, 1640-1660.* Cambridge: Cambridge University Press, 1951.

第九章

与其他章节一样，这里列出的书有些是普及型的，有些是专题性研究，很多是所涉时代的人物写下的记录或论述。

Adams, Brooks. *The Emancipation of Massachusetts: the Dream and the Reality.* Introduction by Perry Miller. Boston: Sentry edition, Houghton Mifflin, 1962.

Andrews, Charles McLean. *The Colonial Period.* New York: Holt, 1912.

Andrews, Charles McLean. *The Fathers of New England: a Chronicle of the Puritan Commonwealth.* New Haven: Yale Universit y Press, 1920.

Berthoff, Rowland. *An Unsettled People: Social Order and Disorder in American History.* New Yark: Harper and Row, 1971.

Black, Robert J. *The rounger John Winthrop.* New York: Columbia University Press, 1966.

Boorstin, Daniel J. *The Americans: the Colonial Experience.* New York: Random House, 1958.

Boorstin, Daniel J. *The Genius of American Politics.* Chicago: University of Chicago Press, 1953.

Bradford, William. *Of Plymouth Plantation, 7620-7647.* Edited by Samuel Eliot Morrison. New York: Knopf, 1952.

Carse, James. *Jonathan Edwards and the Visibility of God* . New York: Scribners, 1967.

(Cresswell, Nicholas). *The Journal of Nicholas Cresswell, 7774-7777.* Edited by Lincoln McVeagh. New York: Dial, 1924.

Dodd, William E. *The Old South: Struggles for Democracy.* New York:

Macmillan, 1937.

(Fithian, Philip Vickers). *Journal and Letters of Philip Vickers Fithian, 7773-7774: a Plantation Tutor of the Old Dominion* . Williamsburg: Colonial Williamsburg, Inc., 1943.

Gummere, Richard M. *The American Colonial Mind and the Classical Tradition.* Cambridge, Mass.: Harvard University Press, 1963.

Gummere, Richard M. *Seven Wise Men of Colonial America.* Cambridge, Mass.: Harvard University Press, 1967.

Jefferson, Thomas: *Notes on the State of Virginia.* New York: Torchbooks edition, Harper and Row, 1964.

Labaree, Leonard Woods. *Conservatism in Early American History.* New York: New York University Press, 1948.

Leach, Douglas Edward. *The Northern Colonial Frontier, 7607-7763.* New York: Holt, Rinehart and Winston, 1966.

Miller, Perry. *The New England Mind.* 2 vols. Boston: Beacon Press, 1961.

Miller, Perry. *Orthodoxy in Massachusetts, 7630-7650.* Boston: Beacon Press, 1959.

Miller, Perry. *Roger Williams: his Contribution to the American Tradition.* New York: Atheneum, 1962.

Parkes, Henry Bamford. *Jonathan Edwards: the Fiery Puritan.* New York: Milton, Balch, 1930.

Rossiter, Clinton. *Seedtime of the Republic: the Origin of the American Tradition of Political Liberty.* New York: Harcourt, Brace, 1953.

Rowse, A. L. *The Elizabethans and America.* New York: Harper Colophon edition, Harper, 1965.

Sydnor, Charles S. *Gentlemen Freeholders: Political Practices in Washington's Virginia.* Chapel Hill: University of North Carolina Press, 1952.

Wertenbaker, Thomas Jefferson. *The Founding of American Civilization.* 3 vols. New York: Cooper Square Publishers, 1938- 1947.

Wertenbaker, Thomas Jefferson. *The Government of Virginia in the Seventeenth Century.* Charlottesville: University of Virginia Press, 1957.

(Winthrop, John). *Winthrop's Journal: "History of New England", 1630-1649.* Edited by James Kendall Hosmer. 2 vols. New York: reprint, Barnes and Noble, 1966.

Wright, Louis B. *The Atlantic Frontier: Colonial American Civilization, 1607-1763.* New York: Knopf, 1947.

Wright, Louis B. *Culture on the Moving Frontier.* Bloomington: Indiana University Press, 1955.

Wright, Louis B. *The First Gentlemen of Virginia: Intellectual Qualities of the Early Colonial Ruling Class.* Charlottesville: Dominion Books, 1964.

第十章

孟德斯鸠、休谟、布莱克斯通和伯克的著述很容易获得，下面所列包括一些研究性版本和对 18 世纪思想的评论。

Basson, A.H. *David Hume.* London: Penguin Books, 1958. Becker, Carl L. *The Heavenly City of the Eighteenth-Century Philosophers.* New Haven: Yale University Press, 1946.

Beloff, Max (ed.) *The Debate on the American Revolution, 1761-1783.* London: Kaye, 1949.

(Blackstone, William). *Blackstone's Commentaries, with Notes of Reference to the Constitution and Laws of the Federal Government of the United States and of the Commonwealth of Virginia.* Edited by St. George Tucker. 5 vols. South Hackensack, N.J.: reprint, Rothman, 1969.

Boorstin, Daniel J. *The Lost World of Thomas Jefferson.* Boston: Beacon edition, Beacon Press, 1960.

Boulton, James T. *The Language of Politics in the Age of Wilkes and Burke.* Toronto: University of Toronto Press, 1963.

Bredvold, Louis I. *The Brave New World of the Enlightenment.* Ann Arbor: University of Michigan Press, 1961.

Brinton, Crane. *The Anatomy of Revolution.* New York: Vintage Books, 1957.

Burke, Edmund. *Correspondence.* Edited by Thomas Copeland and others. 9 vols. Chicago: University of Chicago Press, 1958-1970.

Burke, Edmund. *Reflections on the Revolution in France.* Introduction by Russell

Kirk. New Rochelle, N.Y.: Arlington House, 1966.

Burke, Edmund. *Speech on Conciliation with the Colonies.* Introduction by Jeffrey Hart. Chicago: Gateway edition, Regnery, 1964.

Butterfield, Herbert. *George II I and the Historians.* London: Collins, 1957.

Butterfield, Herbert. *George II I, Lord North, and the People, 1779-1780.* London: G. Bell, 1949.

Canavan, Francis. *The Political Reason of Edmund Burke.* Durham, N.C.: Duke University Press, 1960.

Carswell, John. *The Old Cause: Three Biographical Studies in Whiggism.* London: Cresset, 1954.

Cassirer, Ernst. *The Philosophy of the Enlightenment.* Translated by Fritz C.A. Koelln and James Pettegrove. Princeton: Princeton University Press, 1951.

Chapman, Gerald W. *Edmund Burke: the Practical Imagination.* Cambridge, Mass.: Harvard University Press, 1967.

Colbourn, H. Trevor. *The Lamp of Experience: Whig History and the Intellectual Origins of the American Revolution.* Chapel Hill: University of North Carolina Press, 1965.

Cone, Carl B. *Burke and the Nature of Politics.* 2 vols. Lexington: University of Kentucky Press, 1957 and 1964.

Cone, Carl B. *The English Jacobins: Reformers in the Late Eighteenth Century.* New York: Scribners, 1968.

Haraszti, Zoltan. *John Adams and the Prophets of Progress.* Cambridge, Mass.: Harvard University Press, 1952.

Hazard, Paul. *European Thought in the Eighteenth Century, from Montesquieu to Lessing.* London: Hollis and Carter, 1954.

Hearnshaw, F.J.C. (ed.). *The Social and Political Ideas of Some Great French Thinkers of the Age of Reason.* New York: Barnes and Noble, 1931.

Hoffman, Ross J.S. *Edmund Burke, New York Agent.* Philadelphia: American Philosophical Society, 1956.

Hume, David. *Enquiries concerning the Human Understanding and concerning the Principles of Morals.* Edited by L.A. Selby-Bigge. Oxford: second edition,

Clarendon Press, 1902.

Hume, David. *A Treatise of Human Nature.* Edited by L.A. Selby Bigge. Oxford: Clarendon Press, 1949.

Kirk, Russell. *Edmund Burke: a Genius Reconsidered* . New Rochelle, N. Y.: Arlington House, 1967.

Lecky, William Edward Hartpole. *A History of England in the Eighteenth Century.* 7 vols. London: Longmans, Green, 1911.

Letwin, Shirley R. *The Pursuzt of Certainty.* Cambridge: Cambridge University Press, 1965.

MacNabb, D.G.C. *David Hume: His Theory of Knowledge and Morality.* London: Hutchinson's University Library, 1951.

Montesquieu, Charles de Secondat, Baronde. *The Spirit of Laws.* 2 vols. London: Nourse and Vaillant, 1750.

Mossner, Ernest Campbell. *The Lzje of David Hume.* London: Nelson, 1954.

Pound, Roscoe. *The Formative Era of American Law.* Boston: Little, Brown, 1938.

Stanlis, Peter. *Edmund Burke and the Natural Law.* Preface by Russell Kirk. Ann Arbor: University of Michigan Press, 1958.

Stephen, Leslie. *History of English Thought in the Eighteenth Century.* 2 vols. New York: reprint, Peter Smith, 1949.

Taine, Hippolyte Adolphe. *The Ancient Regime.* Translated by John Durand. New York: Holt, 1881.

Talmon, J.L. *The Origins of Totalitarian Democracy.* London: Secker and Warburg, 1952.

Tocqueville, Alexis de. *The Old Regime and the French Revolution.* Translated by Stuart Gilbert. Garden City, N.Y.: Anchor Books, 1955.

Willey, Basil. *The Eighteenth Century Background.* London: Chatto and Windus, 1949.

Wu, John C.H. *Fountain of Justice: a Study in the Natural Law.* New York: Sheed and Ward, 1955.

第十一章

要了解涵括于美国宪法中的政治原则与经验，所有人都应仔细阅读当下出版的不同版本的《联邦党人文集》。关于这一时期的书籍有几百本，下面列出了其中特别有用或容易阅读的少数书目，还有《独立宣言》和宪法起草人的一些著述。

Adams, John. *Works.* Edited by Charles Francis Adams. 10 vols. Boston: Little, Brown, 1851-1856.

(Adams, John). *Diary and Autobiography of John Adams.* Edited by L.H. Butterfield. 4 vols. Cambridge, Mass.: Belknap Press, 1961.

(Adams, John). *Familiar Letters of John Adams and His Wife.* Edited by Charles Francis Adams. New York: Hurd and Houghton, 1876.

Becker, Carl. *The Declaration of Independence.* New York: Vintage Books edition, Random House, c. 1960.

Becker, Carl. *The Eve of the Revolution.* New Haven: Yale University Press, 1921.

Beloff, Max. *Thomas Jefferson and American Democracy.* London: English Universities Press, 1965.

Bemis, Samuel Flagg. *The Diplomacy of the American Revolution.* Bloomington: Indiana University Press, 1957.

Bernard, E.A. *Fisher Ames, Federalist and Statesman, 7758-7808.* Chapel Hill: University of North Carolina Press, 1965.

Boorstin, Daniel. *The Americans: the National Experience.* New York: Random House, 1966.

Bowers, Claude G. *The Young Jefferson.* Boston: Sentry edition, Houghton, Mifflin, 1969.

Brant, Irving, *James Madison.* 4 vols. Indianapolis: Bobbs-Merrill, 1941-1953.

Burleigh, Ann Husted. *John Adams.* New Rochelle, N.Y.: Arlington House, 1964.

Chinard, Gilbert. *Honest John Adams.* Boston: Little, Brown, 1964.

Chinard, Gilbert. *Thomas Jefferson, the Apostle of Americanism.* Ann Arbor: second edition, revised, University of Michigan Press, 1966.

Cobbett, William. *A Year's Residence in America.* London: Chapman and Dodd, c. 1920.

Corwin, Edward S. *The "Higher Law" Background of American Constitutional Law.* Ithaca: Cornell University Press, 1955.

Corwin, Edward S. *John Marshall and the Constitution: a Chronicle of the Supreme Court.* New Haven: Yale Universit y Press, 1920.

Dauer, Manning J. *The Adams Federalists.* Baltimore: John Hopkins Press, 1953.

Dawson, Christopher. *The Gods of Revolution.* Introduction by Arnold Toynbee. New York: New York University Press, 1972.

Dietze, Gottfried. *The Federalist.* Baltimore: Johns Hopkins Press, 1962.

Dos Passos, John. *The Head and Heart of Thomas Jefferson.* Garden City, N.Y.: Doubleday, 1954.

Dos Passos, John. *The Shackles of Power: Three Jeffersonian Decades.* Garden City, N.Y.: Doubleday, 1966.

Dunne, Gerald T. *Justice Joseph Story and the Rise of the Supreme Court.* New York: Simon and Shuster, 1970.

Farrand, Max. *The Fathers of the Constitution: a Chronicle of the Establishment of the Union.* New Haven: Yale University Press, 1921.

Farrand, Max. *The Framing of the Constitution of the United States.* New Haven: Yale University Press, 1968.

Hacker, Louis M. *Alexander Hamilton in the American Tradition.* New York: McGraw-Hill, 1957.

Hacker, Louis M. (ed.). *The Shaping of the American Tradition.* 2 vols. New York: Columbia University Press, 1947.

(Hamilton, Alexander). *The Papers of Alexander Hamllton.* 10 vols. New York: Columbia University Press, 1961-1966.

Horton, Theodore. *James Kent: a Study in Conservatism.* New York: Da Capo Press, 1969.

(Jefferson, Thomas). *Correspondence between Thomas Jefferson and Samuel du Pont de Nemours.* Edited by Dumas Malone. Boston: Houghton Mifflin, 1930.

(Jefferson, Thomas). *The Jefferson Bible: the Life and Morals of Jesus of*

Nazareth. Edited by Douglas E. Lurton. Cleveland: World, 1942.

Kurtz, Stephen G. *The Presidency of John Adams.* Philadelphia: University of Pennsylvania Press, 1957.

Lipsky, George A. *John Quincy Adams: His Theory and Ideas.* New York: Crowell, 1950.

(Madison, James). *The Complete Madison: His Basic Writings.* Edited by Saul K. Padover. New York: Harper, 1953.

Madison, James. *Notes of Debates in the Federal Convention of 7787.* Edited by Adrienne Koch. New York: Norton, 1966.

McClellan, James. *Joseph Story and the American Constitution.* Norman: University of Oklahoma Press, 1971.

Miller, John C. *Alexander Hamilton: Portrait in Paradox.* New York: Harper and Row, 1959.

Miller, John C. *Crisis in Freedom: the Alien and Sedition Acts.* Boston: Little, Brown, 1951.

Miller, John C. *The Federalist Era.* New York: Harper, 1960. Miller, John C. *Origins of the American Revolution.* Boston: Little, Brown, 1943.

Morgan, Edmund S. *The Birth of the Republic, 1763-1789.* Chicago: University of Chicago Press, 1956.

Morris, Richard B. (ed.). *The Basic Ideas of Alexander Hamzlton.* New York: Pocket Library edition, Pocket Books. 1957.

McMaster, John Bach. *The Political Depravity of the Founding Fathers.* Introduction by Louis Filler. New York: Noonday, 1964.

Murray, John Courtney. *We Hold These Truths.* New York: Sheed and Ward, 1961.

Nock, Albert Jay. *Jefferson.* New York: Hill and Wang, 1960.

Peterson, Merrill D. *Jefferson Image in the American Mind.* New York: Galaxy edition, Oxford University Press, 1960.

Read, Conyers (ed.). *The Constitution Reconsidered.* Preface by Richard B. Morris. New York: Harper Torchbooks edition, Harper and Row, 1968.

Riemer, Neal. *The Democratic Experiment: American Political Theory.* Princeton,

N.J.: Van Nost rand, 1967.

Rogers, George C., Jr. *Charleston in the Age of the Pinckneys.* Norman: University of Oklahoma Press, 1969.

Rossiter, Clinton. *Alexander Hamilton and the Constitution.* New York: Harcourt, Brace, and World, 1964.

Rossiter, Clinton. *1787: the Grand Convention.* New York: Mentor edition, Mentor Books, 1966.

Rutland, Robert A. *George Mason, Reluctant Statesman.* Williamsburg: Colonial Williamsburg, Inc., 1961.

Smith, David G. *The Convention and the Constitution: the Political Ideas of the Founding Fathers.* New York: St. Martin's Press, 1965.

Smith, Page, *John Adams.* 2 vols. New York: Doubleday, 1963.

White, Leonard D. *The Federalists: a Study in Administrative History.* New York: Macmillan, 1948.

Williamson, Chilton. *American Suffrage from Property to Democracy, 1760-1860.* Princeton: Princeton University Press, 1960.

Williamson, Rene de Visme. *Independence and Involvement: a Christian Reorientation in Political Science.* Baton Rouge: Louisiana State University Press, 1964.

第十二章

要另外研究本章及前一章所讨论的主题，这部参考书会大有裨益：*The Literature of American History: a Bibliographical Guide*，edited by J. N. Larned（New York: Ungar，1966），下面的有关 19 世纪美国和美国人的书单仅仅揭示了 1800 年以来秩序问题的少数侧面。

Adams, Henry. *History of the United States during the Administrations of Jefferson and Madison.* 9 vols. New York: Scribners, 1885- 1891.

Bemis, Samuel Flagg. *John Quincy Adams and the Foundations of American Foreign Policy.*

Bemis, Samuel Flagg. *John Quincy Adams and the Union* (a two volume biography.) New York: Knopf, 1950 and 1956.

Boorstin, Daniel. *The Americans: the Democratic Experience.* New York: Random House, 1973.

Bowers, Claude G. *Jefferson in Power.* Boston: Sentry edition, Houghton Mifflin, 1967.

Brownson, Orestes. *The American Republic: its Constitution, Tendencies, and Destiny.* New York: reprint, A.M. Kelley, 1972.

Bryce, James. *The American Commonwealth.* 2 vols. New York: Macmillan, 1919-1921.

(Calhoun, John C.). *Calhoun: Basic Documents.* Edited by John M. Anderson. State College, Pa.: Bald Eagle Press, 1952.

(Calhoun, John C.). *The Papers of John* C. *Calhoun.* Edited by Robert L. Meriwether and W. Edwin Hemphill. 7 vols. Columbia: University of South Carolina Press, 1959-1973.

Coit, Margaret L. *John* C. *Calhoun, American Portrait* . Boston: Houghton Mifflin, 1950.

Cooper, James Fenimore. *The American Democrat.* Edited by H.L. Mencken. New York: Knopf, 1931.

Costanzo, Joseph F. *The Nation under God.* New York: Herder and Herder, 1964.

Current, Richard N. *Daniel Webster and the Rise of National Conservatism.* Boston: Little, Brown, 1950.

Ellis, John Tracy. *American Catholicism.* Chicago: University of Chicago Press, 1957.

Filler, Louis. *Slavery in the United States of America.* New York: Van Nost rand, 1972.

Fox, Dixon Ryan. *The Decline of Aristocracy in the Politics of New rork.* New York: Longmans, Green, 1919.

Gilhooley, Leonard. *Contradition and Dilemma: Orestes Brownson and the American Idea.* New York: Fordham University Press, 1973.

Green, Fletcher. *Constitutional Development in the South Atlantic States, 7776-7860.* Chapel Hill: University of North Carolina Press, 1930.

Grigsby, Hugh Blair. *The Virginia Convention of 1829-30.* New York: reprint, Da Capo Press, 1969.

(Herndon, William H.) *The Hidden Lincoln, from the Letters and Papers of William* H. *Herndon.* Edited by Emanuel Hertz. New York: Viking Press, 1938.

Kirk, Russell. *The Conservative Mind, from Burke to Eliot.* Chicago: fifth revised edition, Regnery, 1973.

Kirk, Russell. *John Randolph of Roanoke: a Study in American Politics.* Chicago: Regnery, 1964.

Lively, Jack. *The Social and Political Thought of Alexis de Tocqueville.* Oxford: Clarendon Press, 1965.

Livermore, Shaw. *The Twilight of Federalism: the Disintegration of the Federalist Party, 1815- 1830.* Princeton: Princeton University Press, 1962.

Marshall, Hugh. *Orestes Brownson and the American Republic.* Washington: Catholic University of America Press, 1971.

(Marshall, John). *The Marshall Reader: the Life and Contributions of Chief Justice John Marshall* . Edited by Edwin C. Surrency. New York: Oceana, 1955.

Mayer, J.P. *Alexis de Tocqueville: a Biographical Study in Political Science.* New York: Harper, 1960.

McMaster, John Bach. *History of the People of the United States from the Revolution to the Civil War.* Selected and edited by Louis Filler. New York: Noonday, 1964.

Morley, Felix. *Freedom and Federalism.* Chicago: Regnery, 1959.

Niebuhr, Reinhold. *The Irony of American History.* New York: Scribners, 1952.

Nisbet, Robert A. *The Quest for Community.* New York: Oxford University Press, 1972.

Peterson, Merrill D. (ed.). *Democracy, Liberty, and Property: the State Constitutional Conventions of the 1820's.* New York: Bobbs Merrill, 1966.

Pierson, George W. *Tocqueville and Beaumont in America.* New York: Oxford University Press, 1938.

Risjord, Norman K. *The Old Republicans: Southern Conservatism in the Age of Jackson.* New York: Columbia University Press, 1965.

Ryan, Thomas R. *The Sailor's Snug Harbor: Studies in Brownson's Thought* . Westminster, Md.: Newman, 1952.

Santayana, George. *Character and Opinion in the United States.* New York: Scribners, 1924.

Spain, August O. *The Political Theory of John* C. *Calhoun.* New York: Bookman Associates, 1951.

Taylor, John, of Carolina. *An Inquiry into the Principles and Polzcy of the Government of the United States.* London: reprint , Routledge and Kegan Paul, 1950.

Thomas, Benjamin P. *Abraham Lincoln.* New York: Knopf, 1953.

Tocqueville, Alexis de. *Democracy in America.* Edited by J.P. Mayer. Garden City, N.Y.: Anchor edition, Doubleday, 1969.

Weaver, Richard M. *The Southern Tradition at Bay: a History of Postbellum Thought* . Edited by George Core and M.E. Bradford. New Rochelle, N.Y.: Arlington House, 1968.

Wilson, Francis Graham. *The American Political Mind.* New York: McGraw-Hill, 1949.

大事年表

此年表除包括本书提到的重要事件外，还增加了某些具有重大历史意义的其他日子。其目的是以“线性时间”的方式罗列地中海东部地区、希腊和罗马在相同的时间里所发生的事件。

公元前 2850—前 2190 年	埃及古王国
公元前 2190—前 2052 年	埃及第一中间期
公元前 2052 年	埃及中王国开始
公元前 1800 ?—前 1600?年	以色列人的族长时期（亚伯拉罕、以撒、雅各）
公元前 1778 年	埃及中王国结束
公元前 1778—前 1610 年	埃及第二中间期
公元前 1600 ? 年	以色列人在埃及
公元前 1670—前 1570 年	埃及的希克索斯时期
公元前 1610 年	埃及新王国开始
公元前 1280 ? 年	摩西和亚伦带领以色列人出埃及
公元前 1260 ? 年	以色列人进迦南；士师统治时期开始
公元前 1200 ? 年	特洛伊落入希腊人之手
公元前 1030 ? 年	扫罗被选为以色列的首位国王
公元前 1000 ? 年	大卫成为以色列王
公元前 970—前 931 年	以色列所罗门王时期
公元前 926 年	以色列各支派分裂成两个王国：以色列（撒玛利亚）和犹大
公元前 900 ?—前 800 ? 年	荷马创作《伊利亚特》和《奥德赛》
公元前 800 年	迦太基创建
公元前 766 年	传统认为希腊首届奥林匹克运动会的举办时间
公元前 765 ? 年	先知阿摩司在撒玛利亚

公元前 753 年	传统认为罗马城创建的时间
公元前 750？年	赫西俄德创作《神谱》（*Theogony*）和《农作与时日》（*Works and Days*）
公元前 740？年	先知第一以赛亚和弥迦在犹大
公元前 734 年	西西里的叙拉古创建
公元前 734—前 732 年	先知何西阿在撒玛利亚
公元前 721 年	撒玛利亚被亚述人征服
公元前 715 年	埃及新王国结束
公元前 700 年	贵族成为希腊城邦的主宰
公元前 672 年	亚述人征服埃及
公元前 627 年	耶利米开始在犹大讲预言
公元前 621 年	雅典推行德拉古法律
公元前 600？年	先知哈巴谷在犹大；先知以西结
公元前 587 年	耶路撒冷被巴比伦人摧毁；其居民被掳到巴比伦
公元前 594 年	梭伦开始改革雅典法律
公元前 561 年	庇西特拉图首次在雅典夺权
公元前 550？年	第二以赛亚的预言
公元前 546 年	波斯国王大流士征服吕底亚王克罗伊斯
公元前 539 年	居鲁士与波斯人和玛代人征服巴比伦
公元前 538 年	居鲁士允许犹太人回归耶路撒冷
公元前 520 年	第二圣殿在耶路撒冷奠基
公元前 521 年	大流士成为波斯国王
公元前 510 年	雅典人推翻庇西特拉图诸儿子的政权
公元前 490 年	希腊人在马拉松打败波斯人
公元前 480 年	希腊人在萨拉米斯击败波斯人，在西莫拉击败迦太基人
公元前 461 年	厄菲阿尔特在雅典确立民主宪制
公元前 443—前 429 年	伯里克利领导雅典
公元前 431 年	希腊的伯罗奔尼撒战争开始
公元前 427 年	柏拉图出生
公元前 413 年	雅典人在叙拉古遭受重创
公元前 406 年	阿克拉格斯落入迦太基人之手

公元前 404 年	雅典向斯巴达人投降
公元前 399 年	雅典的陪审团给苏格拉底定罪
公元前 390 年	高卢人拿下罗马
公元前 384 年	亚里士多德出生；于 362 年去雅典
公元前 347 年	柏拉图去世
公元前 343 年	亚里士多德被任命为亚历山大的老师
公元前 340 年	亚历山大成为马其顿摄政王
公元前 323 年	亚历山大死于亚细亚
公元前 322 年	亚里士多德在流亡中去世
公元前 298—前 290 年	罗马人击败撒姆尼人（Samnites）、伊特拉斯坎人和高卢人
公元前 286 年	平民开始享有完全的罗马公民权
公元前 264—前 241 年	罗马和迦太基间的第一次布匿战争
公元前 218—前 201 年	第二次布匿战争
公元前 215 年	罗马人入侵马其顿
公元前 212 年	罗马人征服叙拉古
公元前 200—前 196 年	第二次马其顿战争
公元前 169—前 151 年	波利比乌斯在罗马当人质
公元前 149—前 146 年	第三次布匿战争
公元前 146 年	罗马人摧毁迦太基和哥林多
公元前 133—前 121 年	格拉古（Gracchi）试图对罗马共和国进行激进改革
公元前 90—前 88 年	意大利的社会战争
公元前 86—前 78 年	苏拉的宪制
公元前 73—前 71 年	意大利奴隶战争
公元前 70 年	西塞罗起诉维雷斯
公元前 64 年	执政官西塞罗粉碎喀提林的阴谋
公元前 60—前 54 年	第一“三巨头”
公元前 58—前 51 年	凯撒征服高卢
公元前 49—前 46 年	凯撒与元老院间的战争
公元前 43 年	第二“三巨头”；西塞罗被谋杀
公元前 31 年	屋大维赢得阿克提乌姆之战

公元前 27 年	屋大维（奥古斯都）成为第一公民
公元前 19 年	维吉尔去世
公元前 3？年	塞内卡出生

基督教时代开始（实际上，现在的观点是，拿撒勒人耶稣可能出生于公元后第四年）。

14 年	奥古斯都去世；提比利乌斯成为皇帝
30 年	拿撒勒人耶稣被钉十字架
35？年	大数的保罗在去往大马士革的路上看见耶稣
43？年	罗马人再次定居伦敦
46 年	普鲁塔克出生
55 年	塔西佗出生
60？年	爱比克泰德出生
67？年	圣彼得和圣保罗在罗马被处死
68 年	尼禄自杀，朱利安一系皇帝统治终结
69 年	维斯巴乡（Vespasian）开始弗拉维一系皇帝统治时期
70 年	罗马人镇压犹太奋锐党，摧毁耶路撒冷；犹太人分散各处
96 年	安东尼一系皇帝统治开始
117 年	哈德良成为皇帝
121 年	马可·奥勒留出生
180 年	马可·奥勒留去世，康茂德继位
193—194 年	康茂德被谋杀，塞普蒂米乌斯·塞维鲁继皇帝位
211 年	塞普蒂米乌斯·塞维鲁死于约克
212 年	卡拉卡拉（Caracalla）皇帝将罗马公民权普及化
228 年	法理学家乌尔比安去世
230—233 年	罗马与波斯的战争
251 年	哥特人杀死德西乌斯（Decius）皇帝
270—275 年	奥列里安（Aurelian）皇帝加固罗马城
284 年	戴克里先被拥戴为皇帝

303 年	对基督徒的最后迫害
312 年	君士坦丁被拥立为皇帝；容忍和支持基督徒
325 年	尼西亚会议
354 年	圣奥古斯丁出生
380 年	狄奥多西皇帝让基督教成为帝国的唯一信仰
407？年	罗马军团离开英国
410 年	阿拉里克及其哥特人军队洗劫罗马
430 年	圣奥古斯丁去世
432 年	希波陷入汪达尔人之手
439 年	汪达尔人攻下迦太基
446？年	盎格鲁人和撒克逊人抵达英国
452 年	教皇大利奥（Pope Leo the Great）说服匈奴人阿提拉（Attila）不要攻击罗马
455 年	汪达尔人洗劫罗马
476 年	西罗马最后一位皇帝奥古斯都鲁斯退位
494 年	教皇格拉西一世提出两把剑理论
527 年	查士丁尼成为东罗马皇帝
529 年	查士丁尼关闭雅典的学校
534 年	查士丁尼罗马《民法大全》完成
540 年	大格列高利出生
563 年	圣格伦巴（St. Columba）开始让苏格兰皮科特人（Picts）转信基督教
570 年	穆罕默德出生
590 年	格列高利成为教皇
597 年	坎特伯雷的圣奥古斯丁开始让英格兰归信基督教
614 年	阿瓦尔人和斯拉夫人蹂躏达尔马提亚省
632 年	穆罕默德死亡
638 年	穆斯林占领耶路撒冷
663 年	维特比会议（Synod of Whitby），罗马基督教借此在英国取得胜利
688 年	奥马尔清真寺或圆顶清真寺在耶路撒冷建成

731 年	比德写成《英吉利教会史》
732 年	查理斯·马提尔（Charles Martel）在图尔斯（Tours）击败穆斯林
787 年	维京人首次在英格兰登陆
800 年	查理曼在罗马加冕为皇帝
843 年	法兰克王国分裂
871 年	大阿尔弗雷德成为维塞克斯（Wessex）国王
880？年	哲学家顿斯·司各特斯·艾瑞吉纳（Duns Scotus Erigena）去世
911 年	诺曼底公国建立
962 年	大奥托加冕为西方皇帝
987 年	休·凯皮特（Hugh Capet）加冕为法兰西国王
1016 年	丹麦克努特（Cnut）加冕为英格兰国王
1042 年	忏悔者爱德华（Edward the Confessor）加冕为英格兰国王
1054 年	东西方教会大分裂
1066 年	诺曼底的威廉征服英格兰
1093 年	圣安瑟姆被按立为坎特伯雷大主教
1095 年	教皇乌尔班二世宣布进行首次十字军东征
1099 年	拉丁族系十字军建立耶路撒冷王国
1100 年	亨利一世加冕为英格兰国王
1121 年	哲学家阿伯拉德在所伊申斯（Soissons）被定罪
1139 年	英格兰斯蒂芬（Stephen）和马提尔答（Matilda）间的内战爆发
1141 年	经院学者圣维克托的休去世
1147 年	第二次十字军东征开始
1164 年	克莱仁顿宪制颁布
1164？年	《语录》作者彼得·伦巴德去世
1170 年	托马斯·贝克特大主教被谋杀
1180 年	哲学家萨利斯波里的约翰（John of Salisbury）去世
1187 年	萨拉丁（Saladin）占领耶路撒冷
1189 年	第三次十字军东征开始

1200 年	国王菲利普・奥古斯图斯给巴黎大学颁发特许令
1201 年	第四次十字军东征开始
1204 年	拉丁族系十字军攻占君士坦丁堡
1208 年	亚西西的方济各开始修会圣召
	布瑞恩的约翰成为耶路撒冷国王
1215 年	英格兰的约翰王签署大宪章
1219 年	布瑞恩的约翰领导第五次十字军进入埃及
1225 年	皇帝弗雷德里克二世与布瑞恩的约翰的女儿幽兰德成婚
1226 年	亚西西的圣方济各去世
1231 年	布瑞恩的约翰成为君士坦丁堡的拉丁帝国皇帝
	罗伯特・格罗塞特斯特开始在牛津讲学
1245 年	经院学者黑尔斯的亚历山大去世
1249 年	牛津的大学学院创立
1254 年	各郡的骑士被召到英格兰议会
1260 年	布拉克顿的《论英格兰的法律》一书出版
1265 年	各镇代表被召到英格兰议会
1274 年	圣托马斯・阿奎那去世
1280 年	经院学者阿尔伯图斯・麦格努斯去世
1284 年	剑桥彼特豪斯（Peterhouse）学院创立
1294 年	罗杰・培根去世
1295 年	英格兰爱德华一世召集“模范议会”
1297 年	爱德华一世确认宪章
	威廉・华莱士（William Wallace）领导苏格兰人反抗爱德华的统治
1308 年	经院学家顿斯・司各特斯去世
1313 年	皇帝亨利八世在西埃纳去世
1314 年	苏格兰人在班诺克伯恩击败英格兰人
1321 年	但丁去世
1322 年	《约克法》（Statute of York）认可平民为英格兰议会必不可少的组成部分
1324 年	帕杜阿的玛斯利乌斯出版他的《和平捍卫者》（*Defensor*

	Pacis）一书
1337 年	百年战争爆发
1340 年	根据法律，未获得英格兰议会征税被禁止
1348 年	布拉格大学创建
1348？年	唯名论者奥卡姆的威廉去世
1374 年	彼特拉克（Petrarch）去世
1377 年	约翰・威克里夫的教导受到教皇格列高利十一世谴责
1378 年	西方教会开始大分裂
1381 年	英格兰的农民起义
1399 年	柏林布鲁克的亨利在英格兰加冕，议会主张对王位继承有决定权
1407 年	罗拉德派传道人约翰・雷斯比在苏格兰被烧死
1408 年	法国抛弃阿维尼翁教皇本尼迪克特十二世
1413 年	教廷颁布敕令确认圣安得鲁斯大学的特许状
1415 年	约翰・胡斯在康斯坦斯（Constance）被作为异端烧死
1420 年	胡斯派的战争开始
1424 年	约翰・慈日卡的皮肤被做成胡斯派的鼓罩
1430 年	英格兰议会为郡选举人设定永久的资格要求
1433 年	胡斯派分子保罗・克劳在圣安得鲁斯被烧死
1450 年	圣萨尔瓦特学院在圣安得鲁斯创建
1453 年	君士坦丁堡落入土耳其人之手
1454 年	英格兰玫瑰战争开始
1485 年	亨利・都铎赢得英格兰王位
1486 年	皮克・德拉・米兰多拉来到罗马
1492 年	哥伦布发现西印度群岛
1493 年	亚历山大六世解除对皮克异端邪说的指控
1503 年	教皇亚历山大六世去世
1512 年	圣伦纳德学院在圣安得鲁斯创建
	庞斯・德・里昂（Ponce de Leon）发现弗罗里达
1513 年	巴尔博阿（Balboa）发现太平洋
1517 年	马丁・路德将他的《九十五条论纲》贴到一家教会的门上

1519 年	科提斯（Cortez）在墨西哥登陆
1520 年	麦哲伦发现以他名字命名的海峡
	路德被逐出教会
1521 年	查理五世皇帝召集沃姆斯会议（Diet of Worms）处理改教者问题
1522 年	路德出版他的《新约》译本
1524 年	路德与伊拉斯谟就自由意志问题进行辩论
1526 年	皮萨罗（Pizarro）发现秘鲁
1527 年	帕特里克·汉密尔顿在苏格兰传讲路德派教义，被处决
1529 年	波塞洛（Bezerro）和格里杰瓦（Grijalva）发现加利福尼亚
1531 年	乌尔里奇·慈温利在卡珀耳（Kappel）去世
1532 年	马基雅维利的《君主论》出版
1533 年	卡提尔（Cartier）在加拿大海岸登陆
1534 年	再洗礼派信徒占领德国的明斯特（Munster）
	《最高权力法（Act of Supremacy）》颠覆天主教会在英格兰的既成体制
1535 年	约翰·加尔文出版他的《基督教要义》
	托马斯·莫尔爵士被亨利八世处决
	首部法语新教《圣经》出版
1537 年	圣玛丽学院在圣安得鲁斯创建
1538 年	亨利八世被革除教籍
1539 年	克莱摩（Cranmer）《圣经》在英格兰出版
1540 年	德·索托（De Soto）发现密西西比
	伊格纳修斯·罗耀拉（Ignatius Loyola）的耶稣会获得认可
1542 年	英格兰军队在索尔维·摩斯击败苏格兰人
1543 年	婴孩玛丽·斯图亚特加冕为苏格兰女王
1545 年	特兰托会议举行，开始反宗教改革运动
1546 年	路德去世
	乔治·威夏特因异端邪说在圣安得鲁斯被烧死
	比顿大主教在圣安得鲁斯城堡被杀
1547 年	国王亨利八世去世，继承他王位的幼子爱德华六世得到新

	教集团的支持
1549 年	英国公祷书公开发行
1553 年	利马大学在秘鲁创建
	爱德华六世去世，继承其王位的是天主教徒玛丽·都铎
1558 年	伊丽莎白一世加冕为英格兰女王
1559 年	约翰·诺克斯领导了苏格兰的暴力改教运动，受到摄政者古伊斯的玛丽也即苏格兰玛丽女王母亲的抵制
1560 年	天主教会在苏格兰受到压制，改革宗苏格兰教会建立
1563 年	圣公会大会批准《三十九条信纲》，确立了英格兰教会的信条
1577 年	弗朗西斯·德雷克（Francis Drake）环游世界
1578 年	苏格兰教会《第二部惩戒手册》（*Second Book of Discipline*）出版
1582 年	爱丁堡大学创建
1583 年	沃尔特·雷利爵士在弗吉尼亚登陆
1587 年	玛丽·斯图亚特女王在英格兰被砍头
1588 年	西班牙无敌舰队被击败
1591 年	都柏林三一学院创建
1593—1594 年	理查德·胡克的《教会组织法》第一部分出版
1595 年	拉雷首次到奥利诺克河（Orinoco）探险
1600 年	东印度公司成立
1603 年	玛丽·斯图亚特的儿子、苏格兰的詹姆斯六世被加冕为英格兰国王詹姆斯一世
1607 年	弗吉尼亚公司在弗吉尼亚创立詹姆斯镇
1608 年	查普雷（Champlain）创建魁北克
1609 年	哈德逊发现哈德逊和特拉华河
1611 年	获许可的《圣经》版本（钦定本《圣经》）出版
1618 年	三十年战争开始
1619 年	第一批黑人奴隶被卖到弗吉尼亚
	弗吉尼亚首次议会开始集会
1620 年	首批清教徒移民在马萨诸塞登陆

1625 年	查理一世被加冕为英格兰国王
1626 年	荷兰人创建新阿姆斯特丹（现在的纽约）
1628 年	国王查理不情愿地接受《权利陈情书》
1630 年	清教徒创建马萨诸塞的波士顿
1632 年	巴尔的摩勋爵（Lord Baltimore）创建马里兰
1635 年	马里兰代表大会宣称自己有权创设法律
1636 年	清教徒到康涅狄格建立殖民地
	罗杰·威廉斯创建罗德岛
1637 年	马萨诸塞的皮科特（Pequot）战争
1639 年	查理一世向苏格兰进军
1640 年	托马斯·霍布斯逃往法国
1643 年	英国内战爆发
	托马斯·布朗爵士的《医者的信仰》出版
1644 年	保皇派在内战第一阶段受重创
	约翰·弥尔顿的《论出版自由》（*Areopagitica*）出版
	平等派登场
1648 年	托马斯·富勒的《神圣国家与世俗国家》一书出版
1649 年	查理一世被砍头
	掘地派被克伦威尔驱散
	克伦威尔重击爱尔兰人
1650 年	哈佛学院在马萨诸塞创建
1651 年	霍布斯的《利维坦》出版
1653 年	克伦威尔解散残余议会
	对北卡罗来纳的殖民开始
1660 年	护国公体制被推翻，查理二世登上英格兰王位
1664 年	英国人夺取新阿姆斯特丹
	对新泽西的殖民开始
1669 年	拉萨尔（La Salle）发现尼亚加拉瀑布和俄亥俄河
1670 年	南卡罗来纳的查尔斯顿创建
1676 年	弗吉尼亚的贝肯叛乱
1677 年	缅因成为马萨诸塞的一部分

1678 年	约翰·班扬的《天路历程》出版
1679 年	新罕布什尔成为皇家省份
1681 年	宾夕法尼亚和特拉华被赠予威廉·彭恩
1682 年	彭恩创建费城
1685 年	天主教徒詹姆斯二世继承王位
1687 年	詹姆斯二世发布《宽容宣言》
1688 年	“光荣革命”：威廉和玛丽将詹姆斯赶下王位
1689 年	《权利法案》被国王威廉和王后玛丽接受
	约翰·洛克的两卷本《政府论》出版
	在北美，国王威廉与法国人和印第安人的战争开始——一直延续到 1697 年
1690 年	洛克出版《人类理解论》
1692 年	马萨诸塞的萨勒姆对巫术的审判
1693 年	威廉玛丽学院获得在弗吉尼亚开办的特许令
1696 年	贸易和种植园委员会成立
1701 年	卡迪拉克（Cadillac）创建底特律
1702 年	威廉和玛丽的女儿安被加冕为女王
	在北美，女王安的战争开始——一直延续到 1713 年
1714 年	汉诺威选帝侯乔治被加冕为英格兰和苏格兰联合王国的乔治一世国王
1718 年	耶鲁学院在康涅狄格的纽黑文创建
1719 年	南卡罗来纳的自主治理被颠覆，南卡罗来纳成为皇家省份
1727 年	乔治二世继承王位
1733 年	奥格勒索普将军在佐治亚创建萨瓦娜
1735 年	约翰·卫斯理去到佐治亚，在那里传道，一直到 1738 年
1737 年	乔治·怀特菲尔德去佐治亚一年；1740 年在马萨诸塞传道
1740 年	大卫·休谟出版《人性论》
1744 年	国王乔治的战争开始，一直延续到 1748 年
1748 年	新泽西学院（后来的普林斯顿大学）获准创建
	孟德斯鸠出版《论法的精神》
1749 年	柏林布鲁克（Bolingbroke）出版他的《论爱国国王》（*Idea*

	of a Patriot King）
1750 年	《论法的精神》英文翻译面世
1751—1752 年	法文版《百科全书》出版
1753 年	乔治·华盛顿上校在奈赛斯提城堡（Fort Necessity）抵抗法国人
1754 年	本杰明·富兰克林在阿尔巴尼大会（Albany Congress）上提出各殖民地联合方案
	乔纳森·爱德华兹出版《论意志自由》（*The Freedom of the Will*）
	国王学院（后来的哥伦比亚大学）在纽约创建
	大卫·休谟开始发表他的《英格兰史》
1755 年	法国人与印第安人战争开始，一直延续到 1763 年
	布莱多克（Braddock）远征被挫败
1759 年	英国人在沃尔夫（Wolfe）带领下从法国人手中夺取魁北克
1760 年	乔治三世加冕为国王
	英国人夺取蒙特利尔
1763 年	根据巴黎协定，法国将其多数北美属地出让给英国
1764 年	格伦维尔的《糖法》（Sugar Act）困扰着诸殖民地
1765 年	《印花税法》在美国遇到强烈反对
	乔治三世不情愿地接受罗金汉姆侯爵为首相，其私人秘书是埃德蒙·伯克
	威廉·布莱克斯通爵士开始发表他的《英格兰法律评论》
1766 年	罗金汉姆内阁成功废除《印花税法》，但通过《宣示法案》
	罗金汉姆侯爵的政府让位给由老皮特主导的内阁
1766—1770 年	汤森德通过的各项法案在美国引起激烈反对
1770 年	诺斯勋爵的政府废除汤森德的大部分税赋，不过保留了茶叶税——并在波士顿派驻军队
	波士顿“大屠杀”（3 月 5 日）
1771 年	伯克被任命为纽约省的伦敦代理
	北卡罗来纳的管制者战争

1773 年	茶叶法（5 月）
	波士顿茶党（12 月 16 日）
1774 年	议会通过“不可容忍的法律”，包括《波士顿港口法》；《魁北克法》也获得通过
	顿摩尔（Dunmore）勋爵的弗吉尼亚战争
	首次大陆会议在费城召集
1775 年	伯克有关和解的演讲（3 月 22 日）
	莱克星顿和康科德的战斗（4 月 19 日）
	班克山战役（6 月 17 日）
1776 年	托马斯·潘恩出版《常识》一书
	亚当·斯密的《国富论》出版
	独立宣言（7 月 4 日）
	美国人在布鲁克林高地（Brooklyn Heights）战役被挫败（8 月 27 日）
	爱德华·吉本出版他的《罗马帝国衰亡史》
	大卫·休谟去世
1777 年	伯克公开发表他的《至布里斯托市警长的一封信》（4 月 30 日），指责英国的战争行为
	伯格因（Burgoyne）将军在萨拉托加向美国人投降（10 月 17 日）
	大陆会议起草《邦联条例》
1778 年	美国与法国结成联盟
1779 年	乔治·罗杰斯·克拉克（George Rogers Clark）在西部让美国人旗开得胜
1780 年	战争主要在南方展开
1781 年	《邦联条例》获得批准
	考恩沃利斯勋爵带领英国军队在约克镇投降
1782 年	乔治三世觉得有必要让罗金汉姆派辉格党人重新掌权，以缔结和平条约
	巴黎条约缔结
1787 年	约翰·亚当斯出版他的《为美国宪法辩护》

	制宪会议起草美国宪法
1788 年	汉密尔顿、麦迪逊和杰伊发表《联邦党人文集》
	美国宪法获得批准
1789 年	乔治·华盛顿就任首位总统
	法国三级议会开会；巴士底狱被攻占
	法国《人权宣言》
1791 年	约翰·昆西·亚当斯出版他的《普布利科拉信件集》
	美国宪法的前十修正案（也即“权利法案”）获得批准
1796 年	约翰·亚当斯被选为总统
1800 年	弗雷德里希·根茨出版他的《美国和法国革命之比较》；J.Q. 亚当斯将其翻译为英文
	托马斯·杰斐逊在总统大选中击败约翰·亚当斯；“杰斐逊革命”开始
1801—1824 年	全国行政权力机构中的“弗吉尼亚王朝”
1825 年	约翰·昆西·亚当斯就任总统
	“杰克逊革命”开始
1826 年	詹姆斯·肯特开始出版他的《美国法律评论》
1828 年	安德鲁·杰克逊赢得总统大选
1829—1830 年	弗吉尼亚制宪会议——几个州的制宪会议在 1820 和 1830 年代扩大了选举权范围，它是其中最有意思的一个
1831—1832 年	托克维尔和比芒特在美国游历
1840 年	充斥着赤裸裸的煽情口号的总统选举
1846 年	美国扩展到太平洋
1848 年	奥利斯特斯·布朗森出版他的题为“合法性与革命”的论文
1851 年	约翰·卡尔胡恩的《论美国宪法和政府》（*Discourse on the Constitution and Government of the United States*）出版
1860 年	亚伯拉罕·林肯被选为总统
1861—1865 年	美国内战
1865 年	林肯被暗杀
1866 年	奥利斯特斯·布朗森出版他的《美利坚合众国》一书

索引

（索引页码为英文原版页码）